인간, 그 전모

인간 본질에 관한 통합적 연구

Nihil Obstat:
Rev. James Choi
Censor Librorum
Imprimatur:
Most Rev. Boniface CHOI Ki-San, D.D.
Episc. Incheon
2007. 8. 27

미래사목총서 01
인간, 그 전모
인간 본질에 관한 통합적 연구

초판 1쇄 발행   2007년 8월 30일
초판 6쇄 발행   2016년 2월 15일

글 전헌호

펴낸이 백인순
펴낸곳 위즈앤비즈
주소 서울 영등포구 선유동2로 46 (당산동 5가, 유원제일2차아파트상가) 304호
전화 02-324-5677 팩스 02-334-5611
출판등록 2005년 4월 12일 제313-2010-171호

ISBN 978-89-92825-12-2 94230
      978-89-92825-11-5 (세트)

값 20,000원

ⓒ전헌호, 2007
· 이 책 내용의 일부를 재사용하려면 반드시 저작권자와 위즈앤비즈 양측의 서면에 의한 동의를 받아야 합니다.
· 잘못 만들어진 책은 바꾸어 드립니다.

이 책에 쓰인 이미지의 출처는 LivingART Vol.7-Body Atlas(imageDJ, 2004), ImagePRO 34-The Wonder of the Universe(imageDJ, 2004)와 『2000 Jahre Christentum』(Karl Müller Verlag Erlangen, 1990)이다.

인간, 그 전모
인간 본질에 관한 통합적 연구

글 전헌호

권하는 말

사목은 '인간'에 대한 이해에 기초합니다. 인간학을 모르고는 사목을 할 수 없습니다. 강론도, 상담도, 성사 집행도 인간의 본질·구조 그리고 특성을 온전히 이해할 때 비로소 효과적일 수 있는 것입니다.

외람되지만 인천 가톨릭대학의 학부생들에게 '인간학'을 강의한 적이 있습니다. 전공이 사목신학인 터라 이를테면 땜질이었던 셈인데, 그 덕에 인간학 관련 서적을 폭넓게 읽을 수 있는 행운을 누렸습니다. 전문서적들을 읽으면서 현금의 인간학이 일반적으로 철학적 내지 신학적으로 접근되는 관계로, 대체로 낡은 정보에 의존하고 있음을 안타깝게 느꼈습니다.

그러던 차에 전헌호 신부님의 〈인간, 그 전모〉를 접하게 되었습니다. 읽으면서 이거다 싶었습니다. 인간에 대한 현대 학문의 정보를 총망라한 느낌을 받았기 때문입니다. 여러 학문의 정보를 한꺼번에 종합·정리하는 능력은 극히 소수의 학자들에게만 허용된 특권입니다. 개념과 이해의 제약으로 결코 일반인은 해낼 수 없는 일인 것입니다. 신부님께 박수를 보냅니다. 이 정도 정보라면 '인간'을 '총체적'으로 이해하는 데에 충분한 도움을 줄 수 있으리라 확신합니다.

이 책은 가톨릭교회만을 위한 책이 아닙니다. 인간을 섬기거나 연구하는 모든 분야의 사람들을 위한 크나큰 선물이기도 합니다. 두루 알려지기만 하면 시간이 흐를수록 그 진가가 드러나리라 기대됩니다.

* * *

아쉬움이 없는 것은 아닙니다. 수집된 기초 정보에 대한 학문적 숙성을 위해 종합적 성찰의 과정이 조금 더 있었으면 하는 여운이 남는 것이 사실입니다. 저자 자신도 미완(未完)인 채로 발간하는 것이 안타까움이라고 토로한 적이 있습니다. 하지만 본래 '미완'인 것이 학문입니다.

여백을 채우기 위해 저자는 또 정진할 것이라 믿습니다. 어쩌면 그 몫은 모든 독자들의 것인지도 모릅니다.
그럼에도 이 책은 명저입니다. 읽는 이마다 단 한번뿐인 삶의 소중함에 흠뻑 젖어들게 될 것입니다.

2007년 8월
미래사목연구소장 차동엽 신부

머리말

대부분의 사람들은 사람에게 큰 관심을 갖는다. 자신의 정체를 파악하기 위해서도 사람에게 끊임없는 관심을 갖는다. 내가 어디에서 와서 어디로 가고 있는지, 본질은 무엇이며 죽음과 죽음 이후의 세계는 무엇인지 언제나 궁금해 한다. 필자 역시 그러했기에 학창시절부터 우주와 인간에 대한 근본을 깨닫고자 노력했으며, 우주와 인간에 관한 자연과학적 지식뿐만 아니라 인문과학적 지식에도 큰 관심을 가지고 공부하였다. 그리고 대학에서는 영성을 비롯하여 자연 환경과 인간 환경, 철학적 인간학과 신학적 인간학을 십여 년 동안 가르쳐 왔다.

인간을 연구한 책들은 대단히 다양한 종류로 출판되어 도서관을 가득 메우고 있고, 이들은 나름대로의 의미와 존재 가치를 지니고 있다. 필자는 이 수많은 자료들을 구입하여 오랜 기간에 걸쳐 공부하고 또 학생들을 가르치면서 연구논문들을 써왔다. 그러면서 자연과학과 인문학을 총동원하여 인간을 전체적으로 고찰하는 통합적인 연구를 통해 인간의 참모습을 서술하고 싶은 의욕이 강해졌다.

주로 인간 몸의 작용 원리에 대해서만 서술하는 것에 머무는 자연과학적 지식과, 인간의 몸과 영혼의 문제를 인문학적인 지식으로만 고찰하는 것에 머무는 철학적·신학적 지식을 통합하여, 가능한 대로 인간의 본질을 깊이 파악하는 종합적인 책을 저술하고 싶었던 것이다. 여기에 정리한 이 원고는 이러한 바람의 결과이다.

인간의 몸이 존재할 수 있는 기본 바탕인 우주·지구·주변 환경과 몸의 관계를 면밀히 살펴보는 것을 출발점으로 하여, 몸을 구성하는 기본 요소들과 기관들을 살펴보고 이들을 운용하는 뇌의 구조와 작용 원리들에 대해 비교적 자세하게 살펴보았다. 이어서 자연과학적인 측

* * *

면에서 본 영혼의 근원 문제를 살펴보고 인문학적인 측면에서 본 영혼·마음·정신의 정체를 그리고 영혼과 육체의 관계 문제를 살펴보았다. 또한 살아있는 인간이라면 언제나 관심을 가지는 시간과 공간의 정체, 이것을 인식하는 인간 인식 능력의 정체 그리고 신앙의 문제를 살펴보고, 종교의 자유와 자연계에 대한 인식의 변화를 고찰했다. 마지막으로 죽음과 천국에 관한 21세기적 고찰을 통해 인간 삶의 핵심적인 요소를 진솔하게 밝히려고 노력했다.

   결국 이러한 연구의 궁극적인 목적은 이 글을 읽은 독자가 인간의 정체에 관한 진실을 파악하여 많은 종류의 불필요한 요소들과 거짓으로부터 벗어나, 자신의 삶을 진솔하고 효율적으로 영위할 수 있는 지혜를 계발할 수 있도록 돕고자 하는 데에 있다.

2007년 8월
전헌호

시작하는 말

개별적으로든 전체적으로든 인간은 끊임없이 변화하고 있다. 인간에게 변하지 않고 처음부터 그대로 존재하는 것은 없다. 인간은 움직이는 존재이고 스스로를 완성해 가는 존재이다. 그래서 늘 변하고 복잡하며 다양한 만큼 인간을 보는 관점도 다양해야 하고 접근 방법도 여러 가지여야 할 것이다. 인간에 대한 새로운 지식은 새로운 질문과 새로운 시각을 낳는다. 숨을 쉬는 현상부터 인간이 자기 자신에 한정되지 않고 고정되지 않음을 말해 준다. 인간은 신비로운 생명의 힘을 지니고 세계를 향하며 언제나 열려 있는 존재다.

지난 날 수많은 학자들은 전통적인 철학적 사유 방법과 신학적 사유 방법을 동원하여 인간에 대한 연구를 오랜 기간 동안 이루어왔다. 그러한 연구의 결과로 인간에 대한 지식은 대단히 넓고 깊어져서 각 인간이 지닌 유일무이성과 존엄성, 지성적 능력과 감성적 능력에 대해 많이 알게 되었다. 그래서 점점 하나의 세계로 가까워지고 있는 지구촌 곳곳에서 살아가는 사람들의 인간적인 삶과 인권을 존중하려고 서로 노력하고 있다. 이러한 노력은 우리의 삶을 품위 있게 하고 세상을 살기 좋은 아름다운 곳으로 만들어 간다. 그래서 인간에 대한 좀 더 깊은 이해는 인간의 품위를 높이고 삶의 질을 향상시키며 자유를 신장시키는 일이 된다고 볼 수 있다.

21세기에 접어든 인류는 이제 더 이상 전통적인 종교적 의식과 생활을 수동적으로 받아들이지만은 않고 있다는 인상을 주고 있다. 우주와 인간에 대한 이해가 나날이 깊고 풍부해지면서 종교적 세계에 대해서도 새로운 이해와 표현을 요청하고 있다. 인류의 이러한 성향은 인간 문명과 문화의 발전에 따른 자연스러운 현상으로 결코 멈추어 서게 하거나 억압할 수 없는 것이다. 제2차 바티칸 공의회의 사

* * *

목헌장에서도 인류의 문화적 발전과 이에 따른 종교적 생각과 표현의 발전은 긍정적이고 고무적인 것으로 이해하고 있다(7-10, 53-62항).

나날이 발전하고 변화하는 과학문명과 신앙생활의 중심에는 항상 인간이 자리 잡고 있다. 인간은 과학문명과 종교의 주체이기 때문이다. 과학문명을 발달시키는 존재도 인간이고 그 발달된 과학문명에 의해 세상과 종교에 대한 새로운 이해를 모색하는 존재도 인간인 것이다. 이러한 인간이 자기 자신에 대해 관심을 가지지 않은 시대는 없었다고 해도 과언이 아니다. 특히 과학문명이 무르익던 20세기에 인간 자신의 몸과 뇌에 대한 관심이 지대하더니, 21세기에 들어와서도 여전히 대단한 정열로 탐구하고 새로운 이해를 도모하고 있다. 유전자 지도를 완성하여 질병을 극복하기 위한 획기적인 방안을 다각도로 찾고 있고, 뇌에 대한 탐구를 통해 인간의 정신과 행동의 본질을 이해하며 나아가 영혼의 정체와 사후세계의 존재 가능성에 대한 진단까지 과학적인 방법으로 접근하고 있다. 우리는 이러한 과학자들의 대단한 정열과 노력을 부정적인 시각으로만 바라볼 수는 없다.

그래서 필자는 인문학의 범주에 속하는 신학을 전공한 사람이지만 몸과 뇌에 관한 자연과학자들의 연구 과정과 결과들을 파악하여 인간에 대한 이해를 좀 더 깊게 해나가고, 이것을 신학적인 사유의 전개에도 참조하려는 목적을 가지고 이러한 연구에 관심과 시간을 투자하고 있다. 그렇게 하여 사람들이 좀 더 쉽고 가까이 이해할 수 있는 언어적 표현들로 구원에 대한 이야기를 구성하여 삶의 의미와 희망을 전하려는 의도를 지니고 있다.

* * *

　제1장에서는 삶의 한가운데에 놓여있는 나의 생명이 존재하게 된 근원과 현상을 고찰해보고 나의 삶은 결국 내가 주인공이란 사실과 그 삶을 어떻게 살아야 하는가에 대해 살펴본다.

　제2장에서는 최근의 천체물리학·환경과학·생물학,·의학의 지식을 동원한 학제간 연구를 통하여 몸이 이 우주 안에서 차지하는 위치를 알아보고, 외부 세계의 다양한 조건들과 교류하며 자신의 생명을 지켜 나가고 있는 모습을 이해하고자 한다. 나아가 몸에 대한 공간적인 고찰뿐 아니라 몸의 시간적 현상에 대해서도 살펴보고, 신앙과 신학이 이러한 고찰에 다가가야 할 이유를 제시한다.

　제3장에서는 몸을 이루는 가장 기본적인 요소들인 원소, 분자, DNA, 세포에 대해 살펴보고자 한다. 물론 원소를 이루는 더 작은 단위로 양성자, 중성자, 전자가 있고 이들을 이루는 '쿼크'가 있으며 '초끈이론'과 같은 첨단의 현대물리학은 쿼크보다 더 작은 단위의 물질까지 언급하고 있다. 하지만 이러한 요소들에 대해서까지 모두 언급하려면 한이 없으므로 여기서는 인간의 본질적인 모습을 알아보는 데에 중요한 요소들을 필요한 만큼만 간단명료하게 살펴보는 것으로 한다.

　몸을 구성하는 기관들이 상호 긴밀히 협력하면서 이루는 생명 작용은 매우 정교하고 엄밀하며 신비하다. 이러한 몸의 각 기관의 자세한 작용 원리와 의학적 차원의 여러 사항에 대해 언급한다면 끝이 없을 것이다. 본 글에서 관심을 가지는 차원은 '인간의 참모습'에 대한 이해

* * *

이지 인간의 몸에 대한 의학적인 지식을 살펴보는 데에 있지 않다. 그렇다고 하여 몸을 구성하고 생명 작용을 하는 기관들에 대해 전혀 살펴보지 않는다면 중요한 부분을 간과하는 일이 될 것이다. 그러므로 제4장에서는 인간의 구체적인 몸을 이해하는 데에 필요한 정도에서 여러 기관들에 대해 간단히 살펴본다.

제5-7장에서는 오늘날 빠른 속도로 발전하고 있는 뇌 과학에서 밝혀 놓은 두뇌의 구조와 작용 원리, 정보전달 방법과 기능, 뇌 능력 개발과 뇌·정신 질환에 대해 살펴보고자 한다. 몸을 관리하고 마음과 영혼의 모든 기능을 발휘토록 하는 두뇌의 모든 것에 대해 자연과학적인 측면에서 전체를 한눈에 알아볼 수 있는 정도로 파악해 본다.

제8장에서는 인간의 마음과 영혼을 담고 있는 뇌에 대한 과학적 탐구의 역사적 과정과 현황을 살펴보고자 한다. 자세하게 다루자면 한이 없는 일이므로 주제에 따라 전체를 한눈에 바라볼 수 있도록 일목요연하게 요약하여 정리할 것이다. 그 다음에는 이러한 탐구가 밝혀 놓은 뇌 발달의 현황에 대해 살펴보고자 한다. 이 과정에서 동물이 뇌를 필요로 하게 된 원인과 뇌의 출현 그리고 진화 과정을 살펴본다. 진화의 역사에서 다른 동물들과 무관하지 않은 인간이 출현하여 그 뇌가 발달해 온 과정을 살펴보고, 한 인간 안에서 뇌가 성장하는 과정을 살펴본 후 인간의 뇌가 앞으로도 계속해서 진화할 것인가에 대해 간략하게 정리하고자 한다. 이러한 탐구 과정을 바탕으로 제8장에서 본격적으로 고찰하고자 하는 것은 마음과 영혼의 근원 문제이며, 이를 뇌 과학적인 방법으로 접근하고자 한다.

* * *

  제9-10장에서는 영혼·마음·정신의 정체, 육체와 영혼의 관계에 대해 자연과학적 지식과 인문학적 지식을 동원하여 알아보고자 한다. 인간의 뇌와 감각 기관을 제대로 이해하는 일도 대단한 노력을 필요로 하는 것이고, 감각 기관의 능력을 초월하는 부분은 쉽게 접근할 수 없는 영역이다. 인간의 인식 능력에 대한 연구는 과학적 연구가 활발하게 진행되기 시작한 때부터 집중적으로 이루어졌다. 인간의 영혼과 마음 그리고 정신에 대한 연구도 과학 전반의 발전과 밀접하게 연관되어 있다.

  오늘날 신경과학 연구자들에 의해 뇌 안에서 지각·기억·감정과 같은 특정한 과정들이 진행되는 것에 대한 많은 연구가 이루어지고 있으나, 아직 인간을 온전히 설명하기에는 불충분하다. 하지만 뇌의 작동 원리에 대한 수많은 정보들이 이미 밝혀져 있고, 철학과 신학 분야에도 오래 전부터 인간의 정체에 대한 문제와 육체와 영혼의 관계에 대한 문제를 깊이 성찰해 온 자료들이 많이 있기 때문에, '영혼·마음·정신의 정체'와 '육체와 영혼의 관계'에 얽힌 의문들을 풀어보는 데에 한번 도전해 볼 만하다고 생각한다. 이러한 노력에도 불구하고 새로운 사실을 불과 일부밖에 더 알아내지 못한다고 하더라도, 다음 단계로 나아가는 과정에 디디고 지나갈 계단 하나 정도의 역할은 수행할 수 있을 것이다.

  현대인들은 이 세상에 다양한 문화와 종교가 존재하고 있다는 사실을 잘 알고 있고, 자신이 신봉하는 종교가 이제 더 이상 절대적인 진리를 가진 완벽하고 가장 좋은 종교라는 배타적인 주장을 할 수 없다는 것을 점차 느끼고 있다. 심지어 현재 존재하는 여러 종교들을 통

* * *

합하여 좀 더 나은 종교를 개발하고자 시도하는 사람들이나 단체들도 무수히 생겨나고 있다.

　그래서 21세기가 진행될수록 점차 어려워지고 있는 과제 중 하나가 종교교육이고 복음화라고 해도 과언이 아니다. 이러한 상황에서 우리가 취할 자세가 무엇인가에 대해 연구하고 실천하는 일에 일조하려는 것이 제11장의 목표이다. '진리가 너희를 자유롭게 할 것이다.'(요한 8, 32)고 하신 예수님의 말씀과 한 인간으로서 가진 내면의 욕구를 좇아 우리가 추구하는 것은, 진리이다. 진리를 알면 발생하는 여러 갈등들을 줄이고 평화와 기쁨을 정착시킬 수 있을 것이다. 필자는 '진리와 진리는 상호 모순될 수 없다.'는 교황 요한 바오로 2세의 말씀에 힘입어 종교적인 진리를 찾는 데에 있어 복잡해 보이는 현실 안에서도 낙관적인 자세를 가질 수 있다고 생각한다. 그러나 실제 이 작업은 그렇게 만만한 것이 아니라는 것을 알고 있다.

　필자는 제11장에서 다양한 종교적 세계관의 발상지이자 우리 삶의 장인 시간과 공간 그리고 그것을 인식하는 인간의 인식능력에 대한 새로운 고찰을 소개하고자 한다. 이러한 고찰은 New Age 운동을 비롯한 신흥종교들이 성립되어 나오는 배경을 이해할 수 있는 자료가 될 수 있을 것이고, 나아가 이러한 것에 대처할 수 있는 방안을 개발하는 데에 큰 역할을 할 수 있을 것이다.

　교황 요한 바오로 2세는 종교 간의 대화와 평화를 중요한 일로 간주하여, 교황에 즉위한 후 일찍부터 전 세계에 존재하는 수많은 종교의 지도자들을 한자리에 초빙하곤 했다. 교황의 이러한 노력은 그 자리에 초대를 받은 각 종교 지도자들만이 아니라 의식이 깨어있는 많은

* * *

사람들로부터 매우 바람직한 작업으로 평가를 받았고, 지구촌의 여러 민족 사이의 종교 간 대화와 평화 정착에 적지 않은 역할을 했다. 이것은 제2차 바티칸 공의회의 종교자유에 관한 정신을 구체적으로 실천해 나간 것이기도 하다.

제12장에서는 자연과학의 발달로 현대인이 자연을 인식해 가는 데에 발생한 변화를 검토하여 종교 간의 이해를 도모하는 데에 도움이 될 방안을 모색하고자 한다. 존재하는 사물과 일어나는 사건에 대해 가능한 대로 여러 각도에서 관찰해야 좀 더 객관적이고 깊이 있는 인식을 할 수 있다는 사실을, 일반 종교와 계시 종교를 이해하고 서로 평화로운 공존과 진정한 대화를 도모하는 데에 적용해 보려는 것이다. 계시 진리는 자연과학의 진리를 배척하지 않고 오히려 인정하고 계시의 빛으로 비추어 더욱 풍요롭게 한다는 것이 신학의 입장이다. 그래서 신학은 자연과학과 끊임없는 대화를 시도하고, 자연과학이 밝혀놓은 자연에 대한 새로운 인식을 활용하여 새로운 이론을 전개하고 발전시키기도 한다.

제13장에서 필자는 인류의 생존 이래로 언제나 관심의 대상이었고 다양한 사상들이 전개되고 있는 죽음과 이에 따르는 것으로 믿음의 대상이 된 천당, 연옥, 지옥, 부활 그리고 심판의 문제에 대해 필자의 자연과학적 · 철학적 · 신학적 지식을 총동원하여 고찰해 보고자 한다. 가능한 대로 객관성을 유지하려고 노력할 것이지만 여기에 개진하는 생각들은 필자가 지닌 사고의 패러다임 안에서 구성되는 것이기에 주관이 적지 않게 개입될 것이다.

* * *

　본 글은 실험과 검토를 거친 어떤 확정적인 이론을 제시하려는 것이 아니다. 인문학적·추상적 주제에 대해서는 과학적 검정이 가능하지도 않는 것이기에, 다만 이러한 방향으로도 생각해 보자는 문제 제기 정도라는 것을 감안해 주면 좋겠다.

목차

권하는 말
머리말
시작하는 말

제1장 삶의 주인공인 나 ·· 23

제2장 몸에 관한 우주적 고찰 ·· 33
    시작하는 말 ··· 35
    1. 거시세계와 미시세계 사이의 몸 ························ 37
    2. 몸과 공기 ·· 39
    3. 몸과 물 ·· 42
    4. 몸과 음식 ·· 50
    5. 몸과 땅 ·· 54
    6. 몸과 지구 ·· 56
    7. 몸과 태양 ·· 60
    8. 몸과 우주 ·· 62
    9. 몸과 시간 ·· 64
    마치는 말 ··· 68

제3장 몸을 구성하는 기본 요소 ····································· 71
    1. 원소 ··· 74
    2. 분자 ··· 75
    3. DNA ·· 77
    4. 세포 ··· 80

* * *

제4장 몸을 구성하는 기관 ································· 83
    1. 피부 ·· 85
    2. 뼈 ·· 86
    3. 근육 ·· 87
    4. 혈액 ·· 88
    5. 심장 ·· 89
    6. 뇌 ·· 90
    7. 신경 ·· 92
    8. 소화기 ··· 93
    9. 간 ·· 94
    10. 호흡기 ·· 96
    11. 비뇨기 ·· 97
    12. 감각기 ·· 98
    13. 내분비계 ·· 102
    14. 면역계 ·· 104
    15. 남녀의 성 ··· 106

제5장 뇌 과학에서 본 두뇌의 구조와 작용 원리 ······ 109
    시작하는 말 ··· 111
    도입 ·· 114
    1. 뇌의 일반적 구조 ··· 117
    2. 신경세포 ·· 121
    3. 대뇌피질(인간의 뇌) ··· 126
    4. 대뇌변연계(포유류의 뇌) ··································· 131
    5. 뇌간(파충류의 뇌) ·· 136

＊ ＊ ＊

6. 소뇌 ·· 139
7. 척수 ·· 140
8. 신경계 ·· 140
9. 뇌혈관계 ··· 145
마치는 말 ·· 147

제6장　뇌 과학에서 본 뇌의 정보전달 방법과 기능 ··· 149
　　　시작하는 말 ·· 151
　　　1. 뇌의 호르몬과 전기적 작용 ···························· 153
　　　2. 뇌의 기능 ··· 163
　　　마치는 말 ·· 185

제7장　뇌 과학에서 본 뇌 능력 개발과 뇌·정신 질환 187
　　　시작하는 말 ·· 189
　　　1. 뇌 능력 개발 ·· 190
　　　2. 뇌·정신 질환 ·· 211
　　　3. 뇌·정신 질환 치료 ·· 221
　　　마치는 말 ·· 224

* * *

제8장 뇌 과학에서 본 마음과 영혼의 근원 문제 ······ 227
    시작하는 말 ·· 229
    1. 뇌 과학의 현황 ·· 230
    2. 뇌 발달의 현황 ·· 240
    3. 마음과 영혼의 근원 문제 ································· 249
    마치는 말 ·· 263

제9장 영혼·마음·정신의 정체 ······································ 267
    시작하는 말 ·· 269
    1. 뇌와 유전자 ··· 271
    2. 뇌와 정신 ··· 273
    3. 영혼의 정체 ··· 277
    4. 마음의 정체 ··· 286
    5. 자아의 정체 ··· 290
    6. 정신의 정체 ··· 292
    7. 영혼과 정신의 차이 ··· 297
    8. 영혼 불멸 ··· 298
    9. 인식 작용 ··· 301
    10. 언어 ·· 305
    11. 인간 존재의 신비 ··· 306
    마치는 말 ·· 310

✼ ✼ ✼

제10장 육체와 영혼의 관계 ····· 313
시작하는 말 ····· 315
1. 육체와 영혼의 관계에 대한 다양한 견해 ····· 318
2. 원시인의 세계관 ····· 322
3. 고대 그리스 사상 ····· 323
4. 플라톤 ····· 325
5. 아리스토텔레스 ····· 327
6. 구약성경 ····· 330
7. 신약성경 ····· 331
8. 아우구스티누스 ····· 332
9. 토마스 데 아퀴노 ····· 333
10. 데카르트 ····· 336
11. 로마노 과르디니 ····· 340
12. 제2차 바티칸 공의회 ····· 357
13. 신학 ····· 358
14. 교회의 가르침 ····· 360
마치는 말 ····· 362

제11장 거시세계와 미시세계 사이의 인간과 신앙 ····· 365
시작하는 말 ····· 367
1. 살아있는 생명체의 생명 원리 ····· 369
2. 그리스도교 세계관의 변화 추이 ····· 371
3. New Age 운동의 정체 ····· 372
4. 시간에 대한 새로운 이해 ····· 376
5. 공간에 대한 새로운 이해 ····· 384
6. 인간의 인식 능력과 세계 ····· 396
7. 신영성 운동과 복음화 ····· 416

✳ ✳ ✳

제12장 종교의 자유와 자연계에 대한 인식의 변화 … 425
   시작하는 말 …………………………………………… 427
   1. 종교의 자유 정의 ………………………………… 430
   2. 종교자유에 관한 역사적 고찰 ………………… 433
   3. 제2차 바티칸 공의회의 종교자유에 관한 선언 ………… 439
   4. 종교자유에 관한 교황청의 최근 문헌 ……………… 443
   5. 자연계에 대한 인식의 변화 ……………………… 448
   마치는 말 …………………………………………… 459

제13장 죽음과 천국에 관한 21세기적 고찰 …………… 461
   시작하는 말 …………………………………………… 463
   1. 죽음의 본질 ……………………………………… 464
   2. 천당의 정체 ……………………………………… 469
   3. 연옥의 정체 ……………………………………… 476
   4. 지옥의 정체 ……………………………………… 481
   5. 부활의 본질 ……………………………………… 484
   6. 언제 부활하는가? ………………………………… 490
   7. 누가 심판하는가? ………………………………… 493
   8. 언제 심판하는가? ………………………………… 495
   마치는 말 …………………………………………… 498

마치는 말: 살아있음의 신비와 소중함 …………………… 500
참고문헌 ……………………………………………………… 504
미래사목총서 발간사 ……………………………………… 511

1

삶의 주인공인 나

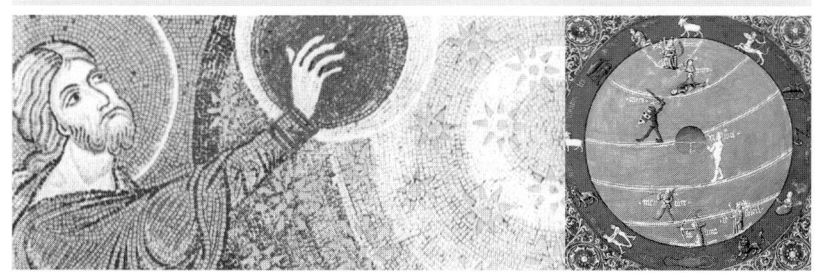

※
※
※

슈바이처 박사는 가봉의 람바레네에 설립한 병원에서 끊임없이 찾아오는 환자들을 치료하기에도 늘 바빴다. 그럼에도 불구하고 해거름이면 따로 시간을 마련하여 병원 근처를 흐르던 강가를 찾아가 사색과 저술 작업을 게을리 하지 않았다. 늘 산책하던 그 강가에서 여느 날과 다름없던 어느 날 해가 뉘엿뉘엿 넘어가던 무렵에 그의 사상의 핵심이 된 '생명에의 외경'이란 명제가 머리를 스쳤다.

"아, 나는 살고자 하는 생명체들로 둘러싸인 살고자 하는 생명이로구나!"

그렇다, 우리는 살고자 하는 생명체들로 둘러싸인 살고자 하는 존재다. 그래서 이렇게 살아있다. 구약 46권, 신약 27권으로 구성된 성경에 있는 모든 말은 '너 갓 태어난 벌거숭이 핏덩이야, 살아라! 쑥쑥 자라서 행복하게 살아라. 죽음도 두려워하지 마라. 네 생명은 죽음으로 끝나는 것이 아니라 부활이라는 완성의 길로 들어서기 때문이다. 그것을 위해 너를 무척 사랑하고 네 이웃 또한 그렇게 사랑해라. 그리고 네게 생명을 주시고 네가 마음껏 살기를 원하시는 하느님을 사랑해라. 그것이 네가 살길이다.'라는 내용으로 요약될 수 있다. 유교, 불교, 도교, 무속, 이슬람 등 모든 종교에서 하는 말도 결국은 이와 같거나 비슷한 내용의 말을 하려는 것이다.

하여간 나는 이렇게 살아있다. 내가 이렇게 살아있는 것은 평범해 보일 수도 있지만 자세히 살펴보면 보통 일이 아니다. 학자들은 한 사람이 태어날 수 있는 확률이 3조 분의 1이라고 한다. 더구나 나는 38억 년 지구상의 생명체 역사에서, 8백만 년 인류의 역사에서 유일무이하고 앞으로도 결코 두 번 되풀이될 생명체가 아니기 때문에, 확률로 따지자면 0에 가까운 고유한 존재임이 틀림없다.

내가 이렇게 살아있는 것은 현재 내 몸 안에서 엄청난 일이 순조롭게 진행되고 있기 때문이다. 1분에 약 70회 정도 심장이 뛰고 있고 약 15-20회 정도 숨을 쉬고 있다. 복잡한 과정의 소화 작용이 이루어지고 있고 206개나 되는 뼈들 속에서 피가 만들어지고 있으며, 약 100조 개나 되는 세포들은 여기서 글로 다 서술할 수 없는 엄청난 일들을 활발하게 하고 있다. 200여 종류의 각종 세포들은 DNA복제를 비롯하여 세포분열을 하고 있고, 피가 가져 온 산소와 포도당을 이용하여 자신이 맡은 고유한 임무들을 수행하고 있다. 1천억 개가 넘는 뇌세포들이 복잡하게 어우러져 의식·무의식 세계의 모든 것이 제대로 돌아가도록 지시하고 있다. 이것을 위해 뇌세포보다 10배나 더 많은 뇌 속의 신경교세포들이 협조를 잘 하고 있다. 이런 모든 일이 순조롭게 진행되고 있기 때문에 내가 이렇게 살아있다. 이들을 내가 직접 의식하여 감당해야만 한다면 이것은 어림도 없는 일이고 완전히 불가능한 일이다. 100조 개의 세포 중 어느 하나라도 내가 인위적으로 만들 수 있는 것은 없지 않은가?

살아있는 것은 나 혼자 가능한 것이 아니라 주변 세계와 끊임없는 교류를 통해서 가능하다. 지금 이 순간에도 내 몸은 끊임없이 호흡하면서 주변의 공기와 교류를 하고 있고, 하루에 약 3ℓ의 물과 1.5kg의 음식물을 먹고 마시며 그만큼 배출하는 교류를 하고 있다. 뿐만 아니라 다른 많은 유형·무형의 요소들과의 교류를 통해 나의 삶이 이루어지고 있다.

나의 몸이 살아있도록 하기 위해 외부 세계에서 끊임없이 몸 안으로 들어왔다가 배출되는 공기와 물 그리고 다른 각종 원소들의 고향은 이 우주 전체다. 밤하늘에 떠 있는 별들이 아득히 멀리 있어 작은 빛으로 보이는 것 외에는 나와 아무런 상관이 없는 것으로 생각하기 쉽지만 실은 나의 고향이다. 내 몸에 어느 한 요소도 아무런 이유 없이 존재하지 않듯이 거대한 우주 안에 존재하는 모든 요소도 나름대로 존재 이유가 있는 것이다.

약 137억 년 전에 대폭발(Big bang, Urknall)이라는 사건으로 천지창조는 시작되었다. 처음에는 엄청난 양의 에너지가 있었고 그것을 바탕으로 소립자들이 생성되었으며, 그 다음에는 최초의 원소인 수소가 생성되었다. 우주에 떠 있던 엄청난 양의 수소 원자들은 모여들어 별을 형성하여 핵융합을 하면서 주변에 엄청난 양의 빛과 에너지를 쏟아 내고 내부에는 다양한 종류의 원소들을 만들어 갔다. 이러한 별들이 모여 은하를 만들어 갔는데 하나의 은하에 약 1-2천억 개의 별들이 있고 이 우주에는 이러한 은하가 약 1천억 개나 있다.

제1세대 별들은 대개 크기가 엄청나다. 때문에 자체 중력이 대단하여 핵융합의 속도도 상당히 빨라 이내 수명을 다하고 초신성으로 폭발하면서 내부에서 만든 수많은 원소들을 우주로 흩어 보냈다. 시간이 지나면서 우주로 흩어졌던 원소들과 수소들이 다시 모여 제2세대 별들과 행성들을 만들었다가 수명이 다하면 다시 초신성으로 폭발하여 우주 공간으로 흩어져 갔다.

태양은 이러한 과정을 거친 제3세대의 별이고 우리가 살고 있는 지구는 제2세대 별의 폭발로 우주로 흩어져 갔던 물질들이 모여 이루어

---

1 인류가 알고 있는 원소의 종류는 107개를 넘어서고 있으나, 지구 위에 존재하는 자연 원소의 종류는 92개이다. 이들 중에서 황(S), 인(P), 산소(O), 질소(N), 탄소(C), 수소(H)가 생명체의 99%를 이루고 있다. 생명체는 이 외에도 소량이긴 하지만 칼슘(Ca), 염소(Cl), 코발트(Co), 구리(Cu), 플루오르(F), 요오드(I), 철(Fe), 마그네슘(Mg), 망간(Mn), 몰리브덴(Mo), 칼륨(K), 셀렌(Se), 규소(Si), 나트륨(Na), 바나듐(V), 아연(Zn)과 같은 원소들을 반드시 필요로 한다.

진 행성이다. 이러한 과정을 거치는 사이에 우리 몸을 구성하는 원소들이 만들어지고 마시는 물이 만들어졌으며, 호흡하는 공기가 만들어졌다. 그러므로 내가 지금 호흡하고 있는 공기에는 기나긴 이야기가 담겨 있는 것이다. 수소 원자 두 개와 산소 원자 한 개로 구성된 물 분자 하나가 만들어지는 데에는 수십억 년의 역사가 숨어 있다.

우리 지구는 약 46억 년 전에 태양계가 만들어질 때 함께 형성된 행성으로, 태양계 안에서 유일하게 생명체가 존재하는 참으로 고귀하고 아름다운 존재다. 어쩌면 약 2천억 개의 별들로 구성된 우리 은하에서 유일하게 생명체가 살고 있는 장소일는지도 모른다. 그러할 가능성이 매우 높다.

지름이 약 10만 광년인 우리 은하의 중심에서 가까운 부분은, 여러 차례의 폭발과 재구성의 과정을 거치면서 중금속이 너무 많은 별들로 구성되어 있어 생명체가 살아갈 수 있는 환경이 조성되기 어렵다. 반면 은하의 외곽지는 아직 원소들이 충분히 형성되지 않아 역시 생명체가 조성될 수 있는 여건이 마련되어 있지 않다. 은하의 중심에서 약 2만 8천 광년 떨어진 태양의 위치가 생명체가 살기에 적절한 지역이다.

태양계 안에서도 태양으로부터 약 1억 5천만km 떨어져 있는 지구에서만 생명체가 살아갈 수 있다. 수성과 금성은 태양에 너무 가까이 있어서 뜨거운 열기 때문에 물이 액체 상태로 있지 못하고, 화성·소행성·목성·토성 등은 태양에서 너무 멀리 떨어져 있어 온도가 낮기 때문에 물이 있다 하더라도 모두 얼어붙어 있다. 그 외에 여러 가지 이유로 지구에만 생명체가 있고, 인간과 같은 고등 생물체도 역시 오직 지구에만 있는 것이 분명하다.

지구 안에 약 1천만 종 이상의 각종 동·식물들과 그보다 더 많은 수의 미생물들 그리고 아직 미지의 세계로 남아 있는 깊은 바다 속의 생명체들이 살아가고 있다. 이들은 아무 이유 없이 그냥 존재하는 것이 아니다. 지구 안에서 살고 있는 생명체들은 어우러져 서로를 살게 한다. 약 38억 년 전, 태양의 강력한 자외선이나 아황산가스·높은 농도의 이산화탄소와 같은 유해한 공기로부터 보호되던 바다 속에서 창조된 최초의 식물과, 진화의 과정을 거치면서 생성된 다양한 종류의 바다 속 식물들은, 수십억 년 동안 끊임없이 광합성을 하면서 이산화탄소를 고착시키고 산소를 대기로 내보내어 95% 이상을 차지하던 대기 중의 이산화탄소 농도를 1% 이하로 낮추고 산소의 농도를 높였다. 그리하여 물속에서는 물론 지상에서도 생명체가 살아갈 수 있는 여건을 만들었다.

약 7억 년 전에 바다 속에서 최초로 생겨난 동물들도, 육지의 사정이 좋아짐에 따라 식물에 뒤이어 육지로 올라왔고 이후로 꾸준히 진화되어 왔다. 식물의 광합성에 절대적으로 의존하고 있는 동물은 이동성이 없는 식물이 지구 전체에 퍼져 살아가도록 씨앗을 퍼뜨려 주는 역할을 하면서 식물의 도움에 보답을 해왔다. 이러한 구조는 지금도 이어가고 있다.

이렇듯 생명체들의 생명력과 진화에 힘입어 이 땅에 태어난 나 한 사람이 생존하는 데에는 온 우주가 동원되어야 가능한 일이다. 지금도 날마다 수많은 생명체들이 나의 몸과 정신을 유지하기 위해 자신의 목숨을 바치고 있다. 쌀, 밀, 옥수수, 생선, 돼지, 소, 각종 채소와 과일 등이 날마다 나의 목숨을 위해 자신의 목숨을 희생하고 있다. 이 모든 것을 위해 태양이 매 순간 엄청난 양의 에너지를 지구로 보내고 있다. 그래서 우리 모두는 태양을 먹고사는 아이들이기도 한 것이다.

이것은 창조론을 믿는 유신론자이든 유물론적 진화론을 믿는 무신론자이든 부인할 수 없는 학문적 탐구의 결과이다. 물론 앞으로 보다 섬세하고 정확한 탐구가 진행되어 인류의 의식 세계를 더욱더 확장시키고 밝혀줄 것이다. 우리 인간이 이 우주에 존재하는 이유가 바로 이러한 자의식을 가지는 일일 것이다. 우주가 아무리 크고 오래되었으며 뛰어난 존재라고 하더라도 그것을 인식하는 주체가 없으면 아무 것도 아니다.

　이 우주의 존재와 의미, 그 가치와 아름다움을 인식하는 인간이야 말로 우주의 중심이라고 할 수 있다. 그 중에서도 이렇게 살아있는 필자와 독자 각자가 나름대로 이 우주의 중심이다. 우주는 언제나 나를 중심으로 펼쳐진다. 이 세상에 나 아닌 어느 다른 곳에 객관적으로 존재하는 중심은 없다. 은하의 중심이나 태양의 중심 또는 지구의 중심이 우주 중심이 아니라 바로 내가 우주의 중심이다. 공간적으로도 시간적으로도 그러하다. 나를 중심으로 공간이 앞·뒤·좌·우·위·아래로 펼쳐지고, 지금 내가 살아있는 이 순간을 중심으로 현재·과거·미래가 펼쳐진다.

　이 세상이 아무리 크고 다양하며 그 안에 아무리 많은 사람들이 살고 있다 하더라도, 내가 살아있기 때문에 존재하고 내가 죽으면 나에게는 아무것도 아니다. 나에게 있어서는, 내가 태어날 때 이 세상이 창조되었고 내가 죽을 때 이 세상은 종말을 맞이할 것이다. 나는 이렇게 엄청난 크기의 공간과 엄청난 길이의 시간의 한 가운데에 있고, 살고자 하는 엄청난 수의 생명체들의 한 가운데에 살아있다. 한 마디로 나는 삶의 주인공인 셈이다. 이 주인공을 살리기 위해 오늘도 어제와 같이 수많은 생명체들이 자신의 목숨을 바치고 있다.

　이 우주는 자신에 대해 어떻게 인식하든 비난하거나 칭찬하지 않고 아무런 말이 없다. 그러나 그 안에 엄연히 존재하는 질서와 진·선·미를 존중하지 않을 때에는 급격히 또는 서서히 이 존재 세계에서 도태시킨다. 이러한 상황에서 우리 자신이 올바로 서는 것이 가장 중요한 일이고 급선무이다. 이 우주 안의 물질들이 중력, 전·자기력, 강력, 약력으로 무장하여 서로 모이는 것을 좋아하듯이, 건강한 의식을 가진 대부분의 사람들은 올바른 것, 좋은 것, 아름다운 것을 좋아하고 받아들이며 그것과 더불어 살아가려 한다. 우리가 이들을 지니고 있으면 사람들이 우리에게 다가올 것이고 그렇지 않으면 멀어져 갈 것이다. 그런데 우리는 아직 이들을 온전히 파악하지도, 온전히 누리지도 못하고 있다. 다만 온전한 진·선·미를 향한 과정 중에 있을 뿐이다. 여기에 우리가 부단히 노력해야 할 이유가 있다.

그렇다면 삶의 주인공인 나는 어떻게 할까? 어떻게 하면 살아있는 이 엄청난 일을 감당해낼 수 있을까? 그것은 두 말할 것도 없이 나의 존재에 대해 감사하는 것에서부터 시작할 수 있다. 내가 이렇게 살아있는 것이 결코 우연이나 물질의 진화에 의한 것만은 아니다. 생태계의 내부에 우연과 진화의 요소들이 많은 것은 사실이지만, 내가 이렇게 살아있는 것의 배경에는 분명히 창조주의 뜻이 있다. 내가 현재 이 순간 여기에 이렇게 살아있기 위해, 하느님께서는 반지름 150억 광년 크기의 이 우주와 그 안의 모든 것을 137억 년 전부터 섭리해 오셨다. 수많은 앞선 세대들이 이 땅에서 삶을 살다 갔고 앞으로 수많은 후 세대들이 이 땅에서 살다 가겠지만, 지금 이 순간은 내가 삶의 주인공이다. 내가 이렇게 깨어 있으면서 이 모든 것을 인식하고 그 가치와 아름다움에 경탄하며 감사하고 있다.

그것만으로 나의 존재 이유와 가치는 충분하고, 내가 살아있는 현상이 너무나 경이롭기 때문에 살아있음 자체만으로도 충분하다. 여기에 명예, 권력, 돈, 미모, 튼튼한 근육 등으로 치장하지 않아도 충분히 훌륭하고 경이롭고 충만하다. 이런 저런 이유로 열등의식에 시달리고 있는 사람은, 자신이 이렇게 위대하고 경이로운 존재란 것을 모르고 있거나 스스로 그러한 방향을 선택한 것에 지나지 않는 것이다.

내가 지금 이렇게 살아서 보고 듣고 느끼며 인식하는 것을 인위적으로 조정한다면 슈퍼컴퓨터 100만 대를 동원해도 불가능한 일이다. 살아있는 나는 살아있는 이 자체만으로도 많은 것을 가지고 있는 부자이기 때문에 나와 마찬가지로 경이로운 존재인 이웃에게 줄 수 있는 것이 많다. 따뜻한 마음과 맑고 밝은 미소를 줄 수 있고 소중한 만남을 가질 시간을 줄 수 있으며, 귀를 기울여 그들의 말을 들을 수도 있다. 그들을 있는 그대로 인정하고 위로와 칭찬을 할 수도 있다. 이 외에도 할 수 있는 것이 너무나 많다. 이에 대해 여기에 더 언급하는 것은 진부할 뿐이다.

그래서 이 세상에 산재한 이런저런 많은 고통들에도 불구하고 삶의 주인공인 나는, 언제나 행복할 이유를 충분히 지니고 세상 한 가운데에서 이렇게 오늘을 살아가고 있다.

삶의 주인공인 나, 와! 실로 대단한 존재다. 삶에 대해 용기를 내자. 파이팅!!

2

몸에 관한 우주적 고찰

* * *

시작하는 말

몸은 인류의 역사에서 그리고 개인의 삶에서 관심의 대상이 되지 않은 적이 없었다고 해도 과언이 아니지만, 특히 현대 사회에서 대단한 관심의 대상이 되고 있다. 몸은 정신과 더불어 인간을 구성하는 중요한 요소일 뿐만 아니라 인간 자신이다. 인간은 정신이 있는 몸이고 몸은 정신을 내포한 인간이다. 몸에 대한 담론을 펼쳐놓은 좋은 책들이 도서관과 서점에 많이 있고, 화장품 및 각종 장신구와 의복들을 비롯한 몸을 대상으로 하는 상품들도 대단히 많다. 나아가 모델, 운동선수, 배우 등 몸을 상품화한 경우도 많이 있다. 최근 들어 신조어가 된 얼짱과 몸짱은 사람들의 우상이 되다시피 하고 있다.

몸에 대한 이야기는 미적인 차원, 기능적인 차원, 남녀의 성적인 차원 등 여러 가지 관점에서 수를 헤아리기 힘들 정도로 다양하고 흥미진진하게 전개할 수 있을 것이다. 이러한 차원에서 몸에 대해 언급한 책들이 비교적 많이 있으므로,[1] 필자는 몸 자체가 성립될 수 있었던 우

---

1 김용호, 『몸으로 생각한다』, 민음사, 1997; 정화열 저, 『몸의 정치』, 박현모 역, 민음사, 1999; 윌리엄A. 유잉저, 『몸』, 오성환 역, 까치, 1996; 크리스쉴링 저, 『몸의 사회학』, 임인숙 역, 나남출판, 2000; 피터부룩스 저, 『육체와 예술』, 이봉지 · 한애경 역, 문학과지성사, 2000; C. A. 반 퍼슨 저,

주적 배경과 주변 환경과의 끊임없는 교류를 통해 몸이 유지되는 구조에 대해 고찰해보고자 한다.

우리는 몸에 대해 고찰할 때 일반적으로 현재 눈에 보이고 손에 잡히는 몸을 대상으로 한다. 현재 이 순간 오관에 와 닿는 몸을 몸이라 하고 사진을 찍고 그림을 그리며 글로써 다양한 묘사를 한다. 물론 여기에서부터 출발하는 것이 옳은 일이다. 그러나 이 정도에서 머문다면 그것은 출발선에서 별로 나아가지 않는 것과 다름이 없다. 몸은 그 이상의 것이기 때문이다. 몸은 고정된 사물이 아니어서 주변 환경과 끊임없이 교류할 뿐만 아니라 지속적으로 변하는 존재이다. 지금 이 글을 쓰고 읽고 있는 순간에도 호흡을 하고 물을 마시며, 몇 시간 후에는 일정량의 음식을 먹을 것이고 하루에도 여러 번 소변을 배설하고 한 번 정도 대변을 배설할 것이다. 나의 의지와는 상관없이 분당 70회 정도 맥박이 뛰어 피가 온 몸을 돌고 소화가 진행되며, 세포들이 활발한 활동을 하면서 이 몸이 생존·변화하게 된다. 몸의 이러한 특성을 곰곰이 생각해 보면, 단순히 눈에 보이는 현재 이 순간만의 몸을 몸이라고 하기에는 몸이 주변과 나누는 것이 너무나 많고 그것과 더불어 언제나 변하고 있는 것을 알 수 있다.

본 장에서는 최근의 천체물리학, 환경과학, 생물학, 의학의 지식을 동원한 학제간 연구를 통하여 몸이 이 우주 안에서 차지하는 위치를 알아보고, 외부 세계의 다양한 조건들과의 교류를 통해 자신의 생명을 지켜나가고 있는 인간의 모습을 이해하고자 한다. 나아가 이러한 공간적인 고찰뿐만 아니라 몸의 시간적 현상에 대해서도 살펴보고, 신앙과 신학이 이러한 고찰에 다가가야 할 이유를 제시하고자 한다.

『몸·영혼·정신: 철학적 인간학 입문』, 손봉호·강영안 역, 서광사, 1989'; M. 존슨 저, 『마음 속의 몸』, 노양진 역, 철학과현실사, 2000 외 다수.

1. 거시세계와 미시세계 사이의 몸

약 1천억 개의 은하로 구성된 이 거대한 우주 안에서, 태양계는 한 점에 지나지 않을 정도로 작은 존재이고 그것의 한 행성인 지구는 더욱 작은 존재이며, 그 안에서 살아가고 있는 수많은 생명체들과 70억의 사람 중 하나인 나의 몸은 참으로 작은 존재이다. 그래서 이 거시의 세계에 대해 생각하면 나의 몸에 대한 가치와 자부심을 의식하기가 쉽지 않다.

그러나 생각의 방향을 바꾸어 미시의 세계를 들여다보면, 미시세계 안에 또 하나의 거대한 세계가 있는 것을 인식할 수 있고 나의 몸이 그렇게 작기만 한 존재가 아니란 사실도 알 수 있다. 거시세계와 비교해서는 한 알의 작은 모래에도 미치지 못할 내 몸이지만 미시적으로는 약 100조 개의 세포들로 구성되어 있기 때문이다. 그리고 각 세포 안에는 핵, 세포질, 미토콘드리아, 리소좀, 리보솜, 중심립, 원형질막, 골지복합체, 퍼옥시솜, 미세필라멘트, 미세소관, 조면소포체, 활면소포체와 같은 다양한 기관들이 들어 있다.[2] 핵 안에 들어 있는 DNA에만도 30억 개가 넘는 염기가 있고, 염기들은 다시 무수한 수의 원소들로 구성되어 있다.[3] 세포 하나를 구성하는 데에 약 100조 개의 원소가 동원되고 있다.

거시세계인 이 우주 안에 존재하는 은하의 수는 10^{11}에 이르고 각 은하 안의 별 수는 10^{11}에 이르러 우주 안에 존재하는 별의 수는 10^{22}에 이른다.[4] 그런데 앞에서 언급한 대로 우리 몸을 이루는 세포 수는

2　Robert A. Wallace 외 2인 저, 『생물학; 생명의 과학』, 이광웅 외 7인 역, 을유문화사, 1998°, p. 93 이하.

3　『과학동아』, 동아사이언스, 1995년 9월호, pp. 15-22. 왓슨과 크릭은 1953년 DNA의 이중나선구조를 밝혔다. 이것으로 이들은 생물학에서 혁명이 일어날 수 있는 토대를 마련했다.

4　전헌호, 『내가 우주보다 더 위대하다고?』, 함께읽는책, 2004, pp. 11-12.

10^{14}(100조)에 이르고 한 개의 세포를 이루고 있는 원소 수 역시 10^{14}에 이르러, 우리의 몸을 구성하고 있는 원소 수는 10^{28}에 이른다. 이것은 엄청난 크기의 우주 안에 존재하는 모든 별의 수보다 100만 배나 더 많은 수이다.

물질의 최소 단위인 원소들은 다시 양성자, 중성자, 전자 등으로 구성되어 있다. 가장 가벼운 수소는 구조가 단순하지만 우라늄과 같은 중금속은 상당히 복잡하고 양성자, 중성자, 전자의 수도 매우 많다. 물리학자들은 이들 미립자의 성질과 정체에 대해 밝혀내려는 노력을 계속하고 있다. 특히 21세기에 들어와서 미시세계의 영역을 다루는 나노과학에 관한 연구가 활발하게 진행되고 있다.

나의 몸은 거시세계와 미시세계의 중간에 위치하고 있다. 그래서 어떤 관점으로 나의 몸을 바라보느냐에 따라, 한 알의 작은 모래에도 미치지 못할 정도로 작게 볼 수도 있고 엄청나게 큰 또 하나의 우주로 볼 수도 있다. 미시세계로 눈을 돌려보면 이들에 대해 우리의 몸이 또 하나의 거대한 우주라는 생각을 하게 된다. 몸은 그렇게 작은 존재가 아닌 것이다.

100조 개나 되는 세포 안에서는 지금 이 순간에도 수많은 일들이 진행되고 있다. 산소를 이용해서 탄수화물을 에너지로 전환시키고 DNA 복제가 이루어지고 있으며, 낡은 세포를 처분하고 새로운 세포를 만드는 일이 진행되고 있다. 이러한 세포들로 구성된 각 기관들이 수행하고 있는 일들 또한 엄청나다. 폐·심장·위·소장·대장 등에서 호흡, 혈액 순환, 소화 등이 진행되고 있고 눈·귀·손발·뇌 등은 보고, 듣고, 움직이고, 이 모든 것을 지시하고 있다. 이렇듯 말로 다할 수 없는 일들이 원만히 진행되고 있기에 내가 이렇게 삶을 구가하고 있는 것이다.

몸 안의 미시세계에서 매 순간 진행되고 있는 수많은 일들을 우리가 의식적으로 수행해 내야만 하는 것이라면, 아마도 우리는 벌써 지쳐서 생명을 유지해 나가는 일을 포기하고 말았을지도 모른다.

2. 몸과 공기

지금 오관에 와 닿는 나의 몸이 여기까지 오는 과정에서 매우 중요한 역할을 한 요소들 중 하나가 호흡이다. 호흡은 내가 이 땅에 태어난 순간 이래로 단 몇 분도 정지한 적 없이 지속되어 온 것이다. 만약 호흡이 멈추었더라면 그 순간부터 나의 이 몸은 이 땅에 존재하기를 중지했을 것이다. 들숨날숨을 통해, 한 번에 약 500cc의 공기를 분당 16-20회 정도 몸 안에 받아들였다가 내놓기를 깨어있을 때나 잠을 잘 때나 끊임없이 해왔고 앞으로도 목숨이 다하는 날까지 지속할 것이다.[5]

나의 몸을 말할 때 지금 오관에 와 닿는 이 몸만 대상으로 생각한다면 몸의 중요한 기능과 역할을 간과하는 것이다. 호흡을 통해 공기와 끊임없이 교류하는 사실을 간과하는 것은, 공기를 배제하는 일이고 그것은 곧 몸의 죽음을 의미한다. 우리는 단 2분 동안도 숨을 쉬지 않고 견디기 어렵고 산소가 5분 정도만 뇌에 공급되지 않으면 뇌 세포가 손상되기 시작한다. 호흡을 10분 정도 하지 않으면 다시 회복될 수 없는 상태로 넘어가고 만다.

나의 몸이 호흡을 하는 것은 나의 몸 주변에 있는 공기와 교류하는 것이고, 그것은 공기도 나의 몸의 일부라는 것을 의미한다. 어느 한 특정한 부위의 공기가 아니라 공기 전체가 나의 몸을 이루는 구성요소이다. 특별한 조건을 설정해 놓은 인위적인 곳이 아닌 일반적인 상

---

5   성인 한 사람이 하루를 살아가는 데에 필요로 하는 공기의 양은 10-13m³이다. (이창기, 『환경과 건강』, 하서출판사, 1993, p. 23.)

황에서는 내가 호흡을 할 때 어느 한 특정한 공기만을 선택하는 것이 불가능하고, 어느 한 지역의 공기는 바람에 의한 이동을 통해 전체 공기와 끊임없이 교류하고 있기 때문이다.

그런데 이 공기는 나의 몸하고만 교류하는 것이 아니라 살아있는 모든 동·식물의 몸과 교류하고 있다. 나의 몸을 거친 공기가 그들의 몸을 거치고 그들의 몸을 거친 공기가 나의 몸을 거친다. 지금 이 순간에도 나의 방 안에 있는 식물들과 공기를 공유하고 있고, 누군가가 온다면 그와 공기를 공유할 것이다. 그래서 나의 몸은 이 방에 있는 식물의 몸과 완전히 무관하지 않은 존재이고, 다른 사람들을 비롯하여 모든 살아있는 생명체와 무관하지 않은 존재이다. 공기라는 공통분모를 제외하는 것은 엄밀한 의미에서 몸에 가장 은혜로운 존재에게 배은망덕 하는 일이고 말이 안 되는 일이다.

내가 호흡하는 공기의 구성비를 보면 질소 78.09%, 산소 20.94%, 아르곤가스 0.93%, 탄산가스 0.033%이고, 이외에도 Ne, He, Kr, Xe, H_2, CH_4, N_2O, SO_2, NO_2, NH_3, O_3 등이 극소량으로 포함되어 있다.[6] 이들 중 수소(H_2)만이 태초에 대폭발(Big Bang, Urknall) 직후에 생성되었고 나머지 원소들은 수소가 모여 만들어진 항성 속에서 생성되었다.[7] 항성이 수명을 다하여 초신성으로 폭발하면서 우주로 원소들이 흩어져 나갔다가 다시 새로운 항성인 태양이 형성되고, 태양의 주위를 맴도는 행성인 지구가 형성될 때 앞에 열거한 공기의 원소들이 지구의 중력에 의해 지구의 표면을 감싸는 공기가 된 것이다. 어느 한 항성의 수명이 짧게는 수천만 년에서 길게는 100억 년에 이르므로 수소 이외

---

[6] 박봉규 외 6인 저, 『생태적 조화를 이루는 인간환경』, 동성사, 1994², p. 178 이하; 이두호 외 6인저, 『인간환경론』, 도서출판나남, 1993, p. 162 이하.

[7] 한국지구과학회 편저, 『지구환경과학 II; 대기·해양·우주·환경』, 대한교과서주식회사, 1994, pp. 201-210; Jürgen Audretsch, Klaus Mainzer(Hg.), *Von Anfang der Welt; Wissenschaft, Philosophie, Religion, Mythos*, C. H. Beck Verlag, München, 1989, p. 78f; Joachim Bublath, *Geheimnisse unseres Universums; Zeitreisen, Quantenwelten, Weltformeln*, Dromer Verlag, München, 1999, p. 157f.

의 다른 성분들이 형성되는 데에는 엄청난 시간이 걸렸다. 또한 태양과 지구의 나이가 약 46억 년 정도 되는 것을 감안하면 나의 몸이 호흡하는 이 공기가 구성되기 시작한 것은 우주가 형성되던 137억 년 전으로 거슬러 가는 것으로 보는 것이 옳을 것이다.

산소가 20.94% 들어 있는 공기를 흡입한 나의 몸은, 피 속에 있는 헤모글로빈을 통해 산소를 약 2% 정도 몸 안에 받아들여 그 수가 약 100조 개나 되는 각 세포들로 공급한다. 우리 몸을 구성하고 있는 200여 종류의 세포들은[8] 자신이 수행해야 할 기능을 원활하게 하기 위해 세포 안의 미토콘드리아에서 공급받은 산소를 이용하여 당분에 들어 있는 태양에너지를 생활에너지로 바꾼다. 이 과정에서 산소는 탄소와 결합하여 이산화탄소가 되어 피에 실려 허파에서 산소와 교환되어 몸 밖으로 나간다. 우리의 몸을 벗어난 이산화탄소는 식물들의 엽록체 안에서 광합성의 과정을 통해 물과 협력하여 태양에너지를 안고 포도당으로 합성되어 다시 나의 몸을 비롯한 모든 생명체의 생활에너지로 사용될 수 있게 된다. 이 과정에서 이산화탄소에서 탄소와 산소가 분리되어 탄소는 포도당 분자를 합성하는 데에 사용되고 산소는 공기 중으로 배출되어 다시 우리의 몸이 호흡하는 데에 사용된다.

공기 중에서 산소의 구성비가 20.94%일 때 우리의 몸은 가장 편안하게 호흡한다. 우리의 몸이 배출하는 공기 중 산소의 비율은 약 19%이다. 그러므로 일반 공기 중에 산소의 비율이 19% 이하로 내려가면 몸은 호흡곤란을 느끼면서 갑갑해 한다. 밀폐된 곳에서 자주 창을 열어 공기를 순환해 주어야 하는 이유다. 일반 공기 중 산소의 비율은 지구 생태계가 바다와 식물들을 동원하여 20.94%를 유지해 나간다. 나의 몸이 이렇게 편안하게 호흡하는 데에 지구의 생태계가 하는 역

---

[8] 정진석, 『우주를 알면 하느님이 보인다』, 가톨릭출판사, 2003, p. 129.

할이 매우 큰 것을 알 수 있다.[9] 그러므로 몸을 언급할 때에 지구 생태계를 배제하는 것은 근시안적인 사고이고 배은망덕한 행위라는 비난의 화살을 피하기 어려울 것이다.

3. 몸과 물

호흡 다음으로 나의 몸을 현재 이 모습대로 유지하는 데에 큰 공헌을 한 것은 물을 마시는 행위다. 물은 우리 몸의 약 60%를[10] 구성하고 있고 몸이 살아있는 유기체로서 존재하는 데에 필요 불가결한 존재이다. 우리 몸을 구성하고 있는 물의 단 1%만 잃어도 갈증에 시달리게 되고 보충해 주지 않아 악화되면 목숨을 잃게 된다.[11] 물을 마시지 않고 열흘을 버틸 수 있는 사람은 거의 없다. 우리의 몸은 지금 이 순간에도 호흡, 땀, 소변 등을 통해 몸 안의 수분을 끊임없이 밖으로 배출하고 있다. 살아있는 동안에는 이러한 작용으로부터 해방될 수 없다.

끊임없는 호흡을 통해 폐 안으로 들어오는 공기가 폐에 부담을 주지 않고 건강한 대사 작용을 할 수 있도록 하기 위해서는 일정량의 수분을 내포해야 한다. 보통의 공기는 일반적으로 폐가 산소와 이산화탄소를 치환하는 대사 작용을 편안하게 할 수 있을 만큼 충분한 습도를 유지하지 못하기 때문에 우리 몸은 공기가 외부에서 코와 기관지를 통과하는 동안 수분을 공급하여 폐에 부담을 주지 않도록 한다. 또한 코와 기관지의 점액을 통해 공기 속에 든 먼지와 세균들을 제거한다. 이러한 일은 호흡을 하는 동안에는 언제나 변함없이 지속되기 때

---

9   E. P. Odum 저, 『생태학』, 이도원역, 동화기술, 1992.
10 이 수치는 성인 남자에 해당한다. 성인 여자는 약 54%, 어린이는 몸무게에 대한 물의 양이 많고 노인은 적다. 여자는 남자보다 몸에 지방이 많아 이것이 여자다움을 만들어 준다.
11 사람은 몸속의 물을 50% 잃으면 살 수 없다.(정진석, 앞의 책, p. 130.)

문에 여기에 필요한 수분만도 하루에 0.9ℓ나 된다.[12]

우리의 피부도 쉬지 않고 호흡을 한다. 그러는 동안 몸 안의 수분을 조금씩 밖으로 내보내면서 피부가 지나치게 건조하지 않도록 보호한다. 찬 유리에 손이나 피부를 대어 보면 이내 김이 서리는 것을 보아 우리의 몸에서 수분이 끊임없이 배출되고 있는 사실을 알 수 있다. 이러한 작용도 하루 종일 잠시도 쉬지 않고 진행되기 때문에 적지 않은 수분이 소모된다. 학자들의 발표 자료에 의하면 여기에도 0.6ℓ 정도의 수분이 소모된다고 한다.

먹은 음식물을 소화하는 과정에도 많은 양의 수분이 필요하다. 우리의 위와 장은 충분한 수분이 없으면 소화 작용을 전혀 할 수 없다. 음식을 입에서 잘게 부수는 과정에 끊임없이 침이 흘러나와 식도와 위가 부담을 느끼지 않을 정도로 무르게 하여 소화 작용을 돕는다. 침은 음식을 먹지 않는 시간에도 조금씩 계속 흘러나와 입안을 촉촉하게 적셔 놓아 말하고 생활하는 데에 불편함이 없도록 한다. 이러한 일은 하루 종일 지속되기 때문에 침샘은 하루 평균 1.4ℓ 정도의 수분을 필요로 한다.

음식물을 받아들인 위는 본격적인 소화 작용을 위해 많은 양의 위액을 분비하여 음식물을 더욱 잘게 분해하면서 그 속에 든 세균들을 박멸한다. 음식물에 섞여 우리 몸 안으로 들어 온 세균들은 대부분 이 과정에서 죽는다. 이것은 산성을 띤 위액이 담당하는 중요한 기능 중 하나이다. 이러한 일에 위는 많은 양의 수분을 필요로 한다. 위에서 분비하는 위액은 하루에 1.5-2.5ℓ나 된다. 위가 사람이 먹은 음식물을 소장에서 제대로 소화·흡수할 수 있도록 준비하여 십이지장을 통해 조금씩 내려 보내면, 소장은 쓸개로부터 쓸개즙을 공급받고 췌장으로부터 여러 종의 소화액을 공급받으며 자신도 소화를 돕는 각종 소화

---

12 박재갑 외 저, 『인간생명과학』, 서울대학교 출판부, 1993, p. 324 이하.

액을 분비하면서 본격적인 소화를 한다. 음식물을 완전히 잘게 분해하여 직접 소장의 융털 안으로 끌어들이기도 하고 삼투압 작용을 이용하여 흡수하기도 하는 등 아직 우리가 다 파악하지 못한 복잡한 방법으로 탄수화물, 지방, 아미노산, 비타민, 무기물 등 각종 영양소들을 몸 안으로 끌어들여 우리의 몸을 살리는 에너지나 원자재로 사용될 수 있도록 한다. 이러한 과정에도 수분은 필요 불가결한 존재이다.

소장을 통해 몸 안에 들어온 영양분들을 온몸으로 공급하는 데에도 많은 양의 물이 필요하다. 물이 없다면 영양 공급은 완전히 불가능한 일이 된다. 물은 영양 물질을 짊어지고 몸을 구성하고 있는 약 100조 개의 세포 중 어느 하나도 소홀함이 없이 방문하여 각자 필요한 만큼 공급해 주고, 공급한 영양물질이 제대로 활용되도록 도와준다. 그러니까 물은 영양 물질을 공급할 뿐만 아니라 세포가 물을 활용하여 각종 복잡한 생명작용을 하는 데에도 필요한 것이다. 물이 없다면 우리 몸의 세포들은 아무 일도 하지 못하게 되어 얼마 버티지 못하고 생명을 잃고 말 것이다.

헤모글로빈, 백혈구, 혈소판, 혈장 등으로 구성되어 심장의 박동을 통해 온 몸을 돌고 있는 피의 양은 몸무게의 약 8%인 4-6ℓ 정도 되는데 80% 이상이 수분이다. 그래서 피는 각종 영양물질을 짊어지고 각 세포로 공급할 수 있고, 세포들이 사용하고 배출하는 쓰레기를 짊어지고 콩팥으로 가서 소변을 통해 몸 밖으로 배출되도록 할 수 있다. 이러한 과정에 많은 양의 수분이 필요하다. 우리가 하루에 소변으로 배출하는 수분의 양은 대개 1.5ℓ 정도 된다. 여기에다가 대변으로 배출되는 수분도 생각해야 한다.

그래서 우리는 날마다 여러 차례 음식을 먹고 물을 마시는 과정을 통해 평균 약 3ℓ의 물을 섭취해야 한다. 만약 대장에서 침과 위액 그리고 소화액으로 내놓은 수분을 흡수하여 재활용하지 않는다면 우리는 틀림없이 더 많은 양의 물을 마셔야 할 것이다. 그러므로 나의 몸을 이해하려 할 때 내 몸 안에 있는 물만 소중하게 생각한다면 그것 역시 근시안적인 자세이다.

　물의 분자는 H_2O, 즉 수소 분자 둘과 산소 분자 하나로 구성되어 있다. 그 모양은 산소 분자 좌우에 104.45도의 각도를 이루며 수소 분자가 하나씩 붙어 있는 모습인데, 이것은 많은 의미를 지니고 있다. 우선 물이 지닌 역사가 까마득하게 긴 것을 의미한다. 태초의 대폭발에 의해 우주가 생성되던 때에 만들어진 수소와, 그 수소로 구성된 항성 안에서 수십 억 년이란 시간 동안 만들어진 산소가, 그 항성의 대폭발로 우주 공간으로 흩어져 서로 만나 결합하여 물이 되었기 때문이다. 과학자들은 우리 태양계 안에 존재하는 물이 언제 만들어졌는지 정확하게 밝혀내려고 노력하고 있다. 아직까지는 다양한 가설을 내세우는 정도의 단계에 머물러 있지만, 지적 호기심이 강한 인간은 언젠가는 좀 더 이해할 만한 이론을 정립하리라 생각한다.

　어쨌든 물이 있어야 생명체의 존재가 가능하기 때문에 우선 태양계 안에 물이 있는 곳을 찾는 데에 좀 더 주력하고 있다. 두꺼운 구름에 둘러싸여 온실효과가 심하게 전개된 금성에는 수증기의 형태이기는 하지만 적지 않은 양의 물이 있다. 그러나 표면 온도가 400℃나 되기 때문에 액체 상태의 물은 없다.[13] 화성에 얼음 형태로 물이 있는 것은 사실이고 목성의 위성인 오이로파에도 얼음 형태의 물이 있으며, 대부분의 혜성들도 주로 얼음으로 구성되어 있다. 태양계 내에서 액체 상태의 물이 존재할 수 있는 공간은 지구가 공전하는 궤도 전후에 지나지 않는다. 태양에 가까운 곳은 태양열에 의해 기화하여 기체 상태로 있고 먼 곳은 추위에 의해 고체 상태로 있다. 화성에서 낮 기온이 최고로 올라갈 때 영상 5℃ 정도에 이르기도 하나 대부분 영하의 기온이고 밤 기온은 지역에 따라 영하 15–100℃ 또는 그 이하로 내려가기

13　G. D. Roth, *Himmelsführer: Sterne und Planeten*, München, 1978, p. 150 이하.

때문에 물이 액체 상태를 유지하기 어렵다. 언젠가 인류가 화성 여행을 감행하는 경우에도 이러한 사실을 섬세하게 고려해야 실패하지 않을 것이다.

지구상에 존재하는 물의 총량은 지구 부피의 약 777분의 1인 약 1,357,834,000km³인데, 이것을 현존하는 지구상의 70억 인구 수대로 나누면 1인당 215,545,079m³ 정도 돌아가고, 지름 70km의 원통 속에 넣으면 그 길이가 달에 이르고도 남는다. 이중 97.2%가 바닷물이다.[14] 지질학자들은 화산이 폭발할 때 여러 가지 물질들과 더불어 수증기도 함께 분출되는 것을 보아 지구 내부에도 상당한 양의 물이 존재할 것으로 추정한다. 하지만 과학자들 사이에 이렇게 많은 물의 존재 기원에 대한 의견은 분분하다. 적지 않은 과학자들이 지구가 생성된 초기 수억 년 동안 혜성들의 충돌이 많았던 것에서 기원한다고 설명하고 있으나 개연성이 큰 가설에 지나지 않는다.

우리 몸의 60%를 이루는 물의 기원에 대한 자연과학적 설명은 아직 불투명하지만, 지구상에 물이 존재하여 끊임없는 순환을 통해 우리의 몸을 유지시키고 있는 것은 엄연한 사실이다. 우리의 지구는 태양을 중심으로 초속 29.7km의 속도로 공전하고 은하 중심을 축으로 초속 220km의 속도로 공전을 하고 있지만, 언제나 자신이 가진 물의 분자 하나도 잃지 않을 정도로 충분한 중력을 지니고 있기 때문에 우리는 앞으로도 안심하고 살아갈 수 있다.[15]

물 자체는 정작 아무런 영양도 없지만 자신이 가진 고유한 특성으

---

14 한국 수자원공사, 『물의 과학』, 1991, p.43; 정용 · 옥치상 공저, 『인간과 환경: 환경보전의 이해』, 지구문화사, 1992, p. 20; Lexikographisches Institut, *Der Große ÖAMTC Weltatlas*, München, 1985.

15 Bertrand Russell, 『The ABC of Relativity 상대성 이론의 참뜻』, 김영대 역, 사이언스북스, 1999¹, p. 152; Günter D. Roth, *Sterne und Planeten; Sterne erkennen Sterne beobachten*, München 1978, p. 221f; Jonathan Weiner, *Planet Erde; Schicksal und Zukunft der Erde*, München 1987, p.160f; Jacquws de la Saudée, *Gott·Mensch·Universum; die Antwort des Christen auf den Materialismus der Zeit*, Styria Verlag, Wien, 1956², p. 84f.

로 모든 생명을 살리고 있다. 물은 온도의 변화에 따라 고체·액체·기체 상태로 존재할 수 있으며 다른 사물들과의 친화력이 매우 강하다. 물 분자 상호 간에는 수소결합을 이루고 있고 이 결합을 분리시키는 데에는 많은 양의 에너지를 필요로 한다. 이것은 물의 열 저장 능력이 매우 크다는 것을 의미한다.[16] 물은 이러한 특성을 지니고 있기 때문에 지구상의 온도가 일정하게 유지되도록 하는 데에 큰 몫을 하고 있다. 만약 지구상에 물이 현재와 같은 양과 모습으로 존재하지 않는다면 지구의 온도 분포는 상당히 다른 모습을 띠고 있을 것이다.[17]

인체는 운동이나 태양열 등에 의해 체온이 상승할 때에는 수분을 밖으로 내보내어 증발하게 함으로써 체온을 조절해 나가고[18], 식물도 강한 햇빛에 의해 잎의 온도가 올라갈 때에는 수분을 증발시켜 잎의 온도를 낮춘다. 물은 자신의 표면을 가능한 대로 작게 유지하려는 성질을 지니고 있기 때문에, 이 성질이 표면장력의 힘으로 작용하여 미세한 관을 타고 지구 중력을 거슬러 올라가기도 한다. 그래서 식물의 뿌리에서 흡수된 물이 키가 큰 나무의 꼭대기에 있는 잎의 끝까지 공급될 수 있는 것이다. 친화력이 강한 물은 여러 가지 무기물·유기물들을 쉽게 함유하고, 식물들은 그 물을 흡수함으로써 이러한 물질들도 체내에 흡수하여 성장해 나갈 수 있는 것이다.

물은 온도가 4℃ 이하로 내려가면 부피가 팽창하는 성질을 가지고 있다. 그래서 물의 온도가 0℃ 이하로 내려가 고체 상태가 되면 밀도가 액체 상태 때 보다 낮아져 위로 떠오르게 된다. 물의 온도가 4℃일 때 밀도가 가장 높으며 온도가 상승함에 따라 일정한 비율로 밀도가

---

16 학자들은 물 1g을 1℃ 올리는 데에 드는 에너지를 1cal로 정해두고 있는데, 이것을 비열이라고 한다. 0℃인 얼음 1g을 녹여 0℃도의 물이 되게 하는 데에 드는 에너지는 80cal이며, 이것을 융해열이라 한다. 100℃의 물 1g을 100℃의 수증기로 변하게 하는 데에 드는 에너지는 539cal이고, 이것을 기화열이라고 한다.
17 전헌호, 『자연환경 인간환경』, 성바오로, 1998, pp. 118-119.
18 이 때 물의 수소결합이 풀리면서 많은 양의 에너지를 빼앗아 간다.

낮아지다가 100℃에 이르면 갑자기 비등하게 되어 기체 상태가 된다. 물이 가진 이러한 성질 덕분에 지구상에 생명체들이 살아갈 수 있는 환경이 조성된 것이다. 만약에 물의 밀도가 온도가 낮아짐에 따라 계속 높아진다면, 물이 0℃ 이하에서 얼 경우에 아래로 가라앉아 바닥부터 단단해져서 마침내 표면까지 모두 단단해질 것이다. 그렇다면 물고기를 비롯한 수중 생명체들은 모두 얼음 속에 갇혀 죽고 말 것이다. 그러나 온도가 4℃이하로 내려가면 그 이상의 온도 때와는 달리 밀도가 낮아져서 위로 떠오르면서 물 표면부터 얼어붙게 된다. 얼어붙은 얼음은 바깥의 찬 기온을 차단한다. 그래서 바닥에 존재하는 생명체는 겨울을 넘길 수 있게 된다. 물이 가진 이러한 성질은 지구상에 생명체가 살아갈 수 있도록 하신 하느님의 섭리에 의한 것으로 여기는 것이 가장 쉽고 정확한 설명이 될 수 있다. 물의 기원에 대해서도 자연과학적인 방법을 동원하여 정확한 해명을 하려는 노력을 계속해 나가야 하겠지만, 그 방법이 어떠하든 기원은 하느님의 창조의지에 있는 것으로 설명하는 것이 가장 쉽고 정확한 설명일 수 있다. 그렇다고 하여 너무 쉽게 신앙의 영역에 안주하여 자연과학적인 방법으로 탐구하는 노력을 게을리 하거나 무시해서는 안 될 것이다.

　물은 끊임없이 순환하면서 지구상의 모든 지형과 기후, 생태계 등에 결정적인 영향을 주며 생명체가 살아가도록 한다. 물 스스로도 끊임없는 순환을 통해서 정화되어 생태계에 사용된다. 지구상의 모든 생명체를 살리는 이러한 물의 순환작용의 원동력은 물의 특성, 온도에 따라 함유할 수 있는 수분의 양이 다른 공기의 특성, 지구의 중력 그리고 태양열이다. 지구상에 늘 일정한 양으로 들어오는 태양열은, 바다나 육지 상의 물과 공기의 온도를 상승시켜 물이 수증기로 증발하여 공기 중에 다량으로 내포되도록 한다. 태양열에 의해 따뜻해지고 증발된 수분을 많이 함유하게 된 공기는, 위로 올라가 다른 곳으로 이동하면서 찬 공기와 만나게 되고, 찬 공기를 만난 다습한 공기는 수분을 더 이상 함유할 수가 없게 되어 물방울이나 눈 또는 얼음 형태로 바뀌어 구름 또는 안개를 형성한다. 이들의 무게가 공기의 마찰 작용에도 불구하고 지구 중력을 더 이상 견딜 수 없을 만큼 무거워지면 눈, 비, 우박 등의 형태로 지상이나 바다로 내려오게 된다. 지상에 내려온 물은 그 곳에서 태양열을 받아서 다시 기화하기도 하고 지하로 스며들어 지하수의 형태로 호수나 바다로 이동하기도 하며, 하천을 따라서 바다로 흘러들어 가기도 한다.

물은 이렇게 끊임없이 순환하면서 땅을 깎아내기도 하고 깎아낸 땅의 흙이나 돌을 다시 쌓아서 퇴적작용을 일으키기도 하며, 각종 오염물질들을 바다로 쓸어내리기도 하고 각종 영양 물질들을 함유하여 강이나 바다 속의 생물들이 살아가게도 한다. 육지에서도 지역에 따라서 많은 양의 수분이 증발하기는 하지만, 공기 중에 존재하는 수증기의 80% 이상이 바다에서 증발된 것이다.

증발된 수분이 대기에 체류하는 기간은 평균 10일 전후라고 한다. 강에서는 2-3주 정도 체류하면 바다에 이르고 호수에서는 10년에서 수백 년 정도 머문다. 얕은 지하수로는 수백 년간, 깊은 지하수로는 수천 년 간 머물다가 바다로 흘러들며 빙하의 형태로는 만년에서 만 오천 년 정도의 주기로 이동한다. 이렇게 순환주기가 긴 빙하는 그동안 지구상에서 일어난 날씨 변화와 여러 가지 생태계의 변화를 측정할 수 있는 자료로 이용되기도 한다. 물은 이렇게 순환하면서도 지구 생태계 안에서 절대량의 변화 없이 균형을 유지해 나가고 있다. 바닷물 역시 그대로 한 곳에 머물러 있는 것이 아니라 5대양을 두루 순환하면서 바다 생태계와 지상의 기후에 큰 영향을 주고 있다. 물이 바다에서 순환하는 평균주기는 약 3천년 정도인데, 심해에서는 3, 4만 년에 이르고 천해에서의 순환주기는 약 100-150년 정도이다.

이렇듯 우리 몸의 60%는 이러한 성질과 역할을 지닌 물로 구성되어 있고 외부 물의 순환구조에 언제나 연결되어 있다. 지금 나의 몸을 구성하고 있는 물은 곧 강을 통해 바다로 흘러들 것이고 바닷물이 증발하여 언젠가 다시 내 몸을 구성할 것이다. 어느 곳의 물이 언제 나의 몸을 구성할지 알 수 없는 일이다. 물의 순환을 인위적으로 조절할 상황이 아니기 때문이다. 그러므로 나의 몸을 닫힌 존재로 생각하여 지금 눈에 보이는 이것만 염두에 두는 것은 매우 근시안적인 안목이고 나를 살리는 이 전체 생태계와 우주 그리고 그 뒤에서 섭리하시는 창조주 하느님의 은혜를 망각하는 배은망덕한 일이며 경솔한 생각이라는 비난을 면하기 어려울 것이다.

4. 몸과 음식

음식은 너무 흔하여 그 은혜를 쉽게 인식하지 못하는 공기나 물보다는 우리의 의식 세계에 많이 와 닿는 부분이다. 크게 염려하지 않아도 쉽게 조달할 수 있는 공기와 물보다는 좀 더 신경을 써야 하는 요소이기 때문이다. 숨 쉴 공기나 마실 물이 없어서 죽는 경우는 매우 드문 일이지만 음식을 제 때에 조달하지 못하여 굶어 죽는 경우는 어렵지 않게 생각해 볼 수 있는 일이다. 우리의 몸이 성장·유지되도록 하는 데에 큰 역할을 하는 음식물과 음식물에 연계된 여러 사항들을 고려하지 않는다면 이것도 역시 근시안적이고 배은망덕한 생각이라 하지 않을 수 없다.

지금 이 순간에도 나의 몸은 많은 에너지를 사용하고 있다. 이 에너지를 공급하기 위해 위장은 열심히 소화 작용을 하고 있으며 간과 허파, 심장과 혈관 그리고 다른 관련 기관들 역시 자신이 맡은 역할을 충실히 하고 있다. 이 일은 생명이 있는 한 지속되어야 하는 일이다. 위장에 공급된 음식물이 다 소화되기도 전에 우리 몸은 다음 음식물을 공급해 달라는 신호를 보내기 시작한다. 소장에서 흡수하는 당의 양이 줄어들어 혈당이 부족하면 뇌의 시상하부가 이를 감지하고 뇌하수체로 하여금 배고픔을 느끼는 호르몬을 배출하도록 하여 음식을 먹고 싶도록 충동한다.[19] 처음에는 이런 신호를 약하게 보내지만 차츰 강도를 높인다. 그래도 음식을 먹지 않으면 배고픔의 강도를 높여 고통스럽게 한다. 지독한 배고픔을 겪은 세대는 '뭐니 뭐니 해도 배고픈 것보다 더 큰 고통은 없다.'고 증언한다. 날마다 적당한 양의 음식을 먹지 않으면 생활에너지를 충당하기 어렵고, 100조 개의 세포들이 묵은 세포를 배출하고 새로운 세포를 만드는 데에 필요한 재료들을 공급할 수 없어 몸 안에 큰 문제가 발생하게 된다. 얼마 동안은 이런 때를 대비해 몸 여기저기에 비축해 둔 여분의 영양분을 가져다 사용하지만 오랫동안 버티기는 어려운 일이다. 물만 마시고도 한 달을 생존했다는 증언이 있기는 하지만, 음식을 전혀 먹지 않고 삼 일이 지나면 몸에 심한 손상이 발생하기 시작하고 일주일을 넘기면 생명에 지장을 초래하기 십상이다.

우리가 아침·점심·저녁 그리고 간식으로 나누어 하루 동안 먹는 음식물의 양과 종류를 자세히 살펴보면 얼마나 많은 종류를, 얼마나 많이 먹는지 새삼 놀라게 된다. 성인이 하루에 필요로 하는 양은 무게로 약 1.5kg, 열량으로 약 2,000-3,000Cal 정도이다.[20] 절반 정도는 곡류를 통해서 섭취하고 나머지 절반은 고기, 생선, 채소, 과일 등을 통해서 섭취한다. 더 살기를 원하는 수많은 생명체들이 나의 음식으로 희생되는 것이다. 꿀꿀거리며 먹이를 맛있게 먹고 진흙탕 목욕을 즐기는 돼지, 각종 벌레들과 곡물들을 열심히 찾아 쪼아먹는 닭, 한가하게 풀밭에서 풀을 뜯으며 목가적인 삶을 즐기던 소, 넓은 바다를 마음

---

19 박만상,『한국인의 두뇌 개발 III; 정신생물학』, 지식산업사, 1992, pp. 139-140; 야마모토 다이스케,『3일 만에 읽는 뇌의 신비』, 박선무·고선윤 역, 서울문화사, 2003³, p. 18; Robert A. Wallace 외 2인 저, 앞의 책, p. 713.
20 정용·옥치산 공저, 앞의 책, p. 98 이하.

껏 헤엄쳐 다니던 꽁치·고등어·갈치·멸치들, 종의 번식을 위해 열심히 열매를 맺은 벼·보리·밀·콩·옥수수·사과·배·포도·딸기·각종 채소들이 하루에도 세 번씩 나의 몸을 위해 목숨을 바친다. 이들의 수고와 희생을 고려하지 않고 눈에 보이는 나의 몸만을 따로 생각한다면, 이것 또한 매우 근시안적이고 몸의 근원을 무시하는 일이다.

생선을 먹든 고기를 먹든 밥을 먹든 빵을 먹든, 근본적으로는 진정한 의미의 생산자인 식물들이 광합성을 하여 비축한 포도당과 이것을 재료로 하여 2차 작업을 통해 만든 지방과 단백질, 각종 비타민들 그리고 흙이나 바다로부터 유래하는 약간의 미네랄들을 먹는 것이다.

바다나 강의 식물이든 육지의 식물이든 이들은 자신이 보유한 엽록체라는 공장에서 물과 이산화탄소를 재료로 하고 햇빛을 에너지원으로 하여 모든 생명체의 생활에너지로 사용될 수 있는 포도당을 만드는데 그 원리는 다음과 같다.

$$6H_2O + 6CO_2 + 태양에너지 \leftrightarrow C_6H_{12}O_6(포도당) + 6O_2$$

식물은 자신이 만든 포도당을 호흡을 통해 분해하여 생활에너지로 사용하고, 나머지는 탄수화물·지방·단백질의 형태로 열매·잎·줄기·뿌리 등에 비축해 둔다. 1차 소비자인 초식동물은 이것을 먹고살면서 남는 것은 몸 안에 비축해 둔다. 2차 소비자인 육식동물은 이들을 잡아먹고 성장·생식 등을 하면서 살아간다. 우리는 곰과 같이 잡식동물에 속하기 때문에 식물, 동물 가릴 것 없이 필요한 대로, 먹고 싶은 대로 먹고산다.

오늘날 내가 먹는 음식물의 출처를 살펴보면 재미있는 현상을 발견하게 된다. 요즘은 의무로 해외에서 쌀을 일부 수입해 오고 있다. 그러나 밥은 대개 우리나라에서 생산한 쌀로 지어먹는다. 채소들도 대체로 우리나라에서 생산한 것이라고 볼 수 있다. 요즘은 중국산 배추나 김치를 수입하기도 하지만 생물인 채소들은 운반하는 데에 어려움이 있어 우리나라에서 생산한 것을 먹는 편이다. 과일도 주로 우리나라에서 생산한 것을 먹는 편이다. 그러나 채소보다는 외국산이 많다. 생선도 삼 면이 바다인 지정학적 상황 덕분에 우리나라 근해에서 잡은 것을 먹지만, 우리나라 어부들이 다른 지역에 가서 잡았거나 수입한 생선을 먹는 양이 적지 않다.

밀과 관련된 먹을거리들은 99% 미국을 비롯한 외국에서 생산한 것을 수입한 것이고, 옥수수·콩도 비율만 다소 차이가 날 뿐 거의 같은 상황이다. 우리가 필요로 하는 곡물양은 연간 약 2,000만 톤인데 반해 우리나라에서 생산하는 곡물의 총량은 연간 약 550만 톤에 지나지 않아 나머지는 해외시장에 의존하고 있다. 앞으로도 이러한 상황은 개선될 여지가 거의 없다. 국내에서 키운 소·돼지·닭고기도 수입 곡물에 적은 양의 국산 사료들을 섞어 만든 먹이로 키운 것이기 때문에, 엄밀한 의미에서 완전한 국산이라고 하기 어렵다.

이러한 구체적인 상황들을 고려하면 나의 이 몸은 전 세계에 열려 있다고 볼 수 있다. 지구촌 곳곳에서 생산된 농산물들이 날마다 내 몸을 거치고 있다. 몸 안에 들어와 생활에너지가 되기도 하고 몸을 구성하는 뼈나 근육 또는 지방질이 되기도 한다. 그러면서 일정한 시간 동안 나의 몸을 위해 봉사하고는 다시 밖으로 배출된다. 각종 음식물이 내 입에 들어오기까지의 생산과 운반 그리고 조리 과정에서 수고한 사람들의 국가별, 성별, 연령별 다양한 모습을 여기서 다룰 수는 없다. 다만 내가 먹는 음식물 안에 지구의 생태계 전체와 수많은 사람들의 노동이 들어 있다는 것은 간과하지 말아야 한다는 것을 강조하고 싶다. 이것을 고려하기 싫거나 완전히 혼자 힘으로 살아가고 싶으면 가능한 일인지 한번 시도해 보라. 어림도 없을 것이다. 농사를 지을 땅이 있어서 시작을 하려고 하는 경우에도 씨를 뿌리고 수확하여 음식을 만들기까지 먹고살아야 하고 수많은 도구들과 기계들을 동원해야 하는데, 그것이 혼자 힘으로 가능하겠는가? 여기에서 말하고자 하는 것은 나의 몸이 여기까지 오는 동안 지구촌의 수많은 지역에서 수많은 사람들의 노동과 생명체들이 목숨을 바친 결과로 얻은 음식물이 동원되었다는 사실이다. 그래서 나의 몸은 나 혼자만의 힘으로 유지할 수 없는 열린 존재란 것이다.

5. 몸과 땅

신토불이(身土不二)라는 말과 같이 몸은 땅과 분리되어 따로 존재할 수 없다. 비행기를 타고 하늘을 나는 경우에도 비행기 안에 공기의 압력과 흐름, 온도, 발을 디딜 수 있는 바닥 등을 인위적으로 땅 위에서의 조건과 똑같이 만들어야 생존이 가능하다. 이것은 배를 타고 바다를 여행할 때에도, 우주선을 타고 우주여행을 할 때에도 마찬가지다. 몸을 땅에서 분리하여 지상 30km 상공에 띄워 놓으면 저압 때문에 몸 안의 수분이 끓어올라 더 이상 몸의 형체를 유지할 수 없게 된다.[21] 땅이 없는 몸은 상상의 세계에서나 가능할 뿐이다.

땅은 앞에서 언급한 공기와 물 그리고 음식물을 몸에게 제공하여 몸을 유지하고 기능을 수행하도록 한다. 이것은 땅이 몸에게 제공하는 결정적인 요소이지만 이 외에도 많은 역할을 한다. 알맞은 기압과 온도, 습도를 유지하여 몸으로서 존재하게 할 뿐 아니라 몸이 끊임없이 배출하는 이산화탄소, 소변, 대변을 받아들이고 처리하여 몸의 건강을 가능하게 한다. 땅이 몸의 부산물을 받아들이지 못하는 상황을 생각하면 끔찍한 일이다. 배설할 곳을 찾지 못한 몸을 상상해 보라.

---

21 다치바나 다카시 저,『우주로부터의 귀환』, 전현희 역, 청어람미디어, 2002, p. 10 이하.

우주선에서 이 문제로 얼마나 큰 어려움을 겪고 있으며 얼마나 많은 장비들을 동원하고 있나 생각하면 땅은 몸에게 참으로 은혜로운 존재이다. 몸은 이 땅 위에서 몸으로 유지되는 이 땅의 자식이다. 인위적으로 구성한 것이 아닌 본래의 땅에서 몸은 편안해 한다.

몸이 가장 좋아하는 땅은 자신이 태어나 성장한 땅이다. 그래서 고향을 몸의 안식처라 한다. 사막의 베두인들에게는 사막과 천막이 안식을 취할 수 있는 땅이다. 아프리카 사람, 핀란드 사람, 오스트리아 사람, 뉴질랜드의 원주민, 안데스의 잉카 후손들, 중국사람, 대한민국사람 모두 각자의 땅이 있다. 각자 자신이 태어나 성장한 고향 땅에서 가장 편안함을 느낀다. 이민을 가서 다른 대륙에서 살아가는 경우에도 마음은 고향을 안고 산다. 여행을 하는 경우에도 이내 돌아가고 싶은 곳이 자기 집이고 자기 고향이다. 같은 나라 안에서 살 경우에도 마음은 언제나 고향에 대한 그리움을 간직하고 있다. 현재 살고 있는 고장이 고향보다 더 살기 좋은 곳이라 하더라도 어릴 적 추억이 가득한 고향을 잊지 못 한다.

반지름이 6,370km인 지구의 표면적은 5억 1,010만km²이고, 이 중 육지의 면적은 149,400,000km²이다.[22] 이 육지 면적 중에서 사람이 살아가기에 부적합한 지역인 극지방과 사막 그리고 3,000m 넘는 고원지대를 제외한 약 1억km²의 땅 위에 현재 70억의 인구가 살아가고 있다. 1km²당 약 70명이 살고 있으니까 1인당 약 1.59ha(15,900m², 4,584평)정도 돌아가는 상황이다. 이 중 대부분은 산, 하천, 호수, 초지, 도시, 산업시절 용지, 도로 등이고 경작지는 평균 약 7%이므로 1인당 면적은 1,113m²(373평)이다. 논 두 마지기 조금 못 되는 크기이다.

우리나라 땅의 크기는 99,300km²인데 그 안에서 5,000만 명이 살아가고 있다. 인구 밀도는 약 500명으로 방글라데시, 대만 다음으로 세

22　Lexikographisches Institut, Op. cit., p. 266.

계 3위이다. 즉 1인당 0.21ha(2,100m², 630평)정도의 땅이 주어지는 것이다. 1ha가 가로 100m, 세로 100m라는 것을 감안하면 우리나라에서 1인당 돌아가는 땅의 크기를 대강 짐작할 수 있다. 이 중 65%가 산이고 7%가 사람이 사는 도시이고 경작지는 약 20%, 나머지는 하천, 호수 등이다. 결국 1인당 경작지가 420m²(126평)가 된다.[23] 나의 몸의 근원인 땅의 소중함을 여기에서 계몽적인 시각으로 강조하지 않아도 우리 각자 스스로 알 수 있는 일이다.

6. 몸과 지구

몸을 고찰하는 데에 있어 지구 자체를 고려하지 않을 수 없다. 지구는 몸이 필요로 하는 공기, 물, 음식물, 땅 등 모든 원소를 제공하는 존재이다. 우리를 뱃속에서 키우는 어머니보다 귀한 존재이다. 어머니가 우리를 키우는 데에 필요로 하는 모든 원소를 제공하기 때문이다. 그 뿐이 아니다. 지구는 엄청나게 광활한 허공의 세상인 이 우주 안에서 우리의 몸이 생명을 유지할 수 있도록 자신 안에 꼭 붙들고 있으면서 절대로 놓지 않는다. 마치 어머니가 어린아이를 언제나 품에 안고 돌보듯이 우리 몸을 잠시도 놓아두지 않고 보호한다. 앞에서 살펴본 여러 가지 이유로 우리의 몸은 지구 안에서만 생존할 수 있는 지구적인 존재이기 때문이다. 만약 지구가 우리 몸을 잠시라도 놓아버린다면 어떤 일이 발생할까? 참으로 끔찍한 일이 눈 깜짝할 사이에 일어날 것이다. 지구는 초속 약 460m의 속도로 자전을 하고 있고 초속

---

[23] 최도영이 편집하여 1993년에 나남출판사를 통해 출판한 『지구촌 환경정보』316쪽의 자료에 의하면, 1990년대 초반에 경작지의 1인당 평균 면적이 165평(545m²)이었는데 불과 10여 년 만에 1인당 39평이나 줄어들었다. 그간 인구가 증가한 데에도 원인이 있지만 도로, 건물, 산업시설 등을 계속 지어 경작지 면적이 해마다 약 2%씩 감소한 데에도 원인이 있다. 이렇게 하여 해마다 곡물 자급률이 30%를 밑돌고 있다.

29.7km의 속도로 태양을 중심으로 공전을 하고 있다. 여기에 태양을 따라 초속 220km의 속도로 은하 중심을 축으로 하여 공전하고 있는 사실을 감안하면, 어떤 끔찍한 일이 발생할 것인지 쉽게 짐작할 수 있다. 우리의 몸은 지구 바닥에서 10km만 벗어나도 호흡 곤란으로 생명을 유지할 수 없다. 지상 30km를 벗어나면 물의 비등점이 매우 낮아져 36.5℃의 온도를 유지하고 있는 우리 몸 안의 물이 끓어올라 생명을 유지할 수 없다. 그러니 그 이상 벗어난 현상에 대해서는 더 이상 언급할 필요도 없다. 지상 30km의 거리는 지구가 태양을 공전하면서 1초 만에 지나는 거리이다. 지구가 자신의 중력으로 우리 몸을 붙들어 두는 것을 단 몇 초라도 포기하거나 유보한다면 우리의 몸은 금방 허공에서 부풀어올라 터지고 말 것이다.

그렇다고 하여 목성이 가진 중력과 같이 지구의 중력보다 훨씬 더 센 힘으로 붙들고 있으면 우리의 몸은 혈액순환, 호흡, 움직임 등 모든 것이 힘들어져 정상 기능을 유지하지 못하고 생명을 잃고 말 것이다. 달에서와 같이 중력이 너무 약한 곳에서는 공기가 없어 호흡을 할 수 없을 것이고, 장기적으로는 뼈와 근육 등 모든 것에 지장을 초래하여 결국 목숨을 유지하기 어려울 것이다. 우주인이 우주선 안에 있을 때에도 이러한 모든 것을 감안하여 정밀한 계산을 통해 지구와 동일한 환경을 유지하도록 한다. 우주복을 입고 우주선 밖을 나가 우주 유영을 할 때에도 역시 우주복을 통해 지상에서의 환경을 유지해 주기 때문에 목숨을 유지할 수 있다. 그러나 이러한 인위적인 조건은 몸의 건강을 오랫동안 지킬 수 없어 우주에서의 활동과 체류 기간에 명백한 한계가 있다.

지구는 또한 자기장을 통해 태양과 우주로부터 발산되는, 생명에 지장을 초래하는 태양풍, X선, 감마선 등 온갖 유해 광선으로부터 우리의 몸을 보호한다. 지구의 자기장은 단순히 나침반이 남북을 가리키도록 유도하는 데에만 작용하는 것이 아니다. 마치 우산이 비를 피하도록 도와주는 것처럼 남·북극을 축으로 하여 지구를 감싸 안아 유해 광선들로부터 보호한다. 지구는 또한 지상 30km 지점에 오존층을 형성하여 햇빛 안에 든 강력한 살균력을 가진 자외선의 일부를 차단하고 지상의 생명체가 살아가는 데에 도움이 될 만큼만 땅에 도달하도록 한다. 자외선이 너무 강하면 몸의 세포가 파괴되어 화상이나 암을 비롯한 각종 질병에 시달리게 되고 너무 약하면 세균들이 번식하여 이들에 의한 각종 질병에 시달리게 되므로, 필요한 만큼의 적절한 양만 지상에 도달하도록 하여 우리 몸을 비롯한 모든 생명체의 삶이 가능하게 한다.

마치 발전소에서 수력, 화력 또는 원자력을 이용하여 코일 속에 든 자석막대를 빠른 속도로 돌림으로써 전기를 생산하듯이, 우리의 지구는 뜨거운 열기를 이용하여 액체 상태인 외핵과 맨틀을 움직이게 함으로써 자기장을 생산한다. 이러한 작용의 원동력은 지구가 처음 생겨날 때 받은 엄청난 양의 열과 중력에 의한 열, 지구 내부에 간직하고 있는 우라늄, 라듐과 같은 방사선을 가진 원소들의 핵분열에 의한 열 그리고 끊임없이 지표면에 도달하는 태양열이다. 마치 뜨거운 냄비의 물이 끓어오르듯이 6,000℃나 되는 지구의 내핵을 중심으로 그것을 둘러싸고 있는 외핵과 맨틀이 쉬지 않고 끓어올랐다가 중력의 작용으로 중심인 내핵을 향해 내려가는 대류를 형성함으로써 자기장이 발생한다. 주로 암석으로 구성된 5-50km 두께의 지구 껍질에 해당되는 지각은 내부의 열이 밖으로 쉽게 빠져나가지 못하도록 외부와 차단한다. 햇빛은 이 지각이 일정한 온도를 유지하도록 돕는다.

지구는 또한 태양에 너무 가까이 있지도 않고 너무 멀리 떨어지지도 않은 적당한 거리를 유지하면서 우리의 몸이 생존할 수 있는 적당한 온도를 유지한다. 수성이나 금성과 같이 태양에 너무 가까운 행성은 온도가 너무 높아 우리 몸이 생존을 유지하는 것은 불가능한 일이다. 액체 상태의 물조차 없기 때문에 화성과 달리 유인원 탐사선을 보낼 꿈조차 꾸지 못한다. 금성은 90기압이나 되는 대기와 두터운 구름 때문에 온실효과가 심하게 진행되어 표면 온도가 400℃나 되는 뜨거운 지옥과 같은 환경이다. 과학자들은 과거에 화성에서[24] 생명체들이 살았던 흔적이라도 찾아보려고 노력하지만, 현재 생명체가 없는 것은 확실하고 우리가 화성에 가서 산다는 것 또한 불가능한 것이 거의 확실하다.

지구는 우리 몸이 지탱하기 가장 알맞은 크기의 중력으로 우리 몸을 붙들고 태양과 알맞은 거리를 유지하면서 자전과 공전을 하고 있다. 지구가 금성처럼 한 번 자전하는 시간이 공전 기간보다 더 걸리거나 달처럼 자전주기와 공전주기가 동일하여 언제나 한 면만을 지구로 향하고 있듯이 같은 면만 태양을 향해 있다면, 지구 표면의 상태는 지금과 많이 달라 우리의 몸은 생존하기 매우 어려울 것이다. 그러므로 지금과 같이 평균 24시간을 주기로 변함없이 자전하는 것은 우리의 몸에 큰 의미를 지닌다. 지금과 같은 주기로 밤과 낮이 교차하지 않고 더위와 추위의 주기가 매우 다르다면 우리의 몸은 혼란을 겪을 것이다. 지구상에 추운 곳과 더운 곳이 있으며 열대 우림과 사막지역과 같은 다양한 기후 형태가 존재하지만, 지구표면의 평균 기온이 지금과 같이 15℃를 유지하고 있는 것은 우리의 몸이 생존하는 데에 결정적인 역할을 하는 요소 중 하나이다.

또한 23.5도 기울어진 축을 중심으로 자전과 공전을 하는 것 역시

---

24 화성은 지구와 많은 점에서 다르지만 그래도 목성·토성·천왕성 등 다른 외행성들에 비하면 지구를 닮아 있고 거리도 가장 가깝다. 공기는 주로 이산화탄소로 이루어져 있는데 그나마 지구 위의 100분의 1 정도에 지나지 않는다. 낮 기온도 대부분 빙점 이하이고 밤 기온은 영하 100℃까지 내려가는, 생명체가 없는 죽은 행성에 지나지 않는다. 러시아는 사람이 2018년에 화성 여행을 할 수 있도록 하겠다는 계획을 구체적으로 세워 두고 각종 실험과 훈련을 진행하고 있지만, 아직 그곳에 직접 가겠다는 우주인 후보는 나서지 않고 있다. 과연 유인 우주선이 그곳까지 무사히 가서 단 며칠만이라도 여행을 하는 것이 가능할 것인가에 대해서도 의문이 많다. 화성에 보내는 유인 우주선은 지상에서 바로 발사할 수조차 없는 실정이다. 이러한 상황에서 화성 이외의 다른 천체에서 우리 몸이 생존을 유지할 수 있을까 고려하는 것은 낭비에 지나지 않는 일이다.

지구상 곳곳에 사계절의 변화를 일으키면서 더위와 추위를 적절히 분배하여, 우리의 몸이 건강하게 생존하는 데에 긍정적인 역할을 한다. 적도 지역과 같이 언제나 더운 곳도 있고 극지방과 같이 언제나 추운 곳도 있기는 하지만, 23.5도 기울어져 자전을 하기 때문에 이러한 지역에서도 어느 정도 계절의 변화가 있어 몸의 건강이 유지되도록 한다. 만약 지구가 태양을 중심으로 공전을 하지 않는다면 매우 이상한 일이 벌어질 것이다. 언제나 같은 곳에 머물러 있거나 우주 공간을 떠돌아다닐 텐데, 이런 경우 우리의 몸이 겪게 될 수난을 생각하면 끔찍하다. 태양의 중력 때문에 공전을 하지 않고 한 곳에 가만히 있을 수도 없지만, 만약 그러하다면 계절의 변화가 없고 천체 탐구가 불가능해지고 예측할 수 없는 일이 벌어질 것이다. 우주 공간을 이리저리 떠돌아다닌다면 태양에 너무 가까이 가기도 하고 너무 멀리 떨어지기도 하여 온도의 변화를 종잡을 수 없고 식물들은 광합성을 하는 데에 많은 곤란을 느낄 것이다. 이렇듯 우리의 지구는 태양과 약 1억 5천만km의 거리를 유지하면서 일정하게 자전과 공전을 하면서 우리의 몸이 생존하는 데에 적합한 환경을 유지해내고 있다. 우리는 이 사실을 깊이 신뢰할 수 있어서 이 문제에 있어서는 조금도 불안하지 않다. 몸을 이해하는 데에 이 점을 간과한다면 이 역시 근시안적이고 은혜로운 지구에게 배은망덕한 행위라는 비난을 피하기 어려울 것이다.

7. 몸과 태양

나의 몸을 이해하는 과정에서 태양 역시 결코 간과할 수 없는 존재이다. 태양이 중요한 수많은 이유 중에 하나를 예로 들면, 내가 이렇게 숨을 쉬고 말을 하며 글을 읽고 쓰는 모든 에너지가 바로 태양에너지에서 비롯된다는 점이다. 핵심적인 요소들을 살펴보면서 몸과 태양 역시 둘이 아니고 하나라는 사실을 확인해 보도록 하자.

지름이 자그마치 140만km나 되어 지름이 약 12,740km인 지구의 크기보다 지름으로는 110배, 부피는 약 130만 배나 되는 태양은, 이 광활한 우주에서 지구가 미아로 떠돌지 않도록 언제나 지켜 주고 알맞은 양의 빛을 보내어 생명체들이 살아가도록 하는 존재이다.[25] 지구에서 달까지의 평균 거리가 약 38만km인 것을 생각하면 태양의 크기가 어느 정도인지 대강 짐작할 수 있다. 하늘 높이 떠 있을 때에는 우리의 손바닥으로도 가릴 수 있을 정도의 크기지만, 실제로는 컴퍼스를 들고 한 축을 지구에 두고 다른 축을 달까지의 거리보다 1.8배 더 뻗어 원을 그린 후 그만한 크기의 공을 만들었을 때, 그것이 태양의 크기이다. 태양의 지름은 달보다 약 400배나 큰데도 우리 눈에 달과 거의 같은 크기로 보이는 것은 지구에서 달까지의 거리보다 약 400배 멀리 떨어져 있기 때문이다. 이 현상을 낮과 밤을 밝히는 천체가 우리 눈에 비슷한 크기로 보여 우리가 편안함을 느끼도록 하느님께서 섭리하신 것으로 간주한다면 너무 쉽게 신앙의 영역으로 진입해 버리는 것일까?

이렇게 큰 태양은 75%가 수소이고 나머지는 헬륨, 리튬, 붕소, 탄소, 산소 등 92종류의 물질들로 구성되어 있다. 수소가 핵융합반응을 하면서 헬륨이 되는 과정에서 막대한 에너지가 발생하여 외부로 분출되는데, 매초 수만 개의 수소폭탄이 터지는 것과 같은 양의 열이 발생한다.[26] 태양의 중심 온도가 수천만℃이고 표면 온도만 해도 6천℃나 된다는 것은 우리가 이미 알고 있는 사실이다. 태양이 외부로 방사하는 에너지의 약 22억 분의 1이 지구에 도달한다. 햇빛은 적외선(45%),

---

25 『한국세계대백과사전』 27권, p. 16318.
26 『한국세계대백과사전』 27권, p. 16318.

가시광선(45%), 자외선(10%)으로 구성되어 있는데, 연간 제곱미터 당 500만kcal로 내려 쪼이고 있고 이 중에서 약 100만에서 200만kcal 정도가 지상에 도달하고 있다.[27]

이것이 지구상에서 일어나고 있는 모든 기후 변화와 생명 작용의 원동력이고, 또한 내 몸이 사용하는 모든 에너지의 근간이다. 하지만 나의 몸은 태양에너지를 직접 생활에너지로 사용할 능력이 없기 때문에 식물의 광합성 능력을 활용하여 사용한다. 세대를 이어 전해오는 생명들의 씨앗이 본격적으로 생명체로 성장하고 삶을 구가하는 데에 필요한 모든 에너지의 원조가 바로 이 태양이다.

이러한 존재인 태양은, 오늘도 우리 지구를 생명체가 살아가기 딱 알맞은 거리로 유지하면서 이 광활한 우주를 어김없이 데리고 다닌다. 만약 태양이 지구를 데리고 다니는 끈을 놓아버린다면, 지구는 이 은하계 안에서 어디로 떠돌아다닐지 알 수 없게 되고, 나의 몸은 추위와 배고픔을 견디지 못해 이내 사멸하고 말 것이다. 태양이 지구를 언제나 데리고 다니는 법칙을 뉴튼은 만유인력으로, 아인슈타인은 중력장의 이론으로 설명했고,[28] 요즘 첨단 천체물리학자들은 끈 이론(String Theory)으로 좀 더 정확하게 설명해 보려고 노력하고 있다.[29]

8. 몸과 우주

우리의 태양이 속해 있는 은하는 나의 몸을 구성하고 있는 모든 원

---

[27] 전헌호, 앞의 책(1998), p. 53.
[28] 데이비드 보다니스 저, 『E=mc²: 아인슈타인, 외로운 천재 그리고 인류 역사상 가장 위대한 공식에 대한 숨겨진 이야기』, 김민희 역, 생각나무, 2000, p. 271 이하.
[29] 브라이언 그린 저, 『엘러건트 유니버스: 초끈이론과 숨겨진 차원, 그리고 궁극의 이론을 향한 탐구 여행』, 박병철 역, 2002, p. 341 이하.

소를 만든 공장이다. 태양도 이 은하 안에서 생겨났다. 학자들의 연구에 의하면 우리의 태양은 제3세대의 별이다. 지금의 태양은 자신보다 약 20배나 큰 별이 수명을 다하여 초신성으로 폭발하면서 우주 공간으로 흩어진 잔해가 일정한 시간이 흐른 후 다시 모여 약 46억 년 전에 지금과 같은 모습으로 빛을 내기 시작하면서 별로 탄생한 것이다. 이 때 태양의 인력에 끌려들지 않은 잔해들이 태양 주변을 공전하면서 수성, 금성, 지구, 화성, 목성 등 태양계의 행성, 혜성, 유성들이 되었다. 그러므로 태양계의 모든 것은 이 은하 안에서 생겨났고, 나와 모든 생명체들의 몸을 구성하고 있는 모든 물질들도 이 은하 안에서 생성되었다고 할 수 있다. 그래서 이 은하는 우리 모두의 모태이다. 하늘에 떠 있는 모든 별들은 우리의 은하에 속한 것으로서 비록 멀리 있는 듯하지만 바로 나의 몸의 기원과 관련된 매우 가까운 존재이다. 저들이 저곳에 저렇게 있기에 나의 몸이 이곳에 이렇게 있을 수 있는 것이다.

　우리의 은하는 지름이 10만 광년이고 중심부 두께가 1만 5천 광년이며 외부 두께가 3백 광년 크기의 나선형 원반이다. 이 안에 약 1~2천억 개의 별들이 있는데, 이들은 평균 4~5광년의 거리를 두고 일정하게 분포되어 있다. 1광년의 거리가 약 9조 4,600억km이니까 별들은 실제로 서로 무지무지하게 멀리 떨어져 있는 것이다. 우리 태양계에서 가장 가까이 있는 별인 알파-센타우루스 별까지의 거리가 4.3광년이고, 오늘날 사용하고 있는 우주선으로 가려면 7만 6천 년 이상 걸리니, 은하의 대부분은 텅 빈 공간인 셈이다. 그런데도 별들이 뿜어내는 빛이 워낙 밝기 때문에 그 먼 거리를 건너와서 우리의 밤하늘을 아름답게 장식하고 있다. 우리는 이 별들 덕분에 시간과 계절 그리고 방향을 정확하게 알 수 있다.

　우리의 태양계는 은하의 중심으로부터 약 2만 8천 광년 정도 떨어진 위치에서 은하 중심을 축으로 2억 년에 한 바퀴씩 돌고 있다. 태양의 나이가 지구와 같이 약 46억 살이니까 지금까지 23바퀴 돈 셈이다. 그런데 나의 몸이 이렇게 생존해 있는 데에는 태양계가 은하의 중심으로부터 약 2만 8천 광년 정도 떨어진 위치에 있다는 사실이 큰 역할을 한다. 은하의 중심으로 나아갈수록 오래된 별이 많고 여기에는 우리의 몸이 감당할 수 없는 중금속 또한 많다. 그래서 학자들의 추정에 의하면 은하의 중심과 중심에서 가까운 곳에는 생명체가 살고 있을 가능성이 없다. 한편 은하의 중심에서 너무 먼 가장자리에는 젊은 별과 생성되고 있는 별이 많이 있는데, 여기에는 원소의 수가 아직 적어 역시 생명체가 생성되거나 살고 있을 가능성이 없다. 오직 우리의 태양계가 위치한, 은하 중심으로부터 약 2만 8천 광년 정도 떨어진 지역에만 생명체가 살아갈 가능성이 있다. 이 지역은 은하 중심을 축으로 원을 한 바퀴 정도 그리는 공간으로서 은하 안에서 그리 넓지 않다. 은하 안의 2천 억 개나 되는 항성들 중에 이 공간에 다수의 항성들이 들어 있겠지만, 적지 않은 수의 학자들이 생명체가 살고 있는 곳은 우리 지구가 유일할 것이라고 추정하고 있다.

9. 몸과 시간

앞에서 다룬 내용은 모두 몸의 공간적인 요소와 관련된 것이라고 할 수 있다. 이 중 우리의 오관에 와 닿지 않는 많은 요소들이 존재하는 것도 사실이지만, 이 세계는 일반적으로 우리의 감각기관을 통해 접할 수 있는 세계이다. 눈으로 볼 수 있고 손으로 잡을 수 있으며, 듣거나 맛보고 냄새를 맡을 수 있는 세계이다. 머나먼 별들과 다른 은하계의 세계는 주로 망원경을 이용한 시각에 와 닿는 세계이다. 우리의 눈이 인식할 수 없는 적외선이나 X선을 활용한 망원경을 이용하는 경우에도 컴퓨터를 통해 가시광선으로 전환하여 눈으로 확인한다.

존재 세계를 구성하는 요소에는 이러한 공간의 세계만큼 크고 중요한 요소인 시간이 있다. 엄밀한 의미에서 시간은 객관적으로 존재하는 것이 아니라 인간이 사물과 사건을 인식하기 위한 하나의 틀이고 오직 인간의 머릿속에만 존재할 수 있는 것이라고 주장하는 학자들이 많다. 이러한 견해에 동조하는 사람들이 철학계에서 칸트를 비롯하여 많이 있고, 물리학계에서도 아인슈타인의 상대성 이론 전문가인 요아킴 부블라트(Joachim Bublath)를 비롯하여 많은 사람들이 있다. 이들은 시간이란 객관적으로 존재하는 어떤 것이 아니라 인간이 그렇게 인식하는 하나의 관념의 세계에 지나지 않는 것으로 간주하고, 존재하는 것은 천체의 회전 운동뿐이라고 한다. 천체의 회전 현상에 인간이 어떤 규정을 정하여 그렇게 인식하기로 한 것이 오늘날 우리가 사용하는 시간이라는 것이다. 존재하는 것은 오직 현재뿐이고 과거와 미래라는 것은 자연의 법칙인 인과율을 인식하기 위한 인간의 관념이라고 하는 것이[30] 그들의 견해다.

 또한 시간이란 것은 있다고 하더라도 객관적인 존재로 독립하여 있는 것이 아니라 물체의 크기와 거리에 따른 중력의 세기와 물체가 이동하는 속도와 연계되어 있다고 한다. 중력이 엄청나게 큰 태양에서 시간이 흐르는 속도와 그보다 훨씬 약한 지구에서 흐르는 속도가 다르고, 같은 지구 위에서도 고도에 따라 다르다고 한다. 중력이 강할수록 시간은 천천히 흐르기 때문에 같은 1초라고 할지라도 지구보다 태양에서 훨씬 더 길고, 같은 지구에서도 중력의 중심에서 멀리 있는 인공위성에서보다 가까운 해변에서 더 길다고 한다. 또한 움직임이 빠른 물체에서 흐르는 시간의 속도가 움직임이 느리거나 전혀 없는 물

---

30 Immanuel Kant 저, 『순수이성비판』, 전원배 역, 삼성출판사, 1977, pp. 88-91; 팡 리치 · 추 야오칸 저, 『뉴턴의 법칙에서 아인슈타인의 상대론까지』, 이정호 · 하배연 역, 전파과학사, 1998⁸, p. 19f; Barbara Lovett Cline, 『A New Physics, 새로운 물리를 찾아서』, 차동우 역, 전파과학사, 1993, p, 109f; Jürgen Audretsch, Klaus Mainzer(Hg.), Op. cit., p. 192f; Joachim Bublath, Op. cit., p. 9f.

체에서 흐르는 시간의 속도보다 느리다고 한다.[31]

　뛰어난 지성을 지닌 철학·물리학자들 중 적지 않은 수가 많은 실험과 고찰 그리고 깊은 사유를 통해 내놓은 시간에 대한 이러한 견해를 굳이 부인하거나 반박할 만한 마땅한 근거가 없다. 우리가 일상생활에서 상식적으로 사용하고 있는 시간에 대해 조금만 깊이 고찰하고 분석해 본다면 우리가 얼마나 인위적으로 정해진 관념의 세계에서 살아가고 있는지 어렵지 않게 파악할 수 있다.

　인간과는 다른 생체 구조와 생체 리듬을 가진 동·식물들도 각각 시간에 대한 인식이 다를 것이다. 한 해 겨울을 넘기지 못하는 한해살이풀들과 수백 년을 살아가는 키 큰 나무들이 가진 시간에 대한 개념이 다를 것이고, 한 여름을 살다가는 곤충들과 수십 년 사는 짐승들이 가진 시간에 대한 개념도 많이 다를 것이다. 생물학자들은 동물들이 시간을 인식하는 것은 심장 박동의 빠르기와 큰 관련이 있는 것으로 분석하고 있다. 날개를 1초에 70회 이상 움직여 꽃마다 옮겨다니며 긴 부리와 혀로 꽃의 즙을 먹는 콜리브리새의 1분과 느림보의 대표격인 나무늘보의 1분에는 많은 차이가 있을 것이다.

　같은 사람에게 있어서도 그의 연령과 성별, 건강 상태, 하고 있는 일 등 여러 조건에 따라 시간에 대한 개념이 다르다. 같은 교실 안에 있어도 초등학교 1학년 학생이 느끼는 1시간과 그를 가르치는 선생님이 느끼는 1시간에는 차이가 있을 것이다. 같은 사람이라 하더라도 그가 아플 때 1시간과 건강할 때 1시간에는 차이가 있고, 사랑하는 사람과 함께 하는 1시간과 싫어하는 사람과 함께 하는 1시간에는 큰 차이가 있을 것이다.[32]

　한편 시간은 엄연히 객관적으로 존재하는 것으로서 물리적인 시간

31　James A. Coleman 저, 『상대성이론의 세계』, 다문독서연구회 역, 도서출판 다문, 1998⁸, p. 182f; Joachim Bublath, Op. cit., pp. 72-77, p. 109, 114.
32　전헌호, 『상대성이론과 예수의 부활』, 가톨릭출판사, 2001, p. 51.

은 누구에게나 동일하다고 주장하는 사람도 있다. 이들의 주장에도 일리가 있어 무시할 수는 없다. 적어도 상식 세계에서는 이들의 주장이 통하는 곳이 많이 있고, 이것을 부정하고는 일상생활이 불가능하기 때문이다. 즉 지금 순간이 200X년 X월 X일 오전 또는 오후 X시 X분 X초라는 것을 인정해야 다른 사람들과 더불어 살아갈 수 있다. 예전에는 시간을 재는 데에 각 문화권마다 고유한 척도를 사용해 왔다. 그러나 지구가 하나의 마을과 같이 가까워진 오늘날에는 그러한 다양한 척도들로는 더불어 살아가기에 너무나 불편하다. 그래서 서로 조정 과정을 거쳐 유럽인들이 사용하던 서구 세계의 시간 계산 방식을 모든 민족과 나라가 사용하고 있다.

  시간은 이러한 여러 차원들을 지니고 있고 인간의 몸과 밀접한 관련이 있다. 인간의 몸은 세상에 태어나서 죽기까지 단 한 번도 정지 상태로 머물지 않는다. 앞에서 언급한 공간적인 몸의 여러 요소들은 계속해서 움직이고 변화하면서 몸이 가진 각종 기능을 수행하고 몸을 몸으로서 유지시킨다. 어느 한 사람을 지칭할 때 어느 때의 그가 그를 대표하는 그이겠는가 생각해 볼 일이다. 어느 한 특정한 철수 또는 영희라는 개인을 두고 말할 때 어느 때의 그를 철수 또는 영희라고 하고 있는지 가늠해 볼 일이다.

마치는 말

　이러한 고찰을 통해 외부와 끊임없이 교류하면서 목숨을 유지하고 있는 몸의 개방성에 대해 어느 정도 파악하게 되었으리라 생각한다. 우리가 살아가는 과정에서는 주로 일상의 상식적인 세계 안에서 일어나는 일들을 오관에 와 닿는 대로 인식하면서 처리해 나간다. 보통 때에는 그렇게 살아가는 것이 건강한 삶을 지속하는 비결이기도 하다. 그러나 좀 더 깊고 풍부한 이해로 살아가기를 원하는 사람, 세상에 존재하는 수많은 고통들과 오해들을 깊이 파악하여 줄여 나가고 기쁨과 이해를 키워 나가기 원하는 사람들은, 상식의 세계를 꿰뚫고 들어가 본질을 파악하여 새로운 안목으로 세상과 자기 자신을 바라보고자 한다. 본 장에서 전개한 글도 그러한 작업의 일환이다.

　필자가 제2장에서 몸과 관련하여 전개한 내용들은 현재까지 인류가 알아낸 천체물리학, 생물학, 의학의 각종 지식들을 동원한 것이다. 이들은 객관적인 사실로서 각자 신봉하는 종교와 신념이 무엇이든 누구나 인식하여 받아들여야 하는 지식이 된 사항이다. 이러한 내용들은 한 때 천동설에 바탕을 둔 창세기의 내용과 갈등을 가지기도 했으나 수많은 학자들의 다양한 학문적 조정 작업과 대화를 통해 상당 부분 극복되었다. 최근 들어 가톨릭교회가 인정하게 된 진화론적 창조론이 순수 유물론적 진화론과 아직도 갈등이 없는 것은 아니지만 앞으로도 지속될 조정 작업과 대화를 통해 의견의 차이를 좀 더 좁혀 갈 수 있으리라 생각한다.

　학문은 그 특성상 앞으로도 계속해서 발달할 것이다. 이에 따라 인간의 몸에 대한 이해도 점점 더 깊어질 것이고 서술의 내용과 방식이 변해 갈 것이다. 그렇다 할지라도 인간 지성이 던지는 몸에 대한 새롭고 더 깊은 질문은 계속 이어질 것이다. 인간의 몸이 지닌 신비는 너무나 깊어 이러한 학문적인 탐구로 다 밝혀 내지 못할 여지는 항상 남을 것이기 때문이다. 그래서 우리가 나날이 발전하는 자연과학적인 지식에 열린 마음을 지니고 다가간다 해도 인간에 대한 신학적 사유와 신앙이 개입할 여유 공간은 항상 존재할 것이다.

과학적 탐구와 신학적 탐구 모두 진리를 탐구한다는 점에 공통점을 지니고 있다. '진리와 진리는 상호 모순될 수 없는 것'이기에[33] 진리를 찾는 것이 목표인 과학적 탐구와 신학적 탐구의 결론은 결국 같은 지점에 이를 것이다. 인간의 몸에 대한 과학적 탐구와 신학적 탐구 모두 어떤 방법을 동원하든, 어떤 시기에 탐구하든 몸의 정교함과 신비함에 감탄하여 결국 그것을 창조하신 하느님의 위대함을 찬미하는 결론에서 언제나 만나게 될 것이다.

신앙과 신학이, 나날이 발전하고 풍부해지는 자연과학적 지식 앞에 문을 걸어 잠그고 자신만의 게토를 구축한다면 시간이 흐를수록 옹색해지고 고집스러워질 것이며 마침내 신화적 세계로 전락하고 말아, 과학문명의 현장을 살아갈 수밖에 없는 현대 세계의 사람들에게 복음의 역할을 수행하기 어려워질 것이다. 용기를 내어 마음의 문을 열고 대화의 광장에 나아간다면 자연과학적 지식의 풍요와 더불어 신앙과 신학도 나날이 풍요해지고 인간의 몸과 영혼에 대한 지식과 신비는 더욱 깊어질 것이다. 신학을 전공한 필자가 이러한 부류의 글에 시간과 정열을 투자한 이유가 바로 여기에 있다.

---

33 교황 요한 바오로 2세, 「진화와 살아계신 하느님」, 테드피터스 엮음, 『과학과 종교; 새로운 공명』, 김흡영 외 역, 동연출판사, 2002, p. 258.

3

몸을 구성하는 기본 요소

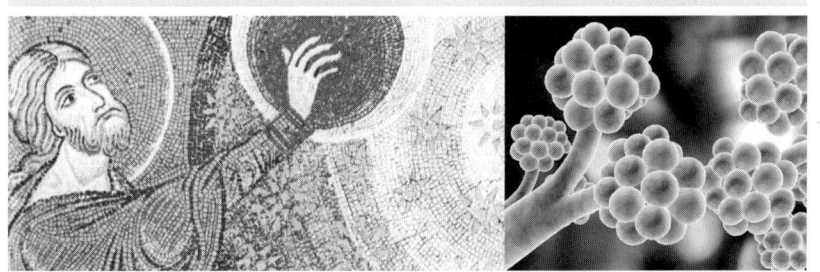

＊
＊
＊

  필자가 이 책을 저술하려는 동기는 현존하는 모든 분야의 학문과 지식을 종합하여 사람의 본질적인 모습을 밝혀보고 싶었기 때문이다.[1] 그래서 앞 장에서는 인간의 몸이 이 우주 안에서 어떤 위치에 있으며 우주에 존재하는 다양한 요소들과 어떤 관계 속에서 유지되고 있는지를 살펴보았다.

  이제 제3장에서는 몸을 이루는 가장 기본적인 요소들인 원소, 분자, DNA, 세포에 대해 살펴보고자 한다. 물론 원소를 이루는 더 작은 단위로 양성자, 중성자, 전자가 있고 이들을 이루는 '쿼크(quark)'가 있으

---

[1] 제3장과 4장을 집필하기 위해서 주로 다음의 책들을 참고했고, 여기에 제시하지 않은 수많은 책들로부터도 지식을 습득했다. 일반적인 내용들이어서 필요한 경우 외에는 각주를 별도로 제시하지 않았다. 김상문,『100살 자신 있다』, 상문각, 2004; 김용호,『몸으로 생각한다』, 민음사, 1997; 김정룡,『간 박사가 들려주는 간병 이야기』, 에디터, 2000; 김춘식 외,『우리 몸의 과학』, 계몽사, 1983[4]; 김홍경,『내몸은내가고친다』, 식물추장, 2000; 박재갑 외,『인간 생명과학』, 서울대학교 출판부, 1993; 박창성,『식생활과 건강』, 경산대학교 출판부, 1999[5]; 웅진건강무트 발행,『간장병』, 서동진 감수, 웅진출판, 1999[4]; 신재용,『건강은 마음으로 다스려라』, 학원사, 2000[5]; 안횡균,『알면 20년을 젊게 사는 내 몸의 생체학』, 한언, 2004; 이동현,『기와 사랑의 약손요법』, 정신세계사, 2000; 임혁,『인체: 부드러운 톱니바퀴』, 동아사이언스, 2002; 정진석,『우주를 보면 하느님이 보인다: 우주, 인간, 종교』, 가톨릭출판사, 2003; 정화열 저,『몸의 정치』, 박현모 역, 민음사, 1999; 조선일보사,『장수의 비밀』, 조선일보사, 2003; 애너 샌더먼(Anna Sandeman) 저,『우리 몸 속 이야기』, 승연조 역, 도서출판 승산, 2001; Detlev Ganten 외 2인 저,『지식; 생명 + 자연 + 과학의 모든 것』, 인성기 역, 이끌리오, 2005; Robert A. Wallace 외 2인 저,『생물학; 생명의 과학』, 이광웅 외 7인 역, 을유문화사, 1998[5]; 「경이로운 사람의 몸: 과학 상식 시리즈3」,『리더스 다이제스트』, 리더스 다이제스트·두산 동아, 1998[4]; 셔원 닐랜드(Sherwin B. Nuland) 저,『몸의 지혜』, 김학현 역, 사이언스북스, 2003[4].

며 '초끈이론(super-string theory)'과 같은 첨단의 현대물리학은 쿼크보다 더 작은 단위의 물질까지 언급하고 있다. 하지만 이러한 요소들에 대해서까지 다 언급하려면 한이 없으므로 여기에서는 인간의 본질적인 모습을 알아보는 데에 필요한 요소들을 필요한 만큼만 간단명료하게 살펴보는 것으로 하겠다.

1. 원소

원소들을 자세히 들여다보면 하나의 원자핵과 하나 이상 여러 개의 전자로 구성되어 있고, 원자핵은 다시 여러 개의 양성자와 중성자로 구성되어 있다. 양성자는 다시 여러 개의 미립자로 구성되어 있다. 그러나 원소보다 더 작은 단위들은 하나의 특별한 성질을 드러내는 요소가 아니기 때문에, 어떠한 특성을 지닌 요소로서 가장 작은 단위는 원소라고 할 수 있다. 그러므로 우리의 몸을 이루는 가장 작은 요소는 바로 원소이다.

인류가 알고 있는 원소의 종류는 107개를 넘어서고 있으나 지구 위에 존재하는 자연 원소의 종류는 92개이다. 이들 중에서 황(S), 인(P), 산소(O), 질소(N), 탄소(C), 수소(H)가 생물체의 99%를 이루고 있다. 생명체는 이 외에도 소량이긴 하지만 칼슘(Ca), 염소(Cl), 코발트(Co), 구리(Cu), 플루오르(F), 요오드(I), 철(Fe), 마그네슘(Mg), 망간(Mn), 몰리브덴(Mo), 칼륨(K), 셀렌(Se), 규소(Si), 나트륨(Na), 바나듐(V), 아연(Zn)과 같은 원소들을 반드시 필요로 한다. 우리 몸을 이루고 있는 원소의 수는 자그마치 $100조 \times 100조 = 10^{28}$이나 된다. 우리 몸을 이루는 세포의 수가 100조 개이고, 세포를 이루는 원소의 수 100조 개이기 때문이다.

탄소는 모든 유기물의 구성 성분으로서 생명체에 핵심적인 원소이며 질소는 모든 단백질과 핵산(DNA, RNA)의 구성 성분이다. 수소는 물과 유기물의 구성 원소이고 산소는 호흡에 분자 상태로 쓰이면서 물과 유기물의 구성 요소이다. 인은 항상 산소와 결합하여 인산의 형태로 생물계 안에 존재하는데, 세포막의 대부분을 이루는 인지질로 존재하기도 하고 뼈나 치아를 구성하는 인산칼슘의 성분을 이루기도 하며 에너지의 이동에도 필요하다. 황은 대부분의 단백질에 필요하다. 칼슘은 골격을 구성하는 물질이고 근육 수축 작용에 관계한다. 염소는 동물에게서는 소화 작용에 관계하며 식물에게서는 광합성작용에 관계한다. 코발트는 비타민 B_{12}의 구성 성분이며 구리는 패각류 혈액의 산소 운반 색소를 구성한다. 플루오르는 치아의 에나멜 성분이고 요오드는 갑상선호르몬의 성분이다. 철은 혈액의 산소 운반체인 헤모글로빈과 전자운반체인 시토크롬의 구성 원소이다. 마그네슘은 효소의 작용에 필수이고 광합성 색소인 클로로필의 성분이다. 망간, 아연, 몰리브덴 그리고 셀렌은 효소의 작용에 필수이다. 칼륨은 신경전달에 필요하다. 규소는 동맥에 필요하고, 규조의 껍질과 해면동물의 외골격에 필요하다. 나트륨은 이온의 균형과 신경전달에 필요하다. 바나듐은 피낭동물의 산소 운반에 필요하다.

2. 분자

우리의 몸을 구성하는 가장 기초 단위인 원소들이 이온결합, 공유결합, 수소결합이란 방식으로 서로 다양하게 결합하면서 수많은 종류의 분자들을 형성하여 생명 현상을 가능하게 하는 작용을 한다. 분자에는 산소 원자 둘로 구성된 산소 분자로부터 수소 원자 2개와 산소 원자 하나로 구성된 물 분자, 6개의 탄소, 12개의 수소, 6개의 산소로 구성된 포도당 그리고 약 5백억 개의 원자들로 구성된 고분자인 DNA

에 이르기까지 다양한 종류가 있다. 이들 중 탄수화물, 지질, 단백질, 핵산은 특히 중요하다.

저장 양분과 구조성 분자의 기능을 가져 우리의 몸에 꼭 필요한 물질인 탄수화물에는 포도당·과당과 같은 단당류와 젖당·설탕과 같은 이당류, 식물성 전분과 같은 많은 수의 단당 분자들이 연결되어 있는 다당류 등 다양한 종류가 있다. 다당류는 생물체 안에 여러 가지 형태로 존재하면서 많은 기능을 수행하는데, 가장 중요한 역할은 영양분의 저장과 생물체의 구조를 이루는 것이다. 동물의 조직 속에서 포도당이 축적되어 형성되는 글리코겐, 식물의 세포벽을 구성하는 셀룰로오스, 곤충의 외골격과 균류(곰팡이)의 세포벽을 이루는 물질인 키틴도 다당류에 속한다.

지질은 작은 분자에서 큰 분자에 이르기까지 크기가 다양하며, 단위체, 중합체, 에너지 저장 분자, 구조 분자, 호르몬, 윤활 물질 또는 탄수화물이나 단백질과 결합된 분자 등으로 형태도 다양하다. 지질을 이루는 중요한 물질은 지방, 기름, 스테롤, 왁스, 인지질 등이다. 탄수화물과 단백질이 친수성인데 비해 지질은 소수성으로서 지용성이기 때문에 유기용매에 잘 녹는다. 우리에게 낯익은 지질로는 지방과 옥수수유와 같은 식용유가 있다. 지방은 분자의 성질상 이상적인 에너지 저장 분자이다. 우리 몸은 피하와 내부 기관에 지방을 저장하고 있다. 인지질은 살아있는 세포 내부와 세포를 둘러싸는 막의 주요 성분이다. 뇌와 신경조직에도 많은 양의 인지질이 함유되어 있다. 콜레스테롤은 인지질과 함께 세포 원형질막의 중요한 성분이고, 화학적으로 변화되어 성호르몬과 같은 호르몬을 형성하기도 하는 매우 중요한 물질이다.

단백질은 아미노산이 연결되어 이루어진 고분자이다. 세포 내 단백질에서 발견되는 아미노산은 20가지인데, 이들 아미노산이 가지는 독특한 성질에 의해 단백질의 구조와 기능이 결정된다. 단백질의 분자량은 범위가 대단히 넓어 인슐린의 경우 5,700(55개의 아미노산)이나 어떤 효소는 700-800만(7-8만 개의 아미노산)의 분자량을 갖기도 한다. 단백질 중에는 저장 양분과 구조성 분자로서의 역할을 수행하는 것이 있고 화학 전달체나 호르몬을 이루거나 혈액내의 산소 운반 기능을 하는 것도 있으며, 신축성이 있어 운동을 일으키기도 하고 체내에 침입하는 미생물을 방어하는 항체 역할을 하는 것도 있다. 생물체의 화학반응을 진행시키는 효소도 단백질이다.

3. DNA

21세기에 접어들어 DNA에 관한 관심과 연구가 활발하므로 본 항목에서 다른 사항들보다 조금 더 자세하게 언급하기로 한다. DNA(deoxyribonucleic acid)는 세포의 핵과 미토콘드리아 그리고 엽록체에 존재하고 있는데, 그 중 특히 핵 속에 존재하는 DNA는 생명의 핵심으로 불린다. 이것은 핵 속의 DNA가 유전자라고 하는 유전 현상의 단위체를 포함하고 있기 때문이다.[2] 한 식물이나 동물 내의 세포핵은 모두 똑같은 양의 DNA를 가지고 있으며 난자와 정자는 그 절반만을 가지고 있다.[3]

유전자는 생물체가 생성하는 단백질의 종류를 결정해 주는 화학적인 정보이다. 유전자를 구성하는 DNA는 생물체가 합성하는 모든 단백질의 아미노산의 순서와 배열을 결정한다. 아미노산의 순서와 배열이 폴리펩티드와 단백질의 구조 및 형태를 결정해 주며, 최종 산물인 단백질로 하여금 특별한 기능을 갖도록 해 준다. 단백질이 직접 또는

---

[2] 아베리(Avery)가 1944년에 DNA가 유전형질의 본체라는 것을 밝혔다.(박재갑 외 저, 앞의 책, p. 2.)
[3] Robert A. Wallace 외 2인 저, 앞의 책, p. 249.

간접적으로 생물의 구조와 생화학적인 능력을 결정하기 때문에 단백질의 구조는 대단히 중요하다. 단백질의 구조는 신체의 형태, 얼굴 모습, 머리카락의 결 등과 같은 유전적 형질을 결정해 준다. 또 하나 매우 중요한 것은 효소가 단백질로 되어 있고, 이 효소에 의해 생명을 유지시켜 주는 수많은 화학반응이 가능하다는 점이다.[4]

 DNA는 자기복제 능력이라는 매우 중요한 기능을 가지고 있다. 이 것은 DNA 자신이 자신과 똑같은 분자를 생산하는 것으로 자라는 생물에게 이 과정은 대단히 중요하다. 세포가 분열을 시작하기에 앞서 각 DNA 분자는 복제를 하게 되며, 세포분열이 진행됨과 동시에 복제된 DNA는 정확하게 나뉘어 각기 새로 생겨난 두 개의 세포로 전달된다. 따라서 각 세대의 세포는 완전한 한 벌의 유전자를 갖추게 된다. 이러한 과정은 생식세포의 경우에도 마찬가지이다. 난자와 정자가 수정됨으로써 두 개의 다른 개체의 유전자가 합쳐진다.[5]

 DNA 분자는 두 개의 대단히 긴 중합체가 수소결합에 의하여 결합되어 있으며 코일 구조를 이루므로 이중나선이라고 불리기도 한다.[6] 이들 두 중합체는 뉴클레오티드(nucleotide)라는 소 단위체 간에 공유결합이 생겨서 이루어진 긴 분자이다. 각 뉴클레오티드는 세 부분으로 이루어져 있다. 인산기, 5탄당, 질소염기가 그것이다. DNA 전체 분자를 통하여 인산기와 당 분자는 동일하지만 질소염기는 다르다. DNA의 경우 4가지 다른 질소염기가 있는데, 아데닌(adenine), 구아닌(guanine), 티민(thymine), 시토신(cytosine)이 그것이다. 질소염기의 독특한 배열이 화학정보(유전암호)를 구성한다. 각 DNA 분자에는 수천 개

---

4 Robert A. Wallace 외 2인 저, 앞의 책, p. 90.
5 같은 책, p. 92.
6 1953년 왓슨과 크릭이 DNA의 이중나선구조를 밝혔다. 이것으로 이들은 생물학에서 혁명이 일어날 수 있는 토대를 마련했다. 이들의 발견에서 위대한 점은 연구의 완벽성과 최종성이다.(『과학동아』, 동아사이언스, 1995년 9월호, pp. 15-22.)

의 유전자가 존재한다. DNA분자는 매우 길어서 사람의 경우에 가장 큰 염색체의 DNA를 펼쳐놓으면 그 길이가 12cm 정도나 되고 23쌍을 모두 펼쳐 합치면 약 200cm에 이른다. 그러나 다행히도 DNA는 염색질의 형성을 통하여 응집되어 다발처럼 묶여져 있다.[7]

티민(T)과 시토신(C)은 피리디민(외고리)이라 하는데, 질소와 탄소로 구성 된 6각형 고리로 되어 있다. 아데닌(A)과 구아닌(G)은 퓨린(이중 고리)이라 하는데, 질소와 탄소로 구성된 6각형과 5각형의 이중 고리로 이루어져 있다. 모든 생물체에서 A와 T의 양이 항상 같고 G와 C의 양도 항상 같다. 또한 A+G=T+C=50%이다. 즉 DNA의 출처에 관계없이 정확히 염기의 절반은 퓨린이고, 다른 절반은 피리디민이다. 그 이유는 T는 언제나 A와, C는 언제나 G와 결합하기 때문이다. 이러한 이유로 DNA의 이중나선구조는 일정한 폭을 유지한다.[8]

유전 물질로서의 DNA는 새로운 세포, 심지어 완전한 개체를 만드는 데 필요한 모든 정보를 가지고 있고, 이 정보는 세포분열 전에 정확히 복제된다. DNA에 암호화되어 있는 유전 정보는 복제에 의하여 전이되고 RNA로 전사되며 단백질로 번역된다. DNA는 핵에 머물면서 RNA 분자에 단백질 합성을 지시한다.[9]

DNA 염기서열 중에서 단백질 생산에 직접 사용되는 부분이 바로 유전자이다.[10] 대장균과 같은 전핵세포는 대략 4천여 종의 서로 다른 유전자를 함유하고 있다고 추정되고 유핵세포인 인체 세포에는 약 10만 종의 유전자가 존재하리라 추정된다.[11] 세포 내에 들어 있는 많은

---

7 Robert A. Wallace 외 2인 저, 앞의 책, p. 197; 〈메디컬 특강-건강 SOS〉, EBS, 2002. 4. 22 방송.
8 박재갑 외 저, 앞의 책, p. 5.
9 같은 책, pp. 253-280.
10 『과학동아』, 동아사이언스, 2000년 12월호, p. 38.
11 인간의 체세포 핵에 DNA는 약 33억 쌍의 염기로 구성되어 있는데, 인간 안에 들어 있는 단백질의 종류가 약 10만 개이므로, 유전자 수가 이 숫자만큼 될 것으로 추정한다. 학자에 따라서는 인간의 유전자를 약 3만 개 내외로 추정하기도 한다.

유전자들은 모두 동시적으로 발현되는 것이 아니라, 외적 환경의 변화·내적 성장·발육에 따라 일부 유전자들만이 발현하여 세포의 표현형질을 결정하고 세포에 고유한 기능을 부여한다.[12]

DNA의 구조와 역할에 대한 해명으로 모든 생명체는 종·개체·연령·생리적 변화 등에 상관없이 본질적으로 동일한 물질에 의해 운영되고 있는 것이 밝혀졌다. 또한 이러한 DNA는 종과 개체의 벽을 넘어 서로 전이시킬 수 있어 상대방 세포의 형질을 전환할 수 있다. 그 결과 특정 DNA를 찾아내어 수선하고 변형시킬 수 있는 방안들이 개발되었다.

4. 세포

약 100조 개의 세포로 구성된 인간을 비롯하여 모든 살아있는 생명체는 기본적으로 세포로 구성되어 있다. 세포는 원료를 취하여 유용한 에너지를 추출하고 그 자체의 분자를 합성하며, 유기적 형태로 성장하고 환경으로부터의 자극에 반응하는 존재이다. 이러한 작업을 하기 위해 세포는 핵, 인, 핵공, 핵막, 염색질, 세포질, 미토콘드리아, 엽록체, 세포벽, 리소좀, 리보솜, 중심립, 원형질막, 골지복합체, 퍼옥시솜, 미세필라멘트, 미세소관 조면소포체, 액포, 활면소포체와 같은 다양한 기관들을 지니고 있다. 세포의 종류에 따라 이러한 기관들을 일부 또는 대부분을 갖추고 있다. 모든 생물의 세포들은 고유하고 종에 따라 다르며, 같은 개체 내에서도 부위에 따라 다르다.

달걀이나 개구리 알과 같이 눈으로 볼 수 있을 만큼 큰 세포도 있고 길이가 1m를 넘는 신경세포도 있지만, 대부분의 세포는 매우 작아 눈

---

12 박재갑 외 저, 앞의 책, p. 6.

으로 볼 수 없는 크기인 10㎛-100㎛ 사이다. 큰 액포를 가진 식물 세포가 동물 세포보다 크지만 세포질의 평균량은 둘 다 거의 같다. 세균은 동·식물 세포보다 훨씬 작다. 덩치가 큰 생물은 그만큼 더 많은 수의 세포를 지니고 있어서 작은 생물보다 크다. 세포는 크게 원핵세포와 진핵세포로 나눌 수 있는데, 생명의 가장 원시적인 형태인 원핵생물의 세포는 원핵세포로 구성되어 있고 식물·동물·곰팡이 및 원생생물의 세포는 원핵세포보다 복잡한 구조인 진핵세포로 구성되어 있다. 다세포 생물에서 세포들은 매우 다양하고 각 세포 자신의 특정한 일에 적응되어 있으며 세포 서로 간에 상호의존적이다.

세포보다 더 작은 것으로 바이러스라는 것이 있다. 그런데 이것은 단독으로 생존과 증식이 불가능하기 때문에 독립된 생명체로 인정해야 하는지 인정하지 말아야 하는지 학자들 사이에 의견이 분분했다. 요즈음에는 독립된 생명체가 아니라는 의견이 더 강세다.

서로 다른 여러 종류의 세포들이 모여 협동 작업을 통해 하나의 일정한 생명체를 살려 나가는데, 그 작용 방식은 너무나 복잡하고 신기해서 사람들이 인위적으로는 도저히 흉내낼 수 없다. 그래서 생명체는 오직 생명체를 통해서만 생명을 전수받을 수 있다. 우리 몸에 있는 세포의 종류는 200가지가 넘는다. 피부, 근육, 뼈, 신경, 간, 위 등 각 부위마다 고유한 종류의 세포들이 있다.

세포가 하는 일 중에서 가장 중요한 것은 스스로 증식을 하는 작업이다. 즉 자기와 똑같은 세포를 만들어내는 일이다. 이것은 너무나 복잡하고 위대한 일이어서 우리 사람들이 인위적으로는 도저히 해낼 수 없는 작업이다. 사람의 힘으로 서울이나 뉴욕과 같은 대도시를 건설하고 엄청나게 큰 공장들을 지을 수는 있지만 세포 하나는 만들어내지 못한다. 그래서 살아있는 생명체는 대단히 위대하고 신비한 존재다.

4

몸을 구성하는 기관

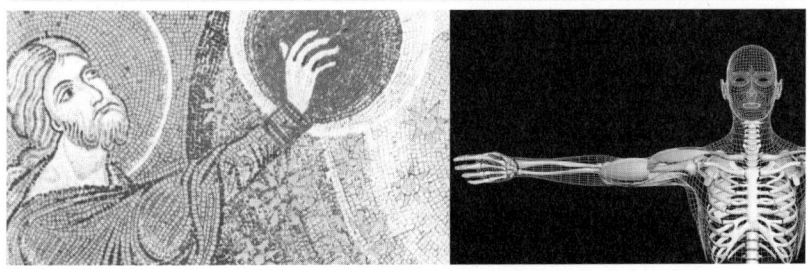

*
*
*

　이제 몸을 구성하는 기관들에 대해 살펴볼 차례가 되었다. 기관들이 상호 긴밀히 협력하면서 이루는 생명 작용은 매우 정교하고 엄밀하며 신비하다. 이러한 작용을 하는 각 기관의 자세한 작용 원리와 의학적 차원의 여러 사항에 대해 언급하려면 한이 없을 것이다. 더구나 우리가 관심을 가지고 있는 차원은 인간의 참 모습에 대한 이해이지 인간의 몸에 대한 의학적인 지식을 살펴보는 데에 있지 않다. 그렇다고 하여 몸을 구성하고 생명 작용을 하는 기관들에 대해 전혀 살펴보지 않는 것은 중요한 부분을 간과하는 일이 될 것이다. 그러므로 본 장에서는 인간의 구체적인 몸을 이해하는 데에 필요한 정도만 간단하게 여러 기관들에 대해 살펴보고자 한다. 우리 몸의 기관 중에서 어느 것 하나 중요하지 않은 것은 없다. 때문에 우선순위를 정하기도 쉽지 않은 일이므로 아래 논의 전개의 순서는 큰 의미가 없다.

1. 피부

　몸의 모든 기관 중에서 가장 비중이 큰 것은 피부이다. 사람의 나이와 성별, 체격에 따라 다소 차이는 있지만 다 자란 성인 피부의 표면적은 평균 1.8m²이고 무게는 10kg까지 나갈 수 있다. 피부는 우리의 몸 전체를 감싸고 보호하면서 다양하고 경이로운 기능을 수행하고 있다. 강한 햇빛, 열, 바람, 추위 등 물리적 자극이나 화학적 자극으로부터 우리 몸을 보호하고 물과 공기, 먼지와 세균들이 몸 안으로 들어오지 못하게 한다. 우리 몸의 필수 불가결한 수분, 전해질, 피, 근육 등의 외부 유출을 막고 체온을 조절하고 땀 분비나 피지 분비의 기능을 수행한다. 통증, 가려움증, 뜨거움, 차가움, 화끈거림 등 다양한 감각 기능을 수행한다. 태양의 자외선을 흡수하여 비타민 D를 생산함으로써 몸 안의 칼슘을 알맞게 활용하게 한다. 피부색깔, 머리카락의 색깔 등으로 인종과 개인에 대한 구별을 드러낸다. 머리카락, 손톱, 발톱 등의 각화물질을 만든다. 내부 장기에 이상이 발생했을 때, 피부가 그것을 표면화하여 조기 진단을 가능하게 한다. 다양한 면역학적 기능을 수행하며 여러 종류의 면역 매개체를 분비한다. 몸에 질병이 발생했을 때 약물을 투여하는 경로가 되기도 한다.

2. 뼈

성인의 몸에는 206개의 뼈가 있는데 그 절반 정도는 손과 발에 있다. 두개골은 22개, 척추는 32개, 가슴뼈는 3개, 흉대는 4개, 갈비뼈는 24개, 팔과 손은 60개, 좌골은 2개, 다리와 발은 59개로 구성되어 있다. 각각의 뼈는 100개 남짓한 관절로 서로 연결되어 있다. 관절의 접합면은 매끈한 연골로 싸여 있고 중대형 관절은 접촉면의 마찰을 감소시키기 위해 점액으로 보호된다.

우리 몸의 뼈들은 신체의 모양을 만들어 서거나 걸을 수 있게 하는 것 외에 많은 역할을 한다. 무게는 몸의 크기에 따라 차이가 있지만 대체로 9kg 정도 된다. 뼈는 신체의 틀을 형성하여 몸 안의 주요 장기들에게 고정된 공간을 제공하며 지지한다. 예를 들어 늑골은 가슴에 새장 같은 틀을 형성하여 흉벽을 지지하고, 다리와 척추의 뼈들은 서 있을 때 몸통을 지지하는 기능을 수행한다. 뇌, 심장, 폐 등과 같은 중요한 장기들을 둘러싸서 외부의 압력으로부터 보호한다. 또한 운동근육과 협력하여 신체를 움직인다. 생화학적 성분인 유기질 35%, 무기질 45%, 수분 20%로 된 뼈들은 이들의 중요한 저장고이기도 하다. 골수강 내의 골수조직에서는 조혈작용이 일어나 백혈구, 적혈구, 혈소판 등의 혈구세포를 만든다. 뼈를 이루고 있는 골막, 경골질, 골수는 서로 활발한 상호작용을 하면서 우리 몸이 생명 작용을 하게 한다.

뼈는 형태에 따라 관골과 견갑골, 골반골과 같은 편평골로 나눌 수 있으며 관골은 다시 대퇴골·상완골과 같은 장관골, 수근골과 같은 단골로 나눌 수 있다. 이들은 공통적으로 외측에 단단한 피질골과 내측에 망상골로 이루어져 있다.

뼈들의 이름을 일부 소개하면 다음과 같다. 귀의 고막 바로 뒤에 전음기능을 가진 추골, 침골, 등골이 있는데 매우 작다. 이 중에서도 등골이 몸에서 가장 작은 뼈로서 쌀 한 톨 정도의 크기이다. 가장 큰 뼈인 대퇴골과 가장 단단한 두개골 외에도 척추, 쇄골, 견갑골, 가슴뼈, 갈비뼈, 상완골, 척골, 요골, 저구관절, 중수골, 지골, 선장관절, 장골, 천추골, 미추, 슬개골, 경골, 비골 등이 있다.

3. 근육

우리 몸무게의 약 절반을 차지하는 근육의 수는 640개나 되는데 골격근, 심장근, 평활근으로 구성되어 있다. 골격근은 의도하는 대로 수축과 이완이 조절되므로 수의근이라고도 한다. 골격근은 빠르고 격렬하게 수축하지만 쉽게 지치고 운동 후에는 일정 기간 쉬어야 제 기능을 할 수 있다. 심장근은 골격근과 비슷하지만 의도대로 움직이지 않는 불수의근이다. 평활근은 위장이나 방광 등 내장과 혈관벽 등에 위치하는 불수의근으로 수축 작용은 느리고 지속적이다.

신체의 모든 움직임은 근육 수축의 결과이다. 근육은 수축할 수는 있지만 팽창할 수는 없다. 골격근에 의해 신체의 이동·조작이 이루어지고 외부 환경의 변화에 빠르게 반응한다. 서 있거나 앉아 있을 때 지속적으로 작용하여 자세를 유지한다. 또한 수축할 때 열을 발생하여 체온을 유지하는 데에 큰 역할을 한다. 몸무게의 40%를 차지하는 골격근은 체온 유지에 중요한 역할을 한다.

주요 근육으로 승모근, 광배근, 삼각근, 상완이두근, 완요골근, 장장근, 흉쇄유돌근, 대흉근, 전거근, 복직근, 봉공근, 대전근, 대퇴이두근, 장내전근, 대퇴직근, 외측광근, 내측광근, 장비골근, 전경골근, 장지신근, 비복근, 아킬레스근 등이 있다.

4. 혈액

몸의 생명을 유지하는 데에 절대적인 작용을 하는 혈액은, 혈장에 적혈구·백혈구·혈소판 등 세포 성분이 부유하는 액체로서 체중의 약 8%인 4-6ℓ 정도의 부피를 지닌다. 이 가운데 혈장이 55%이고 나머지 45%가 세포성분으로서 대부분이 적혈구이고 일부가 백혈구·혈소판으로 이루어져 있다. 1cc의 혈액에는, 약 6-8㎛ 크기에 수명이 약 4개월인 적혈구가 400-500만 개가 있고 백혈구는 4,000-10,000개, 혈소판은 130,000-400,000개가 있다. 혈액 세포는 주로 골수에서 생성된다. 혈액의 구조와 기능은 다양하고 적응력이 커서 혈액 세포 상호간의 협동 체계가 뛰어나기 때문에 생명을 유지하기 위한 기능을 훌륭하게 수행한다.

주요 기능은 크게 운반 기능, 숙주방어 기능, 생체항상성 기능으로 나눌 수 있는데 이들을 좀 더 자세히 살펴보면 다음과 같다. 운반 기능에는 세포대사 과정에 필요한 산소 운반, 영양소 운반, 각종 호르몬 운반, 운반용 단백질 함유, 면역 글로불린, 숙주 방어용 물질 운반, 대사과정의 부산물을 자체 처리하거나 처리하는 조직으로의 운반이 속한다. 숙주방어 기능에는 지혈 기능, 염증 반응, 면역 기능, 탐식 기능이 속하고 생체항상성 기능에는 체온 조절, 수분 및 전해질 조절, 각종 장기와 조직 사이의 통로가 속한다.

혈액은 심장의 박동에 의해 동맥, 정맥 그리고 실핏줄로 이루어진 길이 약 10만km나 되는 혈관을 통해 인체의 모든 곳으로 순환하면서 앞에서 열거한 다양한 기능들을 수행한다. 정상적인 기능을 수행하는 일 외에도 인체의 일부에 이상 현상이 발생하면 즉시 개입하여 재생 작용을 한다. 상처가 나면 즉시 혈소판이 응고하여 출혈을 막아 상처를 재생하기 시작하고 충분한 시간이 주어지면 마침내 완치시켜 낸다.

5. 심장

두꺼운 근육으로 이루어진 심장은, 크기가 자신의 주먹만 하고 무게는 약 350g 정도인데 대개 자신의 몸무게와 비례한다. 왼쪽 가슴의 갈비뼈 속에 위치하고 있어 왼쪽 젖꼭지 아래 부위에 손을 대면 그 박동을 느낄 수 있다. 심장의 양옆을 허파가 싸고 있고 아래쪽으로는 횡경막에 얹혀 있다. 심장은 또한 심낭이라는 질긴 두 겹의 주머니로 느슨히 싸여 있고 심낭 속에는 윤활 작용을 하는 심낭액이 들어 있어 심장의 박동을 보호한다.

심장은 좌심실, 우심실, 좌심방, 우심방이라는 네 개의 방으로 구성되어 있다. 우심방은 온 몸을 돌면서 산소를 내주고 이산화탄소를 잔

뜩 짙어진 정맥피가 들어오는 곳이고, 우심실은 이 피를 받아들여 이산화탄소를 내놓고 산소를 짙어지도록 허파로 보낸다. 허파에서 산소를 짙어진 피는 다시 좌심방을 거쳐 좌심실의 강한 수축 작용에 힘입어 온몸으로 뿜어져 나간다. 피를 온몸으로 순환시키는 일을 담당한 좌심실은 우심실보다 근육의 양과 두께가 2-3배나 된다. 심장의 각 방에는 판막이 있어 피가 역류하는 것을 막아 가야만 하는 방향으로 흐르도록 한다. 심장근육이 박동을 계속하는 데에 필요한 막대한 양의 산소와 에너지는 심장에 고루 퍼져 있는 관동맥을 통해 공급된다.

태어나면서부터 죽을 때까지 쉬지 않고 뛰는 심장은, 갓난아기 때에는 분당 약 120회, 2-4살 때에는 약 100회, 11-14살 때에는 약 80회, 성인이 되면 약 70회 정도 뛴다. 노동이나 운동 등에 의해 몸의 움직임이 많아지면 심장의 박동도 증가하여 몸이 필요로 하는 만큼의 산소와 영양분을 공급하게 된다.

6. 뇌

우리 몸의 뇌는 성인일 경우에 무게가 평균 1.4kg이고 부피는 약 1,300-1,500cm^{3}이며 표면적은 2,200cm^{2}이다. 뇌의 무게는 불과 몸무게의 2%에 해당하지만 산소 소모량과 혈류량은 몸 전체 소모량의 20%나 된다. 그만큼 일을 많이 하는 것이다.

뇌의 세포 수는 대략 천억 개가 될 것으로 추정한다. 각 세포는 다시 서로 다른 수천 세포들과 연결되어 도파민을 비롯한 다양한 종류의 신경전달물질을 통해 정보를 주고받는다. 뇌는 엄청나게 복잡한 구조로 얽혀 서로 정보를 주고받으며 몸의 생명을 유지하고 정신 작용을 해 나가는 대단한 존재이다.

뇌는 크게 파충류의 뇌에 해당하는 뇌간, 포유류의 뇌인 변연계, 인간의 뇌인 대뇌피질로 구성되어 있다. 뇌간은 뇌의 가장 아래쪽 척수와 연결되는 부위에 있으며 변연계는 그 위쪽에 연결되어 있다. 대뇌피질은 변연계 전체를 감싸고 있는데, 이 셋 중에서 가장 크다. 머리를 만져보면 단단한 두개골 외에는 만질 수 없는데, 뇌가 매우 중요하기 때문에 몸에서 가장 단단한 뼈로 감싸서 보호하고 있는 것이다.

뇌간은 맥박, 호흡, 소화 등 생존에 가장 중요한 대사 기능을 담당한다. 여기에 문제가 생기면 목숨을 유지할 수 없다. 변연계는 감정, 욕구, 충동과 같은 파충류가 가진 것보다는 좀 더 고차원적이면서 포유동물로서의 특징을 드러내는 것을 관장한다. 변연계는 생존에 가장 필요한 본능에 속하는 식욕과 성욕도 관장한다. 뇌간과 변연계에서 관장하는 기능들은 파충류 또는 포유류로서 살아가게 하는 본능에 속하는 것으로, 매우 강한 힘을 지니고 있다. 그래서 이 본능을 인위적으로 거부하는 것은 대단히 힘들다.

대뇌피질은 주름이 많이 잡혀 있고 앞쪽의 전두엽, 위쪽의 두정엽, 뒤쪽의 후두엽, 옆에 있는 측두엽 등 4개의 엽으로 구성되어 있다. 대뇌피질은 외부의 세계를 깊이 인지하고 생각하며 인과율에 따라 앞뒤를 분간하고 판단하는 등 우리가 알고 있는 여러 가지 일들을 수행한다. 우리는 대뇌피질을 지니고 있기 때문에 인간으로서의 능력과 품위를 가지는 것이다. 각종 기술 문명과 문화를 가꾸고, 음악·미술·문학 등 예술을 통해 이전에는 없던 새롭고 창조적인 작업을 하는 것도 대뇌피질이다.

그러나 대뇌피질은 뇌간, 변연계와 독립된 존재가 아니다. 대뇌피질이 활동할 때 언제나 뇌간과 변연계가 함께 한다. 때문에 인간이 지닌 본능은 다른 일반 동물들의 본능과 동일하지 않다. 대뇌피질의 작용을 받은 본능, 지성의 안내를 받은 본능인 것이다.

변연계의 협조가 없을 경우에는 대뇌피질이 자신의 고유한 기능을 지속적으로 수행하지 못한다. 이성적인 판단에는 아무리 옳고 좋은 것이어도 그것을 행하고 싶은 생각이 일지 않을 경우에는 아무 소용이 없다. 한편으로 대뇌피질은 옳지 않은 줄 뻔히 아는 일도 때로는 변연계의 강요에 못이겨 작용하는 경우가 있다. 이런 때에 우리는 잘못 하는 것이다. 그래서 우리의 삶에는 항상 갈등과 고통이 함께 있다. 그런데 평소에 자기 수련을 꾸준히 하는 사람은 이성적인 판단에 따라 언제나 올바른 일을 할 가능성이 높다. 그러면 자신도 행복하고 주위 사람들도 행복하게 할 수 있다.

7. 신경

온몸에 골고루 퍼져있는 신경은 망을 형성하여 뇌로부터 온갖 정보를 몸의 각 기관으로 전달하기도 하고 온몸으로부터 발생하는 정보들을 뇌로 전달하면서 몸이 살아있는 생명체가 되게 하는 데에 중요한 역할을 한다. 내장 기관들의 기능, 몸의 움직임, 지각과 감각, 사고, 감정, 의지 등 모든 행동들을 조절한다.

신경은 뇌와 척수로 구성된 핵심 부분인 중추신경계와 여기에서 갈라져 나와 몸 구석구석을 연결시키는 말초신경계로 구성되어 있다. 신경은 또한 의지의 통제를 받지 않는 자율신경계와 의지의 통제를 받는 운동신경계로 구분할 수 있다. 자율신경계는 신체의 내부 환경을 다스리는 것으로서 호흡과 심장박동, 생리적 활동, 감정에 대한 신체적 반응을 조절하며 운동신경계는 외부 세계에 대한 신체의 반응을 조절한다.

8. 소화기

　소화기는 몸이 필요로 하는 영양 물질을 내포한 음식물을 잘게 자르는 과정에서부터 몸 안에 흡수하고 배설하는 전 과정에 작용한다. 이러한 작용에 참여하는 몸의 기관에는 치아, 식도, 위, 십이지장, 췌장, 소장, 대장, 직장, 항문이 있다. 넓은 의미로는 간도 여기에 속하지만 그 역할이 매우 중요하여 별도로 다루었다. 음식을 입에 넣어 완전히 소화되는 데에는 약 20시간 정도가 소요된다.

　음식물을 입으로 넣으면 혀의 도움을 받아 28-32개의 치아가 자르고 베고 갈아서 잘게 나눈다. 이 과정에 침샘에서 침이 나와 소화 작용을 돕는다. 충분히 분쇄된 음식물은 식도를 통해 위로 내려가는데, 이 때 음식물이 목에서 기도로 내려가는 일을 방지하기 위해 후두덮개가 자동적으로 기도를 막아준다. 약 25cm 정도 되는 식도의 벽은 근육으로 되어 있어 꿈틀거리면서 음식물을 위로 보낸다. 식도의 활동으로 누워서 먹거나 물구나무를 선 상태로 음식물을 삼켜도 위로 들어간다. 하지만 바로 앉아 식사를 하는 것이 건강에 좋은 것은 말할 것 없다.

　식도 아래에 연결된 조그마한 자루 모양을 한 위는 안쪽이 끈끈한 막으로 덮여 있고 위액을 내보내는 위샘을 갖추고 있다. 여기에서 pH 1.6-2.4의 강한 산성인 위액이 매일 1.5-2.5ℓ 정도 나와 음식물에 포함된 세균들을 죽이고 소화 작용을 원활하게 한다. 위액과 섞이고 충분히 물러진 음식물은, 유미즙이라고 불리는 일부 소화된 반유동체가 되어 십이지장을 거쳐 직경 2.5-3.8cm, 길이 약 7m의 소장으로 흘러든다. 음식물이 십이지장을 거치는 동안에 간에서 만들어져 담낭에 저장되어 있던 담즙이 흘러들고 췌장에서 생성된 각종 효소들과 인슐린이 흘러들어 소화를 돕는다. 십이지장은 강한 산성을 띤 위산의 피해를 없애기 위해 점액을 다량 분비하여 췌장에서 흘러 들어온 알칼

리성 췌액과 함께 중화시킨다.

소장에 들어 온 탄수화물은 포도당으로, 단백질은 아미노산으로 분해되고 지방질 역시 흡수되기 쉽도록 분해된다. 소장은 매일 약 9.5ℓ의 음식물과 액체 그리고 체내 분비물을 처리한다. 소장에는 1cm²마다 약 3천 개의 융모와 15억 4천 개의 세융모가 무수히 돋아있다. 융모는 하나하나마다 임파관, 장액을 분비하는 장선, 모세혈관 망과 혈관으로 구성되어 있다. 융모는 마치 수중식물처럼 끊임없이 흔들리면서 용해된 음식물을 골고루 뒤섞고 흡수 가능한 영양소와 접촉한다. 영양소는 융모막을 뚫고 혈관이나 임파관으로 들어간다. 지방질 영양소는 임파 조직을 통해 운반되고, 혈관내의 포도당과 아미노산은 문맥을 지나 간으로 운반된다.

직경이 6.4cm나 되는 대장은 길이가 약 1.8m이다. 대장에 들어온 음식물이 소장으로 역류하지 못하도록 입구에 판막이 있다. 대장이 하는 기능은 주로 수분을 흡수하는 일이다. 몸 안에 흡수되고 남은 찌꺼기는 12.7cm 길이의 직장에 보관되어 있다가 항문을 거쳐 밖으로 배출된다.

9. 간

간은 성인의 경우 1.2-1.8kg 정도의 무게를 지니며 인체의 장기 중에서 가장 크다. 약 3천억 개의 간세포로 이루어져 있는데 오른쪽 갈비뼈에 둘러싸여 보호를 받고 있다. 위치는 오른쪽 젖꼭지 아래 1cm 지점에서 왼쪽 젖꼭지 2cm 지점까지, 아래로는 오른쪽 맨 아래 갈비뼈 부근까지 걸쳐 있다. 혈액을 많이 품고 있는 장기로서 마름모꼴인데, 혈관 분포와 담즙 배설 양상에 따라 우전엽, 우후엽, 좌내엽, 좌외엽으로 구분된다.

간은 생명유지 활동을 하면서 생긴 몸속의 낡은 물질을 새 물질로 바꾸어 우리 몸을 언제나 신선하고 일정한 상태가 되도록 유지시킨다. 신진대사의 중추 역할을 하는, 일종의 화학 공장이라 할 수 있다. 간은 탄수화물·단백질·지방·비타민 그리고 무기질의 대사뿐만 아니라, 노화된 적혈구의 분해 과정에서 생성되는 빌리루빈(병적인 상태에서 황달을 일으키는 물질)의 대사와 체내에 들어오는 대부분의 약물 대사에서도 중심적인 역할을 하고, 소화 작용을 돕는 담즙의 분비도 관장하며 혈당 농도를 일정하게 유지하는 데 가장 중심적인 역할을 한다. 또한 알코올의 대사 및 해독에 중추적인 역할을 하고 호르몬 공급의 감시관 역할도 한다.

　소장에서 흡수되어 간에 도달한 포도당의 약 60%는 글리코겐으로 바뀌어 간에 저장되고, 나머지는 간을 그대로 통과하여 몸 속 여러 말초 장기로 운반되어 그곳에서 사용된다. 뇌 조직, 말초신경, 적혈구, 백혈구 등은 제 기능을 유지하기 위해 공복일 때에도 에너지원으로 포도당을 필요로 한다. 이때, 간에 저장된 포도당이 에너지의 원료로 몸의 곳곳에 공급된다. 24시간 이상 굶거나 심한 노동이나 운동을 해서 간에 저장된 포도당이 부족해질 경우에는 간에서 아미노산, 유산 등을 이용해 포도당을 새로 만들어내는 포도당신생과정이 활발하게 일어나 혈당 농도를 일정하게 유지한다.

　간은 또 단백질을 만든다. 단백질은 위나 장에서 소화 분해되어 아미노산이 된 후 문맥을 통해 간으로 흘러 들어간다. 간은 이 아미노산을 재료로 삼아 우리 몸의 고유한 단백질로 만들어 몸 곳곳에 보내 준다. 간에서는 하루 약 50g의 단백질이 형성되는데 혈장 단백질 중 면역 글로불린을 제외한 거의 모든 단백질이 간에서 생성된다. 혈액 응고인자들 중 약 절반이 간에서 합성된다.

　간은 에너지원으로 쓰이고 당원질로 저장되고도 남은 탄수화물을 중성 지방으로 변환시켜 지방 조직에 저장한다. 또한 지방산의 산화 과정 중 생긴 물질을 이용하여 콜레스테롤을 만들며 하루에 약 500mg의 콜레스테롤을 담즙산으로 변환시킨다. 간은 또한 해독과 배설 작용을 한다. 단백질이 분해되는 과정에서 발생하는 암모니아를 요소로 변형시켜 소변의 형태로 배설한다. 간이 이 기능을 수행하지 못하면 혼수상태와 같은 심각한 증상이 일어난다. 약물들도 간의 해독 작용을 통해 변화된 후 비로소 몸에 도움이 되는 약리작용을 한다. 해독 과정을 거친 약물은 몸 밖으로 배설 가능한 형태가 되어 제거되기 때문에 생명에 해로운 독작용이 사라지게 된다. 간에서 만들어진 물질들은 간정맥을 통해 몸 곳곳에 공급된다.

10. 호흡기

포도당을 산화하여 태양에너지를 뽑아내어 몸의 생명에너지로 사용하는 데에 반드시 필요한 산소를 받아들이고, 이 과정에서 발생한 이산화탄소를 몸 밖으로 배출하는 작업은 우리 몸이 살아있는 동안에는 언제나 필요하다. 호흡 기관은 이 작업을 감당하는 것으로서 코, 후두, 기관, 허파로 구성되어 있다. 허파는 두 개인데 좌우 가슴속에 있다. 좌측 허파는 심장 때문에 우측 허파보다 작다. 열두 쌍의 갈비뼈 중 열 쌍이 새장처럼 허파를 감싸고 있다. 이 갈비뼈 사이에는 근육이 붙어 있어서 이 근육이 갈비뼈를 움직여 가슴으로 숨을 쉴 수 있게 한다. 허파 바로 밑에 횡격막이 있어서 아래위로 움직이면서 배로 숨을 쉴 수 있게 한다.

기관은 두 갈래로 나뉘어 좌우 허파로 연결되는데, 허파 안에서 계속 두 개씩 갈라지기를 20번에서 27번까지 하면서 마지막으로 허파꽈리에 연결되어 있다. 이를 통틀어 기관지라고 하는데 16번째 분지까지는 가스교환이 이루어지지 않는 단순기도이고 그 다음부터는 호흡

영역으로서 가스교환도 일어난다.

폐에 담을 수 있는 최대 공기량은 성인 남자의 경우 보통 5,000-6,000cc 정도 된다. 정상적인 생활을 할 때에 성인이 한 번에 들이마시는 공기량은 500cc 정도이며 운동을 하거나 다른 이유로 몸이 산소를 많이 필요로 할 경우에는 뇌의 호흡중추가 호흡을 조절한다. 호흡량의 조절은 몸속의 산소농도, 이산화탄소농도와 수소이온농도(pH) 변화에 따라서 조절된다. 중추 및 말초수용체에서 이들의 변화를 감지한다.

공기를 접하는 허파꽈리는 허파 하나에 약 3억 개나 있는데, 그 총 면적은 70m² 정도로 피부 면적의 40배나 된다. 매일 2만 6천 번 가량 확장과 수축을 반복하면서 1만 3천ℓ의 공기를 호흡한다. 만일 공기 중의 먼지와 세균들이 그대로 허파 안에 모이면 쉽게 탈이 날 것이다. 그래서 호흡 기관은 이들을 방어하는 기능을 지니고 있다. 콧속의 털, 기관지 점막의 섬모세포, 기관지 분비액, 허파꽈리의 대식세포 및 면역 반응이 차례로 개입하여 호흡 기관의 건강을 지켜낸다.

11. 비뇨기

비뇨기는 콩팥이라고도 하는 신장, 오줌관, 오줌보, 오줌길로 구성되어 있는데, 우리 몸이 더 이상 필요로 하지 않는 찌꺼기를 배출하고 몸 안의 수분을 비롯한 각종 물질들의 양이 일정하게 유지되도록 조절하여, 몸의 건강을 유지하는 데에 매우 중요한 역할을 한다. 신장은 여러 호르몬의 작용을 받고 호르몬 또는 관련 물질을 생성하기도 한다.

신장은 쌍으로 된 장기로서 왼쪽 신장은 비장 아래에, 오른쪽 신장은 간 아래에 위치하고 있다. 길이 약 10-12cm, 폭 약 4-6cm, 두께

약 3-4cm로 강낭콩과 비슷하게 생겼고 무게는 120-160g 정도 되며 수많은 혈관으로 꽉 들어차 있다. 신장 안쪽 가운데 들어간 곳에 굵은 동맥과 정맥 그리고 오줌관이 나와 있다. 겉에는 피질이라는 층이 있고 안쪽에는 수질이라는 층이 있다.

신장 하나에 약 100만 개씩 존재하는 사구체가 몸 안에서 생긴 찌꺼기를 걸러내는 작업을 한다. 사구체는 가는 혈관이 실 덩어리처럼 엉켜 있는 모양을 하고 있는데, 혈액이 이곳을 지나면 혈액 성분 중에 혈구와 크기가 큰 단백질 등만 혈관에 남고 나머지 물질과 수분은 모두 걸러져 나온다. 마치 고운체에 혈액을 흘려보내서 굵은 물질들만 혈관 내에 남겨두고 수분과 거기에 녹아 있는 작은 물질들을 통과시키는 것과 같다. 이 과정을 여과라 하고 여과된 액체를 여과액이라고 하는데, 하루에 만들어지는 여과액은 약 180ℓ나 된다. 여과액은 신장의 세뇨관에서 99% 이상의 수분과 우리 몸에 필요한 각종 물질들이 모두 다시 흡수된다. 몸 안에 수분이 많으면 흡수 양을 줄이고 수분이 적으면 흡수 양을 늘리면서 몸 안의 수분 양이 일정하도록 조절한다.

신장에서 끊임없이 만들어지는 오줌은 길이 25-31cm, 직경 0.6cm 정도의 오줌관(요관)을 통해 오줌보(방광)로 24시간 내내 한 방울씩 흘러든다. 방광은 수축과 팽창 작용이 유연한 힘살로 된 주머니로서 최대 0.9ℓ의 소변을 담을 수 있다. 방광에 소변이 0.4ℓ 정도 차면 조직 안에 있는 감지세포가 소변충동을 발동시켜 오줌길(요도)을 통해 몸 밖으로 배출된다. 성인의 경우 하루에 평균 1.5ℓ의 오줌을 배출한다.

12. 감각기

촉각, 후각, 청각, 시각, 미각 등 다섯 개의 감각 기관은 우리 몸이 외부와 정보를 교환하는 매우 중요한 기관이다. 이들 중 어느 하나라도 탈이 나면 삶의 질이 심하게 떨어져 살아가는 데에 많은 곤란을 겪게 된다. 만약 이들 모두가 탈이 난다면 삶이 완전히 불가능하게 된다. 인간이 행하는 고도의 정신적 사유도 감각 기관을 통한 수많은 정보들을 토대로 한다. 인간을 이해하고자 하는 작업에 있어 감각 기관과 이들이 수행하는 감각에 대한 고찰은 결코 간과할 수 없는 것이다. 감각 기관은 인간이 세상을 이해하고 세상과 관계를 맺는 창이기 때문이다.

인간이 오관을 통해 외부 세계와 접촉하고 이해한다는 말은, 한편 감각 기관이 가진 가능성과 한계에 지배되는 것을 의미하기도 한다. 인간은 외부에 존재하는 세계를 있는 그대로 모두 접하고 이해할 수 있는 것이 아니라 감각 기관이 수용하고 그것을 두뇌가 인식할 수 있는 만큼만 이해하는 것이다. 그래서 인간이 인식하는 세상은 인간의 오관을 통한 인간만의 세상이다. 지구 위에 존재하는 수많은 생명체들은 각기 나름대로의 감각 기관을 통해 세상을 파악하여 자신의 고유한 세상을 형성하고 그 세상과 교류하면서 살아간다. 식물에게는 식물의 세상이 있고 동물에게는 동물의 세상이 있으며 인간에게는 인간의 세상이 있는 것이다. 식물들은 고유의 정보 교환물질들을 외부로 방출하거나 받아들여 생존과 번성을 유지하고, 동물들도 각 종류별로 고유한 방법으로 세상을 파악하고 상호 정보를 교환한다. 호랑이나 개와 같은 육식동물들이 자신의 영역을 표시해 두는 것을 우리는 인식하지 못하고 돌고래나 상어가 가진 초음파를 감지하는 능력이 인간에게는 없다.

인간의 오관이 가진 여러 가지 가능성과 한계에 대해 좀 더 깊이 고찰하면, 인간이 보고 듣고 느끼며 맛보고 냄새를 맡으며 갖게 되는 세상에 대한 인식은, 인간에 의해 구성된 인간만의 세상이란 것을 어렵지 않게 알 수 있다. 그러므로 인간이 인지하는 세상을 존중할 뿐만 아니라, 외부의 객관적인 세계에는 인간이 인지하지 못하는 다른 요소들도 많이 있다는 것을 인정하여 겸손한 자세를 가지도록 노력해야 할 것이다.

인간의 몸에 대해 살펴보고 있는 과정이므로 오관에 대한 중요한 요소들만 간단히 살펴보자.

몸이 가진 오관 중에서 외부로부터 가장 많은 정보를 받아들이는 것은 시각을 담당한 눈이다. 눈은 뇌의 일부분이라고 할 수 있을 정도로, 시신경을 통해 뇌에 직접 연결되어 있는 중요한 기관이다. 매우 예민하고 섬세하며 복잡한 구조로 구성되어 있다. 눈은 눈꺼풀, 눈알, 눈알을 움직이는 6개의 근육, 눈동자, 눈조리개, 수정체, 1억 개 이상의 시세포로 구성된 망막, 시신경, 눈물샘, 눈물주머니 등으로 구성되어 있다. 눈은 물체에서 나온 빛 중에서 가시광선만을 인식할 수 있는데, 이것을 통해 색상·명도·형태를 구분하여 일상생활과 고도의 정신적인 활동을 가능하게 한다. 눈이 두 개이기 때문에 사물을 입체적으로 볼 수 있고 넓은 시야를 가질 수 있다. 눈이 사물을 보는 원리, 근시, 원시, 색약, 색맹, 각종 눈병에 대해 자세히 다루는 것은 이 책의 의도를 넘어서는 일이므로 생략하도록 하고, 원하는 사람은 다른 전문 자료를 활용하기를 권한다.

공기의 진동을 통해 소리를 인식하는 우리의 귀 또한 외부의 많은 정보를 받아들이는 기관이다. 귀는 귓바퀴, 귓불, 귓구멍, 귀청, 추골, 침골, 등골, 세반고리관, 달팽이관, 신경, 유스타키오관으로 구성되어 있다. 귓바퀴는 공기의 진동을 모아서 귓속 고막에 잘 전달되도록 하고, 새끼 손톱만한 얇은 피부로 구성된 고막은 그 진동에 따라 떨리게 된다. 이 진동에 따라 추골·침골·등골이 진동하고 이어서 달팽이관이 진동한다. 이렇게 달팽이관 속에 들어 있는 액체가 진동하면 그 속에 있는 털 모양의 말초신경이 이것을 뇌로 전달하고 뇌가 이것을 소리로 인식한다. 공기의 진동에는 강약과 고저 그리고 리듬이 있는데, 우리 귀가 인식할 수 있는 고저는 진동수 초당 16-20,000 헤르츠(Hz)

이고 강약은 대개 30-150 데시벨(dB)이다. 이 말은 우리 청각이 인식하지 못하는 소리들도 많이 있을 수 있다는 것이다.

귀는 듣는 기능만 가진 것이 아니라 균형을 유지하는 기능도 지니고 있다. 세반고리관에는 액체가 가득 차 있어 몸이 움직이면 이 액체가 함께 울렁거리고 그 안에 든 머리털과 같은 말초신경이 이 움직임을 뇌로 전달하여 몸의 자세를 인식한다. 유리병에 물을 담아 뱅뱅 돌리다가 병을 멈추어도 그 안에 든 물은 계속 돌듯이, 몸을 뱅뱅 돌리다가 갑자기 멈추어도 세반고리관 안에든 액체는 계속 돌기 때문에 눈으로 보는 세상에 대한 신호와 세반고리관에서 전해오는 신호가 달라 한동안 어지러움을 느끼게 되는 것이다.

후각을 담당하는 코는 외비, 비강(콧속), 부비동으로 구성되어 있다. 콧속에는 작은 구멍들이 있어서 눈, 귀, 부비동으로 연결되어 있다. 비강은 비중격에 의해 좌우로 나뉘어 있는데 비전정, 비중격, 비강상벽, 비강측벽, 비강저로 구성되어 있다. 점막으로 덮여 있는 비강측벽에는 흡입하는 공기에 체온을 전달하는 혈관이 가득히 분포되어 있다. 비강측벽에 돌출한 세 개의 소용돌이꼴의 갑개골은 외부의 공기가 통과해야만 하는 표면적을 넓혀주면서 에어컨의 핀과 같은 역할을 한다. 점막은 하루에 0.9ℓ나 되는 점액을 분비하여 허파로 들어가는 공기의 습도를 조절하고 세균을 잡아 죽인다. 이러한 작용으로 들숨의 공기가 기관에 이를 때에는 온도 31-37°C, 습도 75-85%를 유지하여 허파에서 산소와 이산화탄소를 치환하기에 알맞은 상태가 된다.

우리의 뇌는 약 10,000 종류의 각기 다른 냄새를 구분하는데, 콧속의 후각 세포와 후각 신경을 통해서 이루어진다. 숨을 들이쉴 때 코 안으로 들어오는 공기 속에 든 냄새는 콧속 천장에 촘촘히 나 있는 수백만 개의 작은 털과 이를 둘러싸고 있는 점액을 통해 말초신경에 닿는다. 말초신경이 이 신호를 뇌로 전달하면 뇌는 그 냄새를 인식한다. 그런데 개는 사람보다 100배나 더 많은 후각 신경을 지니고 있다. 후각은 미각에 비해 약 만 배 이상 민감하고 미각에 큰 영향을 미친다.

맛을 인식하는 혀는 음식물을 먹는 과정에서 침을 섞어서 씹기 쉽도록 돕고 목구멍으로 넘기는 데에 큰 역할을 한다. 혀의 표면에는 맛을 느끼는 미뢰가 있어 단맛, 신맛, 짠맛, 쓴맛 등 각종 맛을 인식하고, 후각과 공조하여 다양한 음식물의 맛을 안다. 물론 이 모든 것을 인식하는 것은 뇌의 몫이고 혀는 맛을 알도록 하는 도구 역할을 수행한다.

피부에는 수많은 말초신경이 자리 잡고 있어 몸에 닿는 사물들에 대한 다양한 정보를 얻는다. 차가움, 뜨거움, 화끈거림, 가려움, 압박감, 통각 등과 같은 감각을 느끼는 말초신경의 종류는 20가지가 넘는데 통각을 느끼는 신경이 가장 많다. 각종 위험으로부터 몸을 지키는 데에 꼭 필요한 존재이기 때문이다.

13. 내분비계

몸에는 땀샘이나 소화샘과 같이 살갗이나 소화관으로 분비액을 내보내는 외분비 기관들이 있고 분비액을 핏속으로 내보내는 내분비 기관들이 있다. 이 내분비 기관들을 총칭하여 내분비계라고 한다. 내분비계는 신경계와 더불어 몸이 기능을 제대로 수행하게 하는 데에 중요한 역할을 하는 기관으로, 내분비계 없이는 생명작용이 원활하게 진행되지 않는다. 내분비계와 신경계는 인체 기능의 대부분을 조절하기 때문에 몸과 정신의 건강에 매우 중요한 큰 통신망을 이루고 있다. 신경계는 메시지를 전기 · 화학적 파동을 이용하여 근육과 내분비선에 전달하고, 내분비계는 호르몬 · 시토킨 · 성장인자 · 지방산 유도체와 같은 화학적 정보전달 물질들을 혈관 속으로 보내어 인체의 모든 세포에 도달하게 한다.

호르몬은 넓은 의미로 화학적 정보전달 물질을 총괄하여 지칭하는 단어이기도 하다. 정보 전달은 조직과 조직 간에, 조직 내부의 세포 사이에, 세포 자신이 자신에게 세포 밖을 경로로 하여 일어난다. 우리 몸 안에 있는 수많은 기관들이 서로 협력하여 몸을 살아있는 존재로 유지하려면 많은 정보를 교환해야 하고 다양한 조절을 해야 한다. 각 기관은 자체 내에서 생산한 호르몬을 통해 자신의 상황을 타 기관에 알려 서로 협조하게 한다. 또한 몸 안에는 호르몬의 분비만을 주로 담당하는 다양한 내분비 기관들이 있어서 기관들이 서로 협동, 조절, 종합, 억제, 자극 등을 수행하도록 하여 몸의 항상성을 유지하게 한다.

뇌하수체 · 갑상선 · 부갑상선 · 부신 등은 순수하게 호르몬의 분비만을 위해 발달된 기관이고, 성선(고환과 난소) · 내분비췌장 등은 매우 발달한 내분비기관이다. 앞에서 언급한 대로 신체의 모든 장기는 나름대로 각종의 호르몬과 정보전달 물질을 분비하는 세포들을 지니고 있다. 시상하부와 같은 뇌의 한 부분도 각종 호르몬을 분비하고 신경의 말단에서 나오는 각종 신경전달물질도 호르몬의 역할을 하기도 한다.

뇌의 하부에 매달려 있는 조그마한 장기인 뇌하수체는 전엽과 후엽으로 구성되어 있다. 뇌하수체 바로 위에 위치한 시상하부에서 분비되는 각종 호르몬의 지시에 따라 전엽에서는 갑상선자극호르몬, 성장호르몬, 부신피질자극호르몬, 성선자극호르몬, 유즙분비호르몬 등이 분비되고 후엽에서는 항이뇨호르몬이 나온다. 분비된 뇌하수체 호르몬들은 혈액을 통해 몸 안의 표적 장기에 있는 특정한 호르몬 수용체에 도달 · 결합함으로써 정보를 전달한다. 뇌하수체는 전신의 여러 기관들을 광범위하게 관리하고 있어서 내분비 기관들의 대장으로 간주되고 있다.

목젖 바로 아래와 옆에 위치하고 있는 갑상선은 뇌하수체의 자극호르몬의 자극을 받아 갑상선호르몬을 만들어 분비하여 몸의 에너지 대사에 관여한다. 갑상선 속에 있는 4개의 작은 장기인 부갑상선은 부갑상선호르몬과 칼시토닌 등 칼슘대사에 관계하는 호르몬을 만들어낸다. 흉선은 어린이들의 몸에서 감염과 싸우는 일종의 백혈구 세포를 생산한다. 피질과 수질로 구분되는 부신은 신장 위에 붙어 있는데 뇌하수체에서 분비된 호르몬의 자극을 받아 체내의 염분과 수분의 균형을 통제하고 면역계를 통솔하며, 스트레스에 대해 급히 반응하는 호르몬인 카테콜아민을 생산하여 인체가 위기 상황에 대응하는 것을 돕는다. 췌장 전체의 1%밖에 되지 않는 내분비 췌장은 인슐린, 글루카곤을 분비하여 혈당 수준을 통제한다. 난소는 여성의 체내에서 성적인 발달과 난자 생산을 통제하고 고환은 남성의 체내에서 성적 발달과 정자 생산을 통제한다.

위장관에서 10여 종류 이상의 다양한 호르몬이 생성되어 위산의 분비, 췌장액의 분비, 담낭의 수축, 소장, 대장의 운동과 그 분비물의 분비를 통제하고 뇌에 영향을 주어 식욕을 관리한다. 골수, 림프 및 면역계 호르몬들은 세균이 들어 왔을 때 서로 협력하여 백혈구, 탐식세포 등을 증식시켜 퇴치한다. 이러한 일에 관여하는 시토킨계 호르몬들 중 현재까지 알려진 것은 20여 종이다. 에피네프린, 노르에피네프린, 심방이뇨호르몬, 엔도텔린 등의 펩티드 호르몬과 아데노신, 프로스타시클린, 트롬복산 등 심혈관계 호르몬들도 다수 있다. 몸 안의 100조 개나 되는 세포들이 어떤 방식으로든 다른 세포들과 정보를 주고받으므로 여기에 관여하는 호르몬의 수는 대단히 많아 아직 탐구해야 할 영역이 많다.

14. 면역계

살아있는 생명체는 살고자 하는 강한 생명력을 지니고 있다. 그래서 어떻게 하든 살아보려고 최선을 다한다. 자신의 생명이 영원히 지속되는 것이 아니라 일정한 한계를 지니고 있어 죽음을 맞이한다는 것을 알고 있기에 후손을 번식하려고도 최선을 다한다.

이러한 노력은 우리 눈에 보이는 동·식물뿐만 아니라, 눈에 보이지도 않는 작은 미생물에게서도 이루어진다. 지구 위에서 살아가고 있는 생명체들 중에 크기가 비교적 커서 우리가 눈으로 확인할 수 있는 동·식물의 종류는 약 천만에 이르는 것으로 추정되고 있다. 눈에 보이지 않는 각종 미생물의 수도 이 정도에 이르거나 그 이상일 것으로 추정된다. 이들은 흙이나 다른 동·식물들 속에서 치열하게 살아가고 있다. 우리 인류는 이러한 미생물의 종류와 수 그리고 살아가는 방식에 대해 모르는 것이 너무 많다.

우리 몸에도 많은 수의 미생물이 함께 하고 있는데, 학자들은 그 수가 적어도 3조 개에 이를 것으로 추정하고 있다. 이들 대부분은 별 탈 없이 우리의 몸과 공생하고 있다. 그러나 그렇지 않은 것도 있어서 자신의 세력을 확장할 수 있는 기회를 호시탐탐 노리다가, 기회가 오면 엄청난 수로 불어나 우리 몸을 병들게 한다. 물론 우리 몸 밖에서 우리 몸 안으로 들어 올 기회를 노리는 녀석들도 엄청나게 많다. 이들은 기회만 주어지면 몸 안으로 들어와서 우리 몸을 먹이로 삼아 엄청나게 번식하여 결국 우리 몸을 병들게 하고 마침내 죽음에 이르게 한다.

그래서 우리의 몸은 다양한 방법으로 수많은 세균들로부터 자신을 보호하고 있다. 우선 피부는 몸을 완전히 감싸는 것과 항균성 분비물을 통해 외부로부터 세균의 침입을 막고 있다. 음식물을 통해 입으로 들어 온 세균은 침과 강한 산성인 위액이 제거한다. 공기를 통해 호흡기 안으로 들어 온 세균은 콧속과 기관에서 분비하는 점액과 허파 꽈리의 대식세포가 제거한다. 우리 몸은 이러한 과정에서도 제거되지 않고 몸 안에 침투한 세균들을 제거하는 방어 체계도 확립하고 있는데 이것이 면역계이다. 면역 반응의 일차적 기능은 자기 것과 자기 것이 아닌 것을 구별하여 자기 것이 아닌 것을 제거하는 것이다. 우리 몸이 가진 면역계에 대해 아직까지 완전히 다 밝혀지지는 않았지만 연구가 진행되면서 차츰 많은 부분이 드러나고 있다.

대부분의 사람들은 면역 체계를 갖고 태어나는데, 처음에는 발달하지 않은 상태이지만 자라면서 차츰 강화된다. 때문에 처음에는 우리 몸의 면역 체계도 수많은 세균들에 대해 효과적인 방어를 해내지 못하고 병에 걸리기도 한다. 하지만 그러한 경험을 통해 그 병균에 대항할 수 있는 면역 체계를 갖추게 된다. 이러한 특성을 감안하여 개발한 것이 다양한 종류의 백신이다. 백신은 인위적으로 배양한 병원균을 몸에 이상을 일으킬 수 없을 만큼 약화시켜 몸 안에 주입하여 면역 체계로 하여금 그 병원균에 대한 방어 능력을 갖도록 하는 것이다.

피 속의 백혈구, 대식세포, 항체라고 불리는 특정한 물질 그리고 혈관과 함께 온 몸에 퍼져 있는 림프관을 흐르는 림프액이 면역계의 주역들이다. 무색 투명한 림프액은, 병원균을 인지하여 면역 반응을 일으키는 데에 주역을 담당하는 림프구들과 물로 구성되어 있다. 림프구는 골수에 있는 조혈 간세포에서 생산되는데, T림프구 · B림프구 · 자연살상세포로 구성되어 있다. 림프기관 중 흉선과 골수는 1차 림프조직에 속하고 림프절, 비장, 소장, 충수 등에 있는 림프조직, 편도선 등은 2차 림프조직에 속한다. 1차 조직에서 생성된 림프구는 2차 조직을 통해 온몸을 순환한다. 모세혈관을 빠져나온 림프구는 피와 세포 사이에서 일하면서 천천히 순환한다. 림프액은 소장에서 지방을 흡수하는 데에 큰 역할을 담당하면서 소화 작용에도 참여한다.

15. 남녀의 성

우리는 남자이거나 여자 중 하나이다. 어느 한 사람이 남자이기도 하고 여자이기도 하다면 그는 정상적인 삶을 살아갈 수 없다. 대부분의 사람들은 온전한 형태의 남성 또는 여성으로 이 세상에 태어난다. 미리 정해져 태어나는 자신의 성에 대해 사람들은 불만을 갖지 않고 순조롭게 받아들인다. 아주 드문 일이지만 때로는 남녀의 성징을 동시에 갖고 태어나는 사람도 있다. 이런 경우에는 자라는 과정에서 남성 또는 여성 중에서 하나를 선택하여 수술을 해야 한다. 어떤 경우에도 혼자서 남자이기도 하고 여자이기도 할 수는 없기 때문이다.

온전한 여자 또는 온전한 남자로 태어났음에도 불구하고 자신의 성이 뒤바뀐 것이 아닌가 생각하고 약물과 수술을 통해 다른 성으로 전환하는 사람도 간혹 있다. 성을 바꾼 사람은 자녀를 낳지 못한다. 그렇기 때문에 엄밀한 의미에서 성을 온전히 바꾸는 일은 아직 불가능하고 앞으로도 불가능할 것이다. 이것은 하느님께서 우리에게 정해주신 대로 순응하면서 순리대로 살아가라는 의미일 것이다. 이 세상에는 바꿀 수 없는 것이 많기 때문이다.

이 세상에 현재 약 70억 명의 사람들이 살아가고 있는데 한 사람도 똑같은 사람이 없다. 지난 수백만 년 동안 이 땅에서 살다간 약 1천억에 이르는 사람들 중에서도 똑같은 사람은 하나도 없었다. 두 명 이상의 똑같은 사람들이 이 세상을 살고 있다면 참으로 이상할 것이고 여러 가지 혼란한 일이 일어날 수 있을 것이다.

이러한 일이 일어나지 않도록 하느님은 사람을 남자와 여자로 만들어 자녀를 낳을 때 서로의 유전자를 정확하게 절반씩 섞도록 했다. 물론 대부분의 다른 생명체들도 수컷과 암컷이 교배 또는 교미를 통해 번식하게 했다. 이것을 유성생식 또는 이성생식이라 한다. 단세포 생물 중에는 아직도 자신의 몸을 똑같이 분열하는 것을 통해 번식하는 생물이 있다. 이들의 생식방법을 무성생식이라 한다.

진화의 과정을 거듭하면서 대부분의 생명체가 무성생식보다 장점이 훨씬 더 많은 이성생식을 통해 후손을 번식하여 종족을 보전하게 되었다. 인간은 이러한 이성생식의 최고 정점에 있는 존재이다. 남성과 여성이라는 성은 인간의 삶에서 본질적인 부분 중 하나로서 육체적인 삶만이 아니라 심리적, 정신적, 문화적 삶 전반에 큰 영향을 미친다. 태어날 때 자신의 의지와는 상관없이 남성 또는 여성으로 정해지고, 일생동안 이 조건에 순응해야 하는 것에서도 개체로서의 한 인간이 가진 제한성을 쉽게 볼 수 있다.

여기에서는 인간 몸의 모습을 전체적으로 살펴보는 것을 목적으로 하고 있기 때문에 남성과 여성으로 조건 지어진 성의 전반적인 사항에 대해 소상하게 다룰 수는 없다. 또한 성과 관련된 몸의 사항을 자세하게 언급할 필요도 없을 것이다. 인간의 몸이 지닌 성적 기관의 놀라운 기능과 정교함에 대한 새삼스러울 것도 없는 감탄을 표현하는 정도로 이 책이 설정한 목적에 일치하고자 한다. 인간 몸의 생식 기관이 남성의 몸 안에서 그리고 여성의 몸 안에서 하는 역할과 서로 일치하여 사랑을 증진시키고 후손을 낳아 키우도록 하는 모든 작용은 단순히 진화의 산물로만 보기에는 너무나 정교하고 훌륭하며 신비를 내포하고 있다.

오늘날 고도로 발달한 기술 문명과 문화적인 조건은 인간의 성적 삶에도 큰 변화를 일으켜 놓았다. 현대인은 육체적인 결혼 적령기를 훨씬 넘어서야 비로소 혼인을 할 수 있고, 혼인 생활에서도 많은 요소들을 섬세하게 고려하여 올바른 판단과 강한 의지를 동원해야 하는 어려움 속에 있다. 이러한 문제들이 안고 있는 사항들과 과제들은 여기서 본격적으로 다루기에는 너무나 복잡하고 크다.

5

뇌 과학에서 본
두뇌의 구조와 작용 원리

시작하는 말

　20세기에 화려한 꽃을 피운 과학문명은 21세기에 들어서도 나날이 번창하고 있다. 인간의 삶과 의식에 큰 변화를 가져온 과학문명은 앞으로도 어떤 변화를 일으킬지 궁금하기 그지없다. 과학문명은 단순히 인간의 일반적인 삶과 의식 세계에만 변화를 가져온 것이 아니라 신앙과 종교문화에 대한 의식에도 큰 변화를 가져왔다. 21세기에 접어든 인류는 이제 더 이상 전통적인 종교적 의식과 생활을 수동적으로 받아들이지만은 않는 인상을 주고 있다. 우주와 인간에 대한 이해가 나날이 깊고 풍요로워지면서 종교적 세계에 대해서도 새로운 이해와 표현을 요청하고 있다. 인류의 이러한 성향은 인간 문명과 문화의 발전에 따른 자연스러운 현상으로서 결코 멈추어 서게 하거나 억압할 수 없는 것이다. 제2차 바티칸 공의회의 사목헌장에서도 인류의 문화적 발전과 이에 따른 종교적 생각과 표현의 발전은 긍정적이고 고무적인 것으로 이해하고 있다(7-10항, 53-62항).
　나날이 발전하고 변화하는 과학문명과 신앙생활의 중심에는 항상 인간이 자리 잡고 있다. 인간은 과학문명과 종교의 주체이기 때문이다. 과학문명을 발달시키는 존재도 인간이고 그 발달된 과학문명에 의해 세상과 종교에 대한 새로운 이해를 모색하는 존재도 인간인 것이다. 인간이 자기 자신에 대해 관심을 가지지 않은 시대는 없었다고 해도 과언이 아니다. 특히 과학 문명이 무르익던 20세기에 인간 자신의 몸과 뇌에 대한 관심을 지대하게 가지더니 21세기에도 여전히 대단한 정열로 탐구하고 새로운 이해를 도모하고 있다. 유전자 지도를 완성하여 질병을 극복하기 위한 획기적인 방안을 다각도로 찾고 있고, 뇌에 대한 탐구를 통해 인간의 정신과 행동의 본질을 이해하려 할 뿐만 아니라 나아가 영혼의 정체와 사후세계의 존재 가능성에 대한 진단까지 과학적인 방법으로 접근하고 있다. 우리는 이러한 과학자들의 대단한 정열과 노력을 부정적인 시각으로만 바라보고 있을 수는 없다. 그렇게 할 경우에는 선한 의지를 가지고 인간 자체에 대해 좀 더 정확한 진리를 추구하는 수많은 과학자들을 죄인으로 취급하는 오류를 범할 수 있고, 그것은 부메랑이 되어 부정적 시각을 가진 사람을 공격해 올 수 있기 때문이다.

필자는 인문학의 범주에 속하는 신학을 전공한 사람이지만 뇌에 관한 자연과학자들의 연구 과정과 결과들을 파악하여 인간에 대한 이해를 좀 더 깊게 해 나아가고자 한다. 또한 자연과학의 연구 과정과 결과들을 신학적인 사유의 전개에도 참조하려는 의도를 지니고 이러한 연구에 관심과 시간을 투자하고 있다. 그렇게 하여 사람들이 좀 더 쉽고 가까이 이해할 수 있는 언어적 표현들로 구원에 대한 이야기를 구성하여 삶의 의미와 희망을 전하려는 의도를 지니고 있다.

그러나 뇌에 관한 연구가 상당히 활발하고 그 범위가 넓고 내용이 대단히 깊어서 지면이 제한된 연구 논문으로 다루려면 부득이 내용별로 구분하여 여러 편의 논문을 작성해야 할 필요를 느낀다. 연구 내용을 지나치게 압축하면 내용 전달이 제대로 이루어지지 않고 너무 자세하게 전개하면 진부해지기 때문에 적당한 길이의 표현 방식을 찾아내야 하는 고민도 하게 된다.

제5장에서는 자연과학자들이 수많은 연구들을 통해 현재까지 밝혀놓은 두뇌의 구조와 작용 원리를 체계적으로 정리하여, 인간의 본질에 대한 이해를 도모하는 데에 도움이 되도록 제공하는 정도로 마친다. 이어지는 제6-8장에서 〈뇌의 정보전달 방법과 기능〉, 〈뇌 능력 개발〉, 〈영혼의 근원 문제〉에 대한 연구를 정리하고자 한다.

특히 필자는 본 글이 제시한 많은 수의 각주들이 시사하는 바와 같이, 뇌에 관해 현재까지 연구된 내용들을 파악하기 위해 뇌 과학을 전공했거나 전문가 수준에 이른 학자들이 발표한 문헌들을 탐구하였다. 또한 인체에 관한 해부학적 지식을 습득하기 위해 인체 해부학 현장을 방문했으며, 필자 가까이 있는 전공자들과 대담을 통해 정보를 확인하는 방식으로 연구를 진행했음을 밝혀둔다.[1]

---

[1] 이 글을 자세하게 검토하고 조언을 아끼지 않은 필자의 40년 친구인 이종수 박사에게 감사드린다. 그는 인제대학교 신경외과 교수로서, 백병원과 선병원 신경외과 과장으로서 학문적인 이론과 실무 경험을 풍부하게 갖춘 뇌 과학 전문가에 속한다. 의학도 시절부터 자신이 배운 많은 의학 지식을 필자에게 가르쳐 주고 지적 호기심이 많은 필자의 수많은 질문들에 기꺼이 응해 주었다. 그의 조언과 확인 과정이 있었기에 필자는 확신을 가지고 이 글을 발표할 수 있게 되었다. 또한 전문가적인 안목으로 필자에게 수많은 자료들과 정보들을 제공하여 연구를 돕고 원고를 교정해 준 류영주 교수에게도 감사의 뜻을 표한다.

도입

한 곳에 뿌리를 내리고 살아가는 식물은 움직이지 않기 때문에 감각 기관을 발달시킬 필요가 없었고 따라서 뇌를 필요로 하지도 않는다. 그러나 움직이는 특성을 지닌 동물은 자신이 어느 곳으로 움직여야 생존할 수 있을지를 파악해야 하기 때문에 그것을 인지할 감각 기관을 필요로 한다. 동물은 또한 움직이기 위해 근육을 필요로 하고 이것을 조절하기 위해 신경이라는 신호체계를 필요로 한다. 온몸의 연락망인 신경이 수만, 수억 개씩 모인 것이 동물의 뇌다.[2]

이러한 과정으로 몸 전체를 다스리는 기관이 된 뇌는 몸의 다른 어떤 부분보다도 복잡하고 특수하다. 뇌의 구조와 기능에 대한 탐구는 계속 진행 중이어서 아직도 충분히 해명되지는 않았지만, 뇌는 서로 다른 역할을 하는 여러 부분들이 모여 구성되어 있고 서로 유기적으로 연결되어 정보를 주고받고 있어 구조와 기능이 매우 다양하고 복잡한 것만은 틀림없다.[3]

지난 20세기에 뇌에 대해 활발한 탐구를 한 인류는, 21세기에 들어와서도 여전히 많은 관심을 가지고 탐구에 대단한 정열을 보이고 있다. 하지만 뇌 기능의 기본 원리에 대한 지식은 그다지 많지 않다. 현대 의학의 눈부신 발전과 업적에 비해 뇌에 관한 지식은 아직도 초보

---

2 김미경, 『춤추는 미로』, 도서출판 성우, 2002, pp. 12-13; 멍게(우렁쉥이)는 바다 속을 헤엄치는 유생 때에만 뇌를 가진다. 다 자라면 한 곳에 들러붙어 바닷물을 따라 가까이 오는 플랑크톤을 걸러 먹으면서 살아가기 때문에 더 이상 헤엄을 치면서 돌아다닐 필요가 없게 되어 뇌를 필요로 하지 않는다. 뇌를 유지하는 데에 귀한 에너지를 낭비할 필요가 없어 뇌는 퇴화하여 소멸되고 만다. 그 자리를 생존에 필요한 최소한의 신경세포들이 대치한다.(수전 그린필드(Susan Greenfield) 저, 『브레인 스토리』, 정병선 역, 지호, 2004, p. 39.)

3 박만상, 『한국인의 두뇌 개발 I; 총명한 두뇌 만들기』, 지식산업사, 2001[4], p. 22; 스티븐 핑커(Steven Pinker) 저, 『빈 서판』, 김한영 역, 사이언스북스, 2004, p. 89; Andrew Newberg · Eugene d'Aquili · Vince Rause, Der gedachte Gott; Wie Glaube im Gehirn entsteht, Piper(München· Zürich), 2003, pp. 55-56.

단계에 머물러 있을 정도로 빈약한 것이다.[4] 오늘날 인류가 뇌에 대한 탐구를 통해 뇌의 구조와 역할을 좀 더 이해한다면 행복한 삶을 구축해 나가면서 좀 더 밝은 사회를 건설하는 데에 큰 도움이 될 수 있을 것으로 기대하고 있다.

뇌는 자궁 안에서 수정체가 분화하면서 생성될 때부터 역할을 수행하기 시작하여 죽을 때까지 쉬지 않고 일한다.[5] 잠에서 깨어나 의식이 있는 동안에 항상 작용을 하는 것은 말할 것도 없고, 잠을 자고 있을 때에도 전류를 발사하고 호르몬을 생산하여 몸 안에서 일어나고 있는 모든 생리 작용을 다스린다.[6] 뇌와 몸은 하나여서 뇌는 끊임없이 지시하고 몸의 각 부위는 그것을 충실하게 실행함으로써 우리의 몸과 마음은 제 기능을 발휘할 수 있는 것이다.[7] 뇌는 우리 몸의 모든 것을 관할하는 총사령관이라 할 수 있다. 뇌는 물질과 의식을 연결하는 매개체다. 인간적인 의식은 인간의 뇌에서 나온다.[8] 이에 대해 이경민 교수는 '1천억 개의 신경세포들로 구성된 유기조직인 우리의 뇌는 지고한 형이상학적 진리를 추구하고, 인간 세계의 강박을 벗어나는 종교적 신념 체계를 구축하며, 때로는 가을바람 속에서 잊어버린 추억의 단편들을 되살리는 풍부한 정신세계를 만들어내고 있다. 뇌는 영원히

---

[4] 하루야마 시게오 저, 『뇌내혁명 2』, 박해순 역, 사람과책, 1997[15], p. 71; 다치바나 다카시 저, 『임사체험-하』, 윤대석 역, 청어람미디어, 2003, p. 369; Peter Neuner(Hg.), *Naturalisierung des Geistes - Sprachlosigkeit der Theologie?; Die Mind-Brain-Debatte und das christliche Menschenbild*, Herder(Freiburg · Basel · Wien), 2003, pp. 57-77.

[5] 뇌간이 형성되는 시기는 수정 이후 대략 60일 정도이다. 그 때부터 뇌의 기능이 작동한다. 출산 이후 소년, 청년, 장년, 노년을 거치다가 일반적으로 뇌의 기능이 먼저 정지되고 이어 심장도 멈춘다.(『과학동아』, 동아사이언스, 1999년 2월호, p. 55.) 심장마비와 같이 심장이 먼저 정지하는 경우도 물론 있다.

[6] 박만상, 앞의 책(I), p. 25.

[7] 야마모토 다이스케, 『3일만에 읽는 뇌의 신비』, 박선무 · 고선윤 역, 서울문화사, 2003[3], p. 83.

[8] 박만상, 위의 책(I), p. 23; 하루야마 시게오 저, 『뇌내혁명 3』, 심정인 역, 사람과책, 2000[6], p. 149; 다치바나 다카시 저, 『임사체험-상』, 윤대석 역, 청어람미디어, 2003, pp. 31-32; Stanislav Grof u. a., *Wir wissen mehr als unser Gehirn; Die Grenzen des Bewusstseins Überschreiten*, Herder(Freiburg · Basel · Wien), 2003, pp. 44-49.

단절된 것 같은 물질세계와 정신세계 사이를 가로지르는 유일한 접점이다.'라고⁹ 말한다.

1천억 개의 신경세포와 신경섬유로 구성된 '생물학적 존재'이면서 고도의 정신활동까지 총괄하는 뇌는 소우주라 불릴 만큼 대단한 존재다. 크기는 몸무게의 불과 2%밖에 되지 않지만 그 구성 요소와 구조가 대단히 다양하고 복잡하여 뇌에 대한 연구는 우주 탐구에 비길 정도로 어렵고 끝이 없는 일이다. 학자들은 21세기에 수행해야 할 가장 큰 연구 과제들로 우주의 신비를 밝히는 일과 유전자의 신비를 밝히는 일 그리고 뇌의 신비를 밝히는 일을 들고 있다.[10]

뇌는 사람의 모든 행동과 의식·무의식의 중심이다. 그리고 의식적·무의식적인 생리작용의 중심이며 정서·느낌의 중심이다.[11] 우리의 육체적 오감과 근육 그리고 지능을 통해서 하는 일, 희로애락의 모든 느낌, 정신적 추상작업 등의 중심인 것이다. 뇌는 최고의 걸작품으로서 인간의 고귀한 정신과 창조의 본산이며 인격의 주체일 뿐만 아니라 모든 행동과 감정을 주관한다. 뇌는 면역기능을 조절하는 중추 기관이고 몸의 모든 장기를 조절하며 성장과 노화를 조절하는 중심 센터이다. 그래서 학자들 중에는 '내가 곧 뇌이며 뇌가 곧 나이다.'라고[12] 주장하는 사람도 있다.

추위와 더위를 느끼며 일정한 체온을 유지하려는 노력과 목마름·

---

9 김호기 외, 『지식의 최전선: 정신작용의 메카, 뇌의 기능을 밝힌다』, 한길사, 2002, p. 342.

10 Gerald M. Edelman · Giulio Tononi, *Gehirn und Geist; Wie aus Materie Bewusstsein entsteht*, Deutscher Taschenbuch Verlag(München), 2004, p. 57; 박재갑 외, 『인간생명과학』, 서울대학교 출판부, 1993, p. 129; 수전 그린필드(Susan Greenfield) 저, 앞의 책, p. 39, pp. 70-71; 스티븐 핑커(Steven Pinker) 저, 앞의 책, pp. 349-350.

11 『경이로운 사람의 몸: 과학 상식 시리즈3』, 『리더스 다이제스트』, 리더스 다이제스트 · 두산 동아, 1998², p. 48; 박만상, 앞의 책(Ⅰ), p. 32; 성영신 외 12인, 『마음을 움직이는 뇌 뇌를 움직이는 마음』, 해나무, 2004, p. 5, 245, 287.

12 서유헌, 『두뇌 장수학』, 민음사, 1996², p 5; 성영신 외 12인, 같은 책, p. 99; 이종수 교수는 이러한 견해에서 한 걸음 더 나아가 '뇌 조직에 대해서도 줄기 세포의 개념이 도입되어 개인적인 생각으로는 나의 기억이 내가 아닐까 판단되며, 이 기억까지 전이(transfer) 가능하면 무엇을 나라고 해야 할지 모호하게 될 것이다.' 는 해설을 덧붙였다.

배고픔 등을 느끼며 물을 마시고 음식을 먹는 행위는, 체내의 환경을 최적의 상태로 유지하려는 뇌의 생리적 조절 작용이다. 일정한 시간에 규칙적으로 잠들고 깨는 행위도 뇌의 조종에 의한 것이다.[13] 이처럼 인간의 뇌가 하는 활동 중에서 많은 부분은 인체의 항상성을 유지하는 생리적인 일과 본능적 욕구를 충족시키는 일에 해당하고, 인간의 고유한 영역인 정신적 활동은 불과 일부에 지나지 않는다.[14]

뇌는 사람마다 다를 뿐만 아니라 같은 사람의 뇌라도 성장 단계에 따라 다르다. 유아기의 뇌는 성인기의 뇌와 같지 않다. 성인과 어린이의 뇌는 같은 단어를 처리할 때에도 서로 다른 회로를 사용한다.[15] 같은 부모에게서 태어난 형제는 서로 닮은 얼굴을 하고 있고 같은 환경에서 성장하지만 뇌의 모양과 기능은 각기 다르다. 모든 뇌는 이 세상에서 유일무이한 존재인 것이다.[16]

1. 뇌의 일반적 구조

사람의 뇌는 무게가 약 1.4kg이고 부피가 약 1,300–1,500cm³이며, 대뇌피질의 총 면적은 2,200cm²이다. 호르몬분비세포, 원시적인 무수신경세포, 진화된 유수신경세포와 혈관이 운반해 온 영양을 이들에게 공급하는 신경교세포로 구성되어 있다. 세포수가 대단히 많아 서로 복

---

13 박만상, 『한국인의 두뇌개발III; 정신생물학』, 지식산업사, 1992, p. 165.
14 하루야마 시게오 저, 『뇌내혁명1』, 반광식 역, 사람과책, 1997", p. 54.
15 7-10살의 어린이 집단과 성인집단의 뇌 변화를 비교한 실험에서 피험자들은 진행자가 불러주는 단어와 압운이 맞거나 반대의 뜻을 가진 단어를 대답하도록 했다. 예를 들어 진행자가 "tall"을 말하면 "short"라고 대답하는 식이다. 기능성자기공명영상에 나타난 뇌 활동 유형은 두 영역에서 다르게 나타났다. 어린이들은 시각영역 이외의 영역이 훨씬 활발한 활동을 보인 반면 어른들은 왼쪽 전두엽이 활발히 움직였다. (리처드 레스탁 저, 『새로운 뇌』, 임종원 역, 휘슬러, 2004, pp. 184-185; 박만상, 앞의 책(I), p. 33.
16 야마모토 다이스케, 앞의 책, p. 109.

잡하게 연결되어 있다는 점을 제외한다면 연구의 진척에 따라 기능과 작용 원리에 관한 해독을 어느 정도 해낼 수 있는 기관이기도 하다.[17]

뇌는 1,000억 개 이상의 신경세포와 적어도 이들의 10배 정도 되는 신경교세포를 지니고 있다. 회백질과 백질로 구성되어 있는데 내부는 백질이고 외부는 회백질이다. 그러나 척수는 이와 반대다. 뇌는 조금이라도 손상되면 그 기능을 충분히 발휘할 수 없고 사람으로서 역할을 수행할 수 없는 중대한 결과로 이어진다. 젤라틴과 같은 물질로 되어 있는 정교한 뇌는 보호가 필요하다. 때문에 뇌는 몸에서 가장 단단한 뼈인 두개골과 뇌척수막인 뇌경막, 지주막, 뇌연막이라 불리는 3겹의 질긴 보호막으로 둘러싸여 있다. 이 뇌막 사이의 공간과 뇌 내부의 공간들은 약 150ml의 뇌척수액으로 채워져 있는데, 이 액체는 압력과 충격을 흡수하는 역할을 한다.[18]

뇌의 내부 구조는 복잡하고 그 기능은 강하며 동시에 대단히 민감하다. 뇌는 단순한 한 덩어리가 아니어서 내부에 각기 다른 기능을 가진 여러 개의 뇌로 구성되어 있다. 이들은 정교하고 체계적인 상호 작용을 통해 외부의 다양한 정보들을 종합하여 적절한 조치를 취하고 몸 내부의 많은 종류의 기능들이 원활하게 진행되도록 한다.

뇌는 많은 양의 에너지를 소모하면서 매우 활발한 물질대사를 일으키기 때문에 그만큼 순환계의 활용도가 높다. 1분당 750ml의 피를 공급받아 피가 운반해 온 많은 양의 당분과 산소를 사용한다. 휴식 상태일 때에도 심장에서 나오는 혈액의 15%를 공급받는데, 에너지와 산소

---

[17] 오키 고스케 저, 『뇌로부터 마음을 읽는다; 어떤 뇌 이야기』, 김수용·하종덕 역, 전파과학사, 1996, pp. 34-36; 다케다 유타카 저, 『자기개발법: 대뇌생리학에 의한 재능개조』, 오영근 역, 전파과학사, 1994², pp. 22-24; Gerald M. Edelman·Giulio Tononi, Op. cit., p. 58; Andrew Newberg·Eugene d´Aquili·Vince Rause, Op. cit., pp. 30-31; 가미카와 키요오 저, 『뇌를 만들어낸 생물의 불가사의: 생명의 구조와 진화의 탐구』, 문만용·강신성 역, 아카데미서적, 2000, p. 81 이하.

[18] Robert A. Wallace 외 2인 저, 『생물학: 생명의 과학』, 이광웅 외 역, 을유문화사, 1998⁶, p. 706; 야마모토 다이스케, 앞의 책, p. 12; 박만상, 『한국인의 두뇌 개발II; 정상인과 기억력 개발』, 지식산업사, 1994², p. 20; 김대식, 『공부혁명』, 에듀조선, 2003, p. 24; 성영신 외 12인, 앞의 책, p. 7.

가 결핍되면 금방 제 기능을 할 수 없게 된다.[19] 몸무게의 2%에 지나지 않는 뇌는 몸 전체 에너지의 20%를 사용한다. 이는 몸무게의 50%를 차지하는 근육의 에너지 소비량에 필적하는 양이다. 여기에 사용되는 에너지는 잠을 자거나 마라톤을 하거나 마찬가지다.[20]

몸의 각 부위가 3대 영양소인 단백질, 지방, 탄수화물을 에너지원으로 이용하는 데 비해 뇌는 탄수화물의 포도당만을 에너지원으로 사용한다. 그 양은 하루 평균 120g으로서 에너지로 환산하면 500Cal나 된다.[21] 물론 뇌 활동을 끊임없이 유지하고 관리하는 데에 단백질이나 지방도 필요하다. 이러한 영양소가 부족하면 뇌가 원만하게 운영되지 않고 활동에 지장을 초래하기[22] 때문이다.

신경세포가 원활한 기능을 수행하기 위해서는 각 세포 사이에 정보를 교환해야 하고, 원활한 정보 교환에는 적당량의 신경전달물질이 필요하다. 그래서 여러 가지 아미노산이 풍부히 들어 있는 알맞은 단백질을 충분히 섭취해야 한다. 각종 아미노산, 포도당, 산소 등이 뇌에 충분히 공급되지 못하면 뇌는 지적인 일뿐만 아니라 감정적인 일도 제대로 수행하지 못하여 일상생활에 큰 지장을 초래하게 된다.[23]

뇌는 대뇌, 소뇌, 척수 등 세 개의 기본적인 부위로 구성되어 있다.[24] 발생학적으로 해부하면 대뇌피질, 대뇌변연계, 대뇌기저핵과 뇌간이라는 3층 구조로 이루어져 있다. 이 3층 구조가 각각 맡은 역할과 기

---

19 닉 아놀드 저,『두뇌가 뒤죽박죽』, 이부열 역, 주니어김영사, 2002[10], p. 12; Robert A. Wallace 외 2인 저, 앞의 책, p. 707.
20 리처드 워커 저,『뇌, 명령을 내려라!』, 유정화 역, 삼성출판사, 2003, p. 17.
21 가이 맥칸(Guy McKhann)·마릴린 앨버트(Marilyn Albert) 저,『젊은 뇌를 지녀라』, 박동수 역, 시그마프레스, 2004, pp. 31-33; 적혈구도 뇌와 마찬가지로 포도당만(40g)을 에너지원으로 이용한다. (야마모토 다이스케, 앞의 책, p.15.)
22 야마모토 다이스케, 앞의 책, p17.
23 박만상,『한국인의 두뇌 개발 IV; 슬기로운 두뇌관리』, 지식산업사, 1994, p. 35; 가이 맥칸(Guy McKhann)·마릴린 앨버트(Marilyn Albert) 저, 위의 책, p. 33.
24 『리더스 다이제스트』, 앞의 글(1998), p. 48.

능을 해냄으로써 사람의 정신 활동이라는 총체적이고 신비로운 결과를 매 순간 이루어낸다.[25] 가장 깊은 곳에 인간의 본능을 담당하는 대뇌기저핵과 뇌간이 있고 그 주변에 대뇌변연계, 그리고 가장 바깥쪽에 지성과 사고를 담당하는 대뇌피질이 있다.

공포 · 분노 · 애착 · 기쁨 · 슬픔 등과 같은 대부분의 감정 조절은 대뇌변연계에서 이루어지는데, 뇌간과 대뇌피질을 연결하여 본능적인 행동을 보다 정확하게 판단하도록 한다. 예를 들어 새 생명의 탄생을 기뻐하고 타인에게 호감을 가지며 사랑하는 사람과의 이별을 슬퍼하는 데에 대뇌변연계가 주도적인 역할을 하는데, 이러한 경우에도 언제나 대뇌피질과 뇌간의 협조를 받아서 한다. 대뇌피질은 이성적인 사고, 기억, 언어, 감각에 대한 지각과 해석, 골격근을 의지에 따라 움직이는 일 등을 본격적으로 담당한다.[26] 편도는 대뇌피질에 모인 여러 가지 감정을 취사선택하여 시상하부로 보내는 역할을 한다.

인간의 생존 본능을 담당하는 뇌인 대뇌기저핵과 뇌간은 가장 기본적인 생명 현상을 직접 관리하기 때문에 대뇌피질의 간섭과 통제를 받지 않고 자율적으로 움직이게 되어 있다. 주로 호흡과 소화, 순환계 및 생식계 등 원초적인 생명의 유지를 담당한다. 특히 뇌간은 생명이 유지되도록 심장 박동과 호흡을 조절하는 역할을 하며 망상체는 의식 상태를 조절하고 각성, 수면 주기, 꿈 그리고 잠에서 깨어나는 일을 주관한다.[27]

인류의 뇌가 다른 포유류에 비해 월등히 우수한 것은 대뇌피질의 면적이 넓기 때문이다. 대뇌기저핵과 뇌간, 대뇌변연계 등은 일반 동

---

25 대한 총명학회,『공부가 쉬워지고 일이 즐거워지는 두뇌혁명』, 조선일보사, 2003, p. 35.
26 Andrew Newberg · Eugene d'Aquili · Vince Rause, Op. cit., p. 33.
27 야마모토 다이스케, 앞의 책, p. 114; 박만상, 앞의 책(Ⅰ), p.45; 대한 총명학회, 위의 책, pp. 33-34; Robert A. Wallace 외 2인 저, 앞의 책, p. 707.

물의 뇌에 비해서 진화한 정도가 대뇌피질만큼 차이나지 않는다.[28] 인간의 뇌는 대뇌, 소뇌, 뇌간이 따로따로 활동하는 것이 아니라 전체적으로 기능하고 활동한다. 또한 뇌는 신체 전체의 일부이기 때문에 분자 수준으로 신체와 서로 영향을 주고받으며 몸과 마음을 살려내고 인간으로서의 기능을 활발하게 수행하도록 한다.[29]

뇌 학자들은 뇌의 여러 부분에 전기 자극을 주어 나타나는 행위를 연결한 후, 각 부위의 특성에 따라 구역을 나누어 뇌 지도를 만들었다. 대뇌피질 중심구 뒤쪽에는 온몸의 피부감각을 분담하는 감각피질이 있고 중심구 앞쪽에는 전신의 근육에 운동 명령을 보내는 운동피질이 있으며, 운동피질 앞쪽에는 감각기를 통해 들어온 내부의 정보를 처리하는 연합피질이 있다. 측두엽에는 청각 센터가 있고 그 뒤쪽에는 언어를 해석하고 기억하는 감각성 언어 센터인 베르니케 언어 센터가 있으며, 전두엽에는 입 안 근육을 조정하여 말을 만들어 내게 하는 운동성 언어 센터인 브로카 언어 센터가 있다. 후두엽에는 시각 센터가 자리 잡고 있다. 그러나 뇌의 각 부위는 서로 긴밀한 협조를 하고 있기 때문에, 특수한 기능을 관할하는 영역들 사이에 뚜렷한 경계선을 긋기가 어렵다.[30]

2. 신경세포

우리 몸에는 모든 신경계의 기본적 단위세포인 신경세포(뉴런, neuron)가 전신에 퍼져 한 계통을 이루고 있다. 신경세포는 그 기능에

---

28 박만상, 앞의 책(Ⅲ), p. 34, 205.
29 오키 고스케 저, 앞의 책, p. 187.
30 박만상, 앞의 책(Ⅰ), pp. 83-85; 다치바나 다카시 저, 앞의 책(하), p. 336.

따라 중추신경계, 감각 신경세포, 운동 신경세포 등 세 가지로 나뉜다. 중추신경계 외부에 운동 신경세포와 감각 신경세포가 신경이라 불리는 창백하게 빛나는 굵은 줄에 함께 묶여 있다. 뇌와 척수에서 뻗어 나온 이 신경은 우리 몸의 구석구석에 뻗어 있다.[31]

신경세포는 신경의 구성단위이며 일반 체세포와는 달리 정보를 받아들이고, 받아들인 정보를 처리하여 다른 세포로 보낼 수 있도록 특수하게 분화된 세포다. 뇌는 신경세포가 모여서 이루어진 기관이며 하나의 신경세포는 세 부분으로 구성되어 있다. 핵이 유전 물질을 지니고 자리 잡고 있으며 들어온 메시지를 처리하는 세포체, 다른 신경세포로부터 메시지를 세포체 안으로 받아들이는 수많은 수상돌기, 세포체 내에서 결정된 메시지를 다른 신경세포로 전달하는 하나의 축색돌기가 그것이다.[32] 세포체에서 조작·처리된 화학 정보는 전기 신호로 바뀌어 축색돌기의 끝까지 이동된다. 축색돌기의 막은 화학 정보 신호를 전기 신호로 바꾸도록 특수하게 분화되어 있다. 축색돌기 끝에서 다른 세포로 전하는 데에는 전기 신호가 다시 화학 정보 신호로 바뀌어야 한다. 이 화학 신호는 신경전달물질을 이용하여 축색돌기의 끝이 분화해서 된 시냅스를 건너 상대 세포의 수용체로 전달된다. 축색돌기는 각 신경세포에 한 개씩 있는데, 그 끝은 여러 갈래로 갈라져 다른 신경세포, 근육세포, 선세포들과 접촉하면서 시냅스를 형성하여 정보를 전달한다.[33]

세포체의 크기는 0.005–0.1mm 정도이고 세포의 중심이다. 세포체로부터 길이 0.001–2mm 정도 되는 수많은 수상돌기와 하나의 긴 축색돌기가 나와 있다. 수상돌기는 다시 수천 개의 가지(spine)로 나뉘어

---

31 리처드 워커 저, 앞의 책, pp. 21-22.
32 박만상, 앞의 책(Ⅰ), pp. 39-41; 얼윈 스콧(Alwyn Scott) 저, 『마음에 이르는 계단: 새로운 의식의 과학에 대한 논쟁』, 안창림·백은경 역, 이화여자대학교 출판부, 2001, p. 94, pp. 106-110.
33 박만상, 앞의 책(Ⅲ), pp. 36-38; Gerald M. Edelman·Giulio Tononi, Op. cit., p. 61.

다른 신경세포와 연결되고 그 세포로부터 정보를 얻어 세포체로 전달한다. 세포체는 전달받은 정보를 처리한 후 그 결과를 축색돌기를 통하여 밖으로 내보낸다. 축색돌기는 하나의 신경세포에 한 개만 붙어 있는데, 말단 부분을 제외하고는 수상돌기처럼 많은 가지를 내지 않으며 그 길이는 0.1mm-1m나 된다. 축색돌기의 끝은 전구처럼 둥글게 팽창되어 다른 신경세포의 수상돌기와 접하여 처리된 정보를 신경전달물질을 통해 전해 주는데, 이 접촉점을 시냅스라고 부른다. 성인의 대뇌피질 1mm^{3}에 약 6-10억 개의 시냅스가 있다. 뇌에는 약 1천억 개의 신경세포가 있고 한 개의 신경세포는 수천 개의 시냅스로써 수천 개의 다른 신경세포들과 정보를 교환하므로 총 시냅스의 수는 10^{14}-10^{15}개나 된다.[34]

금방 태어난 아기의 뇌는 350g으로 성인 뇌의 약 25% 정도의 무게에 지나지 않지만 신경세포의 수는 어른과 같다.[35] 1천억 개나 되는 신경세포를 모두 한 줄로 늘어세우면 1,000km나 된다.[36]

하나의 뇌 속에는 신경세포의 10배에 달하는 1조 개의 신경교세포(glia)가 있다. 이들은 신경세포를 한데 묶어 주고 신경세포 둘레에 절연 효과를 내는 마이엘린 시이트(myelin sheath)를 만들어 주며 신경세포에 영양을 공급하고 상처가 났을 때는 고쳐주기도 한다. 또한 신진대사로 생긴 노폐물을 제거해 준다.[37] 칼륨이온의 농도 조절, 신경전달물질의 조절, 신경인자·신경성장인자의 공급, 뇌 내 pH 조절 등 신경세포의 활동이 정상으로 유지되는 데 필요한 화학적인 환경은 전부 신경교세포에 의해 마련된다. 뇌 내 정보전달 과정은 전기 파장에 의

34　박만상, 앞의 책(II), p. 29, 129, 앞의 책(III), p. 78; 『과학동아』, 동아사이언스, 2003년 10월호, p. 86.
35　서유헌, 『바보도 되고 천재도 되는 뇌의 세계』, 중앙교육연구원, 1996, p. 53.
36　닉 아놀드 저, 앞의 책, p. 17; 리처드 워커 저, 앞의 책, p. 20.
37　박만상, 앞의 책(I), pp. 39-41; 리처드 워커 저, 같은 책, p. 27.

한 전달 과정임과 동시에 화학적인 과정인데, 신경교세포가 하는 일은 뇌 내의 화학적인 과정에서 부수적으로 나오는 노폐물을 제거하는 것이다. 신경세포의 활동은 신경교세포에 크게 의지하고 있으므로 신경교세포 자체가 정보 처리의 일익을 담당하고 있다고 해도 과언이 아니다.[38]

신경세포들은 신체 다른 부분의 세포들과는 달리 한번 죽어버리면 다른 세포로 대치되지 않는다. 뇌세포의 분열은 출생과 동시에 정지되고 다시 이루어지지 않기 때문이다.[39] 그러나 신경세포의 활동성과 기능은 높아져 간다. 그 방법 중 하나는 수상돌기나 축색돌기의 가지를 뻗어 시냅스를 늘려 보다 복잡하고 커다란 회로로 만드는 것이며, 또 다른 방법은 수초화를 통해 정보 전달의 속도를 높이는 것이다. 두 가지 방법 모두 신경교세포의 지원이 있기 때문에 가능하다.[40]

이렇게 중요한 기능을 하는 신경교세포는 신경세포와 달리 세포분열이 가능하며 신경교세포의 증식은 신경세포의 활동과 기능을 높여 갈 수 있다. 유전자에 의해 신경 회로의 기본이 만들어질 때까지는 신경세포가 주인공이지만, 그 뒤 그 회로를 기반으로 머리가 얼마나 좋아지는가는 그 기본 회로가 얼마나 몸집을 늘려 가느냐에 따라 정해진다. 여기에서는 신경교세포가 주인공이다. 아인슈타인의 뇌에서 신경세포의 수는 보통 사람들과 같았지만 특정 부위의 신경교세포의 수가 두드러지게 많았던 것에서도 알 수 있다.[41]

각 개인이 지닌 재능에 큰 영향을 미치는 조건은 신경세포의 많고 적음이 아니라 수상돌기를 통한 다른 세포와의 연결의 많고 적음이다. 즉 뇌의 발육과 지능의 척도는 뇌의 크기나 무게가 아니라 세포

---

38 다치바나 다카시 저, 『뇌를 단련하다』, 이규원 역, 청어람미디어, 2004, p. 99.
39 박만상, 앞의 책(II), pp. 64.
40 박만상, 앞의 책(I), p. 142; 다케다 유타카 저, 앞의 책, pp. 35-36.
41 다치바나 다카시 저, 위의 책(2004), p. 101.

사이의 연결 밀도와 그 복잡성이다. 머리를 많이 쓰면 쓸수록 더 영리해지는 것은 뇌세포 수가 증가하기 때문이 아니라, 뇌세포 자체의 크기와 영역이 확대되고 세포 사이의 연결이 더 복잡하게 이루어져 더 많은 세포가 그 일을 생각하는 데 참여하기 때문이다.[42] 우수한 두뇌는 시냅스 회로가 잘 발달되어 있다. 그러나 보통 사람의 두뇌라도 끊임없는 노력과 불굴의 의지로 반복 학습과 깊은 사고를 하면 뇌의 시냅스 회로가 더욱 다양하게 연결되어 활성화될 수 있다.[43]

신경세포는 가소성이 뛰어나서 회로를 새로 만들거나 교체하는 것이 쉽다고 주장하는 학자도 있다. 성인의 뇌세포는 하루 10만 개씩 죽어간다.[44] 1년에 3천6백만, 10년에 3억 6천만 개인데 뇌세포의 수가 1천 억 개에 이르는 것을 생각하면 그리 대단한 숫자가 아니다. 게다가 뇌세포가 죽으면 그 탈락한 회로 기능을 보완하기 위해 즉시 새로운 회로가 만들어지므로 기능은 그리 떨어지지 않는다. 노화에 따라 신경세포가 감소해 가는 것은 아무도 피할 수 없는 일이지만, 노년에도 활발한 뇌 기능을 지닌 사람들이 있다. 그것은 이러한 보정이 활발하게 이루어지고 있기 때문이다.[45]

최근 들어 미국 프린스턴 대학의 굴드 박사는 어른 원숭이를 대상으로 행한 실험에서, 지적 기능을 관장하는 대뇌피질에 매일 수천 개의 새로운 뇌세포가 생성되고 있다는 점을 알아냈다고 한다. 신경세포와 신경교세포는 모두 신경기간세포로부터 분화되는데, 관찰 결과 신경기간세포는 대뇌피질로 서서히 이동해 갔고 이곳에서 신경기간

---

42 박만상, 앞의 책(Ⅰ), pp. 39-41.
43 서유헌, 앞의 책(1996), p. 53.
44 이와는 다른 수치를 제시하는 학자들도 있다. 예를 들어 뛰어난 뇌 과학자에 속하는 서울대학교 의과대학의 서유헌 교수는 다음과 같이 설명한다. "인간의 생리기능은 30세가 지나면서 매년 약 1%씩 저하된다. 이 가운데서도 뇌 신경세포의 노화는 빨리 시작되는 편이어서 대개 20세가 지나면 매일 3만 개 정도씩 줄어드는 것으로 추정되고 있다."(서유헌, 같은 책(1996), pp. 87-89.)
45 다치바나 다카시 저, 앞의 책(2004), pp. 79-81.

세포가 신경세포로 발달했다. 특히 새로운 신경세포가 대뇌피질 가운데 기억이 저장되는 곳과 의사 결정이 내려지는 곳, 그리고 시각적인 인지를 담당하는 두 곳 등 모두 네 군데에서 발견되었다. 미국의 솔크 연구소는 해마 부위에서 새로운 신경세포가 생성된다는 점을 발견했다고 한다.[46]

이들의 연구 결과는, 학계에서 일반적으로 뇌의 신경세포 수가 출생 이후로는 결코 늘어나지 않는 것으로 인식하고 있는 사실과 다르다. 이제 더 많은 전문가들이 참여한 다양한 연구들을 통해 뇌에 대한 보다 정확한 정보가 창출되기를 기대해 본다.[47] 필자와 같이 인문·사회과학적인 방법으로 학문을 탐구하는 사람은, 이러한 사항에 대해서 실험과 검증을 통해 새로운 사실을 알아내는 자연과학자들의 연구 결과에 크게 의존할 수밖에 없다.

3. 대뇌피질(인간의 뇌)

인간의 뇌는 대뇌가 극단적으로 커서 뇌의 75% 정도를 차지하며 그 밖의 뇌는 이 거대한 대뇌 밑에 감추어져 있다. 인간의 대뇌는 다른 동물들보다 5-10배나 큰데, 형성 과정에 의해 두 부분으로 나뉜다. 하나는 동물시대부터 있었던 부분이며 또 하나는 인간으로 진화되는

---

[46] 김미경, 앞의 책, pp. 22-26. 인간의 뇌에는 원시적인 미분화의 세포들이 소수지만 존재하고 있다. 이 원시세포를 '신경기간세포', '신경원조세포'로 부르고 있다. 이들 원시적인 원조세포에서 신경세포와 신경교세포가 만들어진다. 또한 이들은 신경세포의 형성을 도와 뇌가 많은 기능을 수행하는 데 필요한 회로를 만드는 데 도움을 준다. 원조세포는 태아 때부터 존재해 일평생 뇌 속에 남아있으며 대부분 해마와 뇌실 옆에 자리하고 있다. 최근 들어 신경학계에서는 이들 원조세포를 분리 배양하여 신경세포가 광범위하게 파괴된 뇌질환(뇌졸중, 치매 같은)의 치료를 위하여 이식 목적으로 사용하고자 연구하고 있다. 이종수 교수도 '최근에는 중추 신경계에도 뇌실 주위 및 해마 부위에 줄기세포가 있는 것이 확인되고 있으며 임상적으로 죽은 세포를 대치할 수 있는 시대가 곧 올 것으로 기대한다.'라고 전망했다.
[47] 최근 들어 학계에서는 뇌에서도 새로운 세포가 생성된다는 학설을 정설로 인정하는 추세이다.(성영신 외 12인, 앞의 책, p. 89, 103.)

과정에서 급격하게 커진 부분으로 전자는 대뇌기저핵과 대뇌변연계(포유류의 뇌)이고 후자는 대뇌피질(인간의 뇌)이다.[48]

　대뇌는 두 반구로 나뉘어 각각 반대쪽의 신체를 조절한다. 대뇌를 이루는 두 반구는 약 3억 개의 신경세포 섬유들로 구성된 뇌량에 의해서 연결되며[49], 각 대뇌반구는 신경세포층이 주름을 이루어 만든 대뇌피질로 덮여 있다. 대뇌피질은 얇지만 수많은 신경세포들의 세포체와 수상돌기로 이루어져 있고 여섯 개의 층으로 되어 있다. 대뇌피질 바로 안쪽은 흰색 신경섬유들로 된 백색체이다. 이들 신경섬유는 다시 라디오 속의 전깃줄처럼 같은 대뇌반구의 다른 부분과 연결하는 신경섬유, 뇌간에서 들어와서 부챗살처럼 대뇌 전면의 구석구석까지 펼쳐 들어가는 신경섬유, 뇌량에서 들어온 신경섬유로 나눌 수 있다. 신경섬유들은 정보를 받아들이고 그것을 대뇌피질에 전달하며 대뇌피질로부터 통합되어 내려온 메시지를 다른 부분으로 전달하는 역할을 한다. 사람은 대뇌가 많이 손상될 경우 아무것도 지각할 수 없게 되며 거의 모든 면에서 마비된다.[50]

　두께가 평균 2.5-3mm인 대뇌피질은 주름이 져있으며 홈과 틈이 있는 능선으로 되어 있다. 일반 동물에게 있어서 대뇌피질은 약 2억 년 전에 처음 생겨났으며, 두 대뇌 반구는 약 400만 년 전에서 100만 년 전 사이에 바깥쪽으로 확장·발전되었다. 대뇌피질의 주름, 홈, 틈의 발달은 피질의 표면적을 증가시켜 제한된 두개골 안에 뇌가 최대한 들어갈 수 있게 했을 뿐만 아니라 뇌를 작게 유지하여 아이를 쉽게 낳을 수 있도록 했다. 이 대뇌피질은 인간이 상징을 만들어 사용하고 언어와 예술로 표현하는 것을 가능하게 해줄 뿐만 아니라 창조·이

48　김미경, 앞의 책, pp. 15-16.
49　Gerald M. Edelman · Giulio Tononi, Op. cit., p. 92; Andrew Newberg · Eugene d'Aquili · Vince Rause, Op. cit., p. 33.
50　Robert A. Wallace 외 2인 저, 앞의 책, p. 707; 박만상, 앞의 책(Ⅰ), p. 46.

해·평가·대화와 같은 활동을 가능하게 하고 이들을 종합하는 기능을 하는 등 인간을 인간답게 만드는 부위이다.[51]

사람의 대뇌피질은 1mm³당 약 10만 개의 신경세포로 채워져 있는데 이들 세포에서 뻗어 나온 돌기들을 합하면 길이가 무려 15km에 달하고, 돌기들은 약 10억 개나 되는 접합부(시냅스)를 이루면서 서로 연결되어 있다. 사람의 뇌에 초고속 인터넷망을 훨씬 더 능가하는 복잡한 회로망이 구축되어 있는 셈이다.[52]

대뇌피질은 외부로부터 들어오는 자극 정보를 분석하고 판단하여 행동을 결정하며 사물의 이치를 탐구하여 말과 글로 표현한다. 뇌간과 대뇌변연계가 하는 일을 협력하고 억제하면서 사람다운 행동을 할 수 있도록 조절하고 통제한다. 대뇌피질은 네 개의 엽(葉), 즉 앞부분의 전두엽, 가운데 뒤쪽의 두정엽, 뒷부분의 후두엽과 좌우 양쪽으로 나와 붙은 측두엽으로 구성되어 있다.

대뇌피질의 중앙부에는 운동과 감각을 관할하는 운동피질과 감각피질이 있고 옆쪽에는 언어 센터와 청각 센터, 뒤쪽에는 시각 센터가 있다. 후두엽은 시각중추를 지니고 있어서 눈에서 감지한 자극을 받아들이고 두정엽은 시각 이외의 감각을 받아들인다. 이들 감각계의 뇌를 '감각피질'이라고 한다. 이 감각피질은 신체의 여러 부분에서 들어오는 감각 자극을 받아들이는 역할을 한다. 감각피질의 앞부분에 위치하는 전두엽의 뒷부분은 운동을 지령하는 '운동피질'로서, 신체의 여러 운동기관으로 명령을 내보내는 역할을 한다. 전두엽의 앞부분 3분의 2와 측두엽은 정신 활동을 관장하는 대뇌피질로 '연합령'이라고도 한다. 연합령은 감각피질로부터 온몸의 감각을 받아 과거의 기억과 대조해 판단하고 그 판단 결과를 운동피질에 지령하는 가장 높은

---

51 서유헌, 앞의 책(1996), pp. 24-25.
52 대한 총명학회, 앞의 책, p. 25.

자리의 뇌다. 인간의 정신이 창출되는 곳이 바로 여기다. 이 연합령은 감각피질의 일부였는데 인간에게서 특별하게 커졌다.[53]

측두엽에는 또한 청각피질이라고 부르는 우표 크기 정도의 청각 조절중추가 있고 언어 센터도 있다. 측두엽은 후각에 관계되는 감각 부위로부터도 정보를 받아 처리하고 시각 정보의 처리에도 관여한다. 그래서 후두엽에서 받은 대략적인 정보를 좀 더 포괄적으로 바꾸는 역할을 하는 것으로 간주되고 있다.[54] 두정엽은 문자를 단어로 조합하여 의미가 있는 것으로 만들거나 새로운 것을 생각하여 만들어내기 때문에 이것이 손상되면 무인지증 또는 인지불능증(Agnosia) 상태가 되어 어떠한 일도 할 수 없다.[55]

전두엽은 가장 큰 대뇌엽으로 변연계와 밀접하게 연결되어 있으며 상황의 본질을 파악하고 계획을 세우거나 결심을 하는 등 목표 지향적인 행위를 주관한다. 전두엽은 많은 가능성을 지닌 뇌 중의 뇌다. 여기에서 언어활동, 추리적 사고, 논리적 사고, 건설적인 창의력 등이 발생한다. 인간의 사고력은 모두 이 전두엽과 관련이 있다. 사람에게 중요한 주의력도 전두엽에 바탕을 두고 있다. 업무에 흥미를 가지는 것, 실수하지 않도록 주의하는 것, 계획성, 적극성, 자발성, 기력, 의욕, 자기 억제, 야심 등도 전두엽에서 관장하는 것으로 추정된다. 그래서 전두엽을 문명의 뇌, 판단의 뇌, 예측의 뇌, 선견지명의 뇌라고도 한다. 다치바나 다카시가 전두엽에 인간이 존재하는 것으로 본 것도 이러한 이유에서 그렇다. 사람은 다른 동물에 비해 전두엽의 면적이 유난히 넓다. 개의 전두엽은 대뇌피질 전체의 7%, 원숭이는 17%인

---

53 김미경, 앞의 책, p. 17; 다치바나 다카시 저, 앞의 책(하), p. 343; 얼윈 스콧(Alwyn Scott) 저, 앞의 책, pp. 119-120.
54 Robert A. Wallace 외 2인 저, 앞의 책, pp. 708-709; Andrew Newberg · Eugene d'Aquili · Vince Rause, Op. cit., pp. 33-34.
55 서유헌, 앞의 책(1996), pp. 32-37; 박만상, 앞의 책(Ⅰ), p. 49.

데 비해서 사람은 29%인 약 760cm²나 된다.[56]

　전두엽 가운데 우리의 이마에 해당되는 전전두엽은 연합신경섬유로 대뇌피질의 전 영역과 연결을 맺고 있을 뿐만 아니라 정신 집중을 돕는 시상, 감정을 다스리는 대뇌변연계의 일부인 편도와도 연결되어 희노애락의 감정표현 정도를 조정하는 데도 깊이 관여한다.[57] 전전두엽의 주된 역할은 우리가 취하는 여러 가지 행동이 결정되기까지의 배경을 조성하는 일이다. 전전두엽은 정신활동 특히 언어에 의존하는 행위의 조성자이다. 이 전전두엽이 훼손되면 무감동해져 주위에서 일어나는 어떠한 일에도 흥미를 갖지 못하고 의욕도 잃게 된다. 주위에서 일어나는 사소한 일에도 곧 정신이 산란해지고 어떠한 사태에 처했을 때 핵심을 파악하지 못한다. 또 이 부분에 약한 물리·화학적 자극이나 전기 자극을 주어도 감정과 행위에 큰 변화를 일으킨다. 전두엽과 뇌의 다른 부분과의 연결에 작은 변화가 있어도 행위에 미치는 영향은 크다.[58] 전두엽이 하는 일 중에는 밝혀진 부분도 많이 있지만 아직 모르는 부분이 더 많다. 특히 진화가 진행되고 있는 것으로 생각되는 전전두엽이 하는 일에 대한 연구가 많이 부족한 상태이다.[59]

　전두엽의 뒷부분인 운동피질에 배열되어 신체 각 부위의 임의적인 운동을 관할하는 운동 센터들은 긴 축색돌기를 가진 거대 신경세포들로 구성되어 있고, 이 긴 축색돌기들은 척수를 거쳐 신체 각 부분의 근육에까지 뻗어 있다. 운동피질과 접한 앞쪽에는 전운동세포 혹은 분석세포로 된 전운동피질이 있는데, 여기에서 어떤 자극에 대한 반응프로그램을 준비해 운동피질에 전달한다.[60] 전운동피질의 앞쪽에 위

56　박만상, 앞의 책(III), pp. 213-214; 다치바나 다카시 저, 앞의 책(2004), pp. 108-109; 성영신 외 12인, 앞의 책, p. 145.
57　박만상, 앞의 책(I), pp. 50-51; Andrew Newberg · Eugene d´Aquili · Vince Rause, Op. cit., p. 34.
58　박만상, 같은 책(I), p. 46, 52.
59　다치바나 다카시 저, 위의 책(2004), p. 106.
60　박만상, 위의 책(I), pp. 50-51.

치하는 전전두엽은 앞서 언급했듯이 프로그램을 구성하는 일을 한다. 이곳에서 우리의 결심, 즉 어떠한 행동을 취할까 하는 복잡한 결정들이 굳어진다. 컴퓨터로 비유해 설명하면 운동피질은 컴퓨터 몸체에, 전운동피질은 프로그램에, 전전두엽은 프로그램 작성자에 해당한다고 볼 수 있다.

4. 대뇌변연계(포유류의 뇌)

대뇌변연계는 대뇌피질과 뇌간의 중간에 위치하며 기억과 감정, 호르몬을 조절한다. 약 2-3억 년 전에 발생하여 꾸준히 진화하였다. 대뇌변연계는 개나 고양이 같은 포유동물에서 잘 발달되어 있기 때문에 포유류의 뇌라고도 부른다. 대뇌변연계 내에는 수많은 핵이 들어 있는데, 이들은 생명 보존을 위한 대부분의 기본 욕구와 희로애락의 감정·애정과 애착심까지도 일으킨다. 대뇌변연계의 주요 부분은 시상, 시상하부, 편도핵, 해마, 뇌하수체, 송과선이다.

분노, 우울 등과 관련이 있는 편도핵은 해마와 함께 기억의 저장과 상기에 중요한 역할을 한다. 포유동물은 대뇌변연계에 해마와 편도핵을 지니고 있어 파충류와 달리 학습 기능과 기억 기능이 있다. 대뇌변연계가 손상되면 포유동물의 학습 기능과 기억 기능이 사라져 버리기 때문에 파충류와 비슷한 행동을 하게 된다. 시상하부는 식욕과 체온 그리고 수면을 조절하며 우리 몸에서 가장 중요한 호르몬 생산 공장인 뇌하수체를 조절한다.[61]

인간애, 우정, 부모애, 애국심, 향수 등과 같은 고급 감정은 대뇌피

---

[61] 서유헌, 앞의 책(1996), pp. 20-21; Robert A. Wallace 외 2인 저, 앞의 책, p. 714; 닉 아놀드 저, 앞의 책, p. 37; 박만상, 앞의 책(Ⅰ), p. 56; 존 에클스(John C. Eccles) 저,『뇌의 진화: 자아의 창조』, 박찬웅 역, 민음사, 1998, p. 143.

질의 조정을 강하게 받으며 공포, 슬픔, 성냄, 기쁨 등과 같은 하급 감정은 대뇌변연계의 편도와 시상하부에 자리 잡고 있는 여러 특수기능 센터의 조정을 받는다. 인간의 뇌에서는 대뇌변연계와 대뇌피질 사이에 긴밀한 협조 관계가 있어서 이성과 감정 사이의 상호작용을 원만하게 할 수 있게 한다. 대뇌피질에서 작용하는 이성의 힘이 충분히 강해서 대뇌변연계에서 나오는 감정을 효과적으로 조절할 때에 인간의 품위에 어울리는 삶을 살아가게 된다. 반면 평소에 대뇌피질이 활발하게 작용하도록 꾸준히 노력하지 않으면 대뇌변연계가 지나치게 활성화되어 이성과 감정의 균형은 쉽게 깨져 희노애락의 감정을 조화롭게 조절하기가 어려워진다.[62]

1) 시상

대뇌 안쪽 중앙부에 신경세포군이 뭉쳐서 이루어진 시상이 있다. 달걀 또는 럭비공처럼 생긴 회백질 덩어리인데, 뇌의 중앙에 있는 액체로 채워진 공간인 제3 뇌실의 양쪽에 하나씩 있다. 대뇌로 가는 대부분의 감각 정보가 이곳을 지나간다. 시상은 감각 정보를 통합하고 분류하여 적절한 대뇌 부위로 보내고 대뇌로부터 신호를 받아 그것을 다시 소뇌로 보낸다. 시상은 또한 의식을 유지하는 역할을 하는 피질에 신경충격을 전달하는 특별한 임무를 갖는다. 이 기능에서 시상은 망상체로 알려진 신경군에 의존하게 되는데, 망상체는 시상을 대뇌피질의 깊숙한 부분까지 연결하는 신경세포들로 이루어져 있다. 이 외에도 시상은 후각과 근육의 일부를 조절하는 데 관여하며 사물을 기억하는 일에도 참여한다.[63]

시상의 정보 선택 기능에 장애가 생기면 감각 기관을 통해 들어오

---

62 박만상, 앞의 책(I), p. 58.
63 닉 아놀드 저, 앞의 책, p. 36; Robert A. Wallace 외 2인 저, 앞의 책, p. 713; 김종성, 『뇌에 관해 풀리지 않는 의문들』, 지호출판사, 2001², p. 190; 박만상, 같은 책(I), p. 42.

는 모든 정보는 무분별하게 대뇌에 전달된다. 그렇게 되면 대뇌는 대수롭지 않은 일까지도 중요하게 생각하여 정신분열 증세를 일으킬 수 있다. 어떤 일에 집중하고 있을 때, 수많은 다른 자극들의 영향을 받지 않게 되는 것은 시상의 정보 선택 능력 때문이다.[64]

2) 시상하부

시상 아래에 위치하면서 제3 뇌실의 바닥을 형성하는 시상하부는 엄지손가락 끝만큼 작은 조직이다. 시상의 약 20% 정도의 크기로 뇌 전체 부피의 1%에도 미치지 않으며 무게는 약 4g 정도다. 그러나 여기에는 본능적 행동을 지배하는 중추가 있어 여러 기능의 균형을 교묘하게 조절하고 있기 때문에 생명중추라고도 한다. 시상하부는 신체의 기본적인 기능 조절에 절대적으로 중요한 기관으로서 몸의 내부환경과 행동을 조절하는 세포들로 조밀하게 들어차 있다.

시상하부는 시상을 통하여 내부 기관들로부터 감각 정보를 받아 심장 박동률, 식욕, 물의 체내농도, 혈압, 체온 등과 같은 체내의 상황을 파악하여 자율신경계, 심장, 혈관, 체온, 성욕, 여러 가지 감정, 먹고 마시는 일 등 많은 행위들과 생리 기능을 조종한다. 시상하부는 또한 신경계와 내분비계를 조절하는 것으로 중요한 내분비선인 뇌하수체에서 분비되는 호르몬들을 조절한다.[65]

시상하부에 공급되는 혈액 가운데 포도당의 양이 부족하면 이곳에 있는 식욕중추가 그 사실을 감지하여 대뇌피질에 알려서 배고픔을 느끼게 한다. 이 식욕중추에 이상이 있으면 이상의 종류에 따라 어떤 환자는 한없이 먹으려 하고 어떤 환자는 먹지 않으려 하여 비만 또는 영양 부족에 시달리게 된다. 시상하부의 성중추에는 X 혹은 Y의 성염색

---

64 박만상, 앞의 책(Ⅰ), pp. 53-55; 다치바나 다카시 저, 앞의 책(하), p. 271.
65 Robert A. Wallace 외 2인 저, 앞의 책, p. 713; 닉 아놀드 저, 앞의 책, p. 36; 박만상, 앞의 책(Ⅲ), p. 140.

체를 심은 프로그램이 유전적으로 자리 잡고 있어 성호르몬의 생성과 기능을 조정한다.

갈증 센터의 세포막에는 소금기에 친화성이 있는 세포가 있어 혈액 가운데 염분의 양을 측정한다. 염분이 너무 많으면 갈증을 일으켜 물을 마시게 하고, 너무 적으면 소변을 자주 보게 하여 혈액 가운데 수분의 양을 줄여서 염분의 농도를 높여 일정하게 유지되도록 한다. 시상하부에는 여러 가지 호르몬과 친화성이 있는 특수한 세포들이 있어 혈액 가운데 호르몬의 농도를 측정하고 부족할 경우 이를 뇌하수체에 알리는 역할을 한다. 그러면 뇌하수체는 곧 호르몬을 생성하게 하여 부족량을 보충한다.[66]

3) 해마

측두엽 안쪽에 양옆으로 하나씩 위치한 해마는 학습과 기억에 관여하는 것으로 모양이 실제 해마와 비슷하여 붙여진 이름이다. 시각, 청각, 촉각 등의 오감을 통해 들어온 여러 가지 자극은 해마를 거쳐 기억의 형태로 저장된다. 기억이 해마 자체에 저장되는 것은 아니지만 기억이 저장되려면 반드시 해마의 작용을 거쳐야 한다. 해마는 단기기억을 장기기억으로 전환하는 역할도 한다.

해마는 기억을 분류한 다음 뇌의 다른 부분으로 정보를 보낸다. 새로운 기억은 해마와 그 주변에 기억되고 오래된 기억은 대뇌피질에 저장된다. 저장된 기억 중 필요한 것은 남고 불필요한 것은 지워지는데 그 역할을 담당하는 것도 해마이다. 단기기억은 변연계에 저장되고 장기기억은 창의력을 관리하는 전두엽에 저장된다. 감성과 결합하여 저장된 기억들이 많을수록 해마가 활성화되고 창의력도

---

[66] 박만상, 앞의 책(Ⅰ), pp. 59-60.

높아진다.[67]

4) 편도핵

편도핵은 신경핵의 집합체로서 편도처럼 생겼기 때문에 붙여진 이름이다. 시상하부의 뒤쪽에 자리 잡고 있으면서 쾌감, 분노, 공포감 등의 감정을 조절하는 가장 중요한 기관이다. 편도핵이 감정을 조절한다는 사실은 동물실험에서도 증명된 바 있다. 편도핵과 해마는 서로 이웃에 위치하면서 상당히 많은 정보를 주고받는다. 감정적으로 좋아하는 정보라고 판단하거나 필요한 정보라고 판단하면 협력하여 생생하게 기억한다.[68]

5) 뇌하수체

골밑샘이라고도 하는 뇌하수체는 무게 약 0.6g, 길이 8-9mm, 나비 10-14mm, 높이 약 8mm인 타원체의 기관으로 시상하부의 중요한 파트너이다. 시상하부의 아랫부분이 연장되어 이루어진 조직처럼 뇌의 아래로 튀어나온 주머니 모양을 하고 있다. 전엽과 후엽 두 주머니로 구성되어 있으며 시상하부의 지시에 따라 핏속을 순환하는 다양한 호르몬을 만들어낸다.[69]

6) 송과선

골윗샘이라고도 하는 송과선은 뇌 깊숙한 곳에 있는데 작은 솔방울 모양을 닮아 송과선(松果腺)이라는 이름이 붙었다. 뇌하수체와 송과

---

[67] 대한 총명학회, 앞의 책, pp. 175-178; 박만상, 앞의 책(Ⅰ), p. 66; 김대식, 앞의 책, pp. 129-131; 가이 맥칸(Guy McKhann)·마릴린 앨버트(Marilyn Albert) 저, 앞의 책, p. 6.

[68] 존 에클스(John C. Eccles) 저, 앞의 책, p. 143; 박만상, 같은 책(Ⅰ), p. 62; 야마모토 다이스케, 앞의 책, p. 118; 리처드 레스탁 저, 앞의 책, p. 75; 공병호, 『두뇌 가동률을 높여라』, 21세 기북스, 2004', p. 78; 성영신 외 12인, 앞의 책, pp. 228-232.

[69] 박만상, 앞의 책(Ⅲ), 1992, p. 141; 닉 아놀드 저, 앞의 책, p. 36.

선에서 호르몬이 분비되어 인체 대사를 조절하는데 송과선은 특히 인체의 시계(biological clock) 역할을 한다. 여기에서 분비되는 멜라토닌은 노화를 방지하고 면역력을 높여주며 시차를 극복하고 불면증을 예방한다. 송과선은 낮에 비치는 빛의 양에 민감하다. 어두운 밤이 오면 잠이 오고 밝은 아침이면 잠이 깨는 것은 모두 송과선의 작용 덕분이다.[70]

5. 뇌간(파충류의 뇌)

뇌간은 뒤통수 바로 밑 오목한 곳의 안쪽에 위치하고 있으며 대뇌변연계와 척추 사이에서 양쪽을 이어준다. 뇌간과 척수는 이어져 있으며 질적으로도 같은 뇌다. 뇌간은 척추 속의 신경인 척수가 5억 년 전에 윗부분으로 확대 팽창되면서 형성된 것이다. 가장 먼저 형성된 뇌간은 기본적인 생명 기능을 담당하는 생명중추이며 이것을 파충류의 뇌라고도 한다. 호흡, 혈압, 심장 박동, 소화 작용 등 중요한 생명 기능을 담당하고 있어 이것이 손상되면 생명을 유지할 수 없는 뇌사 상태에 빠지게 된다. 뇌사 상태에 빠지면 호흡, 혈압, 맥박, 체온의 네 가지 생명 기능을 인공 심폐기로 어느 정도 유지할 수는 있지만 수일 또는 길어야 2주 내에 결국 심장사로 죽게 된다.[71]

인체의 각 부분에서 뇌로 들어오는 감각신경섬유와 뇌에서 나오는 운동신경섬유들이 모두 이 뇌간을 통과한다. 뇌간은 다시 세 부분으로 나뉘는데, 그 중심부가 망상체이며 윗부분은 뇌교, 아랫부분은 연

---

70 대한 총명학회, 앞의 책, p. 88; 닉 아놀드 저, 앞의 책, p. 37.
71 서유헌, 앞의 책(1996), p. 17; 얼윈 스콧(Alwyn Scott) 저, 앞의 책, p. 119.

수이다.[72]

1) 망상체

뇌간 중심부에는 신경회로가 맞물려서 그물처럼 엉킨 망상체라는 골무만한 조직이 있다. 여기에서 생성하는 신경전달물질은 대뇌피질의 여러 신경세포들의 활동을 활성화시켜 의식 상태를 조정하고 생명 유지의 원동력이 되는 여러 가지 생리 작용을 활발하게 한다. 우리가 잠자고 있을 때도 망상체 조직은 깨어 있어, 감각 신경이 외부의 위험을 전할 때 곧바로 뇌 전체를 깨운다. 잠을 자고 깨는 현상은 망상체가 대뇌피질을 조정해서 이루어진다. 뇌에서 가장 발달된 대뇌피질의 활성화가 원시 뇌에 속하는 망상체에 의해 조정되는 것이다. 망상체가 손상을 입으면 아무것도 의식하지 못하는 식물인간이 되고 만다. 망상체는 뇌의 경비원 역할을 한다고 할 수 있다.[73]

2) 연수

뇌의 가장 밑 부분에서 무의식 운동을 조정하는 연수는 불수의 신경계에 의한 반사 작용을 조정하는 센터이다. 우리가 잠들어 무의식 상태에 있을 때도 연수는 쉬지 않고 호흡운동, 심장의 고동, 혈압, 소화 작용 등을 조정한다. 음식을 삼키는 근육 운동을 조종하여 입안에 침을 나오게 하고 땀을 흘리게도 하며, 물이나 음식이 기도로 잘못 들어갔을 때 재채기로 음식물을 뱉어내게 한다. 부주의로 손가락이 불에 닿았을 때 재빨리 팔을 움직이게 하는 등 우리의 생각이 미치기 전에 일어나는 여러 가지 반사 운동을 지배한다. 이러한 반응은 대뇌의 명령 없이 자율적으로 이루어진다. 척수와 뇌 사이의 전달은 모두 이

---

72 박만상, 앞의 책(Ⅰ), p. 67; 닉 아놀드 저, 앞의 책, p. 35.
73 박만상, 같은 책(Ⅰ), pp. 43-70; 성영신 외 12인, 앞의 책, pp. 140-141.

연수를 통과해야만 한다.[74]

3) 뇌교

뇌교는 뇌의 다리라는 뜻으로, 대뇌와 척수 사이를 잇고 소뇌와도 밀접히 연결되어 있기 때문에 붙여진 이름이다. 뇌교는 대뇌와 척수 사이, 대뇌와 소뇌 사이를 달리는 신경로를 포함하고 있어서 소뇌의 기능들을 대뇌의 의식에 관여하는 부위에 연결시키는 역할을 한다. 또한 뇌교는 일부 뇌신경의 신경로들을 받아들이고 내보내기도 하는데, 이 신경은 뇌와 타율신경계 또는 뇌와 자율신경계를 연결시키고 있다. 뿐만 아니라 뇌교는 연수를 도와 호흡 조절에도 관여한다.[75]

4) 중뇌

중뇌는 시상 아래에 위치한 대단히 작은 뇌이다. 중뇌는 수많은 신경로에 의해 대뇌와 뇌간을 연결한다. 중뇌의 어떤 부분은 눈과 귀로부터 감각 정보를 받는데, 척추동물의 모든 청각은 대뇌로 가기 전에 중뇌에서 먼저 분석된다. 중뇌는 보행 등의 운동을 통제하며 대뇌반구와 척수를 잇는 정보의 중계 장소로도 알려져 있다. 또한 여기에는 많은 신경핵이 존재하며 신경핵은 반사성 기능을 조절한다.[76]

5) 대뇌기저핵

인간의 뇌 중 크게 잘 발달되어 있는 대뇌기저핵은, 대뇌변연계 양쪽 옆에 위치하여 대뇌피질에 있는 운동 센터와 연결되어 있소 소뇌

---

[74] Robert A. Wallace 외 2인 저, 앞의 책, p. 714; 닉 아놀드 저, 앞의 책, p. 37; 박만상, 앞의 책(Ⅰ), p. 43, 67.
[75] Robert A. Wallace 외 2인 저, 같은 책, pp. 714-715; 김종성, 앞의 책, p. 127.
[76] 박만상, 위의 책(Ⅰ), p. 42; Robert A. Wallace 외 2인 저, 같은 책, p. 714; 야마모토 다이스케, 앞의 책, p. 19.

처럼 운동을 조절하는 일에 참여한다. 특히 세밀하고도 정밀한 운동을 잘 할 수 있게 하는 기능을 수행한다.[77]

6. 소뇌

소뇌는 껍질을 벗긴 밤과 같은 모양이고 뇌 전체 무게의 약 10% 정도의 크기에 연수 위쪽에 있다. 평형, 몸의 위치, 공간 운동을 조절하는 기능이 있는 소뇌는, 우리 몸의 레이더 역할을 하는 운동중추로서 간단한 학습 방법을 기억하는 기억 기능도 가지고 있다. 소뇌는 이러한 모든 일을 억제작용을 통해 수행하며 여러 근육들을 동시에 돌볼 수 있다. 수의적인 움직임 그 자체는 의식에 관여하는 대뇌피질의 지시를 받는다.[78]

소뇌는 모든 운동을 관할하지만 소뇌 자체에서는 어떠한 운동도 일으킬 수 없다. 다만 대뇌피질의 운동 센터에서 나오는 명령 또는 전신 근육에서 들어오는 운동 신호들이 소뇌를 경유할 때, 이들을 검열 조정하여 균형 잡힌 움직임을 할 수 있도록 한다. 눈을 감고 밥을 먹어도 수십 개의 필요한 근육이 적절하게 조정되어, 숟가락을 틀림없이 입에 넣게 되는 것은 소뇌의 기능 덕분이다.[79]

사람에게 있어서 운동을 최종적으로 관장하고 있는 것은 대뇌피질의 운동 센터라고 불리는 곳이다. 소뇌는 신경섬유의 다발을 뻗어서 대뇌피질·시상·시상하부·중뇌·척수와 연결되어 있다. 이러한 기능을 수행하는 소뇌가 지난 100만 년 사이에 3배 이상 커졌다는 것은

---

[77] 서유헌, 앞의 책(1996), pp. 22-23; 수전 그린필드(Susan Greenfield) 저, 앞의 책, pp. 26-27.
[78] Robert A. Wallace 외 2인 저, 앞의 책, pp. 714-715; 서유헌, 같은 책(1996), p. 15.
[79] 박만상, 앞의 책(Ⅰ), pp. 43-44.

그 기능이 얼마나 중요한지 말해 주는 증거라 할 수 있다.[80]

7. 척수

척수는 약 45cm 길이에 엄지만 한 굵기의 신경다발이다. 인간의 대뇌는 본래 원시적인 어류의 척수에서 발달해 온 것이므로 척수는 모든 뇌의 뿌리인 셈이다. 뇌의 아랫부분에서 요추까지 이어지는 척수는 뇌가 좁다랗게 계속되는 것으로서 뇌와 말초신경 사이를 연결하는 일을 한다. 척수는 척추관 내에 보호되어 있고 뇌와 마찬가지로 질긴 세 겹의 뇌막으로 둘러싸여 있으며, 뇌막 안쪽에는 완충 작용을 하는 뇌척수액이 들어 있다.

쌍으로 된 척수신경은 척추에 있는 구멍을 통해 척수로부터 빠져 나온다. 척수신경은 척수에 있는 두 개의 신경근으로부터 나오는데, 등 쪽에 있는 감각근과 배 쪽의 운동근이 그것이다. 척수는 반사신경을 가진 것으로 보아 어느 정도 자율성이 있는 것으로 볼 수 있다.[81]

8. 신경계

인체의 기관, 조직, 영역들은 끊임없이 정보 교환을 하면서 복잡하고 미묘한 유기적 관계를 맺고 있다. 정보 전달의 길로서는 신경계와 내분비계가 있는데, 신경계는 신경섬유를 경유하여 정보를 전하고 내분비계는 혈액 순환을 통하여 정보를 전한다. 신경망은 뇌와 척수에

---

80 서유헌, 앞의 책(1996), p. 15; 김미경, 앞의 책, p. 16; 야마모토 다이스케, 앞의 책, p. 19.
81 Robert A. Wallace 외 2인 저, 앞의 책, pp. 714-715; 닉 아놀드 저, 앞의 책, p. 35; 가미카와 키요오 저, 앞의 책, p. 88 이하.

서 나와 몸 구석구석까지 뻗어 있어, 몸에 있는 신경을 모두 이으면 15만km에 이른다. 신경 하나는 수천 개의 신경세포로 이루어져 있다.[82]

사람의 신경계는 다른 척추동물과 마찬가지로 크게 중추신경계와 말초신경계로 나눌 수 있다. 중추신경계는 뇌와 척수로 이루어져 있는데, 뇌와 척수에 대해서는 이미 앞에서 전체적인 안목으로 고찰해 보았다. 말초신경계는 중추신경계 외의 모든 신경 구조들, 즉 수많은 신경과 감각 구조들을 포함한다. 말초신경계는 타율신경계와 자율신경계로 나눌 수 있다. 타율신경계는 운동신경계와 감각신경계로, 자율신경계는 교감신경계와 부교감신경계로 구성되어 있는데 이들은 상반되는 작용을 하면서도 서로 협조적으로 움직이고 있다. 자율신경계는 운동신경 충격을 내부 기관으로 전달하는 수많은 운동신경세포의 축색돌기들로 이루어지며 이들은 척수로부터 나온다.[83]

1) 말초신경계

말초신경계는 중추신경계로부터 온몸으로 퍼져 나가는 거대한 신경망이다. 운동신경세포와 감각신경세포를 포함하고 있는데 이들은 같은 신경다발 속에 나란히 놓여 있다. 말초신경계는 자율신경계와 타율신경계로 구분된다. 운동신경세포는 두 시스템에 모두 존재하지만 감각신경세포는 타율신경계에만 존재한다. 타율신경계는 주변에서 일어나는 사건들을 알려 주는 감각과 그러한 감각에 우리가 반응할 수 있도록 수의근에 명령을 내리는 것을 전달하는 일을 한다. 자율신경계는 우리의 체내에서 일어나는 일들, 즉 무의식적이고 불수의적인 반응과 관련되어 있으며 교감신경계와 부교감신경계로 구성되어

---

[82] 닉 아놀드 저, 앞의 책, p. 47; 박만상, 앞의 책(Ⅰ), p. 21, 앞의 책(Ⅲ), p. 139; 『리더스 다이제스트』, 앞의 글(1998), p. 48; 공병호, 앞의 책, pp. 131-132; Andrew Newberg · Eugene d'Aquili · Vince Rause, Op. cit., pp. 27-28, 58-59.
[83] Robert A. Wallace 외 2인 저, 앞의 책, p. 705.

있다. 타율신경계, 교감신경계, 부교감신경계는 모두 각각 자신들의 신경세포를 가지고 있으나 때로는 뇌와 척수로부터 나오는 신경들을 공유하기도 한다.[84]

2) 자율신경계와 타율신경계

자율신경계와 타율신경계라는 두 신경계는, 중추신경으로 자극을 들여오는 감각신경과 중추신경에서 근육으로 명령을 전하는 운동신경으로 나뉜다. 특히 자율신경계는 대뇌피질의 명령 없이도 언제든지 자율적으로 근육의 움직임을 관할한다. 우리의 생명을 유지하는 데 기본적인 소화기 계통, 호흡기 계통, 순환기 계통 등의 움직임은 모두 이 자율신경계에 따른 것인데, 뇌간이나 척수 또는 대뇌변연계의 지배를 받는다. 대뇌의 명령 없이 움직이므로 우리는 의식하지 못한다.

자율신경계는 본질적으로 운동신경계다. 이들은 가슴과 배 안에 있는 중요한 기관들(심장, 폐, 소화 기관, 신장, 방광)뿐 아니라 혈관의 평활근, 홍채, 후각상피, 땀샘, 침샘, 심지어는 머리카락을 서게 하는 입모근에도 분포되어 있다. 자율신경계는 공포에 수반되는 손바닥의 발한 작용과 같은 감정에 대한 신체적 반응들도 통제한다. 자율신경계의 주된 역할은 조절이다. 변화하는 상황 속에서 내부 기관의 작용을 일정하게 유지함으로써 몸의 항상성에 큰 역할을 한다.[85]

타율신경계는 대뇌피질로 자극을 들여오고 대뇌피질의 명령을 근육으로 전달하여 근육의 운동을 지배하기 때문에 우리가 의식할 수 있다. 팔과 다리의 운동이 이에 속한다. 대뇌피질은 자극이 전해오면 곧바로 명령을 내리기보다는 그 자극을 분석하고 해석하여 옳은 명령을 내리려는 경향이 있기 때문에 시간적 여유가 필요하다. 이와는 달리 어떤

---

84 Robert A. Wallace 외 2인 저, 앞의 책, p. 719.
85 같은 책, p. 719; 『리더스 다이제스트』, 앞의 글(1998), p. 48; 가미카와 키요오 저, 앞의 책, p. 92-95.

자극에 대해 뇌간이나 척수에서 긴급히 대처하는 반사운동이 있다.

연수 안에는 신경의 교차점이 있다. 이 교차점을 중심으로 몸 오른쪽에서부터 온 모든 자극은 좌뇌로, 몸 왼쪽에서부터 온 자극은 우뇌로 들어간다. 이와 마찬가지로 우뇌에서 나온 명령은 이 교차점을 통해 몸의 왼쪽으로, 좌뇌에서 나온 명령은 몸의 오른쪽으로 전해진다.[86]

3) 교감신경계와 부교감신경계

자율신경계에는 교감신경계와 부교감신경계가 있는데, 이 둘은 상반된 작용을 하면서도 협조적으로 움직이고 있다. 인간의 심장은 교감신경으로부터 자극을 받으면 박동의 속도가 빨라지고 부교감신경으로부터 자극을 받으면 늦어진다. 이들이 서로 다른 신경전달물질을 방출하여 심장의 박동을 조절하는 것이다.[87]

교감신경계는 위급한 상황이나 스트레스 상황에서 작용한다. 이것은 우리로 하여금 싸우거나 도망칠 준비를 시킨다. 스트레스가 높아지면 우리의 동공이 열리면서 눈으로 더 많은 빛이 들어오게 한다. 또한 심박동이 빨라지고 호흡이 깊어지며 소화가 느려질 뿐만 아니라, 혈압이 오르고 혈액이 뇌와 사지로 이동하며 혈당이 상승한다. 이러한 교감신경계의 작용에 의해 우리는 에너지를 최대한으로 이용할 수 있도록 신체 각 부위를 작동시키게 된다.

부교감신경계는 에너지를 저장하고 유지시킨다. 이것의 기능은 우리 내부기관과 선(腺)들을 정상적인 속도로 작용하게 한다. 위급한 상황이나 스트레스 상황 후에 휴식을 통해 회복을 촉진하는 것도 이 부교감신경계다. 또한 심장 박동과 호흡을 느리게 하고 동공을 수축시키며 혈액을 내부 장기로 돌리고 혈압을 낮추기도 한다.

---

86 박만상, 앞의 책(Ⅰ), pp. 100-101.
87 Robert A. Wallace 외 2인 저, 앞의 책, p. 719.

교감신경계와 부교감신경계, 두 체계가 상호 보완 작용을 하는 것이 정상이다. 스트레스 상황에서는 교감신경계가 우월해지고 회복기에는 부교감신경계가 우세해진다.[88]

4) A10 신경

A10 신경은 수많은 신경가지들을 내어 뇌의 여러 부위로 퍼져 각종 정보를 전달한다. A10 신경은 쾌감신경이라고도 하는데[89] 성욕과 식욕, 체온 조절과 같은 극히 원시적인 생리 욕구와 운동과 학습, 기억은 물론 지고한 인간 정신을 관장하는 전전두엽까지 연결되어 있다. 인간의 사고나 행위에서 발생하는 쾌감은 모두 A10 신경에서 비롯되는 것이라 할 수 있다.[90]

A10 신경은 사람의 마음을 움직이는 데에 중요한 역할을 하는 뇌 영역에 골고루 분포하고 있다. 쾌감을 만들어낼 뿐만 아니라 감정으로부터 마음의 원천이 되는 중요한 신경이라 할 수 있다. A10 신경은 도파민이라는 신경호르몬을 사용한다. A10 신경의 신경섬유는 시상하부에서 대뇌피질의 전전두엽까지 널리 분포하고 있기 때문에, 쾌감의 정도에 따라 식욕과 성욕을 만족시키는 동물적인 쾌감 단계에서 인간의 창조성을 발휘할 수 있는 쾌감 단계까지 만들어낼 수 있다. 인간 정신활동의 요체가 되는 A10 신경에는 전전두엽과 같은 최고급의 대뇌피질로 향하는 '전전두엽 A10 신경'과 그 외의 곳으로 향하는 '대뇌변연계 A10 신경'이 있다.[91]

인체는 지나치게 가동시켜 과열되면 탈이 나기 때문에 과열을 제어

---

88 「신비로운 정신의 세계: 현대인의 정신건강 가이드-과학 상식 시리즈2」, 『리더스 다이제스트』, 리더스 다이제스트 · 두산 동아, 1994², p. 88.
89 학자들은 1981년부터 A10 신경을 쾌감신경이라고도 부르고 있다.
90 하루야마 시게오 저, 앞의 책(1), pp. 95-96; 박재갑 외, 앞의 책, p. 141.
91 오키 고스케 저, 앞의 책, pp. 41-48; 다치바나 다카시 저, 앞의 책(상), p. 127.

하는 자가수용체가 있다. 맛있는 요리가 있더라도 배가 부르면 더 이상 식욕을 느끼지 않도록 하여 과식으로 몸에 탈이 나지 않게 한다. 그렇지만 전전두엽 A10 신경에는 자가수용체가 없기 때문에 이 신경계의 기능은 쓰면 쓸수록 발달될 수 있다. 전전두엽 A10 신경이 활성화하면 도파민 유리가 계속되어 정보 전달이 더욱 원활해져 인간정신 창출이 지속적으로 이루어질 수 있다. 그래서 학자들은 '전전두엽 A10 신경은 창조의 본산이라고 해도 과언이 아니며, 이 신경계의 발달여부가 그 사회의 문화척도를 결정한다'고까지 말한다.[92]

9. 뇌혈관계

뇌 역시 혈액을 통해 산소와 영양을 공급받고 세포활동에 의해 생긴 노폐물을 배설하면서 자신의 고유한 기능을 수행한다. 뇌는 영양분을 비축해 두지 않기 때문에 혈액 공급에 이상이 생기면 영양과 산소 공급에 장애가 생겨 쉽게 손상을 받는다. 뇌혈관계는 영양과 산소를 공급하고 노폐물을 운반하는 기능을 담당한다. 동맥을 통해 공급하고 정맥을 통해 배설하며 모세혈관을 통해 세포활동에 직접 참여한다.

경동맥과 척추기저동맥이라는 두 가지 큰 동맥을 통해 뇌에 피가 공급된다. 경동맥은 목의 양옆을 따라 좌우 한 개씩 있는데 주로 뇌의 앞부분에 피를 공급하는 일을 담당한다. 경동맥은 두 가닥으로 나뉘어 한 가닥(내경동맥)이 머릿속으로 들어간다. 이후 머릿속에서 다시 전대뇌동맥, 중대뇌동맥 둘로 나뉘어 각각 대뇌의 앞부분과 중간부분에 피를 공급한다.

---

92 박재갑 외, 앞의 책, p. 143; 하루야마 시게오 저, 앞의 책(2), pp. 83-84; 이종수 교수에 의하면 '도파민이 지나치게 많이 분비되면 정신 분열증이 오고 정신 분열증을 치료하게 되면 파킨슨병 같은 양상을 보이게 된다.' 고 한다.

주로 뇌의 뒷부분에 혈액을 공급하는 척추기저동맥은 양쪽의 척추동맥에서 시작한다. 경추(목뼈)의 윗부분을 통해 머릿속으로 들어간 척추동맥은, 뇌교와 연수가 만나는 부위에서 척추기저동맥으로 합쳐지고 중뇌 부위에서 둘로 나뉘어 한 쌍의 후대뇌동맥이 된다. 후대뇌동맥은 주로 대뇌의 뒷부분으로 가지를 치고 들어가 혈액을 공급한다. 척추기저동맥에서 많은 혈관가지가 뻗어 나와 소뇌와 뇌간에 혈액을 공급한다.

경동맥과 척추기저동맥은 뇌 속에서 서로 연결되는데, 이들을 연결시키는 고리모양의 혈관을 '윌리스환(cerebral arterial)'이라고 한다. 한쪽 혈관이 막히더라도 다른 혈관에서 온 혈액이 이 윌리스환을 통해 대신 공급될 수 있다. 이러한 순환 현상을 측부순환이라고 하는데 뇌순환계는 윌리스환 외에도 여러 형태의 측부순환의 길이 있다. 우리 몸은 이러한 조직을 통해 어느 하나가 탈이 나더라도 다른 것이 보완하여 이상 현상이 발생하지 않도록 대비하게 된다. 그럼에도 불구하고 이런 혈관 구조에 심각한 이상이 발생하여 혈액 순환에 장애가 생기면, 장애가 발생한 혈관을 통해 혈액을 공급받는 뇌 조직이 제 기능을 발휘할 수 없게 되고 만다.[93]

---

[93] 박재갑 외, 앞의 책, p. 521.

마치는 말

두뇌의 구조와 작용 원리를 파악하는 것은, 인간의 본질과 일반적인 삶의 원리를 이해하는 데에는 물론 신앙생활을 올바르게 이해하고 수행하는 데에도 큰 도움이 될 수 있다. 우리가 하느님을 생각하고 기도하는 현상이 어떠한 것인가에 대한 깊은 이해로 나아가는 데에 큰 역할을 할 수 있기 때문이다. 이러한 시각에서 본 장에서 고찰한 두뇌의 구조와 작용 원리는 인간의 종교생활을 이해하는 데에 필요한 기초적인 지식이 될 수 있다.

물론 이러한 자연과학적인 탐구가 신앙생활의 모든 것을 설명할 수 없는 일이고, 앞으로 자연과학이 더 발전하면 언젠가는 모든 것을 설명할 수 있을 것이라는 주장을 해서도 안 될 것이다. 앞에서 드러난 바와 같이 인간의 몸과 영혼은 인간의 지성으로 다 파악할 수 없는 신비한 요소들을 언제나 지니고 있기 때문이다. 그럼에도 불구하고 이러한 과학적 탐구에 대한 노력은, 신화적이고 주술적인 미신과 기복신앙 그리고 뉴 에이지의 영성과 같은 막연한 신비주의에서 벗어나 올바른 신앙생활을 하기 위한 기초적인 바탕을 구축하는 데에 큰 도움이 될 것이라 생각한다.

신학적인 사유가 자연과학적인 연구 결과들을 외면하지 않고 함께 보조를 맞추어갈 때, 인간의 구체적인 삶과 함께 하면서 인간의 평화와 구원에 실질적인 도움이 되는 존재가 될 수 있을 것이다. 복음을 믿고 하느님께 기도드리며 다른 사람들에게 복음을 전하는 일은, 먼저 우리의 마음에서부터 비롯되기 때문에, 이러한 행위의 주체인 두뇌에 대한 정확한 이해는 매우 중요하다. 두뇌에 관한 이러한 지식을 바탕으로 21세기를 살아가는 사람들이 좀 더 쉽게 이해하고 실천할 수 있는 교리와 강론이 전개된다면, 필자가 본 연구에 투자한 수고에 대한 보상은 충분하고도 남을 것으로 생각한다.

6

뇌 과학에서 본 뇌의 정보전달 방법과 기능

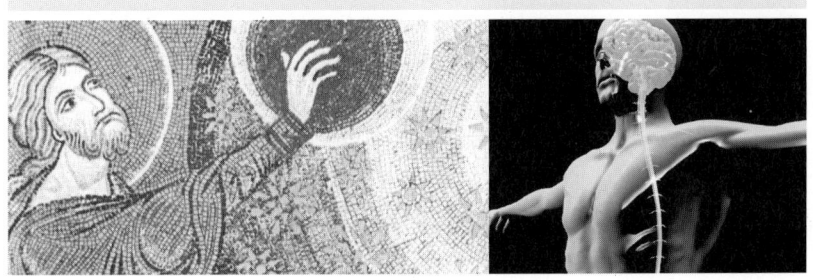

*
* *
*

시작하는 말

　지난 날 수많은 학자들이 전통적인 철학적 사유 방법과 신학적 사유 방법을 동원하여 인간에 대한 연구를 오랜 기간에 걸쳐 진행했다. 그러한 연구의 결과로 인간에 대한 지식은 대단히 넓고 깊어져서 각 인간이 지닌 유일무이성과 존엄성과 지성적 능력 그리고 감성적 능력에 대해 많이 알게 되었다. 그래서 점점 하나의 세계로 가까워지고 있는 지구촌 곳곳에서 살아가는 사람들의 인간적인 삶과 인권을 존중하려고 서로 노력하고 있다. 이러한 것은 우리의 삶을 품위 있게 하고 세상을 살기 좋고 아름다운 곳으로 만들어 간다. 그래서 인간에 대한 좀 더 깊은 이해는 인간의 품위를 높이고 삶의 질을 향상시키며 자유를 신장시키는 일이 된다고 볼 수 있다.
　필자는 과학문명이 엄청나게 발전하고 있는 21세기에 인간을 탐구하고 이해하는 방식에 이러한 과학문명이 밝혀놓은 자료를 좀 더 효율적으로 활용할 수는 없겠는가에 대해 생각해 보았다. 그러한 과정에서 인간에 대해 어떤 사람이 어떤 말을 했는가에 대한 탐구도 중요한 일이지만, 인간이란 도대체 무엇인가 그리고 자연과학적 연구의 결과물들을 종합해 볼 때 인간은 결국 어떤 존재인가에 대해 강한 관심을 지니는 일도 매우 중요한 일이라고 생각하게 되었다. 그렇게 하여 21세기에 어울리는 인간학을 재구성해 보기로 하고 다양한 연구를 진행하고 있다.

그러한 연구의 한 과정으로 이미 〈몸에 관한 우주적 고찰〉을 발표했고, 이제 과학 문명을 가능하게 한 인간의 두뇌에 대한 연구를 진행하고 있다. 이러한 일의 한 과정으로 제5장에서 〈뇌 과학에서 본 두뇌의 구조와 작용원리〉에 대해 살펴보았으며, 제6장에서는 그 다음 과정으로 〈뇌 과학에서 본 뇌의 정보전달 방법과 기능〉에 대해 고찰하려 한다.

우리의 온몸을 관리하고 외부의 자극들과 정보들을 인지하며 고도의 정신작용을 하는 뇌는 의식, 감각, 감정, 기억, 지능, 언어 등과 같은 여러 가지 기능들을 호르몬과 전기적 작용을 통해 수행한다. 본 장에서는 오늘날 지구촌의 수많은 뇌 과학자들이 뇌에 관한 활발한 연구의 결과로, 이러한 작용에 대해 어디까지 이해하고 있는가를 알아보고자 한다. 호르몬, 전기적 작용, 의식, 감각, 감정, 기억과 같은 요소들은 세부적으로 고찰해 들어가면 한이 없는 영역이다. 그러므로 여기에서는 전체를 조망하는 안목으로, 인간 전체를 이해하는 데에 필요한 정도만 각 영역에 따라 개괄적으로 고찰하고자 한다.

1. 뇌의 호르몬과 전기적 작용

뇌 안의 신경세포들은 입수된 정보들을, 자체 안에서는 전기적 작용을 통해 빛의 속도로 이동시키고, 다른 신경세포들과는 접촉점인 시냅스 사이에 오가는 수많은 종류의 화학 물질들을 통해 주고받는다. 이와 같은 전달 과정은 우리 뇌 안의 1천억 개에 이르는 신경세포와 이보다 몇 천 배나 더 많은 시냅스 사이에 쉴 새 없이 이루어지고 있다. 신경세포에 의한 자극의 전달은 전기·화학적인 방법을 통해 일반적으로 1초에 135m 정도의 속도로 이루어진다. 뇌는 감각 기관을 통해서 들어온 자극들에 의해서만 작동하는 것이 아니라, 복잡하게 얽혀 있는 신경망과 화학 회로를 통해 자체 내에서 전기적·화학적인 부호를 생산하는 작업과 해명하는 작업을 동시에 작동한다.[1]

오늘날 인류는 뇌 안에서 분비되는 화학 물질들의 작용과 전기적 작용의 현상과 원리를 탐구하여 인간의 의식과 행동, 감정의 상당 부분을 밝혀내고 있다. 지구촌에서 연구에 전념하고 있는 수많은 뇌 과학자들에 의해 뇌 안에서 작용하는 많은 종류의 신경전달물질들, 수용체, 2차·3차 전달자들, 각종 기능 단백질들을 비롯한 활성 물질들이 새롭게 발견되고 있다. 이 중에서 신경전달물질들과 그 수용체들이 가장 중요한 역할을 담당하고 있다.[2]

뇌 과학의 입장에서 볼 때 사람의 생각과 행동은, 그의 타고난 화학 물질과 태어난 뒤 겪은 여러 가지 경험이 누적되어 저장된 화학 물질들이 통합되어 나타나는 화학 작용의 집대성과 연계되어 있다. 때문에 각 사람마다 고유한 특성이 있으며, 이 세상에 나와 생각과 느낌을

---

1   박만상, 『한국인의 두뇌 개발 I; 총명한 두뇌 만들기』, 지식산업사, 2001⁴, p. 31, 『한국인의 두뇌개발III; 정신생물학』, 지식산업사, 1992, pp. 263-264, p. 73; 성영신 외 12인, 『마음을 움직이는 뇌 뇌를 움직이는 마음』, 해나무, 2004, pp. 54-56.
2   박재갑 외, 『인간생명과학』, 서울대학교 출판부, 1993, p. 142; 다치바나 다카시 저, 『임사체험-상』, 윤대석 역, 청어람미디어, 2003, p. 124.

온전히 똑같이 공유하는 사람이 있을 수 없는 것이다.

1) 호르몬

1921년에 최초로 신경전달물질이 발견된 이래로 200가지가 넘는 신경전달물질이 확인되었다. 그 결과 뇌의 천연 화학 물질을 강화하거나 억제하거나 개조하는 수많은 약품이 개발되었고 몸과 마음을 분리해서 생각할 수 없다는 것을 다시 한 번 생각하게 되었다.[3]

인체의 기관과 조직들은 부단한 정보 교환을 통해 복잡하고 미묘한 유기적 관계를 맺고 있다. 정보 전달의 길로는 신경계와 내분비계가 있는데, 신경계는 신경섬유를 경유하여 정보를 전하고 내분비계는 혈액순환을 통하여 정보를 전한다. 신경계는 내분비계를 자극하여 호르몬을 분비하도록 하며 면역계라는 시스템과 연결되어 있다. 이 신경계·내분비계·면역계 세 가지는 네트워크를 형성하고 있다.[4]

내분비계는 우리의 감정 표현, 성장, 에너지의 효용, 신진대사, 기초생활 등 신체의 기본적인 행동 기능을 활성화하고 조절한다. 뇌하수체는 시상하부의 명령을 받아 여러 가지 조종 호르몬을 순환중인 혈액으로 분비한다. 호르몬들은 혈액을 따라 순환하다가 부신, 생식선 등 관역기관의 세포막에 있는 수용체와 결합하여 그 기관의 분비세포를 활성화시킨다. 그러면 관역분비세포들은 그들 특유의 호르몬을 생성하여 순환하는 혈액에 방출한다. 이 호르몬들은 신체의 여러 특수한 조직에 작용하여 생리를 조절한다. 이 호르몬들은 순환하는 혈액을 따라 뇌나 뇌하수체에까지 도달하여 이들의 기능에 역으로 영향(feedback mechanism)을 미친다. 뇌하수체의 조종을 받는 내분비선은

---

[3] 카렌 N. 샤노어 외 5인 저, 『마음을 과학한다』, 변경옥 역, 나무심는사람, 2004, p. 51; 가미카와 키요오 저, 『뇌를 만들어낸 생물의 불가사의: 생명의 구조와 진화의 탐구』, 문만용·강신성 역, 아카데미서적, 2000, p. 122 이하; 『과학동아』, 동아사이언스, 2005년 3월호, p. 168.

[4] 하루야마 시게오 저, 『뇌내혁명2』, 박해순 역, 사람과책, 1997¹³, p. 76.

생식선(난소와 고환), 부신, 갑상선, 췌장, 흉선, 송과선 등이다. 콩팥과 소화관(위장)도 내분비선으로 작용하기도 한다. 관역기관은 뇌하수체의 조종을 받고 뇌하수체는 뇌의 일부인 시상하부의 조종을 받으므로 인체의 내분비계는 뇌의 지배하에 있는 것이다. 뇌는 많은 종류의 호르몬을 직접 생성하는 거대한 호르몬샘이고 동시에 신체 곳곳에 자리 잡고 있는 여러 호르몬샘을 조종하는 사령탑이기도 하다.[5]

뇌의 모든 기능은 많은 종류의 신경전달물질에 의해 이루어진다. 사람들의 생각과 사상, 행동을 이해하기 위해서는 신경전달물질계에 대한 연구가 필수적이다. 하지만 고도의 정신 기능, 감정, 운동 및 감각 기능을 수행하기 위하여 얼마나 많은 신경전달물질들이 뇌에서 고유의 기능을 수행하는지 아직 정확하게 알지 못하고 있다. 앞으로 뇌에 대한 연구가 계속 진행되면 이러한 기능을 수행하고 있는 많은 종류의 신경전달물질들에 대한 정보를 좀 더 정확하게 밝혀낼 것이다. 인류는 신경전달물질계의 특성을 밝힘으로써 인간 정체와 본질을 규명하는 데에 한 걸음 더 나아가게 될 것이다.[6]

신경전달물질은 각자 특유의 수용체 분자하고만 결합하여 특정 정보를 전달한다. 정보를 가지고 있는 신경전달물질이라는 화학 분자와 그 정보를 받아들이는 수용체라고 하는 특수 단백질 분자의 상호 결합으로 고도의 정신 기능에서부터 행동, 감정에 이르기까지 여러 가지가 이루어진다. 뇌의 두 주역인 신경전달물질과 수용체의 특성에 관한 연구가 현재 활발히 진행되고 있다.[7]

---

5   박만상, 앞의 책(III), pp. 139-144.
6   박재갑 외, 앞의 책, p. 137; 수전 그린필드(Susan Greenfield) 저, 『브레인 스토리』, 정병선 역, 지호, 2004, pp. 57-69.
7   박재갑 외, 같은 책, pp. 138-139; 다치바나 다카시 저, 『임사체험-하』, 윤대석 역, 청어람미디어, 2003, p. 359; 신경전달물질은 크게 흥분성 물질과 억제성 물질로 나뉜다. 흥분성 물질로는 노르에피네프린, 도파민, 세로토닌, 아세틸콜린, 글루타민산염 외 다수가 있고, 억제성 물질로는 감마아미노부티르산, 글리이신 외 다수가 있다.(성영신 외 12인, 앞의 책, pp. 459-460.)

신경세포의 신경섬유 끝인 시냅스에서 발생한 신경전달물질은 다음 신경세포의 수상돌기막에 도달하여 수용체에 자극을 전하고 자신은 본래의 세포로 돌아간다. 그러면 그 자극은 다시 전기 자극으로 전환되어 그 세포의 신경섬유를 통해 다음 신경세포로 전달된다.[8]

말초신경계가 아세틸콜린과 노르에피네프린과 같은 소수의 신경전달물질을 사용하는 데 비해, 뇌는 현재 밝혀진 것만도 200개 이상의 신경전달물질을 사용하고 있고 지금도 새로운 신경전달물질들이 계속해서 발견되고 있다. 뇌의 주요한 신경전달물질은 노르에피네프린, 도파민, 히스타민, 세로토닌과 같은 모노아민류인데 이들은 아미노산이 변형된 것이다. 어떤 경우에는 글리신, 글루탐산과 같이 변형되지 않은 아미노산들이 직접 신경전달물질로 작용하기도 한다. 신경펩티드는 최근에 발견된 신경전달물질로, 이들은 아미노산으로 된 짧은 사슬이다. 뇌의 신경펩티드 중에는 엔케팔린과 엔도르핀이 있는데 이들은 고통에 대한 느낌을 변형시켜 기분이 좋아지게 하는 능력을 지니고 있다.[9]

세로토닌은 변연계와 대뇌피질을 잇는 신경세포에서 분비되는데 감정, 쾌락, 수면, 진통 작용을 조절하는 중요한 신경전달물질이다. 부족하면 우울증이 발생하고 과하면 환각과 기분 상승, 쾌락 및 진통 효과가 나타난다.[10] 노르에피네프린은 각성 · 수면 · 감정 조절과 교감신경계 조절을, 에피네프린은 혈압 및 혈관 조절 · 스트레스 반응을 담당한다. 아세틸콜린은 아픔을 느끼게 한다. 이 신경전달물질들은 한 가지 일에만 쓰이는 것이 아니라 여러 다른 장소에서 다른 목적으

---

8 박만상, 앞의 책(Ⅰ), p. 77.
9 Robert A. Wallace 외 2인 저, 『생물학: 생명의 과학』, 이광웅 외 7인 역, 을유문화사, 1998⁶, pp. 714-715; 다치바나 다카시 저, 앞의 책(상). p. 123 이하; 『과학동아』, 앞의 글(2005), p. 168.
10 서유헌, 『바보도 되고 천재도 되는 뇌의 세계』, 중앙교육연구원, 1996, pp. 141-145; 닉아놀드 저, 『두뇌가 뒤죽박죽』, 이무열 역, 주니어김영사, 2002¹⁰, p. 118.

로 쓰이기도 한다.[11]

　다른 동물에 비해 특별히 인간의 뇌에서 많이 유리되고 활동을 왕성히 하여 고도의 정신 기능과 창조성을 발휘하도록 하는 신경전달물질 중 가장 대표적인 것이 도파민이다. 도파민은 고도의 정신 기능, 창조 기능을 주로 담당하며 또한 신경세포를 활발하게 움직이게 하여 더 많은 신호를 보내게 하는 역할도 수행한다. 도파민은 인류 문화 창조에 핵심인 정신 기능과 창조력을 담당할 뿐만 아니라 인간의 본능, 감정, 호르몬 및 운동 조절에 없어서는 안 될 중요한 물질이다.[12]

　화를 내거나 강한 스트레스를 받으면 뇌에서 노르에피네프린(강력한 혈압 상승제 역할을 하는 신경전달물질)이 분비된다. 이것은 극렬한 독성을 갖고 있다. 항상 화를 내거나 스트레스를 자주 받으면 이 호르몬의 독성 때문에 노화가 촉진되어 오래 살 수 없다. 인간이 질병에 걸리는 원인 가운데 하나가 바로 뇌에서 분비하는 노르에피네프린이라고 말할 수 있을 만큼 이 물질은 인간의 건강에 지대한 영향을 미친다. 도파민이나 노르에피네프린은 인간의 뇌 활동을 돕는 호르몬이지만 너무 많이 분비될 경우에는 일찍 죽게 된다.[13]

　하루야마 시게오에 의하면 뇌는 β-엔도르핀 (β-endorphin)이라는 호르몬도 분비한다. 이 호르몬은 뇌에서 분비하는 호르몬 가운데 가장 긍정적인 효력을 발휘하는 물질이다. β-엔도르핀은 기억력을 향상시키거나 인간관계를 원만하게 유지하는 것 그리고 의욕이나 인내력, 창조력을 발휘하는 분야에도 관계한다. 인간에게 쾌감을 주는 호르몬은 약 20종 정도가 알려져 있는데, 그 작용이나 강약의 차이는 있으나

11　박재갑 외, 앞의 책, p. 141; 박만상, 앞의 책(Ⅰ), p. 103; 다치바나 다카시 저, 앞의 책(상), p. 131.
12　박재갑 외, 같은 책, pp. 140-141; 닉 아놀드 저, 앞의 책, p. 117; 도파민은 쾌감을 불러일으키는 데에 가장 중요한 작용을 하는 신경전달물질이다.(성영신 외 12인, 앞의 책, p. 467.)
13　하루야마 시게오 저, 『뇌내혁명 1』, 반광식 역, 사람과책, 1997[14], pp. 20-22, 앞의 책(2), pp. 76-77.

약리 작용은 거의 같다.[14]

　나이가 많아지면 신경전달물질의 양이 적어진다. 그래서 정신이 흐려지고 기억력은 약해지며 우울증이 증가하게 된다.[15]

2) 사랑에 관여하는 호르몬

　대체로 소녀들은 9-14세에 사춘기가 시작되는데 비해 소년들은 약간 늦은 11-13세부터 시작된다. 남성의 성징은 고환에서 분비되는 테스토스테론이라는 남성호르몬에 의해 나타나고, 여성의 성징은 난소에서 분비되는 에스트로겐이라는 여성호르몬에 의해 나타난다. 이런 호르몬의 작용으로 남성은 골격이 발달해 뼈가 굵어지고 어깨와 가슴이 넓어지며, 근육이 발달하고 피부는 두꺼워진다. 반면 여성은 유선의 발달로 가슴이 커지고 어깨가 좁아지며, 허리는 가늘고 골반이 커진다. 피부는 부드럽고 탄력 있게 변한다. 또한 남성은 성대의 직경이 커져 목소리가 크고 굵은 저음을 내고 여성은 성대의 변화가 적어 소녀기와 마찬가지로 가늘고 높은 목소리를 낸다. 사춘기가 진행될수록 남성은 얼굴이나 팔다리에 털이 많이 나고 피부에 기름기가 많아져 여드름이 나는 경우가 많다.[16]

　학자들의 연구에 의하면 사랑에 대한 열정은 뇌에서 형성하는 여러 종류의 호르몬들에 의해 조절된다. 지적이고 형이상학적인 사랑은 도파민에 의해 이루어지는 것으로 추정하고 있다. 열정적이고 감정적인 사랑은 페닐에틸아민에 의해 주로 이루어진다. 뇌에서 페닐에틸아민이 많이 생성되어 나오면 사랑의 열정이 증가된다. 뇌에 있는 모르

14　하루야마 시게오 저, 앞의 책(1), pp. 20-22, 30-32, 97-98; 가미카와 키요오 저, 앞의 책, pp. 154-158; 다치바나 다카시 저, 앞의 책(상), p. 126.

15　박만상, 『한국인의 두뇌 개발 IV; 슬기로운 두뇌관리』, 지식산업사, 1994, p. 39; 가이 맥칸(Guy McKhann)·마릴린 앨버트(Marilyn Albert) 저, 『젊은 뇌를 지녀라』, 박동수 역, 시그마프레스, 2004, pp. 17-19.

16　『과학동아』, 동아사이언스, 2004년 6월호, pp. 109-111.

핀인 엔도르핀이 분비되면 사랑을 더욱 성숙하게 만들어 주고 사랑의 희열을 키워 지속시켜 준다. 엔도르핀은 뇌 속에서 분비되는 모르핀 마약으로서 통증을 없애고 즐거움과 기쁨을 주는 물질이다. 옥시토신은 뇌하수체, 난소, 고환에서 분비되는 호르몬으로서 수유할 때와 오르가즘을 느낄 때 분비된다. 또한 사랑의 감정을 느낄 때 상대방을 안고 싶은 충동을 일으켜서 사랑을 깊게 하고 성적인 만족감을 높여 준다.[17]

중뇌와 뇌간에서 분비되는 세로토닌은 만족감을 느끼게 하고 성욕을 증가시킨다. 뇌, 부신, 척수에서 분비되는 에피네프린과 노르에피네프린은 심장 박동을 빠르게 하고 성적 자극과 육체적 쾌감을 촉진한다. 장에서 분비되는 장 혈관확장 단백질은 남성의 장과 뇌에서 발견되는데 위장 관계의 근육을 팽창, 수축시킬 뿐 아니라 혈관을 확장시켜 발기와 성욕에도 관여한다. 성적으로 흥분할 때 생식기 세포에서 분비되는 산화질소는 혈관을 팽창시키고 혈액의 흐름을 증가시킨다.[18]

사랑의 감정은 생물학적으로 볼 때 도파민, 페닐에틸아민, 옥시토신, 엔도르핀과 같은 호르몬들의 조화로운 작용과 연계되어 있다. 이들의 조화로운 작용이 깨질 때는 사랑의 감정이 쉽게 사라지고, 조화로운 작용이 오래 지속되면 사랑의 감정이 충만하게 되어 몸과 마음에 긍정적인 작용을 한다. 호르몬 분비의 측면에서 보면 사랑은 대략 세 단계로 나뉜다. 첫 번째 단계는 도파민이 분비되어 상대방에게 호감을 느끼게 된다. 페닐에틸아민과 옥시토신이 분비되는 두 번째 단계에 이르면 사랑의 감정이 발생하여 상대방을 안고 싶은 욕구가 생긴다. 엔도르핀이 분비되는 세 번째 단계에서는 사랑의 기쁨으로 충

---

17 서유헌, 『두뇌 장수학』, 민음사, 1996', pp. 33-34; 수전 그린필드(Susan Greenfield) 저, 앞의 책, pp. 192-194.
18 『과학동아』, 앞의 글(2004), p. 125.

만하게 된다.[19]

　남녀 간의 애정이 얼마나 지속되는가를 연구한 결과 가슴이 뛰고 설레는 사랑의 감정은 기껏해야 18-30개월이 지나면 사라지는 것으로 나타났다. 남녀가 만난 지 2년이 지나면 대뇌에 항체가 생겨 사랑의 호르몬이 더 이상 활발하게 생성되지 않기 때문인 것으로 밝혀졌다.[20]

　물론 사랑하는 마음과 행위가 전적으로 이러한 호르몬들의 작용에 의한 것이라는 결정론적인 단언을 한다면 그것은 오류일 것이다. 사랑하는 마음에는 사람의 판단력과 의지와 같은 여러 요인들이 함께 작용하기 때문이다. 학자들이 이러한 주장을 하는 것은 호르몬의 종류에 따른 작용 원리가 그러하다는 것이다. 어느 한 사람의 욕구와 행위가 전적으로 호르몬의 작용에 의해 결정되는 것은 아니지만 특정한 종류의 호르몬이 증가되도록 하거나 억제되도록 하는 것을 통해 사람의 욕구와 행위에 영향을 미칠 수 있는 것은 사실이다. 정신적인 질병 치료에 약물을 활용하는 것은 바로 이러한 작용이 있기 때문에 가능한 것이다.

3) 전기적 작용

　신경세포는 일반 체세포와 달리 세포막 위에 약한 전류가 발생할 수 있는 발전 장치 비슷한 특별한 구조를 지니고 있어, 어떠한 자극 에너지에 접하면 그것을 전류 에너지로 전환한다. 이 전류 에너지의 주파수와 파장은 들어온 자극 에너지 주파수와 파장에 따라 다르다. 손가락으로 물건을 만질 경우 손가락 끝의 접촉 에너지가 전류 에너지로 바뀌어 다른 신경세포로 전해진다. 눈으로 들어온 수많은 영상

19　서유헌, 앞의 책(1996), pp. 33-34; 김미경, 『춤추는 미로』, 도서출판 성우, 2002, p. 82.
20　김미경, 같은 책, p. 80.

하나 하나가 고유한 빛의 파장과 주파수를 가지고 눈의 감각세포를 자극한다. 그러면 그 자극 고유의 파장과 주파수에 따른 전류가 감각 세포막의 발전 장치에 의해 발생되고, 이 전류는 신경섬유를 통해 시냅스를 거쳐 다른 세포로 전달된다. 뇌의 신경세포들이 지니고 있는 전력을 다 합하면 약 20와트쯤 되어 약한 전구를 희미하게 밝힐 수 있을 정도가 된다고 한다.[21]

뇌세포는 항상 전류를 발사한다. 이것을 기계로 기록하면 물결처럼 나타나기 때문에 이 전기 기록을 뇌파라고 한다. 사람마다 지문이 다르듯이 뇌파의 패턴도 다르게 나타난다. 사람마다 타고난 유전적 요소, 현재와 과거에 처한 생활환경과 경험, 뇌세포 사이의 연결 상태와 세포 안에 저장된 화학 물질 등이 다르기 때문이다. 뇌파는 그 주파수와 진폭에 따라 분류한다. 기본적으로 뇌파는 0.5-30Hz의 주파수를 갖는다. 델타파(0.5-3Hz), 세타파(4-7Hz), 알파파(8-13Hz), 베타파(14-30Hz), 감마파(30Hz 이상)가 있다.[22]

뇌파는 태아 시절부터 나타나며, 처음에는 불규칙한 느린 파였다가 수태 후 6개월쯤 되면 0.5-1Hz의 델타파가 된다. 갓 태어난 신생아의 뇌파는 0.5-2Hz의 델타파이며 불규칙성이 강하고 진폭도 작은데, 이후 주파수가 점점 높아지고 불규칙성이 줄어들며 진폭도 커진다. 생후 3개월부터 델타파가 점차 세타파 우위로 바뀐다. 첫돌 전후에 점차 알파파 우위로 변하고 델타파는 점차 없어지지만 그때까지 세타파가 상당량 섞여 있다. 대체로 20세가 되면 알파파가 지배적이 되면서 성인의 뇌파가 된다. 40대부터 60대까지는 알파파 패턴이 가장 안정되

---

21 박만상, 앞의 책(Ⅰ), pp. 74-77, 앞의 책(Ⅳ), pp. 20-21; Andrew Newberg · Eugene d´Aquili · Vince Rause, *Der gedachte Gott; Wie Glaube im Gehirn entsteht*, Piper(München · Zürich), 2003, pp. 39-40; 성영신 외 12인, 앞의 책, pp. 33-37, p. 459; 수전 그린필드(Susan Greenfield) 저, 앞의 책, pp. 48-55.

22 박만상, 같은 책(Ⅰ), p. 78; 김미경, 앞의 책, p. 98; 성영신 외 12인, 같은 책, p. 109, pp. 311-315; 다케다 유타카 저, 『자기개발법: 대뇌생리학에 의한 재능개조』, 오영근 역, 전파과학사, 1994, pp. 18-19.

는 시기이다.[23]

뇌에도 휴식이 필요하다. 그러려면 깨어 있는 상태에서도 알파파 상태를 유지할 수 있어야 한다. 인간의 뇌파를 조절할 수 있다고 알려진 방법은 일반적으로 산책과 명상 그리고 기도이다. 명상과 기도는 마음속에 있는 여러 가지 잡념을 없애고 정신을 하나로 통일시켜 무념무상의 경지에 몰입하도록 해 준다. 뇌파가 알파파일 때 마음의 긴장도 풀리고 회상도 잘 된다. 모든 창의성은 알파파의 소산이다.[24]

뇌의 전기적 활동은 잠을 자고 있는 동안에도 계속된다. 잠자는 시기는 크게 둘로 나뉘는데 하나는 NREM(non REM)이라는 일반적인 잠이고 다른 하나는 REM(rapid eye movement)이다. REM 잠을 자는 동안에 눈을 빨리 움직이는 것을 볼 수 있는데 NREM과 REM은 차례대로 주기적으로 나타나며 합해서 90분 정도의 주기를 가진다. REM 잠은 매우 특이한 수면 상태의 하나로 일반적인 잠과는 달리 자면서도 각성 상태와 비슷한 뇌파가 보이고 눈동자를 빨리 움직인다. 이때 주로 꿈을 꾼다고 한다. REM 잠은 수면의 구성 요건 중에 필수적으로 있어야 하며 강제로 없애면 정신병이 생긴다고 한다. 뇌전도를 보면 잠도 상당한 양의 뇌 활동에 의해 이루어지는 것을 알 수 있다. 심리학자나 생물학자들은 사람에게 잠은 필수적인 것이고 휴식의 한 형태라고 한다. 잠의 시기, 특히 REM 수면 시기는 정보의 분류와 저장의 시기이며 장기간의 기억에 필수적이라고 말하고 있다.[25]

---

23 다치바나 다카시 저, 『뇌를 단련하다』, 이규원 역, 청어람미디어, 2004, pp. 74-81.
24 대한 총명학회, 『공부가 쉬워지고 일이 즐거워지는 두뇌혁명』, 조선일보사, 2003, p. 72; 박만상, 앞의 책(I), p. 139; 성영신 외 12인, 앞의 책, pp. 325-331.
25 Robert A. Wallace 외 2인 저, 앞의 책, pp. 714-715; 수전 그린필드(Susan Greenfield) 저, 앞의 책, p. 288; 가이 맥칸(Guy McKhann)·마릴린 앨버트(Marilyn Albert) 저, 앞의 책, pp. 37-43; Gerald M. Edelman · Giulio Tononi, *Gehirn und Geist; Wie aus Materie Bewusstsein entsteht*, Deutscher Taschenbuch Verlag(München), 2004, pp. 102-104.

2. 뇌의 기능

인간의 뇌 기능은 외부로부터 정보를 받아 스스로 생각하고 판단하여 행동하는 것으로 정의할 수 있다. 먹고 마시는 행위·자고 깨는 행위·호흡하고 체온을 조절하는 행위 등과 같은 기본적인 생명 유지와, 시각과 청각을 중심으로 한 감각과 지각, 감정·기억력·이해력·사고력·판단력·무엇을 실행하고자 하는 의지력 그리고 행동을 모두 가능하게 하는 것이 인간의 뇌다. 두뇌는 언어를 구사하고 추상적인 사고를 하며, 어떤 사실이나 지식을 배워서 익히고 어떤 일에 대해 판단하고 계획을 하며 고도의 추리작업을 수행한다. 또한 수의적인 활동과 불수의적인 동작, 모든 감각과 감정들을 주관한다. 컴퓨터는 정보를 한 번에 한 단계씩 처리하는 데 비해 두뇌는 동시에 수백만 개의 다양한 방향의 통로들을 통해 정보들을 처리한다.[26]

두뇌가 없으면 그림이나 시, 관현악이나 아름다운 풍경을 감상할 수 없을 뿐만 아니라 아무것도 할 수 없다. 그러나 뇌가 외부에서 오는 수많은 자극을 구체적으로 어떻게 입력하고 이들을 어떻게 기억하는가에 대해서는 아직 완전히 알지 못하고 있으며, 의식과 마음이 뇌에서 발생되는 과정에 대해서도 아직 온전히 이해하지 못하고 있다. 인간의 마음·두뇌·행동의 관계는 생물학적인 연구만으로 완전히 밝혀낼 수 없는 일이다. 이와 마찬가지로 심리·사회학적인 관점만으로도 밝혀낼 수 없다. 이것은 신경생물학, 인지과학, 정신과학, 심리·사회학, 인간행동과학, 철학, 종교학, 신학 등의 다양한 측면에서 접근해야 가능할 일이다.[27]

---

26 수전 그린필드(Susan Greenfield) 저, 앞의 책, p. 329; Andrew Newberg·Eugene d'Aquili·Vince Rause, Op. cit., pp. 26-27.
27 「경이로운 사람의 몸: 과학 상식 시리즈3」, 『리더스 다이제스트』, 리더스 다이제스트·두산 동아, 1998², pp. 46-47; 대한 총명학회, 앞의 책, p. 51; 김미경, 앞의 책, p. 106; 야마모토 다이스케, 『3일 만에 읽는 뇌의 신비』, 박선무·고선윤 역, 서울문화사, 2003³, p. 13; 박만상, 앞의 책(Ⅲ), p.

1) 의식

의식은 인간이 지닌 가장 큰 특징 중 하나이고 세상에 존재하는 현상들 중에서 가장 복잡한 것에 속하는 것으로서 여러 단계의 계층 구조를 지니고 있다. 인간을 일반 사물이나 동물과 뚜렷이 구별되는 존재이게 하는 의식의 주체는, 행동의 주체이고 사유의 주체이며 정서의 주체인 자아이다. 의식의 중요한 현상 중 하나는 자기 자신에 대한 자각으로서 자기와 관련된 정보에 대하여 자각하고 사유할 수 있는 기능을 지니고 있다. 하지만 의식이 뇌의 어느 부분에 자리 잡고 있으며 어떻게 만들어지는지에 대해서는 아직 제대로 알지 못하고 있다.[28]

학자들 사이에 의식(consciousness)이 무엇인가에 대해서 오랫동안 논쟁을 벌여 왔고 아직도 확정적인 결론에 도달하지 못하고 있으나, 일반적으로 어떤 특정한 대상을 염두에 두지 않고 깨어 있는 상태를 의미하는 것으로 생각하고 있다. 인식(awareness)이란 의식 상태에서 어떤 특정한 대상에 주목하고 있는 것을 의미하는 것으로 생각한다. 의식이란 한편으로 매일 아침에 잠에서 깼을 때부터 저녁에 잠자리에 들 때까지의 상태라고 생각해볼 수도 있으나 좀 더 명확한 정의를 내리는 것은 아직까지 이루어지지 않고 있다. 의식이 무엇인가에 대해 우리 모두 일반적으로 알고 있지만 명확한 정의를 내리는 것은 불가능할 만큼 신비한 요소가 내재해 있다.[29]

166; Daniel L. Schacter · Elaine Scarry 저, 『뇌와 기억 그리고 신념의 형성』, 권준수 외 11인 역, 시그마프레스, 2004, p. 4.

28 성영신 외 12인, 앞의 책, p. 94; 다치바나 다카시 저, 앞의 책(하), p. 406; 얼윈 스콧(Alwyn Scott) 저, 『마음에 이르는 계단: 새로운 의식의 과학에 대한 논쟁』, 안창림 · 백은경 역, 이화여자대학교 출판부, 2001, pp. 21-27, 266-267.

29 수전 그린필드(Susan Greenfield) 저, 앞의 책, p. 282; Daniel L. Schacter · Elaine Scarry 저, 위의 책, p. 6; 「신비로운 정신의 세계: 현대인의 정신건강 가이드-과학 상식 시리즈2」, 『리더스 다이제스트』, 리더스 다이제스트 · 두산 동아, 1994², p. 63; 다치바나 다카시 저, 같은 책(하), pp.266-267; Stanislav Grof u. a., *Wir wissen mehr als unser Gebirn; Die Grenzen des Bewusstseins überschreiten*, Herder(Freiburg · Basel · Wien), 2003, pp. 7-34; Peter Neuner(Hg.), *Naturalisierung des Geistes - Sprachlosigkeit der Theologie?; Die Mind-Brain-Debatte und das christliche Menschenbild*, Herder(Freiburg · Basel · Wien), 2003, pp. 43-56, p. 61; Andrew

의식 자체가 뇌에서 어떻게 생성되는지는 아직 알지 못하고 있고 명확하게 알아내는 것은 앞으로도 아마 불가능할지 모른다. 그럼에도 불구하고 일반적으로 말하자면 의식은 뇌에서 이루어지며 대뇌피질이 중요한 역할을 담당하는데, 그 중에서도 특히 전두엽의 전전두엽이 가장 큰 역할을 한다. 의식을 만드는 주체를 신경 수준에서 고려해 보면 대뇌피질의 전전두엽을 구축하는 유수신경이다. A6 신경을 중심으로 한 망상체의 원시적인 무수신경군이 인간의 대뇌를 각성하고 의식을 불러일으켜 유수신경군과 긴밀한 협조에 의해 비로소 의식을 발생시킨다. 만약 망상체가 제 역할을 하지 못하면 컴퓨터가 전원을 잃어버린 경우와 마찬가지로 뇌에서 의식이 발생하지 않는다.[30]

대뇌에 들어온 정보는 시상을 거쳐 일차적으로 분석된 다음 최고 중추인 대뇌피질에 도달하게 된다. 그러면 대뇌피질에서 최종적인 판단을 하여 필요한 명령을 다시 아래로 내려 보내 적절한 행동을 하게 한다. 이 때 거미줄 같은 수많은 전파 섬유가 각성 전파를 계속 보내 대뇌피질을 맑은 정신으로 깨어 있도록 하는데, 이 전파 섬유를 망상활성화계(그물활성화계)라고 한다. 이 망상활성화계는 우리 인간의 의식을 명료하게 유지해 주는 것이기 때문에 이것이 망가지면 의식을 명료하게 유지할 수 없게 된다.[31]

Newberg · Eugene d´Aquili · Vince Rause, Op. cit., pp. 50-53; 얼윈 스콧은 '의식은 많은 개개의 사건들이 합쳐져 하나의 경험으로 태어나는 것이다.' 라고 정의하면서, '의식을 이해하기 위해서는 뇌를, 뇌를 이해하기 위해서는 뉴런을, 뉴런을 이해하기 위해서는 단백질의 동역학을, 단백질을 이해하기 위해서는 화학과 원자 물리학을 이해해야 한다.' 고 했다.(얼윈 스콧(Alwyn Scott) 저, 위의 책, pp. 24-25.

30 오키 고스케 저, 『뇌로부터 마음을 읽는다; 어떤 뇌 이야기』, 김수용 · 하종덕 역, 전파과학사, 1996, p. 101; 수전 그린필드(Susan Greenfield) 저, 앞의 책, p. 285.

31 서유헌, 앞의 책(1996), pp. 24-25.

2) 감각

눈, 코, 혀, 귀, 피부와 같은 감각수용기는 외부에서 전해오는 감각 정보를 감지하게 되면 모두 전기 신호로 전환하여 뇌로 전달한다. 뇌는 외부 환경에 관한 정보를 빛, 소리, 열, 냄새, 맛 등으로 해석한다. 학습과 경험을 통해 뇌의 각 부위는 각 감각 정보를 해석하는 데 특수화되어 있고, 각 감각 신경세포는 특정한 신경로를 통해 뇌의 특정한 부위로 전달한다. 예를 들어 뇌의 어떤 부위는 단지 소리만을 다루며 그 부위가 자극받았을 때 우리는 그 자극을 청각으로 감지한다. 사람은 시각과 청각을 통해서 대부분의 정보를 얻는데 외부 세계의 정보 가운데 70-80%를 시각에서 얻고 있다.[32] 시각은 '인식 능력의 우열은 잘 발달된 시각령을 가지고 있느냐의 여부에 상당 부분이 달려 있다고 해도 좋을 것이다.'고[33] 말할 수 있을 정도로 큰 비중을 차지하고 있다.

오감을 단련하고 예민하게 만들기 위해서는 적당한 자극을 추구해야 한다. 그것을 뒷받침하는 것이 강한 호기심과 의욕이다. 호기심과 의욕은 뇌를 활성화시킨다.[34] 공부할 때 몸의 오관을 다 동원하면 학습 효과가 높아진다. 오감을 모두 활용하여 공부의 효율을 높이려는 시도는 오래 전부터 있었다. 옛 선비들은 허리를 곧게 펴고 몸을 앞뒤좌우로 흔들며 소리를 내어 책을 읽었다. 책을 손수 필사한 것도 오감을 동원한 공부 방법 중 하나였다. 온몸을 활용하여 공부하면 내용이 뇌에 깊이 각인된다. 또한 몸을 움직이면 머리는 단순하고 명료해진다. 우리가 다른 것보다 노래를 잘 기억하는 이유는 노래에는 가사만이 아니라 멜로디와 박자, 때로는 율동까지 들어 있어 한꺼번에 다양한

---

32 야마모토 다이스케, 앞의 책, p. 41, pp. 130-133, p. 134; Robert A. Wallace 외 2인 저, 앞의 책, pp. 714-715.
33 다치바나 다카시 저, 앞의 책(2004), p. 91.
34 야마모토 다이스케, 위의 책, p. 117.

감각을 자극하기 때문이다. 게다가 노래에는 사람의 감정까지 개입되어 더욱 강하게 머릿속에 남는다. 다양한 감각을 골고루 동원하면 내용이 잘 기억되고 쉽게 망각되지 않는다.[35]

3) 감정

사람이 느끼는 감정에는 기쁨, 슬픔, 쾌감, 고통, 사랑, 미움, 행복, 욕망, 분노, 노여움, 두려움, 놀라움, 역겨움과 같은 다양한 종류들이 있다.[36] 사고보다 더 원초적인 기능인 감정은 기억과 판단, 학습 등 고도의 이성적 사고와 밀접히 관련되어 있다.[37] 감정은 뇌의 여러 영역이 복합적으로 작용하여 발생하는 전체적인 뇌의 상태이다. 그런데 학자들은 좀 더 섬세하게 고찰하여 가장 높은 정신 현상은 가장 발달한 뇌인 대뇌피질에서 나오지만 본능이나 감정은 대뇌피질 안쪽의 오래된 뇌인 변연계에서 나오는 것으로 보고 있다. 본능적인 공포나 놀람과 같은 원시적인 감정은 대뇌피질까지 연결되지 않고 하부 뇌에서 반사적으로 이루어진다. 그러나 고차원적인 감정은 복잡한 회로를 통해 고도의 사고기능과 밀접하게 연결되어 있다. 감정은 어떤 자극을 받을 때 그것의 원인이 무엇인지 알기 위해 생각을 불러일으킨다.[38]

감정적인 면을 도외시하고 지식만을 강요하면 신경회로의 흐름이

---

35 대한 총명학회, 앞의 책, pp. 169-171.

36 닉 아놀드 저, 앞의 책, p. 115; 성영신 외 12인, 앞의 책, pp. 210-211; 캘리포니아 대학교 소속의 심리학자 폴 에크먼은 인간이 짓는 다양한 얼굴 표정들은 인간의 여섯 가지 기본 감정인 불안, 놀람, 분노, 기쁨, 혐오, 슬픔 중 어느 하나를 표현하는 것으로 보았다. 얼굴 표정의 이러한 요소는 인종을 초월하여 모든 사람들에게 공통적으로 적용되는 것으로서 타인에게 감정을 표현하고 타인의 감정을 포착할 수 있는 감정 소통의 수단이다. 물론 여기에는 가식과 오해가 개입되기도 하여 난해한 문제들이 비일비재하게 발생하기도 한다.(수전 그린필드(Susan Greenfield) 저, 앞의 책, pp. 176-181.)

37 원종철, 「감성과 이성」, 『가톨릭 대학교 인간학연구소 제1회 심포지엄 논문집: 인간 본질에 관한 심층적 이해 모색 1』, 1999, p. 39; 성영신 외 12인, 같은 책, p. 91, pp. 232-237.

38 원종철, 같은 글, p. 46, pp. 52-53; 『리더스 다이제스트』, 앞의 글(1994), p. 109; 서유헌, 앞의 책 (1996⁴), p. 22; 수전 그린필드(Susan Greenfield) 저, 위의 책, p. 227; Andrew Newberg · Eugene d'Aquili · Vince Rause, Op. cit., p. 48.

상하로 원활하지 못해 자극이 상부 뇌에만 머물게 되어 상부 뇌의 신경세포가 과도하게 혹사당한다. 본능·말초적인 자극을 좋아하여 지적인 뇌 발달을 등한시하면 동물적으로 퇴화되어 지적·창조적 자극을 상실하게 된다.[39]

인류는 최근 들어 인간의 감정에 대한 뇌생리학적 연구를 통해 감정이 이성보다 더 지배적인 것으로 인식하고 있다. 오랫동안 인간은 이성적인 동물이라는 생각으로 감정은 이성보다 못한 것이므로 언제나 이성적인 요소를 더 중요하게 생각하고 더 중점적으로 개발해야 하는 것으로 여겨왔다. 그러나 이러한 견해는 감정을 담당하는 뇌 부위에 손상을 입은 사람은 논리적 예측이나 추론에 아무런 문제가 없음에도 불구하고, 합리적인 행동을 제대로 수행하지 못하는 것을 알게 되면서 바뀌고 있다. 감정이 배제될 경우에 마치 컴퓨터처럼 더욱 냉철하고 합리적인 판단을 내릴 수 있고 그에 따라 빈틈없는 행동을 보일 것으로 생각할 수 있는데, 실제로는 이와 반대되는 현상이 일어나기 때문이다. 감정을 담당하는 뇌 부위에 손상을 입은 사람들은 수행해야 하는 어떤 일을 꾸준히 해내지 못하고 심한 변덕을 부리며 시작한 일을 제대로 끝내지 못한다. 또한 다른 사람들과 합리적인 대화와 협동이 불가능하여 대인 관계에 심한 어려움을 겪는다.[40]

뇌의 양쪽 끝자락에 자리 잡은 조그마한 편도핵은 감정을 조절하는 중요한 역할을 하는 조직 중 하나인데, 사람도 일반 동물과 마찬가지로 언제나 쾌감을 추구한다. 사람은 편도핵을 통해 본능적 쾌감이나 불쾌감을 느끼며 한 번 쾌감을 느끼면 다시 그 감각이나 감정을 추구

---

39 서유헌, 앞의 책(1996'), pp. 44-46.
40 미국의 유명한 신경인지과학자인 안토니오 다마지오 교수는 감정이 이성적 의사결정 과정에 크게 작용한다는 이론과 실험 결과를 제시했다. 그는 판단과 의사결정은 어떤 행위의 결과에 대한 감정적 평가에 의해 좌우되기 때문에 결정과 선택에는 대부분 감정이 개입된다고 한다. 인간은 충분한 시간을 들여 합리적인 결정을 하기보다는 이득과 비용을 빠른 속도로 계산해서 (대부분 무의식적으로) 과거에 효율적이었던 행동을 선택한다는 것이다.(『과학동아』, 동아사이언스, 2003년 10월호, pp. 71-75, 77-78.

하려 한다.[41]

　현재는 '정서적 신경과학'이라는 용어가 생겨날 만큼 감정과 관련된 두뇌 연구가 활발히 진행되고 있다. 이런 연구 결과들을 요약하면 감정을 느끼고 표현하는 데는 두뇌의 많은 부위가 관여하기 때문에 감정만을 담당하는 두뇌의 어느 한 부위, 즉 '감정중추'라고 부를 만한 것은 없다. 현재까지 두뇌와 감정의 관계에 대한 연구들이 주로 보여준 것은, 사람이 어떤 특정한 감정을 느낄 때 뇌의 특정 부위들이 활성화된다거나 뇌의 어느 부위가 손상되거나 자극을 받으면 정서 행동에 어떤 변화가 생긴다는 것이다. 이는 기본적으로 특정 감정과 특정 뇌 부위 사이에 상관관계가 있다는 얘기일 뿐, 특정 뇌 부위의 활동이 왜 우리로 하여금 특정 감정을 느끼게 하는지를 설명해 주지는 못한다. 편도핵의 신경세포들이 활동한다고 해서 왜 공포를 느끼고 몇몇 뇌 부위가 활동한다고 해서 왜 사랑을 느끼는지 아직 모른다. 좀 더 넓게 보면 두뇌가 어떤 식으로 작용하는지를 모두 밝혀낸다고 하더라도 왜 우리가 어떤 특정한 감정을 느끼는지 설명하지 못할지도 모른다. 하지만 최소한 우리의 감정, 더 나아가 마음은 뇌가 어떻게 작용하는가와 따로 떼어서 생각할 수 없다는 사실은 확인할 수 있다.[42]

　정서의 문제도 이성적인 문제와 같이 학습에 기초하고 있다. 정신과적 입장에서 보면 동일한 사물이나 상황 혹은 환경에 대해서 과거의 학습이나 경험에 따라 쾌 혹은 불쾌, 미움과 사랑 그 어느 하나를 다른 삶과 다르게 느낄 수 있다. 이는 과거 학습의 결과로 알려져 있다. 극단적으로 얘기해서 과거에 사랑에 대한 경험이 없다면 질적으로나 양적으로 사랑이 무엇인지 알 수 없으며, 심지어 보통 사람이 느

41　야마모토 다이스케, 앞의 책, p. 118; 리처드 레스탁 저, 『새로운 뇌』, 임종원 역, 휘슬러, 2004, p. 75.
42　『과학동아』, 앞의 글(2003), p. 81; 스티븐 핑커(Steven Pinker) 저, 『빈서판』, 김한영 역, 사이언스북스, 2004, p. 150 이하.

낄 수 있는 사랑에 대해 오히려 노여움으로 반응할 수도 있는 것이다.

4) 기억

기억하는 기능은 생각하는 기능과 마찬가지로 뇌세포가 수행하는 중요한 기능 가운데 하나이다. 눈이나 귀에 들어온 수많은 자극들이 다 기억되는 것이 아니라 대부분 시상에 의해 걸러지고 일부만 기억에 남는다. 기억은 단기기억과 장기기억으로 나뉜다. 단기기억은 기억해두려고 노력하지 않으면 곧바로 잊어버리는 기억을 말한다. 장기기억은 무한히 긴 기간 잊어버리지 않는 기억을 말한다. 단기기억도 깊은 인상을 받았다거나 동일한 자극이 자주 반복되면 장기기억이 된다.[43]

기억은 정신기능의 중심이며 일상의 여러 측면에서 중요한 역할을 한다. 헤아릴 수 없이 많은 인지적인 일들은 우리의 기억 체계의 효율적 운용에 의존하고 있다. 기억에는 새로운 지식을 뇌에 입력하는 단계, 입력한 것을 저장하는 단계, 의식에 다시 떠올리는 회상하는 단계의 세 단계가 있는데, 이 세 가지 단계 가운데 하나라도 이상이 생기면 정확히 기억할 수 없다.[44]

인간이 하는 생각은 대체로 기억을 기초로 한다. 과거의 기억들을 되살리고 이 기억과 저 기억을 연결하여 새로운 생각을 하게 된다. 단편적인 기억들을 재료로 하여 하나의 긴 생각을 구상해 내는 일은 대뇌피질에서 이루어진다. 대뇌피질은 뇌간이나 변연계처럼 생존을 위한 사항을 조절하는 역할보다는 시각 · 청각 · 촉각 등 감각기를 통하여 대뇌피질에 도달하는 정보를 분석하고 선정하며, 선정된 사항들을

---

[43] 박만상, 앞의 책(Ⅰ), pp. 136-137; 성영신 외 12인, 앞의 책, pp. 164-175; 수전 그린필드(Susan Greenfield) 저, 앞의 책, pp. 132-134.

[44] Gerald M. Edelman · Giulio Tononi, Op. cit., p. 128; 서유헌, 앞의 책(1996), pp. 90-91; Daniel L. Schacter · Elaine Scarry 저, 앞의 책, p. 1.

이전에 기억·저장한 사항들과 관련지어 생각을 창출한다. 사고 형성 과정에 가장 많이 기여하는 기억은 시각 기억과 언어 기억이다.[45]

새로운 정보는 신경세포들로 구성된 일련의 신경회로들 사이에 이루어지는 전기·화학적 전달의 흐름 속에 기억되고, 세포들 속에 이미 기억되어 있는 정보들과 통합되어 보존되며 다른 기억에도 참여한다.[46] 장기기억은 일종의 단백질과 같은 형태로 특정한 신경세포들 속에 반영구적으로 보존되어 있을 것으로 본다. 뇌에서 기억 작용에 가장 중요한 역할을 하는 부위는 좌·우 양 측두엽에 있는 해마이다. 이 부위를 수술로 제거하면 오래된 일은 기억해도 새로운 기억은 하지 못한다. 시각, 청각, 촉각 등의 오감을 통해 들어온 여러 가지 자극은 해마를 거쳐야 기억의 형태로 저장된다. 기억이 해마 자체에 저장되는 것은 아니지만 기억이 저장되려면 반드시 해마의 작용을 거쳐야 한다. 해마는 기억을 분류한 다음 뇌의 다른 부분으로 정보를 보낸다. 비교적 새로운 기억은 해마나 그 주변에 기억되지만 상당히 오래된 기억은 측두엽, 전두엽 등 대뇌피질에 저장된다. 그리고 저장된 기억 중 필요한 것은 남고 불필요한 것은 지워지는데 그 역할을 담당하는 것도 해마이다. 뇌에 기억되어 있는 심상 가운데 가장 강하고 풍부한 것은 시각을 통해 들어온 정보이다.[47]

해마는 한꺼번에 일곱 가지 이상의 서로 다른 자극이 들어오면 단기기억으로 잘 보유하지 못한다. 일곱 가지 이상의 사실이 계속해서 들어오면 그 전에 기억했던 사실은 지워져버린다. 따라서 일곱 글자로 된 전화번호를 잊어버리지 않으려면 새로운 다른 사실이 머리에

---

45 Gerald M. Edelman · Giulio Tononi, Op. cit., pp. 128-133, p. 296; 박만상, 『한국인의 두뇌 개발 II; 정상인과 기억력 개발』, 지식산업사, 1994². p. 91, 앞의 책(III), pp. 234-235.
46 박만상, 앞의 책(IV), p. 73.
47 박만상, 위의 책(II), p. 91; 154-156. 야마모토 다이스케, 앞의 책, pp. 161-163; 대한 총명학회, 앞의 책, pp. 175-178.

들어오지 못하도록 온 주의력과 관심을 집중시켜 몇 번이고 외워서 장기기억으로 전환시켜야 한다.[48]

　장기기억은 특수한 물질의 형태로 존재한다기보다는 두터워진 시냅스들에 흔적으로 새겨져 오랫동안 존재한다. 따라서 뇌는 자꾸 사용할수록 좋아지며 좋은 기억을 오랫동안 유지할 수 있게 된다. 나이가 들수록 뇌세포는 죽어가기 때문에 같은 정도의 기억을 유지하기 위해서는 젊었을 때보다 더 많은 노력과 시간을 투자해야 하며 반복해서 자극을 부여해 시냅스를 강화시켜 주어야 한다.[49]

　우리의 기억력은 일반적으로 뇌세포가 성장과정에 있는 18세까지는 나이가 듦에 따라 증가하고 18세부터 45세까지는 증가하지도 않고 감퇴하지도 않는 수평 상태를 유지하다가 45세가 지나면 차차 감퇴하기 시작한다. 그러나 기억력은 연령에 좌우되기보다는 각 개인의 유전과 성격, 정신 집중력과 마음가짐 등에 따라 달라진다. 두 사람이 똑같은 사실을 경험해도 기억하고 있는 것은 서로 다를 수가 있는 것도 이 때문이다. 일단 기억된 장기기억도 그것이 다시 회상되는 데에는 우리의 감정 상태, 즉 뇌의 흥분 상태가 영향을 미친다. 마음의 긴장이나 동요, 흥분 등은 회상을 방해한다. 좋은 기억을 위해서는 잘 듣는 버릇이 선결 조건이다. 기억력이 좋다는 사람들은 선천적으로 매사에 깊은 관심을 집중하여 잘 듣는 능력을 가진 사람이라고 할 수 있다.[50]

　마음이 즐거울 때나 기분이 좋을 때는 수많은 뇌의 회로가 막힘없이 잘 흐르게 되어 어느 하나에 집중할 수 있지만, 공부나 어떤 일을 우울할 때 또는 마지못해 할 때는 뇌의 회로가 어느 한 부위에서 흐르

48　박만상, 앞의 책(1), pp. 137-138.
49　서유헌, 앞의 책(1996), pp. 87-89.
50　박만상, 위의 책(1), pp. 138-141.

지 않고 막혀 버려 집중할 수 없게 되고 기억을 못하게 된다. 기분이 좋을 때는 문제 처리를 위해 개인의 기억 속에 보유한 처리 능력을 모두 동원할 수 있지만, 기분이 나쁜 상태에서는 우울한 기분을 극복하는 데에 일부가 동원되기 때문에 그만큼 문제 해결 능력이 떨어지는 것이다. 명랑할 때는 신경세포를 연결해 주는 시냅스에서 신경전달물질의 유리가 원활하게 이루어져 신경 전도가 순조롭게 진행되지만 우울할 때는 더디게 진행된다. 그래서 좋은 기억력을 유지하려면 우선 기억하려는 일에 재미와 흥미를 느끼며 즐거운 마음 상태를 가지고 감정을 안정시키는 것이 중요하다. 감성과 결합하여 저장된 기억들이 많을수록 해마가 활성화되고 창의력도 함께 높아진다. 따라서 공부할 때에도 상황에 맞는 이미지를 그림으로써 감성을 최대한 살린다면 학습 효과가 높아질 것이다.

좌뇌는 기억을 논리적으로 기억한다. 이에 비해 우뇌는 영상이나 심상으로 기억한다. 따라서 기억을 온전히 하려면 반드시 양 뇌가 협력해야 한다.[51]

5) 지능

인간의 지능은 뇌에서 나오는 것으로서 여러 가지 복잡한 요소들에 의해 결정된다. 지능은 기억력, 창의력, 판단력, 분별력 등 다양한 요소들로 구성되기 때문에 여러 가지 유전자들이 지능에 영향을 미친다. 하지만 아직까지 지능과 관련된 유전자들이 발견되지 않고 있다. 오늘날 대부분의 학자들은 앞에서 언급한 것 외에도 통찰력, 인내력, 사고의 유연성, 두뇌의 정보처리 속도 등을 포함하는 상호 관련된 여러 가지 능력들이 공동으로 작용하여 지능이 형성되는 것으로 생각한

---

51 대한 총명학회, 앞의 책, p. 37. pp. 175-178; 서유헌, 앞의 책(1996), pp. 90-91, 앞의 책(1996⁴), p. 23.

다.[52]

　인간과 동물의 지능 차이가 현저한 것은 뇌의 양이 아니라 질의 차이 때문이다. 신경세포들이 어떻게 조직되어 서로 얼마나 복잡하게 연결되고 정보를 처리하는 데 얼마나 많은 세포들이 관여하며, 뇌의 어떤 화학 물질이 작용하는가에 따라 큰 차이가 난다. 신경세포 사이의 연결이 많으면 많을수록 머리가 영리해진다. 뇌의 무게나 크기는 그 사람의 지능과 아무런 관계가 없다.[53]

　지능을 규명하고 밝히는 일에는 장애 요소가 있는데 그것은 아직도 지능이 무엇인가에 대하여 정확하게 알지 못하고 있고, 또한 현재 활용 가능한 지능검사를 통하여 구체적으로 무엇을 측정할 수 있는가에 대하여 일치된 견해가 없다는 것이다.[54] 지능을 측정하는 시도는 1904년 프랑스의 비네에 의해 지능검사라는 형태로 실시되었다. 그 뒤 독일의 슈테른이 〈지능 검사의 심리학적 방법〉(1911)에서 정신 연령과 실제 연령의 비를 제창했고, 이것을 미국 스탠포드 대학의 심리학자인 터먼이 계승하여 저서 〈지능 측정〉(1916)에서 지능 지수, 즉 IQ를 등장시켰다. 그러나 이 IQ는 양적인 측면이 강조되고 평생 변하지 않는다고 전제하고 있기 때문에 현재 통용되고 있는 IQ 검사법으로는 뇌의 지능을 정확히 판정할 수가 없다.[55]

　지능검사로 무엇을 측정할 수 있는가 또는 심지어 무엇을 지능이라고 부르는 것이 합당한가에 대한 논의보다는 우리의 일상생활이 훨씬 더 중요하다. 지능검사는 동기 부여, 사교 기술, 불행에 직면했을 때의 인내심, 합리적인 목표를 세우고 성취해 나가는 능력 등과 같은 중

52　Robert A. Wallace 외 2인 저, 앞의 책, p. 701; 서유헌, 앞의 책(1996¹), p. 48; 『리더스 다이제스트』, 앞의 글(1998), p. 65.
53　박만상, 앞의 책(Ⅰ), pp. 107-108, 앞의 책(Ⅱ), pp. 18-20; 성영신 외 12인, 앞의 책, p. 112, 247; 김대식, 『공부혁명』, 에듀조선, 2003, pp. 49-50.
54　리처드 레스탁 저, 앞의 책, pp. 38-39.
55　서유헌, 앞의 책(1996), p. 54.

요한 부분의 기능을 고려하지 않고 있기 때문이다.[56]

인간의 모든 특성과 마찬가지로 지능도 환경과 유전 양쪽의 산물이다. 그래서 지능은 어느 정도 유전적으로 결정되기는 하지만 환경이나 개인적인 노력에 의해 변화될 수 있다.[57] 우리의 모든 경험은 신경회로를 형성하는 데 사용된다. 점점 더 풍부하고 다양하며 도전적인 경험을 할수록 점점 더 정교한 신경회로가 형성된다. 그러나 한계가 있는 것은 분명하다. 지능검사에서 보통 정도의 점수를 받은 사람이 어느 날 갑자기 아인슈타인처럼 난해한 물리이론을 이해할 수 있을 정도로 변하지는 않는다. 추론 능력이나 인지 과정이 급격히 발달할 수 없고 IQ 검사의 결과가 갑자기 높아지는 것도 아니다. 나이가 들수록 뇌의 기능이 쇠퇴하기 때문에 지능의 수행 능력은 점차 감소하는 경향이 있다. 그러나 변화에 적응하는 뇌의 능력, 곧 적응성은 일평생 큰 변화없이 유지된다.[58]

천재와 우수한 사람들의 높은 지능이 일부는 유전되고 일부는 환경의 영향을 받기 때문에 일반 사람의 지능도 개선의 여지가 충분히 있다. 자신의 노력으로 지능지수를 향상시킬 수 있는 것이다.[59]

6) 언어

말 또는 글로 된 언어 정보들은 서로 연결되어 현대인의 사고 대부분을 차지한다. 언어는 내면세계를 반영할 뿐만 아니라 역으로 언어가 내면세계를 만들어 간다.[60] 말은 인간의 뇌에만 있는 언어 영역에서

---

[56] 리처드 레스탁 저, 앞의 책, p. 39.
[57] 『리더스 다이제스트』, 앞의 글(1998), p. 64; 서유헌, 앞의 책(1996), pp. 55.
[58] 리처드 레스탁 저, 위의 책, p. 38.
[59] 같은 책, p. 39.
[60] 박만상, 앞의 책(II), p. 92; 공병호, 『두뇌 가동률을 높여라』, 21세기 북스, 2004⁴, p. 86; 수전 그린필드(Susan Greenfield) 저, 앞의 책, p. 260; 김대식, 앞의 책, pp. 68-69; 스티븐 핑거(Susan Greenfield) 저, 앞의 책, pp. 366-370.

비롯된다. 나이가 들면서 차차 어려운 말로 자신의 생각을 표현하게 되는 것은 대뇌피질과 함께 거기에 자리 잡은 언어 영역이 발달하여 많은 어휘를 사용하여 더 풍부한 생각을 표현하기 때문이다. 알고 있는 단어가 많을수록 생각은 더 풍부해지고 표현력도 우수해진다. 청력도 높아져 다른 사람의 말도 쉽게 알아들을 수 있어 그렇지 못한 사람보다 능력이 다방면으로 뛰어나게 된다.[61]

뇌에서 언어 영역은 출생할 때부터 발달하기 시작한다. 대뇌피질의 브로카(Broca) 영역은 언어 구사에 필요한 근육 조절을 담당하고 베르니케(Wernicke) 영역은 언어의 의미를 파악하는 역할을 담당한다. 귀를 통해 들어간 말소리는 베르니케 영역에서 해석된 후 브로카 영역을 거쳐 입으로 표현되는 것이다. 언어 영역의 구조와 위치는 세계 어느 민족이나 다 비슷하고 모국어뿐만 아니라 여러 가지 외국어를 다 구사할 수 있게 되어 있다. 일반적으로 6-10세까지의 아이들은 1년에 2천-5천 개의 새로운 단어들을 익힐 수 있으나 어른은 200단어 정도밖에 익히지 못한다. 그러므로 외국어는 언어 영역이 왕성하게 발달하는 어린아이 때부터 배우는 것이 효과적이고 독서도 일찍 시작할수록 유리하다. 많은 독서를 통해 어휘를 풍부하게 익히면 더 지혜로운 생각을 할 수 있고 타인의 어려운 말도 쉽게 이해할 수 있다.[62]

데카르트는 언어에서도 사람과 동물의 질적 차이가 드러난다고 했다. 그에 의하면 동물은 사람의 자아의식에 비견할 만한 것이 결여된 자동인형과 같아서 제한된 발성 신호로 의사를 소통한다. 이것은 사람의 지능이 동원된 사고를 나타내는 언어가 아니다. 유인원이 두 가

---

[61] Gerald M. Edelman · Giulio Tononi, Op. cit., pp. 263-272; Andrew Newberg · Eugene d' Aquili · Vince Rause, Op. cit., pp. 49-50; 박만상, 앞의 책(Ⅰ), pp. 129-131; 가이 맥칸(Guy McKhann) · 마릴린 앨버트(Marilyn Albert) 저, 앞의 책, pp. 133-135.

[62] 박만상, 같은 책(Ⅰ), pp. 133-134; 수전 그린필드(Susan Greenfield) 저, 위의 책, pp. 266-268; 김대식, 위의 책, pp. 79-80; 가미카와 키요오 저, 앞의 책, pp. 176-177; 얼윈 스콧(Alwyn Scott) 저, 앞의 책, p. 118.

지 하급언어를 구사하는 것은 부인할 수 없는 사실이다. 이것은 그들의 본능적 욕구를 표현하여 소속 구성원들과 공동의 삶을 유지시키는 신호 체계이다. 사람의 언어와 유인원의 언어 사이에는 질적인 차이가 명백히 있다.[63]

사람의 언어 영역은 출생 전에 이미 형성되어 있어서 언어를 배울 수 있도록 개체발생학적으로 발달한다. 이것은 유전자적으로 결정되어 있는 것으로서 인간의 어떤 언어든 완벽하게 습득할 수 있는 능력을 지니고 있다. 그래서 어린아이들은 서로 다른 종족 간에도 동등한 언어 습득 능력이 있다. 존 에클스는 이러한 사실을 바탕으로 하여 '언어 문법의 기본적 구조는 뇌의 언어 영역과 관계가 있는 것'으로 간주한다. 또한 '언어 문법 구조는 출생 전부터 유전자에 의해 구축되는 대뇌피질의 언어 영역의 미세구조 속에 새겨져 있기 때문에, 어린아이는 언어의 저변 구조에 관한 지식을 가지고 태어나는 것'으로[64] 보고 있다.

언어학적 연구를 통해 어린아이와 어린 침팬지의 근본적인 차이는 언어에 있음을 알게 되었다. 어린아이는 본능적으로 강한 의욕을 가지고 언어의 세계로 들어가서 문법적으로 바른 언어를 구사하는 것을 빨리 배우면서 주변에 존재하거나 일어나는 사물과 사건에 대해 많은 질문을 한다. 어린아이는 언어를 사용한 수많은 질문을 통해 세상을 배우게 된다. 이에 반해 원숭이는 질문을 하지 않는다. 원숭이와 유인원에서 인지적 및 운동 학습을 위한 신경 기구가 잘 발달된 것처럼 보이나 문제를 언어적으로 생각할 수 없기 때문에 생소한 상황에 대처하기가 힘들다.[65]

---

63 존 에클스(John C. Eccles) 저, 『뇌의 진화: 자아의 창조』, 박찬웅 역, 민음사, 1998, pp. 114-115.
64 같은 책, p. 129.
65 같은 책, p. 121, 212, 241.

7) 좌뇌와 우뇌

인간의 대뇌는 점차 커지다가 마침내 우뇌와 좌뇌로 나뉘었다. 두 개로 갈라진 반구들은 크기가 다를 뿐만 아니라 기능에도 차이가 있고 생성하는 뇌호르몬에도 차이가 있다. 우반구는 신체의 왼쪽을 통제하고 좌반구는 신체의 오른쪽을 지배한다. 좌우반구 사이의 교신은 뇌량이라고 불리는 밀집된 신경섬유의 다발을 통해 이루어진다.

좌뇌는 일반적으로 언어뇌라고 하며 언어 기능을 비롯해서 음이나 소리를 인식하는 일을 담당한다. 좌뇌는 논리적인 사고에 능해서 숫자나 기호를 잘 인식하고 읽기와 쓰기 그리고 계산하는 능력이 강하다. 우뇌는 공간 인식의 기능을 담당하고 시각적 정보를 종합적으로 파악한다. 특히 감성적 세계에 강하여 음악, 미술 등 예술 분야를 담당한다. 우뇌와 좌뇌가 서로 연락을 취하면서 모든 일에 슬기롭게 대처한다. 이와 같은 기능 분화 덕택에 사람은 많은 일을 할 수 있다.[66]

오른손잡이인 사람들은 좌뇌가 더 발달되어 있고 좌뇌가 우뇌보다 약간 더 크다. 좌뇌가 손상되면 실어증이 발생하게 되고 우뇌가 손상되면 그림이나 도표를 그릴 수 없고 음악적 소질도 상실하게 된다. 이러한 특수화에도 불구하고 좌뇌와 우뇌는 하나의 기능 단위로 작용한다. 뇌량을 통해 좌반구와 우반구 사이에 정보 교환이 이루어지기 때문이다. 만일 이 뇌량이 제거된다면 좌뇌는 왼손이 무엇을 하고 있는지 모르게 된다.[67]

그러나 뇌의 두 반구 사이에는 어느 정도의 보상 작용이 가능하다.

---

[66] 『리더스 다이제스트』, 앞의 글(1998), p. 53; 박만상, 앞의 책(Ⅰ), p. 42, 앞의 책(Ⅲ), p. 25; 야마모토 다이스케, 앞의 책, p. 78; 하루야마 시게오 저, 앞의 책(2), pp. 35-36, p. 82; Gerald M. Edelman · Giulio Tononi, Op. cit., p. 92; Andrew Newberg · Eugene d'Aquili · Vince Rause, Op. cit., pp. 33-36; 성염신 외 12인, 앞의 책, pp. 75-81; 얼윈 스콧(Alwyn Scott) 저, 앞의 책, pp. 118-119.

[67] Robert A. Wallace 외 2인 저, 앞의 책, p. 711; Andrew Newberg · Eugene d'Aquili · Vince Rause, Op. cit., pp. 37-38.

예를 들어 주로 사용하던 손이 다치게 되었을 경우에는 다른 쪽 손을 거의 같은 정도로 숙달된 상태에 이르도록 사용할 수 있다. 어린아이의 경우 한쪽 반구가 심하게 부상을 입었을 경우에도 다른 쪽 뇌가 그 손상된 쪽 뇌가 수행하는 기능의 일부 혹은 모두를 대신할 수 있다. 이러한 전환 능력은 나이가 들면서 점차 감소된다.[68]

사람의 90%는 좌뇌가 우뇌보다 우수한 오른손잡이들이다. 건강과 장수를 원한다면 모든 뇌를 골고루 발달시키는 것이 바람직하다. 일반적으로 좌뇌는 언어적, 수리적, 분석적, 논리적, 이성적이다. 우뇌는 비언어적, 시공간적, 직관적, 감성적이다. 그래서 좌뇌가 우세한 사람은 주지과목에 강하고 우뇌가 우세한 사람은 예체능 과목에 강하다. 좌뇌와 우뇌는 서로 비슷한 면도 많지만, 이와 같은 이유로 한쪽 뇌만 발달시키면 건강한 뇌 기능을 유지할 수 없다. 따라서 좌뇌와 우뇌, 상부 뇌와 하부 뇌 모두의 신경회로를 발달시키는 것이 사람의 건강을 증진하여 장수하게 한다.[69]

좌뇌가 우세하면 사리에 맞는 과학적인 방식으로 결정하고 우뇌가 우세하면 사리보다 기분을 중심으로 한 결정을 하게 된다. 좌뇌에 자리 잡은 언어 영역은 언어를 조종할 뿐만 아니라 좌뇌가 하는 사고방식까지도 언어적이 되도록 유도한다. 한 번에 한 마디씩 하게 되는 언어에는 질서가 있고 문법에 따른 순서와 조리가 있다. 논리와 계산을 바탕으로 하는 과학은 이러한 언어적 사고방식에 의해서만 이루어질 수 있다. 어떤 사람의 생각이 과학적이고 논리적이면 그 사람을 앞선 사람, 머리 좋은 사람이라고 부르는데 이는 그 사람의 좌뇌가 우세해서 생각이 주로 좌뇌에서 형성된다는 뜻이기도 하다.[70]

---

68 Robert A. Wallace 외 2인 저, 같은 책, p. 711.
69 서유헌, 앞의 책(1996¹), pp. 44-46; 가미카와 키요오 저, 앞의 책, pp. 178-179; 다치바나 다카시 저, 앞의 책(하), pp. 364-365.
70 박만상, 앞의 책(Ⅰ), pp. 122-124.

좌뇌의 생각은 논리가 정연한 반면에 결정을 내리는 데에 시간이 걸리므로 급한 상황에서는 직감적이고 순간적인 우뇌의 결정이 쓰인다. 과학 교육이 시작된 이후 서구인의 뇌는 좌뇌가 강해졌다. 그 결과 합리적 분석적 순서적이며 논리와 수학을 기초로 하는 고도의 과학기술 문명, 즉 좌뇌 문화를 이루어 놓았다. 그런데 지구촌에는 아직도 직감적인 우뇌가 강하여 비논리적이고 신비주의에 젖기 쉬운 경향을 가진 민족이 많다. 이들은 사실과 사리보다 직관과 느낌을 우선적으로 따르기 때문에 일을 처리할 때 정에 치우치는 편이다. 정에 치우친 사고방식은 오류를 낳기 쉽다. 매사를 옳게 해결하는 버릇을 갖기 위해서는 좌뇌를 강하게 발전시켜야 한다. 그러나 인간의 뇌가 좌·우 두 개로 되어 있는 이상 어느 한 쪽에만 치우친 발전은 기형적이 될 수 있으므로 좌·우 뇌를 고루 발달시켜 이상적이고 온전한 인간이 되어야 한다.[71]

감성을 나타내는 우뇌는 주로 자연으로부터의 자극에 의해 발전하고 지성을 나타내는 좌뇌는 주로 인위적으로 이루어진 언어, 과학 교육, 합리적 생활환경의 자극에 의해 발전한다. 좌·우뇌의 균형 잡힌 발전을 위해서는 언어를 통한 좌뇌 교육과 연습을 통한 우뇌 교육이 필요하다. 우리가 하는 행위 가운데는 좌뇌가 잘 할 수 있는 일과 우뇌가 잘 할 수 있는 일이 있으므로 좌뇌와 우뇌의 기능을 잘 알아서 일에 따라 좌·우 뇌를 알맞게 사용하면 더 높은 능률을 올릴 수 있다.[72]

뇌 과학자들이 서로 일치하여 일반적으로 설명하는 이론과 다른 이론을 내놓는 사람도 있다. 〈뇌내혁명〉의 저자로 한국에 잘 알려진 하루야마 시게오는 감정도 좌뇌의 영역에 넣어야 한다고 보고 있다. 그

71　박만상, 같은 책(Ⅰ), pp. 125-127, 앞의 책(Ⅱ), pp. 96-97.
72　박만상, 같은 책(Ⅱ), p. 49, 99, 101.

는 일반 학계에서 주장하는 대로 좌뇌는 논리적 사고를 하여 언어를 구사하고 손해와 이익을 계산하며, 우뇌는 창조성이나 감성·직감력 그리고 도형 인식 등의 기능을 하는 것을 인정한다. 이러한 능력은 실험을 통해서도 분명하게 나타났다는 것을 부인하지 않는다. 그럼에도 그는 좌뇌가 희로애락까지도 표출하는 것으로 주장한다. 그러면서 인간의 우뇌 속에는 과거 인류가 쌓아 온 지혜가 유전자 정보로 저장되어 있는 것으로 보고 우뇌를 인류가 축적해 놓은 지혜를 전달하는 '선천뇌'(先天腦)라고 생각하고 있다. 우뇌에는 선조가 물려준 모든 정보가 유전자로 저장되어 있다고 한다. 하지만 그의 이러한 이론에 동의하지 않는 학자들이 많아 많은 비판을 받고 있다. 앞으로 뇌에 대한 연구가 심화되면 이러한 문제에 대해 좀 더 분명한 판단을 내릴 수 있을 것이다.[73]

8) 남성의 뇌와 여성의 뇌

남녀는 체격이나 행동, 생각이 동일하지 않은데 이 차이는 생물학적인 뇌 기능의 차이에서 기인한다. 남자의 뇌와 여자의 뇌가 다르다는 사실은 남녀 삶의 모든 영역에 큰 영향을 미치고 있다. 남자의 뇌와 여자의 뇌는 태어날 때부터 이미 결정되어 있다. 그러나 남녀 간의 뇌가 분명한 차이를 보이는 것은 만 4세 이후부터이다.[74]

남녀 성의 차이는 주로 다음 세 가지 요인으로 결정된다. 첫째, 남녀의 기본적 성별은 수정할 때 정자가 지니고 있는 X 혹은 Y 염색체에 의해 유전적으로 뇌의 시상하부에 있는 성 센터에 입력되어 버린다. 둘째, 성 센터의 조종에 의해 각각 다른 호르몬이 생성되어 모양이 다른 성기가 형성되고, 성격도 남자아이는 용맹하게 여자아이는

---

73 하루야마 시게오 저, 앞의 책(2), P. 24.
74 야마모토 다이스케, 앞의 책, pp. 31-32; 박만상, 앞의 책(Ⅰ), p. 147; 스티븐 핑커(Steven Pinker) 저, 앞의 책, pp. 606-608.

온순하게 된다. 사춘기가 되면 뇌의 성 영역은 남성 또는 여성 호르몬이 생성되도록 조정하여 성기 외에 월경, 젖가슴, 수염 등의 성별 변화를 일으킨다. 셋째, 성 영역은 주위 환경에서 오는 성적 자극에 반응하는 강도를 좌우한다. 동일한 자극에 대해 어떤 사람은 강하게 어떤 사람은 약하게 성적 흥분을 느끼는 것은 성 영역의 기능에 의한 것이다.[75]

성 반응은 일종의 반사 자극으로 일어나는데 성격에도 영향을 미친다. 여성이 남성에 비해 쉽게 우울해지고 쉽게 흥분하며 쉽게 놀라고, 음식의 맛·피부의 접촉·소음 등에 더 민감하다. 남성은 호기심이 강하여 모험을 해서라도 호기심을 충족시키려 한다. 따라서 상대적으로 발전할 기회가 더 많다.[76]

뇌의 전체 무게도 남녀에 따라 다르다. 남자의 뇌는 평균 1.4kg이고 여자의 뇌는 1.2kg이다. 좌·우 뇌의 기능 편중에서도 다르다. 정신을 집중해야 하는 일, 수학 문제, 구상화, 개념적인 사색 등에는 남성들의 뇌가 더 유리하게 분화되어 있다. 여자아이의 언어 센터는 태어나 남자아이의 것보다 4주나 일찍 발달하기 시작하기 때문에 일찍부터 말을 하고 사용하는 어휘 수도 더 많다.

남자아이 뇌의 시각중추는 여자아이의 것보다 일찍 발달하고 기능도 강해서 청각 영역의 열세를 보충한다. 여자 뇌의 피부 감각 센터는 남자보다 민감하여 섬세한 일에 관계되는 여러 근육의 협조가 남자들에 비해 더 잘 된다. 그러나 빠른 동작을 요하는 전신 운동에는 남자의 운동 센터가 우세하다. 시각 공간 인식 영역은 남성의 경우 우뇌에 있고 여성의 경우 좌뇌에 있다. 여성은 시각 공간 인식 센터가 언어조

---

[75] 박만상, 앞의 책(Ⅰ), pp. 148; 성영신 외 12인, 앞의 책, pp. 248-249.
[76] 박만상, 같은 책(Ⅰ), pp. 148-149. 여러 기능에서 성 차이가 나타나기는 하지만 여자는 언어, 남자는 공간 능력이 더 뛰어나다고 말하는 것은 지나친 단순화라고 주장하는 학자도 있다.(성영신 외 12인, 같은 책, pp. 242-243.)

정 센터와 함께 좌뇌에 있기 때문에 언어 센터로부터 다소 압박을 받고 있어 입체적인 묘사에는 남성보다 불리한 조건에 있다.[77]

이러한 남녀 뇌의 비교는 어느 한쪽이 다른 쪽보다 월등하거나 열등하다는 우열을 말하려는 것이 아니다. 남자의 뇌와 여자의 뇌에 기능상의 차이가 있다는 객관적인 사실을 인지하려는 것이다.[78]

9) 연령에 따른 뇌의 능력 변화

인간의 뇌는 본질적으로 유연성이 풍부하다. 그래서 분만할 때나 어려서는 뇌에 손상을 입어도 쉽게 회복된다. 나이가 어린 뇌는 적응성도 높아서 어른에 비해 새로운 사태에 쉽게 익숙해진다. 그러나 나이가 들수록 유연성이 감소되기 때문에 어른이 되어 뇌를 상하면 회복이 어려워진다. 뇌 성능의 쇠퇴 원인은 주로 뇌세포의 죽음과 세포와 세포 사이의 연결이 허약해지기 때문이다. 연령에 따른 뇌세포 퇴화의 한 원인은 뇌에 혈액을 공급하는 뇌동맥이 좁아져 산소와 영양분의 공급이 감소되기 때문이다. 뇌 기능의 저하는 서서히 진행되기 때문에 측량하기 어렵다. 20세가 넘으면 차차 기능이 저하되지만 이는 새롭게 쌓이는 경험에 의해 많이 보충되기 때문에 눈에 띄지 않는다. 스무 살 전후는 지적 자기 형성의 감수성기이다.[79]

지적 성장은 19세에서 24세 사이에 가장 많이 일어난다. 이 시기는 한 개인에게 있어 패러다임의 대전환이 일어나는 시기이다. 그 이전까지 자신의 세계를 지탱하던 원칙들에 의문을 던져 새로운 원칙들로 자신의 지적 세계를 재구성한다. 그렇게 하여 기존과는 다른 인간이 되는 대전환을 이룬다.[80]

---

77 박만상, 앞의 책(Ⅰ), p. 150.
78 같은 책(Ⅰ), p. 152. 성영신 12인, 앞의 책, pp. 252-262, p. 268, p. 275-278.
79 박만상, 같은 책(Ⅰ), p. 144; 다치바나 다카시 저, 앞의 책(2004), p. 117.
80 다치바나 다카시 저, 앞의 책(2004), p. 118.

나이에 따라 저하되는 기능의 정도는 그 기능의 종류에 따라 다르지만 일반적으로 뇌 기능이 가장 높을 때는 20세 전후이고 그 후부터는 하루에 3만-10만 개의 뇌세포가 죽어 없어지며 뇌의 무게는 매년 1g 정도씩 가벼워진다. 또 대뇌피질의 고랑이 깊고 넓어지며 뇌공도 차차 커진다. 이리하여 뇌에 틈이 생겨 스폰지처럼 된다.

50세가 넘어서면 뇌 기능의 방향이 현저하게 달라진다. 일을 계획하고 처리해 나가는 데 있어서 젊었을 때처럼 명분과 합리성을 고집하기보다 이해와 양보를 선택하는 경향이 높아진다. 언어를 구사하는 좌뇌의 능력은 높아지지만 우뇌의 공간적 인식 능력은 저하된다. 뇌의 감각 능력 즉 시각, 청각, 후각, 미각, 촉각 등도 약해진다.[81]

나이가 들면 단순기억 능력은 떨어지지만 학습이나 경험으로 몸에 익힌 종합적인 판단력은 70세 정도까지 상승을 계속한다. 뇌의 신경교세포는 70세가 넘어도 끊임없이 분열하여 새로운 신경세포를 지속적으로 만들어 낸다. 죽어가는 세포가 더 많으므로 총체적으로는 뇌세포가 감소하는 것처럼 보일 뿐이다. 신경교세포를 활용하여 나이가 많이 들어서도 뇌의 기능이 약화되지 않도록 하는 것이 뇌 과학자들의 목표 중 하나다.[82] 나이가 많이 들었다 하더라도 건강을 유지해내는 동안 꾸준히 노력하며 살아간다면, 자아를 구성하는 정신적·영적인 부분들을 확장하고 성숙시키며 통합하는 과정을 계속할 수 있다. 심리학자 카를 로저스는 여든이 넘은 나이에도 자신은 늙어 가는 것이 아니라 성장하는 중이라는 말을 했다.[83]

---

81 박만상, 앞의 책(Ⅰ), p. 143.
82 야마모토 다이스케, 앞의 책, p. 45.
83 카렌 N. 샤노어 외 5인 저, 앞의 책, p. 94.

마치는 말

인간은 자신이 살아있음을 분명히 의식하는 자의식을 지니고 있고 죽음을 넘어선 영원한 세상을 그리워하는 신비한 존재이다. 그래서 인간의 정체는 물리적인 작용을 해명하는 것만으로 다 밝혀지지 않는 부분을 항상 내포하고 있다. 그렇기 때문에도 인간은 존엄한 존재이고 다른 생명체들과 뚜렷이 구분되는 존재이다.

그러나 인간이 자신을 의식하고 몸과 마음의 모든 기능들을 수행해 나가는 방식이, 앞에서 밝힌 것과 같은 일정한 규칙을 지니고 있는 것 또한 사실이다. 일정한 크기와 무게의 두뇌가 있고 그것은 약 1천억 개의 신경세포로 구성되어 있으며 작용을 하는 데에 에너지와 산소를 필요로 한다는 것은 부인할 수 없다. 또한 신경세포들은 각종 신경전달 물질들과 전기적 작용을 활용하여 서로 정보를 교환하고 의식, 감각, 감정, 기억, 지능, 언어의 작용을 수행하는 데에 특정한 법칙이 있는 것 또한 부인할 수 없는 사실이다. 그것의 구체적인 형태를 본 장에서 전체적인 안목으로 어느 정도 살펴본 것이다.

앞에서 주로 두뇌의 작용 현상을 정리하여 소개하는 데에 집중한 필자는, 여기에서 이러한 사실을 고찰하고 아는 것이 인간의 몸과 정신의 작용 원리와 인간의 본질을 좀 더 정확하고 깊게 이해할 수 있고, 그러한 이해가 인간의 지성과 감성 그리고 존엄성을 존중하고 인권과 자유를 신장해 나가는 데에 도움이 될 것이라는 사실을 말하는 것 외에는 어떤 특정한 결론을 내리는 일을 유보하고자 한다. 인간에 대한 21세기적인 이해를 위해서는 아직 수행해야 할 연구 분야가 더 남아 있기 때문이다. 연구를 진행하여 좀 더 깊이 다루어 보고자 하는 영역은 결국 영혼의 발생과 정체 그리고 죽음과 부활의 문제이고, 또한 첨단과학시대에도 여전히 드리게 되는 기도는 어떠할 수 있으며 어떠해야 하는가에 대한 문제이다.

7

뇌 과학에서 본 뇌 능력 개발과 뇌·정신 질환

*
*
*

시작하는 말

　필자는 엄청나게 발전한 과학문명이 삶의 모든 영역에 큰 영향을 미치고 있는 21세기에, 이러한 과학문명이 밝혀놓은 자료를 효율적으로 활용하여 신앙생활의 주체인 인간에 대한 이해를 좀 더 깊고 정확하게 하려는 연구를 진행하고 있다. 오늘날 인간은 스스로에 대한 연구를 대단한 정열로 진행하여 유전자 지도를 완성했고, 이것을 계기로 자신에 대한 새로운 이해를 시도하고 있을 뿐만 아니라 육체적 · 정신적 질병을 획기적으로 극복하고자 노력하고 있다. 또한 이에 그치지 않고 인간의 문화적 · 종교적 생활에까지 근본적인 변화를 불러일으키고 있다.

　뇌에 대한 탐구도 심화하여 인간의 정신과 행동의 본질을 이해하고 나아가 영혼의 정체와 사후세계의 존재 가능성에 대한 진단까지 과학적인 방법으로 접근하고 있다. 이러한 상황은 신학을 전공하고 있는 사람들에게도 자극을 가하여 신학의 범주에만 머물러 편안히 안주할 수 없도록 하고 있다. 그렇게 하여 영혼의 정체와 사후세계의 존재 가능성과 같은, 이전에는 순전히 신학의 점유물처럼 인정되던 테마들에 대해서도 학제간 연구를 통해 좀 더 깊고 종합적인 이해로 나아가도록 한다.

제7장에서는 뇌의 능력을 개발하는 방법들에 대해 주안점을 둘 것이고 더불어 뇌·정신 질환과 그 치료에 대해서도 전체를 종합적으로 파악할 수 있도록 고찰하고자 한다.

1. 뇌 능력 개발

인간의 뇌에서 생존에 관계되는 생리작용은 유전의 지배를 받지만 세상을 살아가는 능력은 주로 후천적인 환경의 영향에 의해 개발되고 발달된다. 우리 뇌는 들어오는 자극에 따라 기능이 다르게 발달한다. 그래서 사람이 제대로 성장하려면 충분한 영양분과 산소의 공급 외에 어릴 때부터 여러 가지 풍부한 체험을 해야만 한다. 이것은 우리의 모든 사고와 행위가 학습과 체험을 토대로 이루어지기 때문이다. 천재들에게 공통된 사실 가운데 하나는 그들이 태어나면서부터 풍족한 환경 속에서 충분한 배움의 기회를 가졌다는 점이다.[1]

사람이 태어날 때에는 대뇌피질에서 생명의 기본이 되는 감각 센터, 운동 센터가 차지하는 면적이 극히 작고 대부분 활성화되지 않은 공백 상태인 것이 특징이다. 하지만 공부를 하고 사회생활을 하면서 얻은 경험과 책이나 문헌을 통해서 얻은 많은 자극을 대뇌피질에 보내어 놓고 있는 신경세포들을 활성화시키면, 이들은 수상돌기와 신경섬유를 복잡하게 뻗어 다른 세포들과 활발한 연결을 맺고 많은 수의 시냅스와 신경전달물질들을 만들기 때문에 뇌의 능력이 대단히 향상

---

[1] Gerald M. Edelman · Giulio Tononi, *Gehirn und Geist; Wie aus Materie Bewusstsein entsteht*, Deutscher Taschenbuch Verlag(München), 2004, pp. 109-137; 박만상, 『한국인의 두뇌 개발I; 총명한 두뇌 만들기』, 지식산업사, 2001⁴, p. 235, 『한국인의 두뇌 개발II; 정상인과기억력 개발』, 지식산업사, 1994², p. 131; 다치바나 다카시 저, 『임사체험상』, 윤대석 역, 청어람미디어, 2003, p. 306.

된다.[2]

신경세포도 근육처럼 커지게 된다. 뇌의 성장을 자세히 검토해 보면 신경세포의 성장은 주로 수상돌기 가지에서 일어난다는 것을 알 수 있다. 자극에 의해서 수상돌기 가지가 두터워지는 것이다. 신경세포의 가지가 증가하고 두께가 두꺼워지기 때문에 뇌가 더 커지게 된다. 음이온이 많은 신선한 공기를[3] 마시게 해도 뇌 성장은 증가한다. 이온들은 신경전달물질의 화학적 구성을 변화시킬 수 있으며 기분을 좋게 할 수 있다. 재미있는 놀이와 함께 또는 젊은이와 함께 젊은 분위기 속에서 일을 하면 우리의 뇌 신경세포는 가지가 왕성하게 자라서 능력이 향상된다.[4]

뇌의 능력은 분석 과정과 통합 과정으로 나눌 수 있다. 분석 과정에서는 하나의 입력을 다양한 요소로 분해하여 요소별로 분석한다. 분석 과정에 대해서는 연구가 많이 진전되어 상당히 알려져 있지만 통합 과정에 대해서는 아직도 연구를 많이 해야 하는 단계에 있다.[5]

뇌의 능력 중에서도 특히 통합 능력은 30대부터 서서히 빛을 발휘하기 시작한다. 이런 저런 경험들이 꾸준히 축적되다 보면 40대에 두뇌의 통합 능력이 더욱 커진다. 연구에 의하면 인간의 뇌는 50세까지 성장이 멈추지 않으므로 끊임없이 사용하여 재능을 키우면 계속해서 능력을 키워나갈 수 있다. 현재 우리가 쓰고 있는 재능은 뇌가 할 수 있는 총 잠재 능력의 5-6%에 지나지 않는다고 한다.[6]

뇌세포가 들어온 자극을 가장 활발히 처리하는 시기는 뇌가 성숙하

---

2 박만상, 앞의 책(I), p. 53; 성영신 외 12인, 『마음을 움직이는 뇌 뇌를 움직이는 마음』, 해나무, 2004, pp. 86-89.
3 산 위나 폭포 근처 또는 바닷가의 공기가 특히 음이온이 많다.
4 서유헌, 『두뇌장수학』, 민음사, 1996⁶, pp. 37-40.
5 다치바나 다카시 저, 『뇌를 단련하다』, 이규원 역, 청어람미디어, 2004, pp. 111-112; Gerald M. Edelman · Giulio Tononi, Op. cit., pp. 155-170.
6 박만상, 앞의 책(II), p. 129; 공병호, 『두뇌 가동률을 높여라』, 21세기북스, 2004⁴, p. 31; 하루야마 시게오 저, 『뇌내혁명2』, 박해순 역, 사람과책, 1997¹³, pp. 21-22.

는 기간인 16-18세 이전이고 학습능력도 16-18세 때 최고에 도달하며 그 뒤에는 감소하기 시작한다. 그러므로 18세가 되기 전에 열심히 노력하면 일정한 시간에 많은 것을 효과적으로 배울 수 있다. 그러나 리처드 레스탁에 의하면 뇌는 외부적인 경험을 바탕으로 끊임없이 변화한다. 그래서 오늘의 뇌는 어제의 뇌와 다르다. 사람이 살아있는 한 뇌는 변화하는 능력을 유지하기 때문에 죽을 때까지 발전을 거듭할 수 있다고 한다.[7]

1) 건강한 뇌

머리가 좋아지려면 우선 뇌가 건강해야 한다. 뇌를 건강하게 하는 데 가장 중요한 요소는 충분한 산소, 균형 있는 식사, 수면을 통한 휴식이다. 여기에 적절한 오감 자극이 지속적으로 주어지면 뇌가 활동하기 좋은 상황이 된다. 이런 상태를 유지하면서 계속해서 머리를 쓰는 것이 총명해지는 확실한 방법이다. 머리는 쓰면 쓸수록 좋아지기 때문이다.[8]

손이 부지런하면 전신의 혈액 순환이 좋아지고 두뇌 자체가 건강해져 두뇌의 질병, 노화 방지 기능이 강화된다. 손의 움직임을 지배하는 영역은 운동조절 센터 내에서 가장 커서 운동조절 센터 전체의 절반 이상을 차지하기 때문이다. 운동조절 센터에서 손의 영역이 잘 발달된 사람은 손놀림이 민첩하고 정교해서 과학적 창조물이나 예술품을 잘 만들어낼 수 있다. 거꾸로 정교한 손놀림을 반복하면 이 운동조절 센터가 발달된다. 사람의 뇌는 서로 밀접하게 연결되어 있기 때문에 운동조절 센터의 발달은 면역 기능이나 호르몬 기능을 조절하는 뇌 부위, 고도의 정신 기능을 담당하는 뇌 부위, 감각을 담당하는 뇌 부

---

7 박만상, 앞의 책(Ⅰ), p. 231; 리처드 워커 저, 『뇌, 명령을 내려라』, 유정화 역, 삼성출판사, 2003, pp. 16-17; 김대식, 『공부혁명』, 에듀조선, 2003, pp. 26-27.

8 대한 총명학회, 『공부가 쉬워지고 일이 즐거워지는 두뇌혁명』, 조선일보사, 2003, p. 29.

위에도 좋은 영향을 미친다. 그래서 손의 움직임을 지배하는 영역을 되풀이해 훈련시키면 운동조절 센터뿐만 아니라 면역, 호르몬 기능까지 좋아져 질병에 덜 걸리고 장수하게 된다.[9]

좋은 머리는 유전에 의한 것인가 아니면 환경에 의한 것인가 하는 논쟁은 오래 전부터 있어 왔고 다양한 연구가 거듭되고 있는데, 유전도 중요하고 환경도 중요한 것은 분명한 사실이다. 유전되는 요소는 부모에 의해 정해지는 것이지만 환경이 뇌에 미치는 변화는 정해진 감수성기에만 일어나는 것이 아니라 태어나서 죽을 때까지 계속된다. 자극이 풍부한 환경은 뇌의 구조에 영향을 주고 신경세포를 더욱 발달시켜 더 복잡하게 하며 기능을 더욱 높여준다. 뿐만 아니라 노령화에 따른 뇌 기능의 감퇴도 막아준다.[10]

2) 뇌의 균형 잡힌 활동과 협동

뇌의 여러 부분이 각각 특수한 역할을 분담하고 있지만 우리의 정신적·육체적 활동은 뇌의 여러 부분의 균형 잡힌 활동과 협동을 통하여 이루어진다. 뇌의 조화 체계에 이상이 생길 때 정신 질환은 물론 육체적인 장애까지 겪게 된다. 사람에게는 매초 약 1억 개나 되는 자극이 신체의 내부와 외부에서 중추신경으로 들어온다. 시상은 이들 중 100개 정도의 중요한 자극만 골라 대뇌피질에 보내고 나머지는 걸러내 버린다. 연수는 호흡, 혈액 순환과 같은 틀에 박힌 일이나 재채기, 하품과 같은 대수롭지 않은 일들은 대뇌피질까지 보내지 않고 도중에서 처리해 버리는 등 서로 잘 협조하고 있다. 뇌의 건전한 발달과 기능을 위해서는 끊임없는 자극과 활동이 필요하지만, 너무 많은 자극이 한꺼번에 들어온다거나 소음이 심할 때에는 뇌가 혼동을 일으켜

---

9 서유헌, 앞의 책(1996¹), pp. 41-42.
10 다치바나 다카시 저, 앞의 책(2004), p. 92; 스티븐 핑커(Steven Pinker) 저, 『빈서판』, 김한영 역, 사이언스북스, 2004, pp. 162-164.

중요한 사실을 빠뜨리거나 그릇된 결정을 내리기 쉽다.

뇌는 어떤 자극을 받으면 그에 대해서 반응하고 그 반응을 행동으로 끝내려는, 즉 '자극 → 뇌 → 반응 → 행동 → 완료'의 패턴을 지니고 있다. 하나의 자극을 받으면 행동으로 결말을 지어야 뇌가 제구실을 했다고 말할 수 있다. 이 순서를 완료했을 때 우리는 쾌감을 느끼고 도중에 중단되면 무엇인가 아쉬움을 느끼게 된다. 그러므로 어떤 일을 하고자 하면 계획을 옳게 세우고 끝까지 완수하는 습관을 기르는 것이 좋다. 그렇게 할 때 다음의 일도 제대로 완수할 수 있고 많은 일을 성취할 수 있다.[11]

감각과 이성 그리고 감정 모두에게 관심을 갖고 충분히 활용하려고 노력하는 것이 대뇌피질, 대뇌변연계, 대뇌기저핵과 뇌간이라는 뇌의 3층 구조를 골고루 사용하는 열쇠이다. 뇌를 골고루 활용하기 위한 두 번째 측면은 좌뇌와 우뇌를 모두 활용하는 전뇌 개발에 관한 것이다.[12]

균형 잡힌 감각과 활동 그리고 지식을 입력하여 균형 잡힌 뇌를 키워 가는 것은 중요한 일이다. 자신의 뇌에 어떤 것을 입력할 것인가를 결정하는 것은 대부분 자기 스스로 하는 것이므로 자기의 뇌는 스스로 만들어 가는 것이다. 나의 뇌를 어떻게 만들어 갈 것인가, 나를 어떤 인간으로 다듬어 나갈 것인가는 스스로 책임을 지고 결정해야 하는 일이다. 그래서 다치바나 다카시는 '흔히 사람은 마흔을 넘기면 자기 얼굴에 책임을 져야 한다고 하지만 나는 사람은 스무 살이 지나면 자기 뇌에 스스로 책임을 져야 한다고 말하고 싶다.'고[13] 말하고 있다.

---

11 박만상, 앞의 책(Ⅰ), pp. 153-156.
12 대한 총명학회, 앞의 책, pp. 35-36.
13 다치바나 다카시 저, 앞의 책(2004), pp. 88.

3) 이상적인 뇌

고도로 발달된 현대 기술 사회에서 이상적인 뇌의 유형은 발달된 좌뇌와 풍부한 상상력이 겸비된 우뇌를 모두 갖춘 두뇌이다. 이상적인 사람이란 좌우 양뇌를 고르게 활용함으로써 감성과 지성을 균형 있게 갖춘 존재를 두고 말할 수 있다. 또한 필요에 따라 좌뇌 기능에서 우뇌 기능으로, 우뇌 기능에서 좌뇌 기능으로 민첩히 바꿀 수 있는 사람을 의미한다. 과학적이고 합리적인 사고방식을 가지고 있으면서도 따뜻한 정을 풍기는 사람, 예술을 이해하면서도 좌뇌의 논리적인 문화에 뒤지지 않는 사람은 사고방식이 다소 다른 사람과도 쉽게 어울려 살 수 있고 어디를 가나 쉽게 적응할 수 있어 바람직한 이상적 인간에 속한다고 할 수 있다.[14]

뇌 과학자 김종성은 뇌의 기능에 따라 종합하여 이상적인 인간으로 다음과 같은 유형을 들고 있는데 물론 가상의 존재이지만 합리적으로 잘 정리했다고 생각하여 여기에 전문을 그대로 소개한다.

> 이상적인 인간이란 뇌가 가장 발달한 사람이다. 그는 후두엽에서 받아들이는 시각 자극을 두정엽에서 조리 있게 판단해내고 측두엽에서 우러나오는 열정을 지니고 있는 사람이다. 그리고 발달된 전두엽으로 그 모든 것을 냉철히 조절하는 사람이다.
>
> 그는 측두엽이 발달했기 때문에 맛과 냄새에 예민하며 좋은 음식이나 와인을 음미할 줄 안다. 그가 측두엽을 통해 듣고 후두엽을 통해 보는 정보는 그가 경험해왔던 즐거움과 고통의 경험과 맞물려 음악과 미술에 대한 높은 식견을 갖도록 했다. 그는 측두엽과 변연계의 회로가 잘 발달하여 감성이 예민하다. 그는 우스운 일에 웃고 슬퍼할 일에 슬퍼할 줄 안다. 그는 측두엽의 한 부분이 아닌 잘 발달된 회로로써

---

14 박만상, 앞의 책(Ⅰ), p. 198, 202, 앞의 책(Ⅱ), p. 49.

이성을 보기 때문에 이성을 가볍게 상대하지 않는다. 대신 풍부한 감성으로 자신의 뇌의 회로와 아주 잘 맞는 한 명의 이성을 깊이 사랑한다. 그는 또한 두정엽·후두엽의 회로가 발달해서 수학을 잘 하며 글 읽기와 쓰기를 좋아한다. 그의 글은 언제나 논리적이며 감성도 적절하게 스며들어 있다.

하지만 그의 뇌에서 가장 발달한 부분은 전두엽이다. 그는 전두엽을 사용하여 모든 뇌의 활동을 조절한다. 일을 열심히 하지만 지나치게 일에 중독되지 않으며 이성을 사랑할 줄 알지만 방탕하지 않는다. 그는 예민한 감정에도 불구하고 가볍게 울거나 웃지 않으며 감정의 찌꺼기를 흘리는 저속한 연속극을 보지 않는다. 그는 본질적으로 식도락가지만 전두엽의 적절한 조절에 의해 과식하지 않으며 따라서 지나치게 마르거나 살찌지 않는다. 그는 열정이 가득하며 불의에 분노할 줄 알지만 결코 감정이 격해지는 경우는 없다. 이보다는 그 불의를 타파하기 위한 전략을 곰곰이 생각한다.

전두엽과 측두엽의 절묘한 조화는 그로 하여금 적절한 유머를 구사하게 한다. 그래서 사람들은 그를 좋아하지만 그 자신은 너무 많은 사람들이 몰려다니는 것을 좋아하지 않는다. 대신 혼자 생각하며 조깅하는 편을 택한다. 그는 값싼 동정심이나 과도한 애국심을 갖지 않으며 그 대신 이 세상 모든 생명에 대해 공평한 연민을 가진다. 따라서 살아있는 것이라면 벌레라도 함부로 죽이지 않는다. 같은 학교 출신, 한국인임을 부르짖지 않고 특정 정당이나 종교에 속하지 않는다. 왜냐하면 이런 것은 전두엽의 유연성을 속박한다고 생각하기 때문이다.[15] 그래서 늘 공평하고 그의 마음은 흐르는 물처럼 자유롭다. 그의

---

15 이 글의 대부분을 동의하는 필자이지만 이 부분에서는 의견을 달리한다. 왜냐하면 사회적 동물이기도 한 인간은 공동체에 참여하여 함께 협력할 때 자신의 삶을 구현할 수 있기 때문이다. 인간은 실제로 어딘가에 소속되기를 원한다. 온전히 혼자 서 있는 사람은 여기서 제시하는 이상적인 인간상을 실현하기도 어렵다. 물론 특정 정치적 단체나 종교 단체가 지닌 이념 때문에 그의 세계관에 부담을 줄 수도 있다. 그러나 이 세상 안에 사는 존재로서 그러한 것마저 감당하고 견딜 수

생활은 평범하며 묵묵히 자신에게 주어진 일을 수행한다. 언뜻 보기에는 냉정하지만 결코 지나친 법칙을 고집하지 않으며 늘 미래를 생각하면서 창조적인 사고를 한다.

전두엽과 측두엽을 함께 사용하는 그는 주변 사람들을 날카롭게 그러나 그윽하게 바라본다. 그의 일생은 기쁨과 고통의 순간이 적절히 배합되어 있으며 사계절이 바뀌는 모습을 바로 그런 감정으로 바라본다. 그는 돈을 많이 벌거나 오래 살려고 욕심내지 않으며 다만 자신에게 주어진 수명을 창조적으로 건강하게 사는 데 관심을 둔다. 겉보기에는 결코 요란하지 않은 그의 내면은 자신감에 차 있다. 그는 닥쳐오는 고난을 피하지 않고 솔선해서 그리고 담담하게 받아들인다. 왜냐하면 이러한 어려움이야말로 자신을 훈련시키는 좋은 기회이며 우리가 위대한 인간으로 설 수 있는 계기임을 잘 알고 있기 때문이다.[16]

4) 일상생활 태도가 뇌에 미치는 영향

두뇌와 몸체는 신경과 화학물을 통해서 밀접하게 연관되어 있다. 그래서 몸의 상태가 좋을 때에 정신력도 좋은 것은, 두뇌와 몸통이 한 몸이기 때문이다. 그러므로 신체에 무리를 가하면서 더 좋은 정신력을 바라는 행위는 어리석고 불가능한 행동이라고 말할 수밖에 없다. 그러므로 몸 상태가 좋지 않을 때는 충분한 휴식을 취하여 몸 상태를 먼저 회복시켜야 두뇌도 활성화된다. 정신력은 인위적으로 무리하게 증진시킬 수 없다. 우리 육체가 규칙적인 훈련으로 발달하듯이 우리의 두뇌도 깊이 생각하는 훈련을 거듭함으로써 발달할 수 있다.[17] 몸과 정신은 서로 긴밀히 연결되어 있기 때문에 앉고, 서고, 걷고, 달리는

있어야 한다.
16 김종성, 『뇌에 관해 풀리지 않는 의문들』, 지호출판사, 2001², p. 201.
17 박만상, 『한국인의 두뇌 개발IV; 슬기로운 두뇌관리』, 지식산업사, 1994, pp. 20-21.

방법에 대한 지식뿐만 아니라 예의 바르고 적절하게 움직이는 방법에 관한 지식도 몸의 근육과 기억 구조에 각인된다. 여기에서 중요한 사실은 우리 몸과 뇌에 각인되는 정보는 훈련을 통해 우리가 직접 취사선택할 수 있다는 사실이다.[18]

생각하고 먹고 마시고 자는 등의 활동에 따라 두뇌는 여러 가지로 달라진다. 우리가 취하는 이들 여러 행위는 두뇌의 구조와 화학적 작용에 영향을 미친다. 아침 식사도 우리의 생각에 영향을 주고 지금 읽고 있는 책 또한 우리 생각을 달라지게 한다. 뇌를 잘못 사용하면 수명을 단축시킬 수도 있다. 인간의 생물학적 수명은 120-125세인데 대부분의 사람들이 자신의 수명을 다 살지 못하고 일찍 죽는다. 그 이유는 여러 가지가 있겠지만 뇌를 잘못 사용하는 것도 원인 중 하나이다. 긴장, 스트레스, 분노, 미움, 투쟁 등과 같은 몸에 해로운 맹독성 호르몬이 과도하게 분비되는 삶을 계속해서 살 경우에 자신의 수명을 단축하게 된다.[19]

두뇌도 신체의 다른 부분과 마찬가지로 늘 쓰지 않으면 약화된다. 그러므로 머리가 좋고 나쁜 것은 두뇌의 주인인 우리 자신의 생활 태도에 달려 있다. 두뇌 활동의 약화를 방지하기 위해서는 머리를 쓰는 새로운 일에 계속 도전해야 한다. 그러면 나이가 들어도 새로운 일들을 배우면서 수행해 나갈 수 있다.[20]

뇌세포는 외부에서 계속적인 자극을 받거나 깊은 생각을 거듭하면 수상돌기의 수가 증가하고 길이도 늘어나, 주위의 다른 세포들과 새로운 시냅스 연접을 하여 더 많은 세포들이 한 가지 생각을 하는 데

---

18 대한총명학회, 앞의 책, p. 47.
19 박만상, 앞의 책(IV), p. 15; 하루야마 시게오 저, 『뇌내혁명 1』, 반광식 역, 사람과책, 1997", p. 110, 앞의 책(2), p. 76; 성영신 외 12인, 앞의 책, pp. 389-394; 가이 맥칸(Guy McKhann) · 마릴린 앨버트(Marilyn Albert) 저, 『젊은 뇌를 지녀라』, 박동수 역, 시그마프레스, 2004, pp. 16-17.
20 박만상, 앞의 책(II), p. 153, 위의 책(IV), p. 16.

참여하게 되고, 그러면 생각하는 범위와 깊이가 확대된다. 즉 죽는 날까지 멈추지 않고 깊은 사고를 하는 한 뇌는 계속 발달한다. 노인들의 뇌도 사용하기만 하면 연령에 상관없이 대뇌피질이 계속 발달한다. 좋은 생각과 뛰어난 영감이 떠오르게 하려면 매사를 깊이 생각하는 훈련을 쌓아야 한다. 이것을 위해서는 인내심을 지니고 장기간의 시간을 투자해야 한다.[21]

새로운 외국어 공부를 시작하거나 시를 외우거나 가계부를 정리하는 등 뇌를 쓰는 일을 계속하여 뇌의 쇠퇴를 막아야 한다. 규칙적으로 하는 운동은 육체의 건강뿐 아니라 정신 건강에도 좋다. 정서의 발육, 인지능력, 기억력, 학습 능력을 향상시킨다. 정신적 활력을 약화시키는 것은 실은 연령이 아니라 나이가 많아짐에 따라 생기는 정신적인 수동성과 불활성이다. 규칙적인 운동은 이 수동성과 불활성을 막아 준다.[22]

명랑하면 우울할 때보다 두뇌 능력이 우수해진다. 특히 복잡한 과제의 해결에 있어서는 명랑한 사람이 우울한 사람보다 훨씬 탁월한 능력을 보이게 된다. 명랑하고 자신 있는 감정은 신체의 방어력을 집중시켜 면역성을 강하게 하고, 늘 우울하고 근심 불만에 싸여 있으면 면역성이 약화되어 감기 등 잔병치레를 자주 하게 된다.[23]

뛰어난 정신력을 유지하기를 원하는 사람은 앞에서 언급한 머리를 좋게 하는 요소들을 꾸준히 관리해 나가야 한다. 또한 뇌에 필요한 영양분을 충분히 섭취해야 하고 술이나 마약처럼 머리에 해로운 것은 피해서 뇌를 보호해야 한다. 충분한 수면으로 두뇌를 피로하지 않도록 하고 하는 일에 관심을 가져 집중력과 기억력을 증진시켜야 한다.[24]

---

21 박만상, 앞의 책(IV), pp. 21-23, 98-99; 공병호, 앞의 책(2004), pp. 131-132; 가이 맥칸(Guy McKhann) · 마릴린 앨버트(Marilyn Albert) 저, 앞의 책, p. 3.
22 박만상, 같은 책(IV), pp. 23-24.
23 같은 책(IV), pp. 30-31; 서유헌, 앞의 책(1994²), p. 22.
24 박만상, 같은 책(IV), pp. 218-219.

잠은 뇌세포가 피로를 회복하는 가장 확실한 수단이다. 대뇌가 피로하면 유해 물질이 축적되는데, 이 유해물질을 제거하는 방법은 잠을 자는 것밖에 없다. 또한 잠은 우리 몸의 새로운 세포를 형성하는 데에도 매우 중요한 역할을 한다. 우리 몸의 세포는 100조 개에[25] 이르고 그 가운데 매일 1조 개가 교체되는데, 교체할 때 필요한 산소와 영양 그리고 호르몬을 충분히 분비하는 데는 잠 이상 좋은 것이 없다. 그래서 아무리 시간에 쫓기는 사람일지라도 잠은 반드시 자야 한다. 잠을 자야 뇌가 정상적으로 기능할 수 있다.[26]

인간의 뇌는 자연의 시간 주기에 맞춰 활성화되기도 하고 휴식을 취하기도 한다. 따라서 뇌의 정신 활동을 최적화하기 위해서는 자연의 시간 리듬에 맞춰 생활하는 것이 중요하다. 우리 몸의 세포들은 하루 24시간을 주기로 하여 규칙적으로 활동하면서 자연의 리듬에 맞춰 살도록 되어 있다. 기억력과 집중력을 강화하고 원활한 사고를 할 수 있도록 뇌를 활성화하려면 밤에 제 시간에 잠자리에 들고 아침에 일어날 시간에 일어나는 규칙적인 생활을 해야 한다.[27]

사람마다 생활 습관이 다른 것처럼 머리를 쓰는 방법과 습관도 다르다. 이를 자세히 관찰해보면 머리가 좋은 것과 나쁜 것은 많은 경우에 머리를 쓰는 방법과 습관의 차이에서 유래하는 것을 알 수 있다. 그래서 총명하지 않은 머리 때문에 고통을 받는 상황을 훈련을 통해 개선해 나갈 수 있다. 이것은 운동을 통해 우리의 몸을 단련하여 튼튼하고 민첩하게 하는 것과 같은 원리이다.[28]

---

25 학자에 따라서 10조 개에서 100조 개에 이르기까지 의견이 다양하다. 물론 사람 몸의 크기에 따라서도 차이가 날 것이다. 하여간 우리 몸을 이루고 있는 세포의 수가 10-100조 개에 이를 정도로 많은 것만은 틀림없는 사실이다.
26 대한 총명학회, 앞의 책, pp. 81-84.
27 같은 책, pp. 88-90; 다케다 유타카 저, 『자기개발법: 대뇌생리학에 의한 재능개조』, 오영근 역, 전파과학사, 1994, pp. 80-84.
28 대한 총명학회, 위의 책, p. 182.

좋은 머리와 강한 정신력을 유지하려면 가능한 대로 최대한 생활을 단순화하는 것이 좋다. 자신의 삶에 대한 비전과 목표 그리고 주어진 임무를 고려하여 유익하고 반드시 필요한 것을 선택해서 집중해야 한다. 이것을 위해 중요하지 않은 것들은 과감히 포기하는 것이 좋다. 뇌는 거의 무한대에 가까울 정도로 많은 일을 처리할 수 있는 능력을 지니고 있지만 이것저것 잡다한 모든 것을 잘 할 수 있는 것은 아니다. 그래서 뇌를 잘 관리하는 일은 자기 자신을 제대로 경영하는 일과 상통한다. 자신이 반드시 하지 않아도 되는 일은 포기하거나 외부에 위임해버리고 의미가 크고 자신이 직접 해야 하는 일에 집중하는 것이 현명한 선택이다. 이것은 선택의 문제이자 생활 습관의 문제이다. 생활을 단순화시켜 본질적인 업무에 집중하는 것이 뇌의 건강에도 좋다.[29]

각 개인이 뇌를 관리하는 능력을 획득하는 과정을 깊이 생각해 보면 첫째, 사람마다 타고나는 천성이 큰 역할을 할 것이고 둘째, 가정교육과 학교교육 그리고 사회교육 등을 통해 어린 시절부터 여러 사람에게 받은 교육, 마지막으로 뇌의 효율적 관리를 위한 스스로의 끊임없는 노력이 종합될 것이다. 이러한 과정에서 중요한 것은 삶의 태도, 즉 각 개인의 생명력이 깊이 작용하는 삶에 대한 의지와 의욕이다.[30]

신문을 읽거나 책을 읽거나 TV 보도 등을 접하면서 세상의 온갖 것들을 알 수 있지만 그러한 미디어를 통한 정보로는 결코 얻을 수 없는 것이 있다. 바로 생생한 현실 감각이다. 생생한 현실은 실제 체험을 통하지 않고는 알 수 없다. 실시간으로 진행 중인 현실의 실제 공간에 자기 몸과 마음을 두고 오감을 전부 동원한 전인격적인 체험으로 현

---

29 공병호, 앞의 책(2004), pp. 71-72.
30 다치바나 다카시 저, 앞의 책(2004), p. 110.

실을 흡수하지 않으면 생생한 현실 감각을 얻을 수 없다. 인간의 다양성에 대해 아는 것은 실제 세상을 아는 데 무엇보다 중요하다. 육체적 존재로서의 다양성을 아는 것도 중요하지만 정신적 존재로서의 다양성을 아는 것이 매우 중요하다. 사람마다 내면세계의 차이에서 비롯되는 다양성에 대해서 아는 것은, 현실을 아는 데에 큰 도움이 된다.[31]

 물질적인 다양성은 인간이 보편적으로 타고나는 지각 능력을 행사하면 기본적으로 알 수 있다. 물질적 세계는 기본적으로 보편적이기 때문이다. 그러나 정신적 세계는 보편적이지 않고 개성적이다. 그래서 정신적 세계는 기본적으로 각 개인에 따라 이질적이다. 같은 사물이나 사건을 두고 A가 인식한 내용과 B가 인식한 내용은 차이가 난다. 어릴 때는 이것을 좀처럼 이해하지 못한다. 성인이 된다는 것은 다른 사람이 정신적인 면에서 자기와 많이 다른 존재이며 사물을 보는 시각, 사고방식, 느낌이 다르다는 것을 아는 것을 의미한다. 세상은 세계를 나와 다르게 인식하는 타인들로 가득 차 있다는 것을 아는 사람이 진정한 의미의 자주적인 사유와 행동이 가능한 인간, 성인이라고 할 수 있다. 그것을 알기 위해서는 타자와 본격적으로 만나야 한다. 이질적인 사람을 만나고 그 상대방과 나의 이질성을 이해하는 데까지 상대에게 접근해 보아야 한다. 가장 바람직하고 본질적인 접근은 상대와 대화를 하는 것이다.[32]

5) 마음을 잘 다스려야 머리가 좋아진다

 총명한 뇌를 위해서는 마음을 잘 다스려야 한다. 건전한 육체에 깃들어 있는 맑고 깨끗한 정신과 노력과 땀을 통해 얻은 즐거움과 보람이야말로 무엇과도 바꿀 수 없는 인간만이 누릴 수 있는 소중한 자산

---

31 다치바나 다카시 저, 앞의 책(2004), p. 388.
32 같은 책, pp. 388-389.

이다.[33]

　육체와 마음은 늘 함께 하기 때문에 마음으로 생각하는 것은 추상적인 관념으로만 그치지 않고 구체적인 육체에 작용한다. 좋은 생각을 하면 뇌에서 좋은 호르몬을 분비한다. 그 호르몬은 인간의 기분을 편안하게 하고 의욕을 갖게 할 뿐 아니라 신경세포를 활성화시켜 더 큰 능력을 발휘하게 한다.[34] 화를 내거나 강한 스트레스를 받으면 뇌에서 노르아드레날린(noradrenalin: 강력한 혈압 상승제 역할을 하는 신경전달물질)이라는 물질이 분비된다. 이 물질은 호르몬의 일종으로 극렬한 독성을 갖고 있다. 화를 자주 내거나 스트레스를 자주 받으면 이 호르몬의 독성 때문에 몸이 쇠약해지고 노화가 촉진된다. 뇌는 β-엔도르핀(β-endorphin)이라는 호르몬도 분비한다. 이 호르몬은 뇌에서 분비하는 호르몬 가운데 가장 긍정적인 효력을 발휘한다. 이 호르몬이 신경을 자극하면 몸에서 쾌감이 발생하고 면역력과 신체 기능이 활성화되어 활기차게 생활할 수 있다. 다른 사람에게서 어떤 말을 듣고 '기분이 나쁘다'고 생각하면 뇌는 독성이 있는 노르아드레날린을 분비한다. 하지만 '기분이 좋다'고 생각하면 β-엔도르핀을 분비한다. 불쾌한 일을 겪더라도 사태를 긍정적이고 발전적으로 받아들인다면 뇌는 신체에 이로운 호르몬을 분비한다. 그러나 좋은 환경에 있는 사람도 화를 내거나 누군가를 증오하는 불쾌한 감정을 가지면 뇌에서 몸에 해로운 호르몬을 분비한다. 따라서 어려움 속에서도 긍정적으로 살아가는 사람은 건강을 유지하면서 질병 없이 살아갈 수 있다.

　어떤 일과 사건에 대한 마음의 태도에 따라 몸과 뇌에 긍정적인 효과를 불러일으킬 수도 있고 부정적인 요소를 초래할 수도 있다는 사실이 의학적으로 증명되고 있다. 이웃이나 사회를 위해 노력하지 않

---

[33] 대한 총명학회, 앞의 책, p.72; 박재갑 외, 『인간생명과학』, 서울대학교 출판부, 1993, p. 144.
[34] 하루야마 시게오 저, 앞의 책(1), p. 83.

으면 뇌는 그 인간을 멸망으로 유도한다. 창조주의 의지에 합당한 사람은 살아남고 합당하지 않은 자는 소멸하는 메커니즘이 인간의 몸 안에 장치되어 있다.[35]

진화의 관점에서 볼 때 식욕·성욕과 같은 본능적 생리작용과 연계된 욕구는 원시 뇌에 속하는 뇌간에서 우러나오고, 즐거움·성냄·두려움과 같은 감정은 대뇌변연계에서, 인간으로서 행하는 사유는 고등 뇌인 대뇌피질에서 진행된다. 이들 각 영역은 유전적인 요인에 의해서도 큰 영향을 받지만 후천적인 교육과 수련을 통해서 발전될 수 있는 것이다. 이성적인 사유를 부지런히 하여 신경세포들이 대뇌피질에 많이 생겨 서로 협동하면 이성의 힘이 강해져 원시 뇌에서 나오는 본능적인 욕구와 대뇌변연계에서 발생하는 여러 가지 감정들을 적절하게 통제할 수 있다.[36]

감정 영역이 활성화되는 데는 시간이 짧게 걸리고 이성 영역이 작용하여 어떤 판단을 내리는 데에는 좀 더 걸린다. 감정 영역의 작동은 시소와 같아 한 쪽이 활성화되면 다른 한 쪽은 억제되는 경향이 있다. 그래서 화를 내면 낼수록 평온한 기쁨은 사라져 버린다.[37]

날마다 접하는 수많은 자극이나 정보들을 유용하게 받아들여 인류 문화발달에 유익한 방향으로 활용하기 위해서는 대뇌신경회로의 발달과 활성화가 필요하다. 외부의 자극이 이성적이고 창조적인 방향으로 활용되려면 맨 위에 있는 대뇌피질까지 회로가 열려 정보를 종합·분석할 수 있어야 한다. 그렇게 될 때 적절하고 사려 깊은 행동을 하게 된다. 신경회로가 대뇌피질까지 올라오지 못하고 동물의 뇌인 대뇌변연계와 뇌간까지만 열릴 경우에는 즉각적인 감정의 표출이나

---

35 하루야마 시게오 저, 앞의 책(1), pp. 20-22, 30-32; 대한 총명학회, 앞의 책, p. 60.
36 박만상, 앞의 책(Ⅰ), p. 160.
37 같은 책, p. 64, 162.

폭력이 생긴다. 정보 이동이 활발하게 일어나는 신경회로는 발달되고 강화된다. 신경 전도가 활성화될수록 회로를 형성하고 있는 신경세포의 가지가 많이 돋아나고 회로가 튼튼해지는 반면, 쓰지 않는 회로는 막혀 버리고 없어진다.

다른 사람의 말이 비위에 거슬린다고 별 생각 없이 즉각적인 폭력을 행사하는 것처럼 사려 깊지 못한 행위가 반복될수록 상부 뇌보다 하부 뇌가 커지는 동물화 현상이 일어난다. 이렇게 되면 인간으로서의 고유한 생각을 담당하는 대뇌피질이 위축되어 본능과 감정을 담당하는 동물의 뇌는 대뇌피질의 통제로부터 해방되는 현상이 촉진된다. 이러한 현상을 피하기 위해서는 외부에서 들어온 자극을 시간을 두고 깊이 생각하고 한 단계 늦추어 행동으로 옮기는 것이 필요하다. 그렇게 할 때 외부의 자극이 하부 뇌에서 멈추지 않고 대뇌 상부까지 열린 회로를 따라 올라오게 되어 동물화 현상은 줄어들고 인간화 현상이 촉진될 수 있다. 강인한 정신력으로 고난과 어려움을 극복하면서 보다 창조적인 성과를 이루고자 노력하는 것은, 대뇌신경회로의 강화에 신선한 활력소가 되고 삶에 새롭고 의미 있는 창조적인 에너지를 제공한다. 인간의 뇌는 무한히 발달할 수 있는 가능성을 지니고 있기 때문에 이런 노력을 통해 현재 인간의 뇌가 지닌 정신기능과 창조적 기능은 더욱 큰 발전을 할 수 있다.[38]

두뇌를 개발하기 위해서는 고정관념, 편견, 선입관, 상식들을 끊임없이 뒤엎을 수 있는 용기를 가져야 한다. 도전을 수반하지 않는 일을 반복해서 하는 것은 두뇌와 정신을 무디게 할 뿐이다. 늘 따분한 일과만 반복하면 두뇌 기능이 퇴화한다. 다소 힘들고 모험적인 지적 도전을 즐기느냐 아니면 기존의 현상을 그대로 받아들여 안주하고 마느냐에, 두뇌를 개발해내느냐 아니면 고정되어 퇴보하고 마느냐가 상당

---

[38] 박재갑 외, 앞의 책, pp. 139-140.

부분 달려 있다. 이러한 일에서 탁월한 성과를 거두기 위해서는 서둘러 결과를 얻으려는 조급한 충동을 억누르고 지치지 않고 꾸준히 정진할 수 있어야 한다. 똑같은 처지에 놓여 있더라도 원대한 꿈을 가지고 사는 사람과 그렇지 않은 사람 사이에는 큰 차이가 있다. 뇌에 대한 연구가 진행됨에 따라 의학 분야에서도 이 부분을 중요하게 생각하고 있다.[39]

현대를 살아가는 사람들 누구나 사회에 문제가 있기 때문에 개선할 필요가 있는 것으로 느낀다. 좀 더 나은 사회를 만들기 위해 노력하는 사람들도 많지만 실제 상황이 그다지 바뀌지 않는 것에 큰 어려움이 있기도 하다. 그렇다고 하여 사회 전반을 송두리째 개혁할 수 있는 뾰족한 방법이 있는 것도 아니어서 그러한 시도를 할 경우에는 혼란만 초래할 뿐이라는 것을 어렵지 않게 짐작할 수 있다. 오늘날 우리가 살아가는 삶의 모습은 인간의 육체적·정신적 능력에 의한 것으로, 이 두 조건의 근본적인 변화 없이 갈등 없는 이상사회를 만드는 것은 불가능한 일이다. 그런데 인간의 육체적인 조건은 수백만 년 진화의 결과이기 때문에 쉽게 조작해낼 수 없는 것이고 급격한 진화를 기대할 수도 없는 것이다. 남은 것은 인간의 생각을 바꾸는 것을 통하여 좀 더 나은 사회를 형성해 나가는 것이다.

그러자면 다소 불쾌한 일이 생겨도 만사를 긍정적으로 받아들이며 생활할 수 있는 능력부터 길러야 한다. 그러면 건강한 사람은 더욱 더 건강하게 젊음을 유지하며 살 수 있다. 인생을 즐기면서 사는 사람 가운데 오래 사는 사람이 많다.[40]

'스트레스를 덜 받는 사고방식'으로 생활하면서 긍정적인 생각을 가지고 있는 사람이 오래 산다. 이러한 사람들은 괴로운 일이 있어도 유

---

[39] 하루야마 시게오 저, 앞의 책(2), p. 35; 리처드 레스탁 저, 『새로운 뇌』, 임종원 역, 휘슬러, 2004, p. 27; 공병호, 앞의 책(2004), pp. 84-87.

[40] 하루야마 시게오 저, 같은 책(2), pp. 19-20, p. 77.

쾌하게 살고자 하고 원하는 일이 있어도 그것에 얽매이려 하지 않는다. 이들은 고단백질과 저칼로리의 음식을 골고루 먹는다. 걷기, 달리기, 수영, 자전거 타기와 같은 운동을 통해 몸을 자주 움직이고 나이가 들어서도 활동적으로 일하며 머리와 근육을 많이 사용한다.[41]

6) 창의성과 집중력

창의적인 사람들은 즉흥적으로 창의적인 생각을 도출하는 사람과 탐색적인 사유를 깊이 한 후 생각을 도출하는 사람으로 분류할 수 있다. 그러므로 창의성은 특별한 사람에게서만 나오는 것이 아니고 풍부한 창의성을 가지려고 열망하고 노력하는 사람은 누구나 이끌어낼 수 있는 생활 습관의 하나라고 볼 수 있다. 창의성은 학교에서 배운 지식, 여행하면서 본 견문, 친구에게서 들은 정보 등 다양한 정보들을 응용하여 유용한 착상을 떠올리는 것으로 이루어진다. 지식이 풍부하고 그것이 축적되어 있지 않으면 창의적인 발상의 시발점에조차 설 수 없다. 새로운 지식이나 기억이 신경세포에 새겨지고 그것이 끊임없이 개선될 때 참신한 생각을 떠올릴 수 있는 조건을 갖춘다.

새로운 생각이나 창의성은 이미 우리 머리에 들어 있는 단편적인 정보들이 새로운 순서로 배열되어 머리에 떠오르는 것이다. 그래서 머릿속에 많은 정보가 들어 있으면 다양한 배열을 이룰 수 있기 때문에 다양하고 창의적인 생각을 할 수 있는 잠재력을 지닌다. 창의력은 진기하고 독창적인 연결 능력이라고 할 수 있다. 아무것도 모른다면 아무 일도 할 수 없다. 그러므로 창조적인 사람이 되고 싶으면 자기를 제한하지 말고 자기 전공에 대한 풍부한 지식은 물론, 관련성이 먼 분

---

41 하루야마 시게오 저, 앞의 책(2), pp. 78-79; 성영신 외 12인, 앞의 책, p. 123; 가미카와 키요오 저, 『뇌를 만들어낸 생물의 불가사의: 생명의 구조와 진화의 탐구』, 문만용·강신성 역, 아카데미서적, 2000, p. 137 이하; 가이 맥칸(Guy McKhann)·마릴린 앨버트(Marilyn Albert) 저, 앞의 책, p. 52-58.

야에 관한 상식적인 정보도 알고 있어야 한다.[42]

정상적인 사람이라면 누구나 창조적이라고 할 수 있다. 빵을 만드는 데에 지금까지 늘 해오던 것과는 다른 새로운 방법을 적용해 보고 아침 식사를 준비하는 데에 있어서도 새로운 방식을 고안해 보며, 정원에 나무를 심고 키우는 데에 있어서도 새로운 수종과 색다른 방식을 고안해 내는 일은 누구나 어렵지 않게 할 수 있고 대부분 그렇게 한다. 이렇듯 창조력은 뛰어난 사람의 뇌에만 있는 것이 아니라 뇌의 정상적인 기능 중 하나이다. 이것은 세포군 사이의 무수히 많은 새로운 조합으로 이루어진다.[43]

창조적인 생각은 정신적인 방해가 없는 상태에서 마음이 자유로울 때 우러나온다. 자유로운 사고는 뇌에 있는 수많은 신경회로들이 원활하게 흐르도록 해준다. 그러므로 자신의 생각이나 다른 사람의 생각을 자유롭게 표현할 수 있어야 한다. 항상 심사숙고만 한다거나 항상 느슨한 것보다는, 심오한 생각과 느슨함이 교체되는 상태에서 창의적인 생각이 더 자주 일어난다. 창의적인 좋은 판단을 하는 요령은 어떤 하나의 착상이 떠올랐을 때 생각의 중심점을 착상 그 자체에 두지 않고, 그것이 가져올 결과를 생각하여 착상을 결과에 맞춰 풀어나가는 일이다. 일의 성취도를 높이기 위해서 자유로운 사고를 하면서 필요한 한 가지 일에 집중하는 것이 좋다.[44]

창의력은 대뇌의 맨 위 바깥 껍질인 대뇌피질에서 나온다. 어떤 문제에 대한 호기심이 일어 머리를 쓰면 대뇌피질에 있는 신경세포들의

---

42 박만상, 앞의 책(IV), pp. 101-102, p. 117; 야마모토 다이스케, 『3일 만에 읽는 뇌의 신비』, 서울문화사, 2003³, pp. 62, 72; 공병호, 앞의 책(2004), pp. 28, 61; 다케다 유타카 저, 앞의 책, pp. 114-115.

43 공병호, 『독서노트: 창의력편』, 21세기북스, 2003, pp. 183-184; Andrew Newberg · Eugene d'Aquili · Vince Rause, *Der gedachte Gott; Wie Glaube im Gehirn entsteht*, Piper(München · Zürich), 2003, pp. 46-48.

44 박만상, 위의 책(IV), pp. 107-109, p. 149; 서유헌, 『바보도 되고 천재도 되는 뇌의 세계』, 중앙교육연구원, 1996, p. 216.

연결이 왕성해진다. 원래 있던 회로는 강해지고 수많은 회로가 새로 생겨나기도 한다. 그러나 호기심이 줄어들면 대뇌피질에 있던 회로들이 중간에서 막혀 더이상 올라가지 못하고 주로 하부 뇌의 기능이 활발하게 작용하게 된다. 창의력을 키우려면 지성과 감성 그리고 의지 등 모든 기능이 활발하도록 뇌 전체를 훈련시키는 것이 효과적이다. 상상력 또한 매우 중요한 정신 기능이고 모든 발전의 원동력이다. 뇌의 상상력 없이는 새로운 창조를 기대할 수 없다. 그래서 아인슈타인은 상상력을 지식보다 더 중요하게 생각했다.[45]

뇌는 가장 중요한 일에 자신의 능력을 집중하는 선택성을 지니고 있다. 수많은 자극들이 항상 뇌 안으로 들어오는데, 이 많은 자극들을 동시에 동등하게 취급하려 하면 신경쇠약증에 걸릴 우려가 있다. 그래서 뇌는 여러 자극 중에서 중요한 것을 우선적으로 선택해 거기에만 총력을 기울이는 성향을 지니고 있다. 이 때문에 온 정신이 책에 집중되어 있을 때는 주변의 소리나 자극에 영향을 받지 않게 된다. 이 같은 뇌의 집중 능력은 훈련에 의해 의도적으로 높일 수 있다.[46] 보통 사람들은 자신의 힘과 능력을 여러 가지 일에 분산시키지만 천재는 자신이 이루고자 하는 일에 집중시키기 때문에 천재성을 발휘한다. 또한 이들은 일반적으로 근면하다. 양적으로 근면한 것이 아니라 질적으로 근면한 것이다.[47]

정보와 지식은 강한 관심과 호기심으로 뇌 속에 입력할 수 있다. 많은 자료를 한꺼번에 입력할 수는 없으므로 평소에 부지런히 정보를 입력해두어야 한다. 뇌는 거의 무한에 가까울 정도로 많은 정보를 입력할 수 있다. 정보의 양이 많이 입력되더라도 두뇌에 과부하가 생겨

---

45 서유헌, 앞의 책(1996), p. 224; 박만상, 앞의 책(Ⅰ), p. 163; 대한 촉명학회, 앞의 책, p. 113.
46 박만상, 같은 책(Ⅰ), p. 34; 성영신 외 12인, 앞의 책, p. 131.
47 서유헌, 위의 책(1996), p. 215.

고장이 나거나 사고가 발생하지는 않는다. 이런 점에서 두뇌는 심연과 같은 존재이다. 정보와 지식이 일단 입력되어 있으면 훗날 특정 목적을 위해 동원될 수 있다. 그러나 입력되어 있지 않으면 아무런 작용도 할 수 없다. 저절로 하늘에서 떨어지는 생산이나 창조는 있을 수 없다.[48]

수많은 정보를 접한다 하더라도 판단을 내리는 기능을 적극적이고 주도적으로 작동시키지 않으면 아무런 소용이 없다. 여기에서 정보를 적극적으로 수집하는 사람과 그렇지 않은 사람 사이에 뚜렷한 차이가 발생한다. 특정 정보에 대해 어떤 판단을 내리도록 유도하는 실체는 폭넓은 관심과 강한 호기심이다. 폭넓은 관심과 강한 호기심은 사람을 젊게 만드는 힘이 있어서 이것을 마음속에 지니고 살아가는 사람은 오랫동안 젊음을 유지한다. 그의 안색과 눈빛은 생기가 있고 두뇌는 왕성한 힘을 지니고 있어 지치지 않고 새로운 정보에 큰 관심을 가진다.[49]

뇌는 일정한 한계를 지니고 있어서 한 번에 한 가지 일만을 지속적으로 해 낼 수 있다. 여러 가지 일들을 동시에 수행하려고 할 경우에는 주의력이 떨어져 하나도 제대로 할 수 없게 된다. 뇌는 어느 한 가지에 몰두하면서 지속적으로 일할 때 가장 효과적으로 일할 수 있다. 책을 읽으면서 동시에 다른 생각을 하면 두뇌 활동이 53%까지 줄어든다.[50] 여러 가지 다른 활동들을 번갈아 할 때에도 효율성이 현저하게 떨어진다. 다중 작업을 할 수 있도록 뇌를 훈련할 수 있는 것은 사실이지만, 여러 가지 업무를 동시에 진행할 때 전체적인 수행 능력은 한 번에 한 가지 일에 집중할 때보다 훨씬 떨어진다.[51]

---

48 공병호, 앞의 책(2004), pp. 212-213.
49 같은 책, pp. 215-216.
50 리처드 레스탁 저, 앞의 책, p. 65.
51 같은 책, pp. 66-68.

일을 할 때 정신을 산만하게 하는 요소들을 최소한으로 줄이고 생활을 단순하게 하여 하는 일에만 정신을 집중하는 것이 좋다. 정신을 집중하려면 눈과 귀로 들어오는 자극을 적게 해야 한다. 텔레비전이나 라디오를 끄고 책상은 유리창을 향해서 밖이 보이도록 놓지 말고 벽을 향해 두는 것이 좋다. 여러 가지 일을 해야 할 때는 일의 우선순위를 정하여 가장 중요한 일에 정신을 집중시키도록 노력해야 한다.[52]

2. 뇌 · 정신 질환

인간을 의도적으로 실험 재료로 사용할 수 없기 때문에 뇌 질환에 관한 연구에 어려움이 많았다. 그러나 부상이나 질병으로 뇌에 손상이 있거나 태어날 때부터 뇌에 이상이 있는 경우에는 형질상의 이상이 뇌 기능의 이상으로 나타나는지를 알아볼 수 있어서 뇌 기능을 조금씩 밝혀왔다. 뇌 손상 환자들이 뇌 기능 연구의 재료가 된 셈이다. 인간의 뇌에 관한 중요한 발견은 대부분 이런 연구를 통해 얻어낸 것이다.[53]

히포크라테스의 경우, 뇌는 감정과 사고의 발원지라는 매우 현대적인 견해를 가지고 정신병이란 사고나 질환에 의해 뇌가 제 기능을 할 수 없는 상태에서 발생하는 것으로 보았다.[54] 뇌는 그 일부분도 다른 사람의 것으로 대치될 수 없고 조그마한 훼손도 완치되지 않는다. 그래서 뇌일혈이나 사고 등으로 뇌의 일부가 훼손을 입으면 그 부분의

---

52 박만상, 앞의 책(II), p. 152; 가이 맥칸(Guy McKhann) · 마릴린 앨버트(Marilyn Albert) 저, 앞의 책, pp. 9-10.
53 다치바나 다카시 저, 앞의 책(2004), p. 107.
54 『신비로운 정신의 세계: 현대인의 정신건강 가이드-과학 상식 시리즈2』, 『리더스 다이제스트』, 리더스 다이제스트 · 두산 동아, 1994², p. 18; Andrew Newberg · Eugene d'Aquili · Vince Rause, Op. cit., pp. 31.

기능은 회복될 수 없다. 뇌는 이식 수술을 할 수 없을 만큼 조직이 치밀하고 연약하며 가냘프다. 또한 신체의 여러 부분과 너무나 복잡하게 연결되어 서로 정보를 교환하고 있기 때문에 도저히 수술할 수가 없다.[55] 뇌의 질병은 육신의 병과도 연관성이 크다. 신경쇠약·정신분열과 같은 정신 질환은 물론 소화불량·위궤양·두통·면역력의 감소까지도 뇌의 질환과 연계되어 있다.[56]

앞서 살펴본 바와 같이 인간의 뇌는 생명을 유지하는 데에 가장 기본적인 요소들을 관할하는 뇌간(파충류의 뇌), 감정을 관할하는 대뇌변연계(동물의 뇌), 지적 활동을 관할하는 대뇌피질(인간의 뇌)이 있다. 이들은 수많은 회로로 연결되어 있어서 서로 정보를 주고받으며 생명을 유지하고 이성과 감성의 활동을 하고 있다. 아래 단계에 있는 파충류의 뇌와 동물의 뇌가 적절한 자극을 받아 충족되면 회로가 위로 열리면서 인간의 뇌가 지적 활동과 창조적인 활동을 원활하게 할 수 있도록 해준다. 즉 본능적이고 감정적인 욕구가 어느 정도 채워지면 스트레스가 해소되고 왕성한 지적 활동을 효율적으로 해나갈 수 있게 된다. 그러나 인간의 뇌만 계속해서 혹사하면 스트레스가 쌓여 여러 가지 정신적·신체적 질병이 발생하게 된다.[57]

상위의 뇌인 대뇌피질은 대뇌변연계와 뇌간 그리고 척수와 같은 하위의 뇌 기능을 촉진하거나 억제하면서 조정 역할을 수행하기도 한다. 그래서 대뇌피질이 손상되거나 기능이 약화되면 이것의 조정을 받는 하위 뇌의 기능이 해방되어 동물화 현상이 진행된다. 특정 신경전달물질계의 기능이 과다하거나 감소할 경우에도 정신분열병, 우울병, 신경증, 파킨슨병, 무도병, 간질, 자폐증, 수면장애 등과 같은 신

---

55 박만상, 앞의 책(II), p. 13.
56 박만상, 앞의 책(I), p. 23; 성영신 외 12인, 앞의 책, pp. 409-412.
57 서유헌, 앞의 책(1996), pp. 75-77.

경정신계 질환이 발생한다.[58] 대뇌피질 중에서도 이성적인 활동에 가장 많이 참여하는 전두엽에 결함이 있는 사람은, 이성적인 판단력과 의지가 부족하여 생명력이 약화되어 목적의식이 없고 매사에 관심도 부족하며 언제나 무기력하고 도전 정신이 약해서 사회성과 자기 억제력이 약하다. 이런 사람은 타인을 존중하는 인간관계의 기본이 마련되지 않아 인격에 문제가 발생한다. 언제나 자기중심적이고 타자의 마음을 이해하지 못하여 쉽게 화를 내곤 한다.[59]

뇌와 정신 질환의 종류로는 먼저 뇌의 외상이 원인이 되거나 다른 신체질환이 뇌 기능에 영향을 미쳐 정신 질환 증상이 나타나는 경우인 기질성 정신장애를 들 수 있는데, 치매·기억장애·섬망·망상·정서장애·불안·해리·성격 변화 등이 주된 증상으로 나타난다.

또한 정신활동성 물질과 기타 물질 사용에 의한 정신 및 행동 장애가 있는데, 이것은 향정신성 의약품을 포함하여 정신기능에 영향을 주는 모든 화학적 물질에 의해 장애가 발생하는 것이다. 알코올, 아편계 제재, 대마계 제재(마리화나), 진정제 또는 수면제, 코카인, 흥분제, 환각제, 담배, 휘발성 용매 등이 이러한 뇌·정신 질환을 불러일으키는 화학물질이다.

정신분열병적 장애(분열형 및 망상 장애)는 사고와 지각에서 왜곡이 일어나 환청, 망상, 이상 언행, 불안, 당황, 흥분, 부조화 정서 등의 증상을 일으킨다.[60] 기분(정서) 장애는 우울해지거나 반대로 기분이 고양되는 증상을 나타낸다. 신경성·스트레스 관련성 및 신체형 장애는 공포 장애, 불안 장애, 강박 장애, 심한 스트레스에 대한 반응 및 적응장애, 해리성(전환) 장애, 신체형 장애, 신경쇠약증 등을 증상으로 일으킨다.

---

58 박재갑 외, 앞의 책, pp. 137-139.
59 다치바나 다카시 저, 앞의 책(2004), p. 110; 스티븐 핑커(Steven Pinker) 저, 앞의 책, pp. 552-553.
60 성영신 외 12인, 앞의 책, pp. 411-417.

생리적 장애 및 신체적 요인과 연관된 행동 장애는, 섭식 장애, 비기질성 수면 장애, 기능성 성 기능 장애, 산욕기와 관련된 정신 장애, 항우울제나 진통제와 같은 의약품 남용 장애와 같은 증상을 보인다. 성인 인격 및 행동 장애는 특정 인격 장애, 혼재성 인격 장애, 지속적인 인격 변화, 습관 및 충동 장애, 성별 동질성 장애, 성적 선호 장애, 성적 발달 및 정위와 연관된 심리 및 행동 장애와 같은 증상을 일으킨다.[61]

이러한 다양한 뇌·정신 질환에 대해 모두 자세하게 언급할 수 없으므로 여기에서는 몇 가지 현상에 대해서만 간단하게 살펴보고자 한다.

1) 정신분열병과 조울병

정신분열병의 특징은 사고의 장애, 지각의 장애, 감정의 장애, 의욕 및 행동 장애, 의식 및 인지 기능의 장애 등 인격의 와해와 외부 현실로부터의 후퇴를 들 수 있다. 인류는 아직도 이 병의 원인을 정확하게 알지 못하고 있고, 여러 가지 요인이 복합적으로 작용하여 발병하게 하는 것으로 추측하고 있다. 신경전달물질과 관련된 생화학적 요인, 유전적 원인, 면역학적 원인, 신경해부학적 요인, 사회문화적 요인 등이 지금까지 알려진 여러 발병 요인들인데 이 중 신경전달물질과 관련된 생화학적 요인에 대해서는 비교적 많이 밝혀냈다. 특히 도파민이 지나치게 증가하면 환청, 망상 등의 증상이 일어난다.[62]

전두엽에는 A10 신경계의 활동을 억제하는 장치인 자가수용체가 없기 때문에 창조적이고 보람된 작업을 계속해서 할 수 있으나 제대로 조절하지 못하면 정신분열병으로 진행될 수 있다. 정신분열병을

---

61 박재갑 외, 앞의 책, pp. 166-168.
62 성영신 외 12인, 앞의 책, pp. 411-415, p. 463.

앓는 사람은 상황에 맞지 않는 비합리적인 생각과 행동을 한다. 이들의 사고는 비약이 심하고 제어하기 힘들다. A10 신경계의 활발한 작용을 잘 조절하면 천재가 될 수 있고 그렇지 않으면 광인으로 전락하게 된다. 그래서 천재와 광인은 종이 한 장 차이라고 말하는 것에 일리가 있다.

조울병은 뇌 안에서 노르에피네프린, 세로토닌, 도파민 신경호르몬의 활동이 지나치거나 반대로 저하되는 데에 원인이 있다. 또한 갑상선호르몬이나 부신호르몬과 같은 신경내분비 계통의 이상들도 원인인 것으로 추정되고 있다. 정신분열병과 조울병은 내인성 정신병이지만 각성제를 비롯한 외래의 약물에 의해서도 발생한다. 히로뽕 마약의 구조는 도파민 신경전달물질의 구조를 닮고 있기 때문에 뇌에 들어오면 도파민계를 과도하게 자극하여 환각과 정신분열병을 일으키게 된다.[63]

우울증은 우울한 기분이 들고 괜히 슬퍼지거나 불안해지기도 하고 무슨 일을 해도 재미가 없는 등 매우 다양한 증상을 나타낸다. 우울증 환자는 항상 우울한 기분으로 싸여 있고 정신 운동이 저하되어 있으며, 자살 의욕·자책감 그리고 절망에 사로잡혀 있다. 식욕이 떨어지고 말수가 적어지며 만사가 귀찮아지고 건망증이 심해지며 집중력도 떨어진다. 공연히 죄책감에 시달리기도 하고 자살 충동을 느끼기도 한다. 우울증의 원인에 대해서도 아직까지 충분히 밝혀지지 않고 있으나 신경전달물질과 관련된 생화학적 요인, 유전적 원인, 면역학적 원인, 신경해부학적 요인, 사회문화적 요인 등이 주된 원인인 것으로 생각하고 있다.[64]

---

63 김미경, 『춤추는 미로』, 도서출판 성우, 2002, pp. 122-123; 박재갑 외, 앞의 책, pp. 141-144; 오키 고스케 저, 『뇌로부터 마음을 읽는다; 어떤 뇌 이야기』, 김수용·하종덕 역, 전파과학사, 1996, pp. 168-170.

64 성영신 외 12인, 앞의 책, pp. 420-421; 가이 맥칸(Guy McKhann)·마릴린 앨버트(Marilyn Albert) 저, 앞의 책, pp. 59-64.

2) 치매

성인의 경우, 하루에 약 10만 개 정도의 뇌세포가 죽어가는 것은 일반적인 현상이다. 치매는 정신병과는 다른 장애 현상으로, 여러 가지 원인에 의해 하루 수십만 개에서 수백만 개씩 뇌세포가 죽어버려 뇌의 기능이 현저하게 떨어지는 현상을 말한다. 치매는 일반적으로 기억 장애로부터 시작된다. 좀 더 진행되면 하고 싶은 말이나 표현이 잘 떠오르지 않고 읽기와 쓰기에 장애가 생기며 방향 감각이 떨어진다. 대표적인 치매로 혈관성 치매와 알츠하이머형 치매가 있다.[65] 혈관성 치매는 뇌혈관 질환이 누적되어 나타나는 것으로서 고혈압, 당뇨병, 고지혈증, 심장병, 흡연, 비만이 원인이 되는데 이 중에서도 고혈압이 가장 큰 원인이다. 보통 65세 이상의 노인에게서 발병하는 알츠하이머병은 건강했던 뇌세포들이 서서히 죽어 가는 것 때문에 발생하는 것으로 퇴행성 치매라고도 한다. 정확한 원인은 아직 밝혀지지 않았지만 학자들은 유전자의 이상에 의한 것으로 의견을 좁히고 있다. 혈관성 치매는 예방을 할 수 있고 조기에 발견하면 더 이상 진행되는 것을 막을 수 있다. 우리나라에서 발생하는 치매의 절반 이상이 혈관성이다.[66]

교육을 많이 받은 사람은 신경세포가 발달하여 뇌의 지적 능력이 증가되어 있기 때문에 치매 증세가 비교적 적게 나타나고, 나타나는 경우에도 교육을 덜 받은 사람에 비해 천천히 나타난다. 뇌의 신경세포는 지적 자극이 가해지면 그것을 전달하는 신경가지가 두터워지고 넓어져서 막힘없이 원활하게 정보를 전달할 수 있게 된다. 뇌의 지적 용량은 교육을 받을수록 커지기 때문에 치매 증세가 늦게 나타나거나 약하게 나타나는 것이 일반적인 현상이다.

---

65 성영신 외 12인, 앞의 책, pp. 371-386.
66 김미경, 앞의 책, pp. 119-212; 가이 맥칸(Guy McKhann)·마릴린 앨버트(Marilyn Albert) 저, 앞의 책, pp. 168-180.

신경세포 일부가 망가져 기능이 상실되더라도 기능이 남아 있는 신경세포에 적절한 자극이 계속 가해지면 그 신경세포의 기능이 활발해지면서 망가진 신경세포의 기능을 보완하기까지 한다. 이러한 작업은 교육에 의해 강화될 수 있기 때문에, 치매 증세의 일부가 완화될 수 있고 증세가 악화되는 것을 어느 정도 지연시킬 수 있다. 나이가 들수록 육체적·정신적으로 자극 없이 조용히 지내는 것은 좋지 않다. 특히 주위로부터 격리되고 일로부터도 격리되는 것과 움직이지 않고 대접만 받으려는 자세는, 뇌 신경세포의 원활한 활동에 지장을 초래하기 때문에 치매의 발생을 촉진할 수 있다.[67]

3) 마약의 악영향

쾌감은 오감을 가진 인간 삶의 대부분 영역에 함께 하는 중요한 요소이다. 쾌감은 우리로 하여금 살게 하고 어떤 일을 기획하여 성취해 나가도록 한다. 이와 반대로 삶에 큰 피해를 입히기도 한다. 쾌감을 추구하는 것이 지나치면 술·아편 등을 남용하게 되고 도박·인터넷 중독 등 각종 중독 현상에 빠져들어 서서히 파멸로 빠져들게 된다. 약물 복용을 시작하게 되는 정신병리적 상태의 원인은 호기심, 반항심, 모방, 동료들의 압력, 권태, 고통과 통증의 해소나 회피 등 여러 가지가 있지만 궁극적으로는 쾌락의 추구라고 볼 수 있다.[68]

약물은 뇌에 영향을 미쳐 쾌감·다행감·편안함 등을 야기하는데, 자주 사용하다 보면 습관적으로 의존하게 되고 비정상적인 감정 반응·내성·금단 등에 의해 시달리게 된다. 남용 물질은 크게 각성제와 이완제 두 가지로 나눌 수 있다. 각성제는 교감신경계를 자극하는 물질로서 암페타민류 각성제 코카인류 물질·환각제(LSD)·펜시클리

---

67 서유헌, 앞의 책(1996), pp. 162-164.
68 성영신 외 12인, 앞의 책, p. 439, 452.

딘·카페인·니코틴 등이 있고, 이완을 일으키는 물질로는 술·신경안정제·수면제·아편류 물질·대마·흡입제 등이 있다. 이러한 약물에 중독되면 뇌 기능에 이상이 생겨 비정상적인 감정 반응과 그에 따른 이상한 말과 행동을 한다. 정신이 멍하고 판단력을 잃으며 상황에 맞지 않는 웃음이나 분노 슬픔이나 울음을 돌발적으로 터뜨린다. 또한 사소한 자극에도 감정이 폭발하며, 말이 어둔하거나 빠르고 발음이 불완전하다. 전반적으로 정상적 활동을 하지 못하고 사회적 책임을 등한시한다.[69]

외부로부터 자극이 없는데도 뇌에서 어떤 감각 자극이 실재하고 있는 것처럼 지각하는 환각은 상황에 맞지 않는 비합리적이고 비현실적인 감각이다. 사회적으로 큰 문제를 야기하고 있는 히로뽕, 코카인, LSD 같은 환각제는 신경전달물질계에 영향을 미침으로써 환각 및 행동의 이상을 보인다. 환각제는 뇌에서 신경 흥분을 전달해 주는 신경전달물질의 구조를 그대로 닮아 있다. 환각제들은 세로토닌과 도파민 신경전달물질계의 이상 자극을 통해서 환각과 여러 가지 정신병 작용을 나타낸다. 뇌 신경세포에 작용하는 환각제들은 사람의 인격을 철저히 파괴하여 비인간화를 초래하고 인간을 약물의 노예로 전락하게 만드는 무서운 약물이다. 약물이 주는 비정상적이고 안개와 같은 행복감은, 인간의 현실 인식 능력을 저하시키고 불평등하고 몰인정한 불의에 저항할 힘을 상실하게 하며 기존 질서에 익숙해지도록 만든다.[70]

상용되고 있는 기호품 가운데 뇌의 신경세포에 직접 작용하는 것으로 술, 담배, 커피, 차가 있다. 이들은 모두 A10 신경에 의한 쾌감을 이끌어내어 스트레스를 해소하기 때문에 스트레스가 많은 현대생활

---

69 성영신 외 12인, 앞의 책, pp. 440-446; 수전 그린필드(Susan Greenfield) 저, 『브레인 스토리』, 정병선 역, 지호, 2004, pp. 203-211.
70 리처드 레스탁 저, 앞의 책, pp. 135-136; 박재갑 외, 앞의 책, p. 137, 144.

에 필요한 것이다. 그러나 담배의 니코틴은 각성제와 같은 작용을 하고 알코올은 중독성이 있는 것에 문제가 있다. 알코올의 만성 중독으로 체내에 마약 물질이 형성되는 것이 실험적으로 확인되었다. 차의 카페인은 도파민의 활동에 대하여 간접적으로만 영향을 미치기 때문에 큰 문제는 없는 것으로 볼 수 있다.[71]

4) 뇌사 판정 문제

1968년 시드니에서 열린 제22차 세계의사회는 '뇌기능이 완전히 정지돼 회복 불가능한 상태가 되는 것'을[72] 의미하는 뇌사를 개체의 죽음으로 정의해야 한다고 공식적으로 선언(시드니 선언)했다. 우리나라에서도 1999년 2월 장기이식 등에 관한 법률이 국회를 통과하면서 2000년부터는 뇌사가 법적으로 인정됐다. 이러한 조치는 이미 뇌사로 사망한 환자를 중환자실에서 인공호흡기나 심장 박동기를 달아 심폐 기능의 연장만을 오랫동안 지속함으로써 환자 가족들이 겪는 정신적 고통과 경제적 부담 및 사회적 손실을 줄이려는 생각에서 취해진 것이다. 또한 뇌사에 이른 사람의 장기를 다른 사람의 생명을 살리는 데에 활용하려는 생각도 이러한 조치에 한 몫을 담당했다.[73] 그러나 뇌사를 올바르게 판정하는 일에 신중을 기하여 실수하는 일이 없도록 하지 않으면 다시 살릴 수도 있는 사람을 뇌사로 판정하는 어처구니없는 일이 발생할 수도 있다.

지난 오랜 시간 동안 심장이 멈추고 호흡이 정지되었을 때를 사망의 시점으로 인정해 왔다. 그러나 의학의 발달로 그 후에도 심장과 폐의 기능을 되살릴 수 있고, 생명이 끊어진 일반적인 징후들이 나타난

71　오키 고스케 저, 앞의 책, p. 170.
72　김미경, 앞의 책, p. 178.
73　같은 책, p. 175

후에도 기계장치로 폐와 심장의 활동을 유지시킬 수 있게 되었다. 뇌사 판정 문제는 이러한 상황에서 발생했다. 뇌사란 사람의 뇌가 죽으면 그 사람도 사망한 것을 의미한다. 그러나 뇌사의 의미와 정의에 모든 학자들이 의견의 일치를 이루고 있지는 않다. 이들 중 일부는 인간을 인간이게 하는 부분인 뇌의 대뇌피질의 기능이 정지됐을 때 뇌가 죽은 것이라고 주장한다. 다른 일부는 하위 신진대사들을 지배하는 뇌간의 기능이 정지한 다음에야 뇌가 죽은 것으로 간주해야 한다고 주장한다.

1968년 하버드의과대학의 뇌사판정위원회는 뇌사 판정을 위한 네 가지 기준을 마련했다. 그 기준은 첫째 촉각·청각 및 모든 외부 자극에 반응을 하지 않는 것, 둘째 동작이 정지되고 자연스러운 호흡이 중단된 것, 셋째 반사운동이 없는 것, 넷째 뇌파계에 기록이 일직선으로 나타나는 것, 즉 뇌파계로 측정했을 때 뇌의 모든 전기 활동이 존재하지 않는 것이다. 이러한 하버드의과대학의 뇌사 판정 기준은 사망 선고를 하기 위한 진찰 방법으로 보편적인 것은 아니지만 광범하게 이용되고 있다.

이러한 기준들을 적용하여 요즈음은 죽음의 개념을 통일된 생명 현상을 지닌 인간의 유기체 전체가 와해되는 것으로 정하여, 종래의 심폐 기능 정지를 사망에 이른 것으로 보았던 의미를 보강하려 하고 있다.

뇌사 판정을 받은 사람과 식물인간 사이에는 차이가 있다. 식물인간이란 '의식이 없고 전신이 경직된 채로 대사라는 식물적 기능만 하는 인간'을[74] 의미한다. 뇌사 상태와는 달리 뇌간의 식물적 기능들이 손상을 입지 않은 상태를 가리킨다. 뇌사에 이른 사람은 대뇌·소뇌·뇌간 등 뇌의 모든 기능이 정지되었기 때문에 집중적으로 치료를

---

[74] 김미경, 앞의 책, p. 178.

하더라도 2주 이상의 생존이 불가능하지만, 식물인간은 중요한 신체 기능들을 조절할 수 있는 뇌간이 온전하기 때문에 여러 해 동안 생존할 수 있다.[75]

3. 뇌·정신 질환 치료

뇌와 정신에 문제가 발생했을 경우에 아직도 치료가 불가능한 질환들이 많이 있으나 문제에 따라 다양한 치료 방법이 개발되고 있다. 교통사고나 다른 물리적 사고에 의해 뇌를 다쳤거나 뇌혈관이 파열되는 경우와 같이 뇌의 물리적 결함에 의한 문제는 그 상태에 따라 수술을 하거나 항정신병 약물, 항우울제, 항불안제와 같은 약물을 동원하여 치료를 시도한다. 이런 문제는 상당히 깊은 전문 지식을 동원해야 하는 것으로서 여기에서는 자세하게 다루지 않는 것이 옳을 것으로 판단된다.

정신분열병의 가장 기본적인 치료법으로 뇌에서 과량으로 생산되는 도파민을 차단하고 신경전달물질 간 균형을 유지시키는 약물치료가 있다.[76] 순수하게 정신적인 문제일 경우에는 환자와 언어적 또는 비언어적 의사소통을 통한 심리적 방법에 의한 정신 치료를 시도할 수 있다. 오늘날 가장 널리 사용하고 있는 대표적인 정신 치료법은 정신분석학적 개념과 기법을 이용한 방법이다. 이러한 치료법은 치료자와 환자 서로가 책임감 있고 성숙된 협조 관계를 구축하는 것이 치료의 성패를 결정하는 기본 조건이다. 정신치료의 종류로는 개인 정신치료, 집단 정신치료, 부부치료와 가족치료, 행동치료, 최면치료 등이

---

[75] 김미경, 앞의 책, pp. 177-178; 「경이로운 사람의 몸과학 상식 시리즈 3」, 『리더스 다이제스트』, 리더스 다이제스트·두산 동아, 1998°, p. 57.
[76] 성영신 외 12인, 앞의 책, p. 418.

있다.[77] 우울증의 치료 방법으로는 약물치료, 정신치료, 인지치료, 행동치료, 전기충격요법 등이 있다.[78]

    뇌 학자들은 인슐린호르몬 결핍으로 생기는 당뇨병이 인슐린의 보충으로 조절되듯이, 뇌에 결핍된 호르몬을 보충해줌으로써 특정한 정신질환을 치유할 수 있다고 생각하고 있다. 입맛이 없어지는 것은 식욕을 억제하는 콜레시스토키넨호르몬이 뇌 안에 많아지기 때문이다. 영양학자들은 콜레시스토키넨을 순수분리 또는 합성해서 비만증 치료에 응용하려는 시도를 하고 있다. 시상하부에 피질자극방출호르몬의 양이 많아지면 마음이 즐거워지므로, 이 호르몬을 우울증 환자 치료에 이용하고 있다. 동물실험에서 동물의 기억력을 증진시키는 효과가 있는 아르기닌바소프레신호르몬으로 건망증 치료를 시도하고 있다.[79]

    뇌를 완전히 바꾸는 이식은 불가능하지만 신경세포의 일부를 이식하여 잃어버린 기능을 회복시키는 것은 실현했다. 그 전형적인 경우가 파킨슨병 환자의 신경세포 이식이다. 신경세포 이식은 심장 등의 장기 이식과는 달리 거부 반응이 없다고 한다.[80]

    두뇌 연구의 결과로 약물 치료제를 사용하여 생각과 행동을 바꾸는 수준에까지 도달했다. 뇌 속의 화학 물질이 생각을 변화시킬 수 있는 것과 마찬가지로 생각도 뇌의 화학작용과 기능을 변화시킬 수 있다. 의식 · 감정 · 생각 · 태도 · 기대심리 · 영적인 믿음과 같은 것이 긍정적으로든 부정적으로든 치유에 밀접한 영향을 미친다.[81]

---

77 박재갑 외, 앞의 책, pp. 168-174.
78 성영신 외 12인, 앞의 책, p. 422; 가이 맥칸(Guy McKhann) · 마릴린 앨버트(Marilyn Albert) 저, 앞의 책, pp. 64-73.
79 박만상, 『한국인의 두뇌 개발III; 정신생물학』, 지식산업사, 1992, pp. 145-146.
80 야마모토 다이스케, 앞의 책, pp. 38-39.
81 카렌 N. 샤노어 외 5인 저, 『마음을 과학한다』, 변경옥 역, 나무심는사람, 2004, p. 241; 리처드 레스탁 저, 앞의 책, p. 135.

유머는 스트레스를 감소시키고 면역력을 높이며 근육의 긴장을 완화시키고 혈압을 낮추면서 통증을 가라앉히는 역할을 한다. 우리 몸의 전반적인 기능에 긍정적인 영향을 끼칠 뿐만 아니라 질병의 피해를 줄일 수 있도록 돕기도 한다. 웃음과 미소는 얼굴과 목의 근육을 활성화시킨다.[82]

균형 있는 음식을 먹고 적당한 운동을 하면서 정신활동을 즐기고 일정한 시간에 충분한 수면을 취하는 것이 가장 좋은 명약이다. 건강한 신체에 건강한 마음이 깃들고 건강한 마음에 건강한 신체가 유지된다는 말은 만고불변의 진리이다. 마음과 신체의 연결은 일방통행이 아니라 쌍방통행이기 때문이다.[83]

---

[82] 리처드 레스탁 저, 앞의 책, pp. 100-104; 가이 맥칸(Guy McKhann)·마릴린 앨버트(Marilyn Albert) 저, 앞의 책, p. 301.
[83] 서유헌, 앞의 책(1996), pp. 103, 121; 성영신 외 12인, 앞의 책, p. 404.

마치는 말

　뇌의 능력을 개발하는 문제는 좀 더 나은 삶을 살고자 하는 일반인들과 학업을 효과적으로 진전시키고자 하는 학생들에게만이 아니라 인간의 정체에 대해 깊이 이해하고자 하는 학자들에게도 큰 관심의 대상이다. 그래서 이 문제에 대한 연구가 그동안 활발했었고 앞으로도 대단한 열정으로 진행될 것으로 전망한다. 본 장에서는 그 동안 학자들이 연구하여 발표한 결과들을 정리하여 핵심적이지만 우리에게 아직 보편적으로 알려지지 않은 사항들을 소개하려고 노력했다.
　그러한 관점에서 어떻게 하면 뇌를 건강하게 관리할 수 있는지, 뇌가 균형 잡힌 활동을 하도록 하려면 어떻게 해야 하는지, 도대체 어떤 상태의 사람이 이상적인 뇌를 지니고 있다고 할 수 있는지, 일상생활 태도가 뇌에 미치는 영향은 어떠한지, 마음을 어떻게 다스려야 머리에 좋은 영향을 줄 수 있는지, 창의성과 집중력은 무엇이고 어떻게 하면 증진시킬 수 있는지에 대해 살펴보았다. 또한 뇌를 건강하게 관리하는 일에 실패하여 발생하는 뇌·정신 질환에 대해서도 전체를 한눈에 파악할 수 있도록 정리해 보았다. 대표적인 뇌·정신 질환에 드는 정신분열병과 조울병 그리고 치매의 정체와 현상에 대해 알아보았고 마약의 악영향을 알아보았으며, 뇌사 판정 문제에 대해서도 중점 사항들을 비교적 소상하게 정리하여 이 글을 한 번 읽어본 사람이면 이 문제에 대해 정확한 판단 능력을 갖도록 하려고 노력했다. 마지막으로 뇌·정신 질환을 어떻게 치료하는가에 대해서도 전체를 파악하도록 핵심 사항들을 정리했다.
　본 장에서 언급한 내용들 중에 많은 부분들이 연구가 진행됨에 따라 더 나은 이론들로 대체될 것이다. 그러나 수백만 년 진화의 결과인 인간이 근본적으로 변하는 일은 오랜 세월이 걸려야 가능할 것이고, 어쩌면 오랜 세월이 흐른다 해도 그런 일이 발생하지 않을 수도 있기 때문에, 여기서 정리한 기본 틀은 오랫동안 유지될 것으로 생각한다. 더욱이 제7장도 과학시대를 살아가는 인간을 좀 더 깊이 이해하여 올바른 신앙생활을 모색하고자 하는 연구의 일환으로 정리한 것이기에 이 목적에 맞추어 정리한 점도 참고 사항이 된다. 이제는 뇌 과학에서 본 마음과 영혼의 근원 문제를 연구해야 하는 단계에 접어들고 있다.

8

뇌 과학에서 본 마음과 영혼의 근원 문제

*
*
*

시작하는 말

 인간을 이해하고자 하는 모든 노력은 결국 인간의 마음과 영혼에 대한 문제로 귀착된다. 인간의 마음과 영혼은 물질적 존재인 육체의 모든 현상과 작용 원리의 결과로 발생하는 것이면서도 비물질적인 존재로서, 인류가 아직도 그 정체를 제대로 파악하지 못하고 있는 신비로운 대상들 중에서도 큰 관심이 가는 것이다. 생명체들이 오늘날과 같이 다양할 수 있었던 데에는 진화라는 과정이 있었고, 진화는 인간의 영혼에게도 해당된다는 사실을 시간의 흐름 속에서 교황청마저 인정하게 되었다. 그러나 생명체들의 진화에서 발생한 인간의 마음과 영혼은, 그 자체로 진화적 과정을 뛰어넘어 새로운 차원에 접어든 대단한 존재이다. 영혼은 존재하는 모든 사물을 대표하는 요소이자 모든 사물을 넘어서서 이들에게 의미를 부여하는 한 차원 위의 본격적인 존재인 것이다.
 제8장에서는 먼저 이러한 인간의 마음과 영혼을 담고 있는 뇌에 대한 과학적 탐구의 역사적 과정과 현황을 살펴보고자 한다. 자세하게 다루려면 한이 없는 일이므로 주제에 따라 전체를 한눈에 바라볼 수 있도록 일목요연하게 요약하여 정리할 것이다. 그 다음에는 이러한

탐구가 밝혀놓은 뇌 발달의 현황에 대해 살펴보고자 한다. 이 과정에서 동물이 뇌를 필요로 하게 된 원인과 뇌의 출현 그리고 진화 과정을 살펴본다. 진화의 역사에서 다른 동물들과 무관하지 않은 인간이 출현하여 그 뇌가 발달해 온 과정을 살펴보고 한 인간 안에서 뇌가 성장하는 과정을 살펴본 후, 인간의 뇌가 앞으로도 계속해서 진화할 것인가에 대해 간략하게 정리하고자 한다. 이러한 탐구 과정을 바탕으로 본 장에서 본격적으로 고찰하고자 하는 마음과 영혼의 근원 문제를 뇌 과학적인 방법으로 살펴본다.

마음과 영혼의 근원 문제는 신화적 · 철학적 · 신학적 · 종교학적 방법으로도 고찰할 수 있는 연구 대상이며 그 탐구 영역이 대단히 넓다. 필자는 이와 같은 방법으로 인간의 마음과 영혼에 대해 연구해 보려는 의도를 지니고 있다. 그래야 인간의 마음과 영혼에 대한 좀 더 균형 잡히고 종합적인 이해에 도달할 수 있을 것으로 생각하기 때문이다.

1. 뇌 과학의 현황

우리 몸무게의 2%에 해당하는 뇌의 무궁무진한 창조력과 상상력은 우주보다 더 광대하다. 첨단 과학의 시대를 살아가고 있는 인류조차 아직 뇌의 극히 일부분밖에 알지 못하고 있다.[1] 여기에서는 인류가 뇌에 대해 관심을 지니고 탐구해 온 과정을 정리해 보고 현재 진행되고 있는 뇌 과학의 현황을 종합적으로 고찰해보고자 한다.

---

1   서유헌, 『바보도 되고 천재도 되는 뇌의 세계』, 중앙교육연구원, 1996, p. 4.

1) 뇌의 탐구 과정

기원전 20세기에 발달되었던 나일강 문명에서는 인간의 영혼은 심장에 있다고 생각했고 바빌로니아 문명은 간에 있는 것으로 생각했다. 기원전 17세기에 기록된 의학 자료에는 뇌의 표면에 많은 두둑과 고랑이 있다는 표현이 있다.

그리스의 의사 알크마이온(Alcmaeon, B.C 6세기)은 죽은 사람을 해부하여 눈에서 뇌로 신경이 연결되어 있다는 사실을 발견했고, 머리를 다친 환자가 생각이 또렷하지 않다는 사실도 인지하여 기록해 두었다. 그는 보고 생각하는 일은 뇌와 연관되어 있을 것으로 생각했다.

히포크라테스는 기원전 5세기에 이미 두뇌 부상을 입은 사람들을 관찰하고 두뇌의 다양한 기능을 이해하여 '우리의 쾌락과 기쁨, 웃음과 익살은 물론 슬픔과 통증, 고뇌와 두려움이 두뇌에서 솟아난다.'고 했다. 그는 뇌의 기능은 인간의 오욕칠정, 감각, 사고, 기억, 판단 등이라고 밝혔다.

플라톤은 뇌에서 지성, 감정, 식욕, 성욕이 나오는 것으로 보았다. 아리스토텔레스는 흥분을 하면 심장이 빨리 뛰는 것을 보고 심장이 인간의 감정과 생각을 지배하는 기관이라 생각했으며 뇌는 체온을 일정하게 유지시켜 주는 기관으로 생각했다.

기원전 275년 경 그리스의 의학자였던 에라시스트라토스는 인간의 뇌가 동물의 뇌보다 복잡한 구조를 하고 있는 것을 관찰하고, 이러한 복잡함에서 인간의 발달한 지능이 나타나는 것으로 생각했다.

그리스의 의사인 갈렌(Galen, 130-200)은 뇌를 해부하여 뇌수와 뇌실에 관해서 연구하고 뇌생리학의 기초를 놓았는데, 영혼은 두뇌에서 생겨 신경을 통하여 전신을 순환하면서 뇌와 감각기를 연관시킬 것으로 보았다. 그러나 이런 사실이 과학적 뒷받침을 얻기 시작한 것은 18세기에 들어선 후부터였고, 최근 신경생물학의 급속한 발전으로 정신기능은 뇌의 기능과 밀접한 관계에 있다는 것을 구체적으로 밝혀내고

있다.[2] 의사와 학자들이 뇌에 관해 연구해 온 역사를 간략하게 정리해 보면 다음과 같다.[3]

B.C. 1,000: 호메로스는 생각이 폐에서 나온다고 생각했다.

B.C. 500-428: 아낙사고라스는 정신은 무한한 것이고 자주적인 것이며 그 자체로 존재하고 전지전능하며 만물을 지배한다고 보았다.

B.C. 492-432: 엠페도클레스는 영혼이나 정신은 원래 신들의 곁에 있었는데 나쁜 짓을 하여 땅에 떨어지게 되었다고 했다.

B.C. 460-370: 데모크리토스는 영혼은 원자들로 구성되어 있는 것으로 생각하여 감각적인 인식뿐만 아니라 정신적인 인식도 원자의 운동에 지나지 않는 것이라고 했다. 그에 의하면 세계에는 물질적인 것 외에는 아무것도 없다.

B.C. 427-347: 플라톤은 인간이란 육체와 영혼이 결합된 존재이지만, 참된 인간은 영혼이고 육체는 영혼을 위한 일종의 수레에 지

---

[2] 박만상,『한국인의 두뇌 개발III; 정신생물학』, 지식산업사, 1992, p. 15; 닉 아놀드 저,『두뇌가 뒤죽박죽』, 이무열 역, 주니어김영사, 2002¹⁰, p. 21;「경이로운 사람의 몸: 과학 상식 시리즈 3」,『리더스 다이제스트』, 리더스 다이제스트 · 두산 동아, 1998², p. 46; 박재갑 외,『인간생명과학』, 서울대학교 출판부, 1993, pp. 150-153; 다케다 유타카 저,『자기개발법: 대뇌생리학에 의한 재능개조』, 오영근 역, 전파과학사, 1994², 15-16.

[3] 여기에 소개하는 자료는 다음의 문헌들을 정리한 것이다. 박만상,『한국인의 두뇌 개발II; 정상인과 기억력 개발』, 지식산업사, 1994² p.24, 위의 책(III), p.18; 박재갑 외, 위의 책, pp. 130-131; 박찬웅,『뇌-학습과 기억의 구조』, 서울대학교 출판부, 1998, pp. 200-201; 성영신 외 12인,『마음을 움직이는 뇌 뇌를 움직이는 마음』, 해나무, 2004, pp. 64-69;「신비로운 정신의 세계: 현대인의 정신건강 가이드-과학 상식 시리즈2」,『리더스 다이제스트』, 리더스 다이제스트 · 두산 동아, 1994², p. 74;『한국세계대백과사전』3, 동서문화사 1995, p. 1225;『한국세계대백과사전』16, 동서문화사, p. 9580;《조선일보》 2002. 11. 7. pp. 11, 14; 니콜라스 웨이드 저,『그림으로 만나는 심리학 세계』, 이상훈 · 이병택 역, 새길, 1996, p. 49, 107; 레베카 트레이스 저,『생각하는 뇌』, 윤소영 역, 대교출판, 2004, p. 30; 수전 그린필드(Susan Greenfield) 저,『브레인 스토리』, 정병선 역, 지호, 2004, p. 44, 55; 요한네스 힐쉬베르그(Johannes Hirschberger) 저,『서양철학사: 상권 · 고대와 중세』, 강성위 역, 이문출판사, 1996¹⁰, p. 80 이하; Gerald M. Edelman · Giulio Tononi, *Gehirn und Geist; Wie aus Materie Bewusstsein entsteht*, Deutscher Taschenbuch Verlag(München), 2004, pp. 75-76; Henry Gleitman 저,『일반심리학』, 정방자 외 7인 역, 교육과학사, 1989, pp. 42-43; Peter Neuner(Hg.), *Naturalisierung des Geistes-Sprachlosigkeit der Theologie?; Die Mind-Brain-Debatte und das christliche Menschenbild*, Herder(Freiburg · Basel · Wien), 2003, pp. 90-95.

나지 않는 것으로 보았다.

B.C. 384-322: 아리스토텔레스는 영혼은 인간과 동물 그리고 식물에 있어서 생명을 이룩하는 것이고 본질적인 것이며 육체는 영혼을 위해서 있다고 했다. 영혼은 전체로서 육체 전체 안에 있고, 인간은 육체와 영혼으로 구성된 통일체적 실체라는 것이다.

B.C. 275 경: 그리스의 의학자였던 헤로필로스와 에라시스트라토스는 동물과 사람의 몸을 해부해 보고 신경계를 발견했다.

354-430: 아우구스티누스는 상상은 전뇌실에서 생기고 지성은 중뇌실에서, 기억은 후뇌실에서 생길 것이라고 하여, 뇌의 특수한 기능이 뇌의 특정한 부위에서 일어난다는 뇌의 국지화를 처음으로 주장했다.

1452-1519: 레오나르도 다 빈치는 뇌의 공통감각세포 안에 영혼이 존재한다고 생각했다.

1543: 베잘리우스(Vesalius)는 인간 신경계의 해부를 정확히 묘사했다.

1637: 데카르트는 뇌를 정신과 독립된 그러나 관계를 맺고 있는 기계와 같은 기관으로 설명했다. 뇌가 정신과 의식적 경험에 관계한다고 주장했다.

17세기: 영국의 윌리스(T. Willis)는 대뇌피질과 대뇌변연계를 관찰하고 그림을 그렸다. 그는 영혼은 대뇌피질에서 생겨 전신에 퍼져 감각과 운동을 조종한다고 하면서 대뇌피질의 중요성을 부각시켰다.

1798: 갈바니(Galvani)는 신경활성의 전기적 성질을 발견했다.

19세기 초: 해부학자들이 뇌의 신경 경로들을 점점 더 정확하게 분리하여 신경계의 기능을 하나씩 밝히기 시작했다.

- 프란츠 요셉 갈(Franz Joseph Gall, 1758-1828)은 동물의 뇌와 인간의 뇌를 해부하고 실험한 결과 뇌에서 대뇌피질이 가장 중요하며 인간의 대뇌피질은 다른 동물에 비해서 월등하게 발달되

어 있는 것을 밝혔다. 그는 대뇌피질의 특정 영역이 영혼의 특정한 기능을 담당한다는 이론을 주장했다.

- 찰스 벨(Charles Bell, 1774-1842)은 척추 신경의 뿌리를 추적하는 실험을 통해 뇌의 각 영역은 서로 다른 기능을 한다는 것을 밝혀내어 중추 신경계가 기능적으로 나뉘어 있는 것을 생리학적 기초 지식으로 구축했다. 그는 감각 기관에서 출발하여 뇌의 특정 부위로 이어지는 신경 경로를 추적하여 특수 신경 에너지설(a principle of specific nerve energies)을 제안했다.
- 마리 장 피에르 플루렌스(Marie Jean Pierre Flourens, 1794-1867)는 뇌가 어느 정도까지는 기능별로 나누어질 수 있다고 보았지만 궁극적으로 하나의 단위로서 작용한다고 주장했다.
- 프랑스의 의사 닥스(Marc Dax)는 1837년 언어의 기능은 좌뇌의 국한된 한 부위에서 조정된다고 주장하고, 다른 특수 기능도 뇌의 전체가 관여하는 것이 아니라 뇌의 국한된 특정한 부위에서 조정할 것이라 주장했다.
- 폴 브로카(Pierre Paul Broca, 1824-1880)는 언어 영역이 좌반구 전두엽 두 번째와 세 번째 이랑에 있는 것을 밝혀냈다. 그래서 이 부위를 브로카 영역이라고 부르게 되었다.
- 그로부터 약 12년 후에 독일의 신경학자 칼 베르니케(Karl Wernike, 1848-1905)는 브로카 영역에서 멀지 않은 좌측 측두엽에 언어를 이해하는 영역이 있는 것을 발견했다.
- 데이빗 페리어(David Ferrier, 1843-1928)는 여러 동물들의 뇌에 전기 충격을 가해서 대뇌피질의 지도를 그려냈다.

1891: 카알(Cajal)은 신경계는 독립적인 신경세포로 구성되어 있으며 이 세포들이 서로 연결되어 신경경로를 구성하고 있음을 주장했다.

1897: 세링톤(Sherrington)은 시냅스라는 신경 접합부를 통해서 신경

세포들이 서로 연락을 하고 있음을 주장했다.

1920년대: 랑그리(Langley), 뢰비(Loewi), 데일(Dale)은 신경전달물질을 발견하여 증명했다.

- 한스 베르거(Hans Berger, 1873-1941)는 사람의 머리피부에 전극을 붙이고 전위를 기록하여 뇌파를 그려냈다.
- 외일더 그레이브스 펜필드(Wilder Graves Penfield, 1891-1976)는 깨어 있는 사람의 뇌에 전기 자극을 가하여 대뇌피질의 어느 부분이 감각영역과 운동영역을 담당하는지를 그림으로 그려냈다.

1940년대: 세논(Shannon), 위버(Weaver), 바이너(Weiner)는 정보체계 분석과 조절계(사이버네틱스, cybernetics)의 개념을 도입했다. 제2차 세계대전 후에 전자공학이 발전하면서 대뇌생리학의 연구가 비약적으로 진행되어 대뇌 기능이 거시적으로만이 아니라 미시적으로도 해명되었다.

1950년대: 호지킨(Hdgkin), 헉슬리(Huxley), 카츠(Katz)와 에클스(Eccles)는 미세전극으로 전기적 신호를 정확히 기록했다. 전자현미경으로 시냅스와 신경세포의 미세구조를 관찰했다.

1960년대: 수상돌기의 통합(integrative) 기능을 발견했으며 흥분이 없는 시냅스 회로와 시냅스 상호작용을 발견했다.

1970년대: 신경조절물질과 2차 전달자를 발견했다.

1980년대: 컴퓨터와 인공지능이 진보하면서 신경기능의 이상을 치료할 수 있는 실험모델(realistic models)을 개발하고 발전시킬 수 있게 되었다. 그렇게 하여 상실한 시력과 언어능력 그리고 기억력을 회복할 수 있는 가능성을 열어 놓았다.

21세기: 미국 터프츠대학교 다니엘 데넷 교수는 인지 심리학, 신경과학, 진화생물학, 언어학, 신경 생리학 등을 수용하여 인간의 의식을 해명해 보려는 연구를 수행하면서, 이를 알리는 강의를 하고 있다. 그는 인간의 의식도 컴퓨터를 분해하듯이 풀어헤칠 수 있을 것으로 보고 있다.

2) 뇌 과학의 현황

뇌에 관한 연구는 19세기부터 본격적으로 진행되었다. 뇌졸중 환자나 사고로 뇌에 부상을 입은 환자들의 동태를 살피면서 뇌를 연구했다. 이어서 동물 실험과 전기 또는 화학적 방법을 도입했다. 뇌에 대한 지식은 1950년 이후 분자생물학의 발전과 더불어 크게 향상되었고 전자현미경을 활용할 수 있게 되면서 신경세포 사이의 구조와 기능을 밝히게 되었다. 또한 세포 사이에 정보를 전달하는 신경전달물질을 발견하여 뇌와 정신 현상의 많은 부분을 이해하고 질병을 치료할 수 있는 가능성을 갖게 되었다. 이것은 생화학의 DNA 발견 못지않은 큰 발전이다.

이러한 발견과 발전에 힘입어 현재 뇌의 구성단위인 신경세포의 생물학적인 기능을 알게 되었고 이들이 모여서 형성하는 신경체계, 서로 정보를 교환하는 시냅스 연접부의 형태, 정보 전달의 매체 역할을 하는 신경전달물질들, 신경계와는 별도 체계로 정보 전달 역할을 하면서 우리의 정신과 행위에 지대한 영향을 미치는 뇌 호르몬에 대한 기본적인 지식이 밝혀졌다.[4]

20세기 중반까지는 뇌에 관한 연구가 주로 형태 및 해부학적 관점에서 거시적으로 진행되었고 1960년대에 들어서면서 뇌의 기능적인 측면을 밝히기 위해 생리학, 생화학 및 약리학적 연구를 활발하게 진행했다. 그 결과 인간의 정신 작용과 갖가지 활동은 신경전달물질을 포함한 전기·화학적 물질에 의해서 이루어지고 있다는 사실이 밝혀졌다. 최근에는 분자 차원에서 미시적으로 뇌의 구조와 기능을 연구

4　박만상, 앞의 책(II), p. 24, 앞의 책(III), pp. 3-4.

하는 분자생물학이 발전하여 고차적 정신기능의 해명에 큰 공헌을 하고 있다. 또한 화학과 물리학의 발전에 힘입어 뇌의 형태나 기능까지도 영상으로 볼 수 있는 컴퓨터단층촬영(CT), 자기공명영상(MRI), 양전자단층촬영(PET)과 같은 기술이 개발되어 뇌의 고차적 기능의 일부를 눈으로 직접 볼 수 있는 영상시대가 도래하고 있다. 유전자 기법은 분자생물학 분야 중에서 생명현상 연구에 가장 혁신적인 기여를 할 것으로 기대되고 있다. 머지않은 미래에 질병 관련 유전자가 밝혀지게 되면 유전자 차원에서 치료법이 나올 것으로 추측하고 있다. 복잡한 뇌 기능을 담당하고 있는 유전자들을 알아내면 신경정신질환을 일으키는 데 관여하고 있는 병든 유전자를 찾아내어 이를 제거하여 교정해 주는 유전자 치료법을 개발할 수 있을 것이다. 그러나 아직까지 과학자들은 유전자에 나타나는 정보를 특정한 유전적인 결과와 서로 연결시키지는 못하고 있다.[5]

많은 과학자들은 뇌를 포괄적으로 이해하려면 거미줄처럼 연결되어 있는 뇌 속의 수많은 구성 요소들의 위치와 기능을 정확히 파악해야 하기 때문에 뇌의 지도를 작성하는 것이 필수적이라고 생각하고 있다. 정밀한 뇌의 지도를 작성하는 계획에는 각종 영상 기술을 망라한 정교한 첨단 전자공학 기술들이 모두 동원되어야 한다. 인류는 언젠가는 고차원적인 정신 기능을 담당하고 있는 유전자를 밝혀내고 좀 더 정밀한 뇌의 지도를 작성하여 뇌에 관한 이해와 치료 기술을 깊게 할 것으로 기대하고 있다.[6]

신경과 정신 사이 또는 뇌와 행동 사이에 있는 많은 문제들을 해결하기 위해서, 흔히 신경은 컴퓨터의 하드웨어에 해당되고 정신은 소프트웨어에 해당된다고 비유한다. 하드웨어, 즉 뇌에 이상이 있을 때

---

5 리처드 레스탁 저, 『새로운 뇌』, 임종원 역, 휘슬러, 2004, p. 129; 박재갑 외, 앞의 책, p. 145.
6 박재갑 외, 같은 책, pp. 146-147.

에 소프트웨어의 운용, 즉 정신 기능에 이상이 오는 것이므로 뇌에 대한 생물학적 연구와 동시에 소프트웨어의 관리, 즉 심리학적 측면에서의 연구도 함께 수행하는 통합적인 연구 자세가 필요하다. 그러나 앞으로 아무리 큰 기술적 진보가 일어난다 할지라도 신경과학이 모차르트의 피아노 협주곡 9번을 감상하면서 맛보는 즐거움에 대하여 완벽하게 설명할 수 없을 것은 분명하다.[7]

우리의 뇌 조직은 앞으로 수십 년 동안 역사상 그 어느 시기보다 훨씬 더 놀라운 변화를 겪을 것이고 과학 기술이 그런 변화의 원동력으로 작용할 것이다. 그럼에도 불구하고 가장 중요한 것은, 기술이 주도하는 뇌의 변화는 손쉽게 사용할 수 있는 기술의 활용성과 함께 인간의 자유의지와 정체성을 지키려는 도전에 직면하게 될 것이라는 사실이다.[8]

신경과학의 발전은 뇌 연구에서도 근원적인 가치에 관한 논쟁을 끝없이 불러일으킬 것이다. 만일 생체공학적인 장치를 이식해서 뇌의 기능을 회복하거나 향상시켰을 때, 개인의 정체성과 같은 소중한 개념들은 어떤 의미를 가질 수 있을까? 누군가가 거짓말을 하고 있을 때, 이를 탐지하는 기술의 발전을 우리는 진정으로 원하는 것일까? 성인으로 자랐을 때의 지적 능력을 예측할 수 있는 테스트를 유아기에 실시하는 일을 과연 지지해야 하는가? 이와 같은 질문들은 신경과학적인 탐구에서 신경윤리학이라는 새로운 학문의 발전을 촉진시키고 있다. 신경윤리학은 뇌에 대하여 새롭게 밝혀지는 과학적인 사실들과 이로 인하여 제기되는 도덕적이고 윤리적인 문제들에 관심을 갖는다. 신경윤리학은 신경과학의 발전으로 인한 사회적인 결과를 예측한다. 신경과학의 발전에 대한 윤리적인 조사가 당연하기는 하지만,

---

7 박재갑 외, 앞의 책, p. 153; 리처드 레스탁 저, 앞의 책, p. 109.
8 리처드 레스탁 저, 같은 책, p. 200.

그렇다고 해서 신경윤리학이 난해한 질문들에 대하여 쉽게 해답을 줄 것을 크게 기대할 수는 없다. 신경윤리학은 여러 가지 딜레마를 안고 있지만 복잡한 문제에 대한 해결책을 찾으려는 노력을 피할 수는 없다.[9]

뇌에 대한 탐구가 적지 않은 영향을 미칠 관련 학문에 대해 살펴보면 이러하다. 미래 과학기술의 기본 틀은 융합과학이고, 이것의 핵심 축은 NT(Nano-Technology, 나노기술), BT(Biotechnology, 생명기술), IT(Information Technology, 정보통신기술), CS(Cognitive Science, 인지과학)이다. 21세기에는 20세기의 물질 및 기계 중심의 하드웨어적 개념을 넘어 인간의 뇌와 심리·문화적 특성이 함께 고려된 융합과학기술을 추구하는 방향으로 나아갈 것이다. 20세기 전반기까지의 과학 연구가 인간 밖의 대상인 물질과 생명체 중심이었다면, 21세기는 인간 자신이 핵심 연구 대상이며 뇌에 관한 보다 깊은 연구를 포함한 마음과 정신의 추상적인 작용 현상이 과학 탐구의 중심 주제가 될 것이다.

21세기에 진행될 인간의 뇌와 정신에 대한 연구는 대략 다음과 같은 세 가지 방향으로 정리해볼 수 있다. 첫째는 인간의 일반 원리를 탐구하는 인간행동과학이고, 둘째는 뇌의 세부적 구조와 치밀한 작동 과정에 초점을 두는 신경과학이며, 셋째는 인간이 어떻게 학습하는가를 연구하는 인지과학이다.[10]

인간에게 있어 지(知)는 '마음'의 작용에서부터 비롯되는 것이기 때문에 인지과학을 좀 더 넓게 정의하면 '마음의 과학'이 된다. 인지과학은 신경세포를 비롯해 신경시스템, 인공지능시스템, 개인의 심리, 사회·문화적 현상까지 다양한 수준에서 현상을 접근해 분석한다. 인지과학은 심리학과 신경생물학은 물론 철학과 인류학, 컴퓨터 과학까지

---

9 리처드 레스탁 저, 앞의 책, pp. 195-196.
10 『리더스 다이제스트』, 앞의 글(1994), p. 19; 성영신 외 12인, 앞의 책, pp. 60-61.

다양한 학문 분야의 접목이 필요한 대표적인 학제간 과학이다. 이 외에도 여러 학문 분야들이 직·간접적으로 인지과학과 관련돼 있다. 수학과 의학, 물리학, 로보스틱스, 커뮤니케이션학, 사회학, 교육학, 경제학, 행정학, 미학, 음악학, 건축학 등이 인지과학의 주변 학문으로서 인지과학 연구에 관련돼 있다. 21세기에는 인지 기능에 대한 통합적 접근이 활발해져 고도로 발달된 인간 두뇌의 비밀을 조금 더 알아 낼 것으로 기대한다.[11]

2. 뇌 발달의 현황

여기에서는 오늘날 우리의 삶과 문화를 가능하게 한 뇌의 유래에 대해 알아보고자 한다. 하느님에 의한 단 한 번의 창조로 인간이 현재와 같은 모습으로 만들어졌을 것으로 오랫동안 믿어온 인류는, 현재의 상태에 이르기까지 많은 숨은 이야기가 존재한다는 것을 진화론적인 탐구에 의해 알게 되었다.[12] 생명체는, 약 38억 년 전 지구 위에 물질적인 조건들이 조성됨에 따라 우연히 만들어진 후 돌연변이와 우연 그리고 적자생존의 법칙에 따라 진화를 거듭하여 오늘날과 같은 모습을 보이고 있는 것일 뿐, 이러한 과정에 큰 지성을 가진 어떤 존재가 전혀 개입하지 않았다고 여기는 순수 유물론적 진화론을 주장하는 사람들로부터, 하느님께서 특정한 계획을 가지고 처음부터 현재의 모습으로 창조하셨다고 주장하는 극단적인 창조론자에 이르기까지 인간

---

11 『과학동아』, 동아사이언스, 2003년 10월호, pp. 71-75, p. 87.
12 다윈과 윌라스는 유리한 돌연변이는 선택되고 불리한 돌연변이는 제거되는 유전자 돌연변이를 통해 놀라운 창의력과 적응 능력을 가진 생명체들이 발생을 거듭했다는 진화론을 제창했다. 이 이론은 인류가 이룩한 가장 위대한 개념의 하나로 인정받고 있으나 아직 개선의 여지는 있다.(존 에클스(John C. Eccles) 저, 『뇌의 진화: 자아의 창조』, 박찬웅 역, 민음사, 1998, p. 18; 수전 그린필드(Susan Greenfield) 저, 앞의 책, p. 230.)

과 뇌에 대한 생각은 다양하다. 뇌의 기원과 발달 과정에 대한 의견은 대단히 다양하고 대부분 나름대로 일리를 지니고 있으나 '뇌의 진화에 대한 명쾌한 해답은 아직까지 없다.'[13]

인간의 뇌가 다른 동물들의 뇌와 가장 뚜렷하게 차이가 나고 가장 큰 신비를 안고 있는 것은 의식 현상이다. 대뇌피질을 어느 정도 지니고 있는 개, 코끼리, 원숭이와 같은 고등동물들도 나름대로 의식이라고 할 수 있는 어떤 것을 지니고 있는 것은 틀림없으나, 그들의 의식은 자신의 삶과 죽음을 의식하는 인간의 자의식과는 큰 차이를 지니고 있다. 인간의 뇌에서 가장 풀기 힘든 문제가 이것이다. 앞에서 밝혀놓은 뇌의 해부학적 구조와 뇌세포의 작용 원리를 탐구하는 것으로는 이 문제를 명쾌하게 풀어낼 수 있을 것으로 보이지 않는다. 뇌를 탐구하는 데에 온 생애를 투자하여 그 노력의 결과로 노벨 의학상까지 받은 존 에클스(John C. Eccles)는 자신의 연구 결과를 정리하여 70세에 발표한 문헌에서 '그전까지 의식이란 존재하지도 않던 세계에 의식과 자아의식이 생성되는 이 신비로운 과정에 대하여 물리과학적인 설명이 불가능함을 인정한다.'고 말하고 있다.[14] 이러한 말을 참고해볼 때 앞으로도 이 문제에 대해 학문적 엄밀성을 적용한 연구를 제대로 수행한다고 할지라도 명쾌한 답을 낼 수 있을 것 같지 않다. 그럼에도 불구하고 그동안 인류가 밝혀놓은 뇌의 진화 과정과 성장 과정에 대해 알아보는 것은 의미가 있는 일이라 생각한다.

1) 동물 뇌의 출현과 진화 과정

식물은 햇빛을 이용하여 광합성을 할 수 있는 엽록체를 지녔기 때문에 에너지원을 찾아서 움직일 필요가 없었다. 그러나 동물은 햇빛

---

[13] 존 에클스(John C. Eccles) 저, 앞의 책, p. 3.
[14] 같은 책, p. 12.

을 직접 살아가는 데에 필요한 에너지로 활용할 수 없기에 에너지를 획득하기 위하여 스스로 움직일 수밖에 없었다. 움직이기 위해서는 근육이 필요했고 근육 운동을 효과적으로 하기 위해 정보 연락망인 신경이 필요하게 되었다. 이러한 관점에서 볼 때 뇌란 동물이 움직여 생존에 필요한 양식을 획득하고 개체를 유지·번식하기 위한 전기·화학적 정보 체계라고 할 수 있다. 하등동물에서는 이 신경 연락망이 신체 곳곳의 근육이 있는 부위에 모여 있고 고등동물에서는 일사불란하고 효과적인 행동을 하기 위해 몸의 제일 높은 곳인 뇌에 모여 있다.

원시적 동물인 바다 속의 산호와 해면은 근육과 신경이 발달해 있지 않다. 해파리, 말미잘과 같은 강장동물에 이르러서야 비로소 온몸에서 원시적인 근육과 신경이 보인다. 진화가 한층 진행된 연체동물(조개, 문어, 오징어)이나 절지동물(곤충, 거미, 게) 등은 신경이 더욱 발달하여 체내의 여기저기에 수만 개씩 모여 신경절(ganglion)이라는 일종의 작은 뇌를 만든다. 문어, 오징어, 곤충, 거미 등은 뇌가 신체 여기저기에 흩어져 있는 셈이다.[15] 곤충은 식도 주변에 여러 신경절을 지니고 있는데, 이들이 눈과 촉각 그리고 다른 감각 기관으로부터 들어오는 정보를 통합하는 일을 한다.

척추동물에 이르러 몸의 여러 곳에 흩어져 있던 신경절이 등과 머리 쪽으로 모여서 일사불란한 중추조절 기관인 뇌를 형성하게 되었다. 운동과 감각 기능을 적절하게 조절하고 제어하는 데에 있어 조절 센터가 몸의 여러 곳에 분산되어 있어서는 효과적이지 못하기 때문에 머리 부위 한 곳으로 모이게 된 것이다. 척추동물의 뇌는 수천만 개의 신경세포를 모아 놓은 것으로서 몸의 각 부분의 신경절을 용이하게 통제할 수 있다.

---

[15] 연체동물 중에서 문어와 같이 일부의 척추동물보다 지능이 높은 경우도 있다.

비교적 큰 척수를 지닌 어류는 매우 작은 뇌를 지니고 있지만 뇌 덕분에 바다를 제패하게 되었다. 어류에서 양서류, 파충류로 진화해 나가면서 뇌가 조금씩 커져 갔다. 조류와 포유류에 이르러 단순한 생명 유지를 위한 본능적인 기능만 수행하는 뇌에서 나아가 감정을 가지는 단계로 진화했다. 감정을 담당하는 뇌의 발달에 이어 인지를 담당하는 뇌도 발달했다. 이와 같이 본격적인 뇌는 척추동물처럼 진화가 상당히 진행된 이후에 생겨났고 동물의 진화와 함께 빠른 속도로 발달한 기관이다. 뇌가 계속 발달하면서 동물들은 점차 유전적인 본능에 의한 행동은 적어지고 경험에 의한 행동이 많아지게 되었다. 이러한 과정으로 진화하여 최고의 단계에 있는 인간의 뇌는 감각과 행동의 제어와 조절이라는 원래의 역할 외에도 사람을 사람답게 하는 고도의 정신 기능을 창출하게 되었다.[16]

2) 인간 뇌의 발달 과정

약 3백만 년 전 오스트랄로피테쿠스 때에 약 500cc 정도였던 인간의 뇌는, 2백만 년 전 호모 하빌리스 때에 700cc에 이르렀고 1백50만 년 전의 호모 에렉투스 때에 1,100cc까지 커졌으며, 20만 년 전인 호모 사피엔스 단계에서 오늘날과 같은 1,400cc 정도의 크기에 도달했다. 뇌 크기의 진화와 더불어 인간의 정신적 역량도 크게 진보했다. 약 3백만 년의 기간은 오늘을 살고 있는 인간의 입장에서는 상당히 긴 시간이지만 38억 년이나 되는 생명체의 역사에서 볼 때에는 결코 길지 않다. 뇌의 크기가 3백만 년 동안 약 3배로 커졌는데 이것은 한 세

---

16 『과학동아』, 앞의 글(2003. 10), pp. 71-75; 박재갑 외, 앞의 책, p. 131; 김미경, 『춤추는 미로』, 도서출판 성우, 2002, pp. 12-14; Robert A. Wallace 외 2인 저, 『생물학: 생명의 과학』, 이광웅 외 7인 역, 을유문화사, 1998⁸, pp. 701-704; Andrew Newberg · Eugene d′ Aquili · Vince Rause, Der gedachte Gott; Wie Glaube im Gehirn entsteht, Piper(München·Zürich), 2003, pp. 28-30; 가미카와 키요오 저, 『뇌를 만들어낸 생물의 불가사의: 생명의 구조와 진화의 탐구』, 문만용 · 강신성 역, 아카데미서적, 2000, p. 70 이하.

대마다 약 15만 개의 신경세포가 증가한 셈이다.

　호모 하빌리스는 직립 보행을 하면서 석기를 사용하여 사냥과 채취로 생활을 했다. 뇌가 현저하게 커지면서 언어 영역이 발달하여 진화 측면에서 큰 도약을 했다. 불을 사용하기 시작한 호모 에렉투스는 움막을 짓고 살았다. 이들은 돌도끼를 활용하는 발전된 사냥 기술을 사용하여 덩치가 큰 동물들도 포획할 수 있었다. 호모 에렉투스 다음으로 출현한 네안데르탈인은 뇌 용량이 1,450cc나 되어 현생 인류의 뇌보다 더 컸다. 그러나 지능 면에 있어 호모 에렉투스보다는 나았지만 현생 인류보다 더 우수했던 것은 아니다. 이들은 죽은 사람을 위한 장례를 치르는 등 종교의식을 가졌던 것으로 보아 자아인식을 지녔던 것으로 추정할 수 있다.[17] 오늘날까지 보존되어 있는 이들의 두개골을 보면 눈을 중심으로 위쪽 부위가 현대인의 두개골보다 현저히 낮은 것을 확인할 수 있다. 이것은 이성과 의지의 작용에 결정적인 역할을 하는 전두엽이 아직도 현대인만큼 충분히 진화하지 않았음을 의미하고, 새로운 인류와의 경쟁에서 자신을 지켜내지 못한 이유가 된다. 네안데르탈인의 뒤를 이어서 출현한 크로마뇽인은 현생 인류와 뇌 용량이 같고 미적 감각과 정신적·지적 능력도 손색이 없다. 이러한 고찰로 인간의 진화는 뇌 진화와 더불어 본격적으로 이루어졌다는 것을 알 수 있다. 인간의 뇌는 대뇌가 커지는 방향으로 진화되었는데, 그중에서도 특히 전두엽이 커지는 방향으로 진행되어 왔다.[18]

3) 유아 뇌의 성장 과정

　인간의 수정란은 진화 순서에 따라 어류—파충류—포유류—유인원

---

[17] 존 에클스(John C. Eccles) 저, 앞의 책, p. 294; 수전 그린필드(Susan Greenfield) 저, 앞의 책, pp. 234-237; 다케다 유타카 저, 앞의 책, p. 12; Andrew Newberg · Eugene d'Aquili · Vince Rause, Op. cit., pp. 81-82.

[18] 다치바나 다카시 저, 『뇌를 단련하다』, 이규원 역, 청어람미디어, 2004, pp. 108-109.

등의 형태를 차례로 거친다. 뇌는 뇌세포 형성과 분열 그리고 발육이라는 세 단계를 거치면서 성장한다. 뇌세포는 수태 단계에서 시작하여 임신 3개월까지 형성되어 임신 7개월까지 왕성한 분열을 한다. 이 과정에서 뇌세포의 수는 분당 약 50만 개의 속도로 약 1천억 개에 이르기까지 늘어난다. 이어 분열이 정지되면서 발육의 단계에 들어간다. 뇌세포는 임신 7개월부터 출생 후 5세에 이르기까지 수상돌기의 수와 세포체의 크기를 증가시키고 축색돌기의 길이를 연장시키며 시냅스를 통해 다른 신경세포들과 연결되면서 활발히 발육한다. 또한 신경교세포가 생산하는 마이엘린이 신경세포의 축색돌기 둘레를 여러 겹으로 덮어 싸면서 수초를 형성하는 것으로 발육은 완성된다. 이 작업은 대개 생후 5세까지 지속된다. 태어날 때 뇌의 무게는 약 350g으로서 어른의 4분의 1밖에 안 된다. 그 후 뇌는 1분에 1mg씩 자라서 6개월이 되면 어른 뇌 무게의 반이 되고 2년 반이 되면 4분의 3, 5세가 되면 90%에 이른다. 그리고 18세에 이르렀을 때 비로소 뇌의 발육이 거의 완성된다. 인간의 뇌는 다른 동물에 비해 발육 속도가 대단히 느린 편이다. 어머니 뇌 무게의 4분의 1밖에 되지 않는 신생아 뇌의 무게가 어머니의 뇌와 같은 무게로 성장하는 데에는 어느 동물보다 더 긴 시간이 걸린다.[19]

아이가 세상에 태어날 때 그의 뇌에는 이미 뱃속에서부터 입력된 프로그램이 저장되어 있다. 이 프로그램 덕으로 갓난아이는 배우지 않고도 젖을 빨고 숨을 쉬며 손과 발을 움직이고 울기도 한다. 우리 개체의 생명 유지와 종족 유지에 필요한 생리 작용을 조종하는 기본 프로그램은 대개 유전적으로 뱃속에 있을 때 뇌에 입력된다. 그 가운

---

[19] 알베르 자카르 저, 『과학의 즐거움』, 장석훈 역, 궁리, 2002, p. 54; 다치바나 다카시 저, 앞의 책(2004), p. 77; 박만상, 『한국인의 두뇌 개발I: 총명한 두뇌 만들기』, 지식산업사, 2001', p. 133, pp. 231-232, 앞의 책(II), p. 17, 『한국인의 두뇌 개발IV: 슬기로운 두뇌관리』, 지식산업사, 1994, p. 167; 닉 아놀드 저, 앞의 책, p. 17; 서유헌, 앞의 책(1996), pp. 69-70, p. 239; 수전 그린필드(Susan Greenfield) 저, 앞의 책, pp. 75-76, p. 84; 김대식, 『공부혁명』, 에듀조선, 2003, pp. 24-25, 39-40.

데 어떤 프로그램은 출생과 동시에 활성화되어 아기의 행위를 조종하고 성 발달을 조종하는 프로그램 같은 것은 사춘기가 되어서야 활성화된다. 타고난 어떤 프로그램은 나중에 소질을 조종하기도 한다. 뇌는 출생 후에 생활 주변에서 일어나는 수많은 자극을 받아들이며 그 자극에 따라 새로운 프로그램을 형성해 주위 사회에 알맞은 생각과 행위를 하게 된다. 사람마다 행동, 재능, 생각이 다른 것은 각자의 뇌 안에 있는 선천적 또는 후천적 프로그램이 다르기 때문이다.[20]

인간의 뇌는 모태에서부터 꾸준히 자라기 때문에 임신부가 섭취하는 영양 상태에 큰 영향을 받는다. 태아 때에 영양이 부족하면 뇌의 성장과 분열 속도가 늦어지고 마이엘린 수초의 형성 속도도 느리며 수상돌기의 수가 충분히 생성되지 못하여 나중에 사고력이 낮아지게 된다. 또한 뇌 호르몬 생성에도 차질이 생긴다. 태어난 이후에는 자신이 직접 매일 먹는 영양 상태에 큰 영향을 받는데 특히 출생 후 5세까지의 영양 상태는 뇌의 발달에 대단히 큰 영향을 준다. 이 시기에 마이엘린 수초의 형성을 비롯한 각종 뇌세포의 성숙이 거의 결정되기 때문에 이 동안 영양을 충분히 섭취한 사람과 그렇지 않은 사람 사이에 형성되는 지능의 차이는 일생동안 지속된다.[21]

어린 유아의 의식에서 본격적인 자아의식으로 발달해 가는 과정은 인류의 진화 과정에서 자아의식이 성장해 가는 과정을 알아보는 데에 좋은 모델이 된다. 침팬지가 거울을 통하여 자신의 얼굴에 묻어 있는 붉은 표딱지를 떼어내는 것으로 보면 거울 속의 자신을 인식하는 것이 틀림없다. 하지만 사람의 수행 능력은 이것과는 차원이 다를 정도로 높다. 침팬지가 습득한 수행 능력은 세 살짜리 어린아이보다 못한 수준으로서 사람 성인의 수행 능력과는 비교가 되지 않는다. 사람의

---

20 박만상, 앞의 책(II), pp. 15-16.
21 박만상, 앞의 책(IV), pp. 155-167.

경우에는 약 한 살 반 정도의 어린아이 때에 이미 거울을 통해 자신을 인식하는 능력에 도달한다. 자아의식은 진화 과정에서 죽음에 대한 인식보다 훨씬 먼저 있었다. 마찬가지로 어린아이의 자아에 대한 인식은 죽음에 대한 인식보다 앞선다.[22]

인류학자인 래크(Lack)와 로렌츠(Lorenz)는 인류 진화의 과정에서 자아의식이 출현하는 데에 있어 영혼과 육체 사이에 넘을 수 없는 큰 심연이 있다고 했다. 그래서 동물에 지나지 않는 유인원에서 인간으로 진보하는 데에는 단순히 진화적인 요소만 작용한 것이 아니라 창조의 과정이 있었다는 것을 상정하지 않을 수 없다. 인류 진화의 계통발생학적 과정에는, 유아에서 소아를 거쳐 성인에 이르는 사람의 개체발생학적 과정과 마찬가지로 모든 종류의 변이가 있었다고 생각된다. 그러나 이러한 과정에 관해 인류는 아직 제대로 알지 못하고 있다.[23]

4) 인간의 뇌는 계속해서 진화할 것인가?

여러 가지 요소들을 감안할 때 현존 인류에게서 인류의 생물학적 진화는 절정에 도달한 것으로 볼 수 있다. 물론 앞으로도 인간 게놈의 돌연변이는 계속될 것이나 엄청나게 불어난 인구에 의해 유전자의 희석 효과가 커서 돌연변이가 유지되기는 힘들 것이다.[24] 더구나 오늘날에는 세계의 모든 곳에 교통과 통신이 가능하기 때문에, 초기 인류의 수천 년에 걸친 진화처럼 작은 집단이 오랜 기간 동안 계속 격리되어 번식할 수 있는 기회를 가질 수 없다. 뿐만 아니라 현대사회는 약자 보호를 앞세운 사회복지를 중요하게 여겨 모든 개인의 생존을 보장하

---

22 존 에클스(John C. Eccles) 저, 앞의 책, p. 213, 294.
23 같은 책, p. 295.
24 호모 사피엔스 사피엔스의 기원이 되는 데에 가장 중요한 의미를 갖는 유전자 변형은 세계의 인구가 2백만 정도일 때 일어났을 것으로 추정하고 있다. 현재 지구 위의 인구는 70억으로서 3,000배 이상 많다.

고자 하기 때문에 자연도태의 방법인 적자생존의 원리를 적용하는 것은 생각할 수도 없다. 오늘날은 오히려 후진국의 주민과 일반사회의 하층민의 번식률이 더 높기 때문에 적자생존과는 반대되는 경향이 있다. 히틀러가 독일 민족을 대상으로 추진했던 뛰어난 사람들만의 번식을 인류에게 적용하려면 수백 년에 걸친 독재 정치로써 강요하지 않으면 안 된다. 이러한 이유로 존 에클스는 현존 인류의 생물학적 진화는 더 이상 가능하지 않다고 생각하고 있다. 그러나 문화적 진화에 있어서는 제한이 없어서 이것의 장래는 인간의 창조성에 달려 있다.[25]

인간의 육체와 뇌를 가지고, 지구 위에, 10만 년 전 호모 사피엔스 사피엔스로 존재하기 시작한 진화적 조상으로부터 생명을 물려받은 우리가, 자아의식을 가진 존재로서 살아가고 있는 것 자체가 하나의 큰 기적이다. 우주의 다른 곳에 생명이 탄생하여 지능을 가진 존재로 진화했을 가능성은 너무도 작기 때문에 생물학자들은 지구상의 인간 생명체는 유일무한 존재인 것으로 간주하고 있다. 생물학을 잘 모르는 천문학자는 우주의 다른 곳에도 생명이 있을 수 있다는 가정을 하고 있지만 큰 의미는 없다. 다른 천체에 생명체가 있을 가능성이 매우 낮을 뿐만 아니라 있다고 하더라도 그것이 우리 인류와 같은 자아의식을 가진 지성적인 존재가 아니라면 의미가 없기 때문이다. 설사 그러한 존재가 있다고 하더라도 각자의 태양계를 벗어나서 다른 태양계로 여행을 하는 일은 물리적인 법칙에 의해 불가능하기 때문에 이 또한 의미가 없다. 에클스는 '생물학적 진화 과정은 희망, 사랑, 진리, 아름다움을 추구하는 본성과 자아의식을 지닌 뇌에 도달함으로써 그 자체를 초월했다.'는 결론으로 그의 저서 『뇌의 진화』를 맺고 있다. 에클스는 인류가 앞으로도 오랫동안 지구에 존속할 것에 대해서는 의심하

---

[25] 존 에클스(John C. Eccles) 저, 앞의 책, pp. 324-325; 『과학동아』, 앞의 글(2003. 10), pp. 71-75.

지 않는다.[26]

3. 마음과 영혼의 근원 문제

이제 뇌에 대해 비교적 면밀하게 살펴본 목적을 일차적으로 정리할 항목에 이르렀다. 뇌의 구조와 작용 원리, 기능과 능력 개발 그리고 뇌의 발달 과정과 뇌에 관한 탐구 과정을 살펴본 것은 그 자체로도 충분히 의미 있는 일이다. 그러나 이 과정은 마음과 영혼의 문제에 대해 좀 더 깊이 알아보고자 하는 작업의 일환이라고 해도 과언이 아니다. 오늘 이렇게 살아가고 있는 나를 비롯한 70억에 이르는 지구 위의 모든 사람은, '살아있다'는 것을 인식하는 자의식을 갖고 있고 그래서 나의 마음과 영혼의 정체, 앞날의 삶 그리고 죽음 이후의 문제에 대해 알고 싶은 강한 호기심을 지니고 있다. '나'는 단순히 동물적인 삶을 가능하게 하는 육체와 주변 환경을 인지하고 살아있음을 의식하는 자의식을 가진 존재일 뿐인가? 앞서 살다간 조상들은 죽음으로 소멸되고 말았고 더 이상 존재하지 않는가? 그들과 마찬가지로 '나' 역시 언젠가는 찾아올 죽음을 통해 해체되고 말 존재에 지나지 않는 것인가? 아니면 영혼이란 존재는 죽음을 통해 소멸되고 마는 육체와는 달리 결코 해체되지 않는 어떤 것인가?

필자를 비롯하여 그리스도 신앙을 가진 사람들은 이러한 문제에 대해 믿을 교리를 통해 비교적 쉬운 해결 방안과 답을 배워 알고 있다. 그래서 그리스도 신앙 안에서는 이러한 질문으로 고심하는 것은 진부한 일에 지나지 않는 것이고, 그리스도 신앙 밖에서는 결코 올바른 해답을 얻을 수 없는 심연에 빠져드는 일과 다름없는 것이기도 하다. 신

26　존 에클스(John C. Eccles) 저, 앞의 책, pp. 351-353.

앙의 진리가 영혼의 문제에 대해 명쾌한 설명과 답을 주고 있는 데에도 불구하고 여러 가지 의문들과 함께 좀 더 정확하게 알고 싶은 욕구가 끊임없이 일어나는 것은 질문자가 나약한 신앙을 지니고 의심을 많이 하고 있는 데에서만 기인하지 않을 것이다. 인류의 역사에서 특히 근대 이후로 그리스도 신앙의 본산지인 유럽에서 기존의 그리스도교 교리 지식에 안주하지 않고 우주와 인간의 본질에 대해 깊은 질문을 던진 사람들에 의해 얼마나 많은 새로운 진리들이 밝혀졌는가를 생각하면, 강한 강도로 끊임없이 일어나는 이러한 질문은 우리로 하여금 해결의 실마리를 찾아 노력하고 고민할 것을 주문하는 내면에서 우러나오는 생명의 소리일 것으로 보아도 무방하리라 생각된다.

그래서 이제 이미 알고 있고 쉬운, 영혼에 관한 그리스도교적 정의에 안주하지 않고 앞서 고찰한 뇌와 그 작용 원리에 대한 여러 가지 지식들을 근거로 영혼의 근원 문제에 대한 객관적인 탐구를 시도해 보고자 한다. 물론 이러한 작업은 그리스도교 신앙의 진리를 극복하거나 배척하려는 것이 아니라, 실제 사실을 정확하게 알아 좀 더 올바른 진리에로 나아가고자 하는 영혼 깊은 곳에서 우러나오는 내면의 요청을 따르는 것이다. 그리하여 예수 그리스도는 진리 자체이시고 '진리와 진리는 상호 모순될 수 없는 것'이라는[27] 기본 원리에 따라 논의를 전개하고자 한다. 어떤 지식을 새롭게 알아내거나 뇌 과학을 전공한 전문인들 사이에는 이미 상식으로 통하지만 비전문인들에게는 아직 생소한 지식을 보편적으로 알리는 일은 맹신과 아집에서 벗어나 더욱 합리적이고 설득력을 지닌 올바른 믿음을 지니게 되도록 도와줄 것으로 생각한다.

---

27 교황 요한 바오로 2세, 「진화와 살아 계신 하느님」, 테드 피터스 엮음, 『과학과 종교; 새로운 공명』, 김흡영 외 역, 동연출판사, 2002, p. 258.

1) 뇌 활동의 결과로 본 마음과 영혼

과학자들의 많은 연구 결과로 뇌는 우리의 마음과 영혼 그 자체는 아니지만 마음과 영혼이 우러나는 물질적인 바탕이고 뇌의 활동과 관련이 없는 마음과 영혼이란 있을 수 없다는 것이 밝혀졌다. 과학자들은 마음과 영혼은 뇌 속에서 일어나는 전기·화학적 반응에 따라 생기는 하나의 생물학적 현상이라고 결론짓고 있다. 뇌는 마음과 영혼의 모든 움직임에 관여한다는 것이다.[28] 과학적·의학적으로 생각하면 지성과 감정 그리고 의지는 뇌가 활동하고 있기 때문에 존재하는 것이다. 여기에 초월적이고 비물질적인 요소가 개입하여 작용하는가에 대한 질문에는 학자들에 따라 의견을 달리하고 있는데 정리하면 그렇다고 생각하는 사람과 그렇지 않다고 생각하는 사람 그리고 알 수 없다고 생각하는 사람으로 분류할 수 있다. 뇌 속에서 마음과 영혼 자체를 찾아낼 수는 없다. 마음과 영혼은 뇌가 하는 일의 과정이므로 눈으로는 볼 수가 없기 때문이다.

인류는 아직도 뇌 안에서 일어나고 있는 느낌·기억·판단·결정 등과 같은 우리가 의식할 수 있는 과정이나 의식할 수 없는 과정이 어떻게 일어나고 있는지 구체적으로 알지 못하고, 뇌가 신체의 각 부분과 맺는 관계도 제대로 이해하지 못하고 있다. 그러나 물리·화학의 발달과 정교한 관찰 기계들의 개발 그리고 뇌에 문제를 가진 수많은 환자들을 통한 폭넓은 연구에 의해 뇌와 정신의 신비를 차차 풀어내고 있다. 이러한 노력의 결과로 정신은 우리의 몸, 특히 뇌에서 일어나는 생리 작용에 의해 작용한다는 생각에 이르게 된 것이다. 인류는 이제 인간의 생각은 무엇이고 정신과 영혼은 무엇인가와 같은 인간의

---

28 박만상, 앞의 책(Ⅰ), pp. 13-14; 야마모토 다이스케, 『3일 만에 읽는 뇌의 신비』, 박선무·고선윤 역, 서울문화사, 2003³, pp. 104-106; 오키 고스케 저, 『뇌로부터 마음을 읽는다; 어떤 뇌 이야기』, 김수용·하종덕 역, 전파과학사, 1996, pp. 5-7; 수전 그린필드(Susan Greenfield) 저, 앞의 책, p. 227; Andrew Newberg · Eugene d' Aquili · Vince Rause, Op. cit., pp. 51-52.

기본 문제에 대해 철학과 신학에서뿐만 아니라 과학적인 측면에서도 답을 찾으려 노력하고 있는 것이다.[29]

2) 정신생물학자

인간의 생각과 정신 그리고 영혼에 대한 해답을 찾으려는 노력의 한 과정으로 지난 20세기 후반에 정신생물학(Psychobiology)이라는 학문이 형성되었다. 이것은 앞에서 언급한 대로 마음과 영혼을 생물학적으로 관찰하여 영혼은 뇌에서 우러나오는 것이고 뇌가 모든 행동을 조정하는 것으로 본다. 때문에 마음과 영혼이란 뇌가 작동하는 어떤 과정을 나타내는 말에 불과하다고 한다. 이러한 노선에 있는 학자들은 실험과 관찰을 통해 마음과 영혼은, 작동하고 있는 뇌에서 우러나온다는 결론에 이르렀다고 주장한다. 이들은 마음과 영혼을 다른 실체로 생각하여 '마음이 있느냐'는 말과 '영혼이 있느냐'는 말은 근본적으로 의미가 다른 물음이라고 한다. 그러나 아직도 마음과 영혼이 어떻게 생성되는지 그 과정에 대해서는 전혀 모르는 상태다. 뇌 과학자들은 현재 복잡한 정신세계, 마음의 세계를 눈에 보이는 과학적 개념으로 모두 설명할 수 없는 것은 사실이지만, 과학이 발달함에 따라 보이지 않는 세계, 추상적인 세계에 대해서도 좀 더 많이 설명해 낼 수 있을 것으로 기대하고 있다.[30]

정신생물학을 따르는 학자들은 우리의 마음, 행동, 생명현상에는 뇌의 전기충동, 신경섬유의 회로 외에도 신경전달물질과 호르몬 역할을 하는 여러 가지 화학 물질이 관여하는 것으로 본다. 이 가운데 화

---

29 박만상, 앞의 책(Ⅰ), p. 15; Stanislav Grof u. a., *Wir wissen mehr als unser Gehirn; Die Grenzen des Bewusstseins Überschreiten*, Herder(Freiburg · Basel · Wien), 2003, pp. 37-54; Peter Neuner(Hg.), Op. cit., pp. 15-42, 79-98; Andrew Newberg · Eugene d'Aquili · Vince Rause, Op. cit., pp. 50-51; 성영신 외 12인, 앞의 책, p. 65, 238.

30 박만상, 같은 책(Ⅰ), pp. 17-18, p. 85, 앞의 책(Ⅱ), p. 91; 박재갑 외, 앞의 책, pp. 135-137; 스티븐 핑커(Steven Pinker) 저, 『빈서판』, 김한영 역, 사이언스북스, 2004, p. 71 이하; 다치바 나다카시 저, 『임사체험-하』, 윤대석 역, 청어람미디어, 2003, pp. 269-275.

학 물질은 신경세포들의 활동을 다양하게 함으로써 우리들의 마음과 행동을 다양하게 한다. 이들은 생각이란 신경세포의 범위를 넘어서 좀 더 광범위한 대뇌피질의 조직적인 활동의 결과라고 한다. 한 가지 일에만 몰두하려 해도 곧 잡념이 끼어드는 것은 생각이 하나의 신경세포 또는 하나의 신경세포 집단에서 형성되는 것이 아니고 여러 신경세포 집단의 활동으로 형성되기 때문이라는 것이다.[31]

3) 뇌 과학자 오키 고스케

일본의 뇌과학자 오키 고스케는 '인간의 마음은 뇌가 만들어 내는 정보이기 때문에 인간 이외의 다른 동물에도 원시적인 마음이 있으며, 그것에 의해 동물은 생활하고 있다.'고[32] 주장한다. 이러한 주장에서 그가 말하는 마음이란 우리가 일반적으로 물질적인 육체와 대조되는 비물질적인 어떤 존재를 의미하는 영혼을 지칭하는 것이 아니라 의식과 의식의 활동을 의미하는 것으로 볼 수 있다. 그에 의하면 대뇌피질은 직접 마음을 만들어낼 수 있는 부분이고 뇌간은 대뇌로부터 창출되는 마음의 근원, 그 중에서도 감정과 의욕의 근원을 생기게 하는 아주 중요한 뇌다. 인간의 마음은 대뇌만으로 창출되는 것이 아니라 대뇌와 뇌간이 긴밀하게 협력하여 만들어내는 것이라고 한다.[33] 고스케에 의하면 인간으로서의 활동은 주로 대뇌피질에서 이루어지는데, 그 중에서도 마지막으로 발달한 이마 바로 뒷부분의 '전두엽', 그 중에서도 전방 약 2/3의 '전두전엽' 혹은 '전두연합야'라고 부르는 곳에서 인간의 마음이 직접 창출되기 때문에 이곳이 인간을 인간답게 하는 가장 중요한 부분이 된다.[34]

---

31 박만상, 앞의 책(III), p. 144, 167, 266, pp. 267-268; 스티븐 핑커(Steven Pinker) 저, 같은 책, p. 90.
32 오키 고스케 저, 앞의 책, p. 23.
33 같은 책, p. 23.
34 같은 책, p. 29.

고스케는 인간의 뇌가 각각의 기능을 갖는 7가지의 뇌, 즉 인간의 뇌인 대뇌피질, 동물의 뇌인 대뇌변연계, 대뇌기저핵과 시상하부, 운동의 뇌인 소뇌, 생명의 뇌인 뇌간, 그리고 반사 작용만을 하면서 단순한 연락로가 되어버린 척수와 호르몬의 뇌인 뇌하수체로 구성되었다고 한다. 그는 이들 중에서 인간의 마음 창출에 직접 관계하고 있는 뇌는 대뇌피질, 대뇌변연계, 시상하부이며, 이들 각각의 뇌에서 마음의 세 가지 요소인 지·정·의가 생성되는 것으로 생각한다.[35] 대뇌피질은 마음을 창출하는 데에 있어 진화된 유수신경을 활용하여 지성을 발생시킨다. 원시적인 무수신경으로 구성된 대뇌변연계는 감정을 발생시킨다. 가장 원시적인 호르몬을 분비하는 시상하부는 의지를 발생시킨다고 생각한다.[36] 하지만 그의 이론은 물론 하나의 가설일 뿐이고 이론의 여지를 많이 안고 있는 것을 쉽게 짐작할 수 있다.

4) 유물론적 진화론자

데카르트는 비물질적인 마음이 물질적인 뇌와 어떻게 작용할 수 있는지를 설명하려고 시도했다. 고전적이고 철학적인 표현인 신체·영혼 문제에서 신체를 뇌로 대치한 그의 생각은 옳았으나 송과체를 인간의 영혼이 직접 움직이는 기관으로 생각하는 오류를 범했다. 하느님으로부터 직접 창조된 인간은 의식적 경험을 갖고 고등동물은 심적 경험이 결여된 기계와 같은 자동인형일 뿐인 것으로 본 그의 주장은 합리적인 것으로 받아들여지지 않았다. 이후 뇌와 영혼의 문제에 관한 연구에서 주목할 만한 내용이 나오기까지는 오랜 시간이 걸렸다. 그동안 프랑스의 의사이며 철학자인 라 메트리(La Mettrie)는 '뇌는 간이

---

35 오키 고스케 저, 앞의 책, p. 30.
36 같은 책, pp. 34-36.

담즙을 분비하는 것처럼 생각을 분비한다.'고[37] 했는데, 그의 이 조잡한 뇌 분비설은 오랜 기간 동안 옳은 것으로 통했다.

다윈의 진화론은 물질세계와는 다른 비물질적인 존재인 심적 체험의 영역에 대해 인정하지 않았다는 결함이 있다. 유물론적 진화론자들은 동물의 진화 과정에 의식이 등장하는 현상에 대한 그들의 이론에 많은 문제들이 제기되는 상황을 대부분 무시하여 오히려 문제를 키우기만 했다.[38] 에클스는 '최소한 고등동물에게서 드러나는 동물의 의식성은 이제는 인정해야 하고 이러한 일은 진화론자들에게 큰 도전이 제기 된다.'고[39] 말한다. 문제를 무시하는 것이 문제를 해결하는 길이 아닌 것은 명백하다.

유물론적 진화론자들은 의식의 출현을 지금까지 제대로 설명하지 못하고 있다. 그래서 이들은 이제 이것을 제대로 설명할 수 없음을 인정해야 하는 단계에 이르렀다고 보아도 큰 무리가 없을 것이다. 이들이 의식의 출현을 자연의 한 현상으로 간주하는 한 이것은 풀리지 않는 수수께끼로 남아있을 수밖에 없을 것이다. 그래서 급진적인 유물론적 진화론자를 제외한 많은 수의 유물론적 진화론자들은 생각이나 추리와 같은 심적 사건에 있어서 비물질적인 의식이 존재하여 작용하고 있다는 것에 대해 일반적으로 동의하는 추세에 있다.[40]

유물론적 진화론자들 사이에서도 마음과 영혼에 관한 일치된 견해를 보이지 못하고 있다. 급진적인 유물론적 진화론자들은 심적 사건과 마음의 존재 자체를 인정하지 않는다. 일반적인 유물론적 진화론자들은 심적 사건 또는 마음의 존재를 인정하지만 그것의 독립적 존재를 인정하지 않는다. 이들의 이론에 의하면 마음과 마음의 움직임

---

37 존 에클스(John C. Eccles) 저, 앞의 책, p. 249.
38 같은 책, p. 255.
39 같은 책, p. 256.
40 같은 책, p. 257.

은 고등동물과 사람 안에 고도로 조직화된 신경조직의 형태로 특별히 존재하는 특정한 물질의 소산에 지나지 않는 것이다.[41]

5) 양자물리학자 마르게노

유물론자들의 경우, 생각과 같은 비물질적 심적 사건이 대뇌피질의 신경세포와 같은 물질적 조직에 작용할 수 있다는 설명에는 물리학의 열역학 제1법칙인 에너지 보존의 법칙에 위배되는 심각한 문제를 안고 있다고 주장했다. 이 이론은 19세기 물리학자들에 의해 제기되었고 20세기의 양자물리학에 의한 혁신을 알지 못한 신경과학자들에 의해 고수되었다. 양자물리학자 마르게노(Margenau)는 1984년에 고전물리학의 사고방식을 뛰어넘는 '양자역학의 확률계와 같은 어떤 장(場)들은 에너지도 물질도 지니지 않는다.'는[42] 이론을 발표했다. 그는 이 이론을 뇌에 적용하여 다음과 같이 말했다.[43]

뇌의 신경세포들은 확률적 양자 법칙에 의해 지배되기에 충분할 정도로 작다. 만일 에너지를 필요로 하는 어떤 변화가 일어나면 복잡한 유기체는 자동적으로 그 에너지를 공급한다. 마음 그 자체가 에너지를 공급할 필요는 없다.

뇌와 마음이 상호 작용하는 이원론적 가설을 규정하는 데 초기 개념이 되는 것은, 심적 사건이 물질의 세계와 마찬가지로 자율적이라는 것이다. 마르게노에 동조하는 학자들은 뇌와 마음의 상호작용은

---

41 존 에클스(John C. Eccles) 저, 앞의 책, pp. 256-258; 얼윈 스콧(Alwyn Scott) 저, 『마음에 이르는 계단: 새로운 의식의 과학에 대한 논쟁』, 안창림·백은경 역, 이화여자대학교 출판부, 2001, p. 168, pp. 182-185.
42 존 에클스(John C. Eccles) 저, 위의 책, p. 273.
43 같은 책, p. 273.

양자역학의 확률계에 의한다는 가설을 주장한다. 특히 어떤 일을 추진하기 위해 마음을 모으고 집중하여 생각하는 것은, 양자역학의 확률계와 비슷한 과정으로 신경활동을 유발할 수 있다고 한다. 그렇다고 해도 의식이 출현한 것은 위대한 기적이다.[44]

6) 뇌 과학자 하루야마 시게오

유전자는 우연히 만들어진 것이라고 생각하는 사람도 있지만, 유전자에 대해서 알면 알수록 불가사의한 존재라는 생각이 든다는 사람들도 많이 있다. 뇌 과학자들 중 많은 수가 그렇게 정교한 것이 어떻게 만들어지는가에 대한 질문에 서양 의학은 합리적이고 정확한 답을 결코 내릴 수 없다고 생각한다. 그래서 어떤 사람은 그저 어떤 위대한 존재(Something Great)가 이것을 창조했다고 생각하는데, 이와 같은 솔직한 생각이 오히려 과학적이라는 평을 듣기도 한다.[45]

하루야마 시게오는 유전자가 우주의 의지 또는 목적이라 표현해도 좋을 어떤 방향을 가지고 있다고 주장한다. 우주에는 창조의 순간부터 도달해야 할 어떤 목표가 있다는 것이다. 감나무에 밤이 열리지 않고 밤나무에 감이 열리는 일은 절대로 없는 것은 유전자 정보가 그렇게 되도록 정해 놓고 있기 때문이다. 이와 같이 제작의 주체는 알 수 없지만 유전자가 제멋대로 활동하지 않고 일정한 방향으로 움직이고 있는 것이 바로 우주의 의지가 존재하고 있음을 암시해 주는 것이라고 한다. 그는 우주와 인간을 창조한 존재가 내려다보면 인간이 아무리 진보했다고 해도 여전히 하찮은 존재로 보일 것이지만, 개중에는 간혹 우주의 원리와 생명의 신비를 깨닫는 사람이 있어서 인간은 위대한 존재이고, 종교는 이들의 깨달음을 널리 알리는 역할을 한다고

---

44 존 에클스(John C. Eccles) 저, 앞의 책, p. 274, 279; 얼윈 스콧(Alwyn Scott) 저, 앞의 책, pp. 204-205.
45 하루야마 시게오 저, 『뇌내혁명3』, 심정인 역, 사람과책, 2000', pp. 32-33.

생각한다.[46]

앞에서 고찰한 바와 같이 인간의 마음과 영혼의 작용 원리와 존재에 대한 많은 논쟁들이 존재하는 것은, 인간의 마음과 영혼이 과학적으로 이해할 수 없는 어떤 비물질적인 속성을 지니고 있기 때문으로 생각되기도 한다. 뇌와 영혼은 본질적으로 두 개의 다른 실체, 즉 하나는 양적인 것이고 다른 하나는 질적인 것이라고 생각하는 사람들은 뇌는 과학적 분석이 가능하나 영혼은 과학적 분석의 대상이 아니라고 생각한다. 이런 관점에서 보면 인간의 마음과 영혼은 관찰과 탐구의 손길이 미칠 수 없는 영역에 존재하게 되어 초월의 세계로부터 기원하는 것으로 간주할 수밖에 없다.[47]

7) 창조론적 진화론자 존 에클스

마음과 영혼은 원래 심리학·철학·종교의 관심 대상이었고 인문·사회과학의 연구 대상이었다. 그러나 뇌 과학은 마음을 과학적인 관점에서 근본적으로 이해하려는 시도를 하고 있다. 에클스(John C. Eccles)는 인간 뇌의 진화 과정을 연구하면서 마음과 영혼 자체를 이해하려고 노력했다. 그 결과 그는 유물론적 진화론으로는 인간 진화의 최종 단계에서 나타난 자아의식을 설명할 수 없기 때문에, 뇌의 진화를 설명하는 데에 목적론적 개념이 필요하다고 주장했다. 생물이 진화하는 과정에 단순히 유물론적 측면만 작용한 것이 아니라 하느님의 섭리도 작용한 것을 인정하고 인간의 유전자는 하느님의 의지와 작용에 의해 만들어졌다고 생각했다. 그는 정신세계의 모든 것을 신경세포의 활동으로 설명하려는 과학적 환원주의에만 사로잡혀 있을 것이

---

46 하루야마 시게오 저, 『뇌내혁명 2』, 박해순 역, 사람과책, 1997[13], pp. 83-86; 다치바나 다카시 저, 앞의 책(하), pp. 272-274.

47 『리더스 다이제스트』, 앞의 글(1994), p. 63; Andrew Newberg · Eugene d´Aquili · Vince Rause, Op. cit., p. 196.

아니라, 몸과 뇌의 물질적인 존재와 영혼을 가진 정신적 존재가 공존하고 있는 것을 생각해야 한다는 이원론적 발상을 인정했다. 그래서 마음과 영혼의 모든 것을 순수한 물질적 뇌의 작용으로 설명하려는 일원론적 관점을 고집하는 학자와 함께 연구하고 대화를 수행해야 하는 과제를 남겨 두었다.[48]

도덕성, 진실, 아름다움, 개인적 책임감 그리고 자아인식은 과학으로 설명되지 않는다. 인간의 정신적 활동 중에서 가장 중요한 부분은 과학 밖에 있다. 과학의 윤리와 과학의 철학은 과학 밖에 있고 철학의 범주에 속한다. 인간 진화의 진실을 알아보는 데에 있어 다윈과 함께 자연도태의 법칙을 발견한 월리스의 의견도 존중해야 한다. 다윈과는 달리 월리스는 인간의 지성은 우주적 지성(Cosmic Intelligence)의 직접적 간섭에 의해서만 설명될 수 있을 것으로 생각했다.[49]

인간에게 있어서 명백한 사실은 신체와 뇌를 포함하는 물질적 세계가 존재한다는 것과 사람은 일관된 자아의식적 존재로서 존재한다는 것이다. 특유의 자아의식적 존재로서 우리가 존재하게 되었다는 사건은 과학을 월등히 초월하는 기적이다. 인간이 자신의 독특성을 인식한다는 것은 의심할 바 없는데, 이것은 신체에 의한 것이 아니라 뇌와 정신에 의한 것이 틀림없다. 물론 우리들의 직접적 경험은 주관적인 것이고 전적으로 우리의 뇌와 자아에서 유도되는 것이며 단일한 것이다. 타아의 존재에 대한 인식은 주체들 간의 소통으로 형성된다. 자아의식의 단일성이 뇌의 단일성에서 유래하는 것이라면 인간 뇌의 단일성의 수준을 조사해야 한다. 이것은 인간의 대뇌피질에 있는 1천억 개나 되는 신경세포들이 서로 연결되어 있는 모든 것을 포함한 단일성

---

[48] 오키 고스케 저, 앞의 책, pp. 9-10; 다치바나 다카시 저, 앞의 책(하), p. 357.
[49] 존 에클스(John C. Eccles) 저, 앞의 책, p. 341.

일 수는 없다. 이들 연결은 가소성과 퇴행으로 끊임없이 변한다.[50]

에클스는 유물적 진화론이 인간의 경험적 단일성을 해결하지 못하기 때문에 자아 또는 영혼의 일관성은 초자연적 영적 창조에 의한 것으로 생각할 수밖에 없다고 한다.[51] 신학적으로 설명한다면 영혼은 하느님에 의한 창조물이고 수정과 출산 사이의 어느 시기에 성장하는 태아에게 이식된 것이라는 것이다. 그는 영혼의 문제는 이러한 신적 창조를 도입하지 않고는 어떤 합리적인 설명도 도출할 수 없다고 생각한다.[52] 에클스의 이러한 결론은 신학적으로 매우 중요한 의미를 지닌다. 이것은 사람의 영혼이 하느님의 거룩한 창조에 의한 것이라는 그리스도교의 믿음을 강화하는 것이다. 우리의 존재를 가능하게 하는 초월적인 신, 우주의 창조자, 아인슈타인이 믿었던 신에 대한 인식뿐만 아니라 우리의 삶 자체를 그에게 의존하는 사랑의 하느님을 인정하는 것이기 때문이다.[53]

에클스는 인간의 육체가 진화론에서 주장하는 과정을 거친 것을 받아들이면서도 영혼의 문제에 있어서 하느님의 특별한 창조 의지와 개입이 있었다는 것을 인정하지 않을 수 없음을 분명히 했다. 그는 자신이 믿는 하느님은 계시를 통해 알게 된 그리스도교의 하느님일 뿐만 아니라 모든 고등 종교에서 의미하는 하느님이고, 창조물을 단순히 창조만 하고 방치해 두는 냉혹한 질서의 존재가 아니라 함께 대화를 할 수 있고 의지할 수 있는 내재적이고 인격적인 하느님이라고 한다. 에클스의 학자적인 양심과 학문적인 성과를 신뢰하고 깊이 존경하는 필자는, 그 일생의 학문적 노력을 종합하여 도달한 이러한 결론을 예

---

50 존 에클스(John C. Eccles) 저, 앞의 책, pp. 342-343.
51 유물론적 진화론은 인간의 자유의지의 기원에 대해서도 합리적인 설명을 하지 못하고 있다. 또한 인간이 느끼는 허무감과 자학, 거룩함에 대한 소망과 같은 순수 정신적 사유에 대해서도 합리적인 설명을 못한다.
52 존 에클스(John C. Eccles) 저, 위의 책, pp. 344-345.
53 같은 책, p. 345; Andrew Newberg · Eugene d' Aquili · Vince Rause, Op. cit., pp. 219-220.

사롭게 여기지 않는다. 필자 역시 학문적 지성을 동원한 결단과 인간적인 정서와 의지를 동원한 마음으로 동의하고 있기 때문이다.

그리스도교는 사람을 육체와 영혼을 가진 존재로 정의하는데, 이 경우의 육체와 영혼은 서로 분리되어 따로 독립적으로 존재할 수 있는 것이 아니다. 인간은 육체와 영혼이 함께 할 때 인간이고 이 중 어느 하나라도 없을 경우에는 더 이상 인간이 아니다. 그렇다고 하더라도 죽음이라는 과정을 통과한 후에는 육체는 분해되지만 영혼은 시간과 공간의 세계를 벗어난 어떤 새로운 세상에 영속하는 존재이다. 그것이 어떤 상태일지는 여기서 미리 구체적으로 알 수 없고 말할 수도 없다. 사도신경에서 고백하는 육체의 부활을 믿는다는 내용에 대해서는 다른 기회에 자세하게 고찰해 보아야 할 것이다. 어쨌든 그리스도교는 이러한 표현으로 죽음 이후에도 계속해서 온전한 인간으로 살아서 존재한다는 것을 믿고 진리로 주장하려고 한다. 그리스도교는 인간의 영혼은 육체와 깊은 관계를 맺고 있고 분리하여 생각할 수 없는 것임에도 불구하고, 처음부터 죽음이란 현상을 거치면서 육체와 분리되어서도 독립적으로 존재할 수 있는 특성을 지니고 창조되었다는 것을 교리로 삼아 가르치고 있다. 에클스는 그리스도교에서 가르치는 이러한 영혼 관념을, 유인원에서 인간으로 진화하는 과정 중에 하느님의 창조의지에 의해 인간에게 주입되어 인류의 기원을 이루었다는 결론으로 설명한다. 인간의 영혼은 한 개인이 모태로부터 태어나기 전에 하느님의 의지에 의해 그에게 부여된다는 것을 주장한 것이다.

에클스에 의하면 각 영혼은 영적이고 고유하며 도덕적 결정과 합리적 결론을 내리고 책임을 지는 존재이고 불멸하는 존재이다. 영혼은 영성을 지닌 존재이고 이것의 존재에 대한 질문은 과학의 범위를 넘어서는 것이기에 다윈의 진화론적 학설과의 관계에서 문제가 생기지 않는 것이다. 인간이 이 세상에 최초로 출현하기 이전의 조상은 원시적인 인간 포유류였는데 진화의 한 단계에서 하느님으로부터 영혼이

라는 선물을 부여받아 진정한 의미의 인간이 되었기 때문이다.[54]

　에클스는 인간을 물질적인 존재에 지나지 않는 것으로 보면서 인간 정신을 단순히 신경세포들의 복잡한 활동에서 기인하는 것으로 설명하는 것은 인간의 품위를 엄청나게 격하시키는 일이므로 이런 주장은 미신으로 분류되어야 한다고 했다. 인간은 영적 세계에 존재하는 영혼을 가진 영적 존재인 동시에 물질세계에 존재하는 신체와 뇌를 가진 물질적 존재임을 인식해야 한다는 자신의 의견을 분명히 했다. 죽음이라는 현상을 통과한 인간에게 어떤 일이 일어나는가에 대해서는 결코 확정적인 지식을 가질 수 없는 것이 인간의 한계라는 것 역시 명백한 어조로 분명히 했다.[55]

54　존 에클스(John C. Eccles) 저, 앞의 책, p. 345.
55　같은 책, p. 351.

마치는 말

본 장에서 살펴본 바와 같이 인류는 인간의 마음과 영혼을 담고 있는 뇌의 작용 원리와 정체를 알기 위해 대단한 정열로 탐구하였기에, 오늘날 파악하고 있는 지식의 양과 깊이는 상당하다. 그럼에도 불구하고 뇌에 대해 아직도 모르고 있는 것이 훨씬 더 많기 때문에 앞으로도 결코 탐구의 고삐를 늦추지 않을 것이다.

인간의 마음과 영혼의 근원에 대한 의견이 다양할 수 있지만 이들을 크게 분류하면 결국 모든 것을 물질적 진화의 결과로 보는 유물론적 진화론자들의 견해와 어떤 형태로든 창조주의 개입이 있었을 것으로 보는 창조론자들의 견해로 정리된다. 이들의 주장은 나름대로 일리가 있기 때문에 아직도 어느 한 쪽이 다른 쪽을 온전히 굴복시키지는 못하고 있다. 창조론자들의 견해는, 유물론적 진화론자들의 견해를 지지하는 사람들의 관점에서 보면 과학적인 방법에서 벗어나 신비적이고 신화적인 세계관에 빠져든 것으로 보일 것이다. 반대로 유물론적 진화론자들의 견해는, 창조론자들의 입장에서 볼 때 과학적인 방법을 존중한다는 사람들이 우연과 비약에 의지하는 매우 비과학적인 방법에 의지하는 것으로 비칠 것이다. 이들의 주장과 서로에 대한 비판은 때로는 심각하게 대립되기도 하여 인내심을 잃을 경우에는 서로가 논리적인 이론 전개로 상대방을 설득하려고 하기보다는 감정적인 대립으로 나아가기까지 할 수 있다.

명백한 것은 창조론자들이 서구 사회의 정신세계를 오랫동안 지배하던 기간에는 인간의 마음과 영혼의 문제에 대해 결론을 쉽게 내리고 안주하고 있었다는 것이다. 그동안도 인간에 대한 깊은 이해에 도달하려는 노력이 다양한 방법들로 꾸준히 진행되기는 했지만 전체적인 안목으로 볼 때 미미한 것에 지나지 않았다. 그러다가 19세기 이후로 난데없이 진화론을 주장하는 사람들이 등장한 것은, 당시 주류였던 창조론을 주장하던 사람들에게 도전이자 고통이었으나 이로 인해 인간의 정체에 대한, 특히 인간의 마음과 영혼을 담고 있는 뇌에 대한 활발한 연구가 진행되어 대단히 풍부한 정보를 얻게 된 것은 부인할 수 없는 사실이다. 진화론자들의 도전은 마치 잠을 자는 것과 같은 상태에 있던 인류를 깨워 전통적으로 전해 오던 종교적 세계관뿐만 아니라 새로운 방법으로 자신에 대한 이해를 모색하게 했다. 두 진영 간의 논쟁은 고통스러운 것이기는 했지만 인간 자신에 대한 풍부한 이해로 나아가도록 한 점에서 큰 의미가 있는 일이다. 그러므로 앞서 논의를 전개하는 과정에서 드러난 바와 같이 필자는, 진화론적 창조론 편에 서있는 사람이지만 유물론적 진화론자들이 이 땅에서 온전히 사라지기를 바라기보다 앞으로도 계속해서 좀 더 진보한 새로운 이론들로 무장하여 창조론자들에게 도전장을 던지며 대화의 광장을 열어주기를 바라고 있다. 양 진영 사이의 성실하고 진지한 대화는 우리 자신에 대한 더욱 깊은 이해로 나아가는 데에 변함없이 큰 도움이 될 것이기 때문이다.

그러나 우리의 마음과 영혼은 이러한 대화를 통해서도 결국 밝혀낼 수 없는 신비의 영역을 언제나 간직할 것이라는 사실 또한 이러한 탐구의 과정을 통해서 더욱 확실하게 알게 되었다. 이러한 이유로 자연과학적인 탐구가 인간에 대한 이해의 길을 배타적으로 독점할 수 없다는 견해는 무리한 주장이 아니다. 인간의 이성만이 아니라 의지와 감성마저 동원되는 전인적인 탐구인 철학적·신학적 탐구가 인간을 이해하고자 하는 데에 한 몫을 담당할 여지는 항상 있다.

앞에서 주로 자연과학적 방법론으로 인간의 마음과 영혼에 대해 탐구해 온 필자는 제9장에서 인문과학적 방법론을 동원하여 인간의 마음과 영혼의 정체에 접근해 보려고 한다. 여기에서는 아인슈타인의 다음과 같은 말을 소개하는 것으로 이 문제에 대한 고찰을 일단 마무

리 짓는다.[56]

　우리의 가장 아름다운 경험은 신비로움이다 그것은 참된 예술과 과학의 바탕에 깔려있는 근본적인 정서다. 신비로움을 알지 못하고 더 이상 경외감을 가질 수 없으며 더 이상 놀랄 수도 없는 사람은 사실상 죽은 사람이나 다름없다. 진정한 신앙심을 이루는 것은 간파할 수 없는 어떤 존재에 대한 인식, 심오한 이성에 대한 지각, 원초적인 형태로만 이해할 수 있는 찬란한 아름다움에 대한 지식과 정서이다.

---

56 『리더스 다이제스트』, 앞의 글(1994), p. 19.

9

영혼·마음·정신의 정체

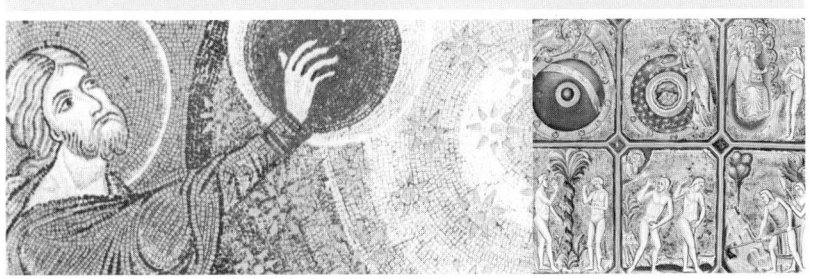

시작하는 말

인간을 다음과 같이 분류하는 생물학적 지식이 인간을 이해하는 데에 도움이 되는 것은 사실이다.

인간의 분류
계; 동물 / 문; 척색동물 / 아문; 척추동물 / 강; 포유동물
과; 영장류 / 속; 호모 / 종; 호모 사피엔스.[1]

그러나 인류는 인간에 대한 이 정도의 이해로 만족할 수는 없었기 때문에 좀 더 깊은 이해를 위해 오랫동안 상당한 정열로 노력해 왔다. 그런데 인간이란 너무나 복잡한 존재여서 노력하면 할수록 올바른 이해가 참으로 어렵다는 사실을 알게 되었다. 독일의 뛰어난 실존철학자 마르틴 하이데거는 '오늘날처럼 인간이 많이 그리고 다양하게 알려진 때는 없었다. 오늘날처럼 인간에 대한 지식이 강력하게 그리고 매혹적으로 제시된 때도 없었다. 그러나 오늘날처럼 인간에 대하여 무

---

[1] 에른스트 페터 피셔 저, 『인간; 사람이 알아야 할 모든 것』, 박규호 역, 들녘, 2005, p. 14.

식한 때는 없었다. 오늘날처럼 인간이 문제 많은 존재가 된 적도 없었다.'고² 했다. 칸트는 그의 〈순수이성비판〉(1781)에서 인간이 가진 철학적인 문제들은 '나는 무엇을 알 수 있는가?', '나는 무엇을 해야 하는가?', '나는 무엇을 바랄 수 있는가?'로 요약할 수 있다고 했다. 이어서 그의 〈논리학 강의〉(1800)에서 이 세 가지 문제는 결국 '인간은 무엇인가?'에 관한 것이라고 했다.

개별적으로든 전체적으로든 인간은 끊임없이 변화하고 있다. 인간에게 변하지 않고 처음부터 그대로 존재하는 것은 없다. 인간은 움직이는 존재이고 스스로를 완성해가는 존재이다. 인간이 늘 변하고 복잡하며 다양한 만큼 인간을 보는 관점도 다양해야 하고 접근 방법도 여러 가지여야 할 것이다. 인간에 대한 새로운 지식은 새로운 질문과 새로운 시각을 낳는다.³ 숨을 쉬는 현상부터 인간이 자기 자신에 한정되지 않고 고정되지 않음을 말해 준다. 인간은 신비로운 생명의 힘을 지니고 세계를 향하며 언제나 열려 있는 존재이다.⁴

영혼·마음·정신 세 용어는 자주 서로 섞이어 사용되고 있다.⁵ 인간의 몸과 뇌 그리고 영혼·마음·정신을 탐구하는 일은 대단히 흥미진진한 분야 중 하나이다. 지난 20년 동안 이 분야의 지식은 폭발적으로 증가했다. 이러한 일에 생물학자·인류학자·유전과학자·정보학자·수학자·물리학자·신경학자·심리학자·로봇공학자·철학자·신학자와 같은 다양한 분야의 전문가들이 참여하고 있다. 이 일은 이제 다양한 전공 분야 학자들의 학제적 연구 과제가 되었다. 인간의 뇌와 감각 기관을 제대로 이해하는 일도 대단한 노력을 필요로 하

---

2 C. A. 반 퍼슨 저, 『철학적 인간학 입문: 몸·영혼·정신』, 손봉호·강영안 역, 서광사, 1989⁴, p. 5.
3 Detlev Ganten 외 2인 저, 『지식: 생명+자연+과학의 모든 것』, 인성기 역, 이끌리오, 2005, p. 15; 에른스트 페터 피셔 저, 앞의 책, p. 10; C. A. 반 퍼슨 저, 같은 책, p. 5.
4 스티븐 퀴츠·티렌스 세지노브스키 저, 『거짓말쟁이, 연인, 그리고 영웅: '우리는 누구인가'에 대한 뇌과학의 대답』, 최장욱 역, 도서출판 소소, 2002, p. 200.
5 『성서백과대사전』8, 성서교재간행사, 1981, p. 527.

는 것이고, 감각 기관의 능력을 초월하는 부분은 쉽게 접근할 수 없는 영역이기 때문이다. 인간의 인식 능력에 대한 연구는 과학적 연구가 활발하게 진행되기 시작한 때부터 집중적으로 이루어졌다. 인간의 영혼과 마음 그리고 정신에 대한 연구도 과학 전반의 발전과 밀접하게 연관되어 있다.[6]

오늘날 신경과학에 의해 뇌 안에서 지각, 기억, 감정 같은 특정한 과정들이 진행되는 것에 대해 많은 연구가 이루어지고 있다.[7] 아직 인간을 완전히 설명하기에는 불충분하지만 뇌의 작동 원리에 대한 수많은 정보들이 이미 밝혀졌고, 철학과 신학에서 오래 전부터 인간의 정체에 대한 문제를 깊이 성찰해 온 자료들이 많이 있기 때문에 영혼·마음·정신의 정체와 이에 얽힌 의문들을 풀어보는 데에 한번 도전해볼 만하다고 생각한다. 이러한 노력으로 새로운 사실을 불과 일부밖에 더 알아내지 못한다고 하더라도 다음 단계로 나아가는 과정에 디디고 지나갈 계단 하나 정도의 역할은 수행할 수 있으리라 생각한다.

1. 뇌와 유전자

인간은 살아가는 데에 많은 뇌 기능들을 필요로 하고 기능은 시스템을 필요로 하며 시스템은 시냅스로 연결된 신경세포들로 구성되어 있다. 인간이 지닌 뇌 시스템들은 개체가 다를지라도 대부분 같은 구조로 이루어져 있으며 각 시스템에 있는 신경세포들의 수도 대동소이하다. 그러나 각 인간 뇌 안의 신경세포들이 엮인 방식들은 각기 독특

---

[6] Detlev Ganten 외 2인 저, 앞의 책, p. 21, pp. 717-718.
[7] 조지프 르두 저, 『시냅스와 자아: 신경세포의 연결 방식이 어떻게 자아를 결정하는가』, 강봉균 역, 도서출판 소소, 2005, pp. 8-9, p. 16.

하여 각 사람들을 다르게 만든다. 뇌는 대부분 자아를 전체적으로 잘 유지하지만 신경세포들의 연결은 끊임없이 변화하기 때문에 각 사람의 개성도 지속적으로 변해간다. 인간의 뇌는 모태에서 받은 유전자들에 의해 고정적인 성향을 타고나기도 하지만 태어난 이후 주변의 환경적 영향에 의해 지속적으로 변해간다.[8]

프로이트는 인간 행동의 동기가 무의식 속에 깊이 숨겨 있다고 했는데, 유전자의 시각으로 보는 학자들 중에는 한 걸음 더 나아가서 인간 행동은 유전자가 생존하기 위한 투쟁에서 비롯된다고 말하는 사람도 있다. 이들의 이론에 따르면 인간의 본질은 유전자가 더 많은 유전자를 복제해 퍼뜨리기 위해 사용하는 수단에 지나지 않는다. 인간이 유전자를 다음 세대에 전해 주기 위해 충실히 일하는 것도 유전자가 인간 본질에 부모로서의 감정을 넣었기 때문이라고 한다.[9]

오늘날 과거의 사람들이 영혼에서 기대했던 것을 유전자에서 찾는 사람들도 있다. 과거에는 어떤 한 사람의 좋고 나쁨을 선한 영혼과 악한 영혼에 결부시켜서 판단했다면, 오늘날에는 그것을 우수한 유전자와 그렇지 못한 유전자에 연결시키는 사람들이 있는 것이다. 과거에는 영혼이 자아의 연속성과 인성의 주체였다면, 이들은 유전자를 영혼과 유사한 존재로 본다. 이들에게 있어서 유전자는 영혼이 지녔던 사회적·문화적 기능을 넘겨받은 셈이다. 생물학적 결정론에서 유전자는 참된 자아가 머무는 장소로서 자아의 본질적인 단위로 인정받는 단계에 이르렀다.[10] 하지만 유전자는 심리적인 상태를 지닌 존재가 아니어서 의지를 지니고 어떤 일을 계획하고 실행하지 않기 때문에, 인간이 유전자의 이기적인 동기에 의해 지배를 받는다는 생각은 성급한

---

8   조지프 르두, 앞의 책, p. 496, pp. 502-503.
9   스티븐 퀴츠, 앞의 책, pp. 34-35.
10   에른스트 페터 피셔, 앞의 책, pp. 91-92.

결론으로 보인다.[11]

2. 뇌와 정신

오늘날 뇌 과학이 대단한 속도로 발전하고 있지만 뇌와 정신의 관계를 어떻게 보느냐는 것은 여전히 어려운 문제다. 해부학자가 인간의 뇌를 관찰하고 있다면 그가 보는 것은 정신과는 전혀 다른 것이다. 정신적인 활동은 우리가 손으로 뭔가를 할 때처럼 아주 많은 단계를 거쳐 이루어진다. 정신은 대상을 파악해서 기억 속에 넣어두고 그 대상들을 서로 연결한다.[12]

진화론자들의 견해에 따르면 최초의 정신은 최초의 뇌가 생겨나고 나서야 비로소 세상에 들어왔는데, 이 초기 단계의 것을 조심스럽게 원형 정신이라 부른다. 정신 이전에는 행동이 존재했다. 정신이 없는 상태에서도 행동은 가능하여 바이러스도 아주 복잡한 행동을 할 수 있다. 그것은 사람 몸속으로 침입해 특정 세포를 찾아 그 유전 물질 프로그램을 변형시키고 자신을 복제할 수 있다. 그 후 다시 새로 공격할 세포를 찾아나설 수도 있다. 최초의 생물, 박테리아, 원생동물, 하등 동·식물들은 오늘까지도 이처럼 행동하고 있다. 이들의 행동을 정신적인 것으로 보기는 어렵지만 인간 정신의 기원과 연계되는 것은 틀림없다.[13]

원형 정신은 최초의 다세포 동물의 기관이었다. 영어에서 동물을 Animal이라고 하는데, 이 단어의 라틴어 어원인 Anima는 호흡·영

---

11 스티븐 퀴츠, 앞의 책, p. 246.
12 한스 페터 뒤르 외 4인 저, 『신, 인간 그리고 과학』, 여상훈 역, 시유시, 2000, pp. 180-181.
13 Detlev Ganten 외 2인 저, 앞의 책, pp. 791-792.

혼 · 생명 · 정신을 의미한다. 항상 변화하는 환경에 적응하기 위해 스스로 움직일 수 있는 생명체만이 뇌를 갖고 있다. 원형 정신에서 정신으로의 이행은 식물의 분산적 신경 시스템이 동물의 중앙 집중적 신경 시스템에 의해 보완되는 것을 의미한다. 그렇게 되면 몸의 현상을 통제하는 것뿐만 아니라 능동적인 역할이 가능해진다. 능동적인 역할을 하는 자는 결정을 내려야 한다. 뭔가 결정을 내려야 하는 존재는 정보를 받아들여 처리할 수 있는 장치를 가져야 한다. 인간은 인지를 통해서 외부 세계로부터 처리해야 할 정보를 제공받는다. 정신은 정보를 이용해 장래의 일을 예측하고 그에 입각해서 행동한다. 진화론자들은 동물의 정신을 주위 환경에서 발생하는 생존의 문제를 해결할 수 있도록 인지를 담당한 기관으로 본다. 정신적인 능력은 신체적 능력만큼이나 다양하다. 육체와 정신은 양자 모두 고유의 다중과제 (Multitasking)를 수행하는 시스템이다.[14]

뇌 과학은 정신이 신체 중 팔다리가 아닌 뇌라는 특수 부위에서 나타남을 밝히고 있다. 정신은 팔과 다리가 없는 경우라도 살아있을 수 있지만 뇌가 없으면 존재할 수 없다. 그래서 진화론자들은 인간 정신의 기원을 뇌의 진화, 특히 대뇌의 발달에서 찾는다. 뇌 용량이 급격히 증가한 호모 사피엔스 단계에서 인간의 정신이 형성되고, 언어 발달과 더불어 더욱 진화했다고 본다.[15] 창조론자들도 진화의 과정은 인정하지만 이 모든 과정 안에 하느님의 창조적 의지가 들어 있다고 주장한다. 모든 생명체의 진화가 단순한 돌연변이와 적자생존의 결과로만 이루어질 수 없다는 것을 진화론자 스스로도 인정하고 있다. 즉 DNA 정보가 변할 때 물질뿐만 아니라 그 정보를 조절하는 개념도 변한다는 것이다. 분명한 사실은 DNA 정보를 조절하는 개념이 먼저 존

---

14 Detlev Ganten 외 2인 저, 앞의 책, pp. 791-797.
15 『과학동아』, 동아사이언스, 1995년 10월호, p. 82.

재하지 않고서는 DNA 역할이 무목적일 뿐이라는 것이다. 그래서 생명은 줄곧 어디에선가 먼저 존재한 개념적 정보, 즉 비물질적인 정신세계의 영향을 받아 시작된 것임에 틀림없다는 주장이 가능하다.

인간의 정신세계는 생의 목적성과 자아의식, 그리고 언어 능력을 갖는다. 이것이 다른 생물체와 명확하게 다른 특성이다. 인간은 자연에 순응할 뿐만 아니라 자연을 거스르는 목적 지향적 행동도 하는데, 이것은 자유의지에 의해 가능하다. 자유의지는 진화론으로 설명될 수 없다. 인간은 자연과의 상관관계뿐만 아니라 자신의 의미와 기원, 그리고 생명의 목적을 알려고 하고 인생의 허무감에 따른 자학과 거룩함에 대한 소망 등을 가지는데, 이러한 것은 진화론적 생명 유지나 효율적 에너지 이용의 측면에서 볼 때 합리적으로 설명되지 않는다. 창조론자들은 이런 사실들을 종합하여 정신세계에도 창조 행위가 있었음이 분명하다고 본다. 정신의 기원에 대한 인식이 다양한 것은 과학 자체에서 유래하는 것이 아니라 세계관의 차이에서 발생한 문제이다.[16]

데카르트는 몸과 정신을 엄격히 구분하는 것으로써 뇌와 정신의 문제를 풀어보려고 시도했다. 그의 이론에 따르면 뇌와 정신은 본질적으로 다른 것이지만 송과선을 통해 서로 활발하게 교류한다고 한다.[17] 라이프니츠(Gottfried Wilhelm Leibniz)는 뇌와 정신이 분리되어 독자적으로 존재하며 불가해한 방식으로 서로 조화를 이룬다고 주장했다. 그는 두 시계의 시간을 맞추어 놓으면 그 둘 사이에 인과 관계가 없어도 동일한 시간을 가리키게 되는 것과 같이 뇌와 정신은 미리 예정된 조화를 이룬다는 것이다. 네덜란드의 철학자 고이링크(Arnold Geulinck, 1624-1699)와 프랑스의 말브랑슈(Nicole Malebranche, 1638-1717)

---

16 『과학동아』, 앞의 글(1995. 10), p. 83.
17 Gerald M. Edelman · Giulio Tononi, *Gehirn und Geist; wie aus Materie Bewusstsein entsteht*, Deutscher Taschenbuch Verlag, 2004, pp. 14-15.

는 정신적 상태와 신체적 상태 사이에 존재하는 체계적인 일치의 원인은 예정 조화에 있는 것이 아니라 하느님께 있다고 보았다. 사물에 반사된 빛이 망막을 거쳐 뇌의 시각피질에 도달하면 하느님이 개입해 정신 내에 감지된 사물의 형상을 낳는다는 것이다. 다윈을 옹호했던 헉슬리(Thomas H. Huxley, 1825-1895)는 이와 전혀 다른 생각을 하여 정신은 뇌의 생리적 현상에 부수된 것으로서 몸에 아무런 인과적 영향을 미칠 수 없는 것으로 보았다. 존 에클스(John Eccles)는 정신이 몸과 상호 작용함으로써 몸을 통제하는 것으로 보았다. 정신이 시냅스에서 이루어지는 화학 및 전기 신경적 전송 형태로 양자역학적 개연성 장을 통과해서 뇌에 영향을 미친다는 것이다. 그는 양자 이론을 뇌 과학에 도입하여 현대 자연과학계에서 자율적 정신이 이론적으로 명맥을 유지할 수 있게 했다.[18] 조용현도 인간의 몸과 정신은 아무 관련 없이 분리되어 있는 영역이거나 층이 아니라 서로 조화되어 있으며 서로를 제약하는 것으로 보았다. 몸은 자신을 보완하기 위해서 정신을 필요로 하고 그 역도 또한 마찬가지라는 것이다.[19] 이은일은 정신은 단순히 뇌의 기능이 아니라 하느님의 품성을 닮은 영적인 것이라고 했다. 또한 인간 뇌의 정교한 구조와 엄청난 기능과 능력은 초월적인 능력을 지닌 창조주의 작품임을 암시한다고 했다. 인간의 영적인 부분은 인간이 물질의 결합체나 진화의 산물이 아니라 신의 성품을 닮도록 특별히 창조된 피조물임을 드러낸다는 것이다.[20]

뇌는 오랜 진화의 정점으로서 물질적인 실체일 뿐만 아니라 행동의 가능성을 내포하고 있다. 인간은 주변 세계에서 오는 각종 신호를 해

---

18 Detlev Ganten 외 2인 저, 앞의 책, pp. 772-773.
19 조용현, 『정신은 어떻게 출현하는가?』, 서광사, 1996, pp. 116-118.
20 류영주, 『뇌와 마음』, 대구가톨릭대학교 출판부, 2005, p. 396.

독하여 행동의 패턴과 계획, 활동 가능성과 생존 확률 그리고 상징의 세계 등을 형성한다. 인간은 뇌 속에 든 일정한 해석의 도식으로 현실을 해석하고 의미를 찾는다. 해석의 도식은 인간이 학습하는 틀을 형성하지만 그 자체도 기나긴 학습 과정의 결과이기에 해석의 도식 자체도 변경될 수 있고 신경세포들의 연결 구조에도 영향을 준다. 그러므로 유연성을 지닌 뇌와 늘 변화하는 인간의 문화는 같은 동전의 양면에 불과한 것이다.[21]

한 인간의 뇌는 평생 동안 외부 세계의 영향을 받는다. 문화는 뇌 형성에 영향을 미치고 뇌는 문화를 만들기 때문이다. 만들어진 문화는 다시 뇌에 영향을 미치며 이 과정이 세대를 이어 지속된다. 인간은 뇌와 문화의 상호작용 덕분에 다양한 환경에 적응할 수 있었다. 이러한 능력은 과학과 예술을 창조하는 에너지가 되는데, 정신분열증 · 우울증 · 강박장애 · 조울증 등 온갖 종류의 정신적인 질병들과 같은 부작용을 동반하기도 한다. 진화심리학에 따르면 현대인의 뇌 안에 석기시대의 감정과 사고구조가 존재하고 있다. 현대사회는 빠른 속도로 석기시대에서 컴퓨터시대로 접어들었지만, 그 속에 사는 현대인은 그 변화가 너무 빨라 적지 않은 부분에서 제대로 따라잡지 못하고 있다. 이러한 결과로 현대인은 현대사회에 유전적으로 부적응된 존재이기도 하여 많은 난관들에 봉착해 있다.[22]

3. 영혼의 정체

영혼이란 무엇을 의미하는가? 영혼이라는 용어는 '살아있는 것'이

---

21   C. A. 반 퍼슨, 앞의 책, pp. 179-185.
22   스티븐 쿼츠, 앞의 책, p. 41, 60, 104, 141.

란 의미에서 생명이란 단어와 통하기도 한다. 많은 종류의 종교적 체계들이 영혼을 죽음 이후에 육체를 떠나서 영원히 살아갈 수 있는 내적 실체로 여긴다. 학자들 중에는 영혼은 신경세포들의 육체적 활동들에 의해 발생하지만 영혼 자체는 물질적 실재를 필요로 하지 않는 존재로 보는 사람도 있다. 루드빅 뷕흐너(Ludwig Büchner)는 영혼은 뇌 기능의 집합적 개념이라고 했는데 역사 안에서 영혼에 대한 생각은 다양했다.[23]

원시인들은 들숨과 날숨이 신비스럽게 교차되는 가운데 영혼을 체험했다. 영혼은 원시인들을 살아있는 인간으로 만드는 힘이자 신적 세력의 발현이었다. 고대 이집트에서는 영혼을 육체에 머무르는 보이지 않는 실체라고 생각했다. 영혼은 인간과 신에 존재하는 것이고 힘과 용기의 원천이었다. 인간이 죽은 뒤 그 영혼은 육체를 떠나 지하의 세계나 사막을 떠돌다가 위험을 만나면 육체가 있는 곳으로 다시 돌아온다고 믿었다. 그래서 미라를 만들어 육체를 보존하는 방법을 강구하게 되었다.[24]

영혼이란 무엇인가에 대한 서양인들의 생각은 서구문명의 근간을 이루는 이스라엘과 그리스 문화의 영혼관에 바탕을 두고 있다. 영혼이란 말은 그리스어의 프쉬케(ψυχή)와 라틴어 anima를 번역한 것이다. 그리스어 프쉬케는 숨을 불어넣는 것을 의미하는 프쉬케인(ψυχειν)에서 유래했다. 이것은 본래 생명을 유지하는 데에 절대적인 호흡을 의미했고 몸(σωμα)과 구분된다. 고대 그리스인들은 영혼을 줄로 조종하는 꼭두각시에 비유했다. 영혼은 몸에 생명을 불어넣는 삶의 원리로서 신체에 머무는 공기, 미립자, 또는 불처럼 물질로 생각했다. 그리

---

[23] 『한국가톨릭대사전』 9, 한국교회사연구소, 2002, pp. 6303-6305; Benjamin Libet, *Mind Time; Wie das Gehirn Bewusstsein produziert*, Suhrkamp Verlag Frankgurt am Main, 2005, pp. 264-265; Detlev Ganten 외 2인 저, 앞의 책, p. 725.

[24] 류영주, 앞의 책, p. 385; C. A. 반 퍼슨, 앞의 책, p. 198.

고 사람이 죽으면 몸을 떠난다고 믿었다. 영혼은 모든 생명체에 깃들여 있다가 생명체가 죽으면 떠나가는, 우리 눈에는 보이지 않는 힘이기도 하다.[25]

소크라테스 이전의 철학자였던 아낙시메네스(Anaximenes)는 영혼이 숨과 같다고 생각했다. 아낙사고라스(anaxagoras)는 영혼과 이성을 구분하여 이성만이 외부의 물질적인 요소들에 영향을 받지 않는 것으로 보았다. 아폴로니아의 디오게네스(Diogenes von Apollonia)는 영혼을 아낙시메네스와 마찬가지로 다시 몸에서 가장 중요한 요소인 숨과 같은 것으로 보았다. 원자인 아톰(Atom)을 만물의 근원으로 본 데모크리토스(Demokritos)는 영혼을 불과 같이 유동적이고 가볍고 섬세한 가장 좋은 아톰들로 구성된 존재로 이해했다. 소크라테스 이전의 철학자들은 영혼을 동물들과 인간이 움직이고 인지하는 생명의 원리로서 살아있는 존재의 온기 및 숨과 연계된 것으로 보았다.[26]

플라톤과 아리스토텔레스는 생명체가 자신의 몸을 움직일 수 있다는 사실이야말로 생명체 안에 영혼이 있다는 표시라고 생각했다.[27] 플라톤은 영혼을 인간의 고유한 실체라고 보고, 영혼을 육체와 결합되지 않는 순수한 이데아적인 부분과 육체와 결합된 부분으로 나누었다. 전자는 순전히 개념적으로 사유하는 이성으로서 죽지 않는 존재이다. 후자는 육체를 떠나서는 존재하지 않는 것이므로 생멸하는 것인데, 이 부분을 다시 둘로 나누었다. 하나는 충동적인 부분으로서 감각적·육체적 욕구를 느끼는 정욕(情欲, epithymetikon)이고, 다른 하나는 이성과 정욕의 중간물로서 이성의 명령에 복종하여 육체적 욕구를

---

25 한스 페터 뒤르 외 4인 저, 앞의 책, pp. 199-200; Gerhard Krause und Gerhard Müller(Hg), *Theologische Realenzyklopädie*, Band XXX, Walter de Gruyter Verlag, Berlin, New York, 1999, p. 748; 류영주, 앞의 책, p. 385.

26 *Theologische Realenzyklopädie*, Band XXX, p. 749.

27 한스 페터 뒤르 외 4인 저, 위의 책, p. 198.

억압하는 기개(氣槪, thymoeides)이다.[28]

이 세 가지 기능은 몸의 머리, 가슴, 배와 관계가 있다. 가장 높은 기능(수레꾼)은 이성적 능력이고 그 다음은(주인의 뜻을 잘 따르는 말) 의지와 결정의 능력이며, 마지막으로 가장 낮은 기능(절제 없는 말)은 욕망의 능력, 즉 성욕과 식욕이다. 각 능력은 넓게 적용되기에 이에 상응하는 덕(지혜, 용기, 절제)이 있다. 플라톤은 국가를 논할 때 이에 상응하는 신분으로 국가를 운영하는 현인과 군인 그리고 상인과 기술자를 말하고 있다. 플라톤은 영혼의 세 가지 기능 사이의 긴장 관계를 말하면서 이성이 욕망을 어떻게 제어하며, 또 의지와 욕망이 어떻게 서로 싸우는가 등을 설명한다.[29]

아리스토텔레스는 〈영혼에 관하여〉에서 영혼은 '생명을 잠재적으로 가지는 자연적 신체의 제일 현실태'라고 정의하면서, 영혼을 갖는다는 것은 근본적으로 생명을 갖는다는 것을 의미하며 생명 유지에 필요한 능력들을 갖는다는 것을 의미한다고 말했다. 또한 영혼을 갖는 것은 몸을 갖는 것을 의미하는데, 심장 속에 영혼이 들어 있다고 보았다.[30] 그는 영혼을 영양 섭취·감각(지각)·욕구·장소운동 그리고 사고와 관련하여 이해하고, 그것들을 운동의 일종으로 보았다. 아리스토텔레스는 식물에게도 영혼의 개념을 부여하고 있다. 영혼은 사물의 형식이라는 의미에서의 실체이고 그러한 성질을 지닌 신체의 본질이다. 눈동자와 시력이 눈을 구성하듯이, 영혼과 신체는 생물을 구성한다.[31]

'영혼을 갖는 것'과 '영혼을 갖지 않는 것'은 생명을 통해 구분된다. 생명은 여러 가지 의미를 지니고 있는데, 감각·장소운동 또는 정

28　류영주, 앞의 책, p. 386.
29　C. A. 반 퍼슨, 앞의 책, p. 47.
30　류영주, 위의 책, p. 386; 데이비드 코언 저, 『마음의 비밀』, 원재길 역, 문학동네, 2004, p. 67; 아리스토텔레스 저, 『영혼에 관하여』, 유원기 역주, 궁리, 2001, pp. 125-126.
31　아리스토텔레스, 앞의 책, p. 20, 23, 39, 128, 130.

지 · 영양 섭취 · 쇠퇴 · 성장과 관련된 운동과 같은 성질 중 한 가지만을 가져도 살아있다고 할 수 있다. 영혼은 근본적인 의미에서 우리로 하여금 살게 하고 감각하게 하며 생각할 수 있게 하는 것이다. 영혼의 능력들은 영양 섭취 능력, 욕구 능력, 감각 능력, 장소운동 능력, 사고 능력이다. 아리스토텔레스의 영혼관은 비교적 유대인들의 사고방식에 가깝다고 볼 수 있다.[32]

구약성경은 인간을 몸과 영혼 · 정신으로 분리할 수 없는 전체적인 존재로 파악했다. 몸과 독립하여 미리 존재하고 영원히 죽지 않는 영혼은 구약성경의 세계에 낯선 개념이다.[33] 이스라엘 사람들은 영혼을 선재(先在)하는 것도, 육체 없이 살아남을 수 있는 것도 아닌 것으로 보았다.[34] 영혼을 의미하는 네페쉬의 어원은 확장하다는 의미를 지닌 나파슈에서 파생된 것으로서 '호흡'과 '호흡하는 영혼'이라는 의미를 지닌 '목구멍 · 목'이라는 뜻을 갖고 있다.[35] 이스라엘 사람들은 영혼이 피속에 깃들어 있거나, 피와 동일한 것으로 이해하여 피를 먹는 것을 금했다(창세 9,4; 레위 17,11; 신명 12,23). 다른 한편으로 영혼이 심장이나 신장과 같은 몸의 기관으로 표시되는 경우도 있다. 그러나 네페쉬로서의 영혼은 이보다 더 중요한 의미를 가지고 있다. 즉 인간은 영혼을 가지고 있는 것이 아니라 그 자신이 곧 영혼이다. 하느님의 호흡으로 인간은 살아있는 영혼(창세 2,7)이 되었다. 이 영혼으로 인간은 하나의 통일체를 이룬다. 여기에 육체적인 것과 정신적인 것의 구별이나 심지어 살아있는 것과 죽은 것의 엄격한 구별마저도 존재하지 않는다. 영혼은 힘이 강해질 수도 있고 약해질 수도 있다. 강한 영혼은 그와

---

32 아리스토텔레스, 앞의 책, pp. 132-133, 138-139; 한스 페터 뒤르 외 4인 저, 앞의 책, pp. 199-200.
33 전헌호, 『자연환경 인간환경』, 성바오로, 1998, p. 290; *Theologische Realenzyklopädie*, Band XXX, p. 740.
34 전헌호, 같은 책, p. 290; 한스 페터 뒤르 외 4인 저, 위의 책, pp. 199-200.
35 『성서백과대사전』 8, p. 526; 『한국가톨릭대사전』 9, pp. 6303-6305.

접촉하는 사람들과 사물들을 통해서 자신의 명백한 한계를 초월할 수 있다. 배고픔·갈증·탐욕·만족·기쁨·슬픔·사랑·증오·희망·절망 등을 뜻하기도 하는 네페쉬는 전체적인 감정을 표현할 수도 있다(탈출 23,9). 영혼은 증오와 기쁨, 사랑과 하느님을 향한 갈망의 처소이기도 하다(시편 35,9; 42,2; 1사무 20,17).[36]

마카베오 상·하, 토빗기, 유딧기 특히 집회서에서 사용하는 프쉬케는 대체로 네페쉬의 의미에 상응하고 있다. 지혜서에서는 명백히 그리스 개념의 흔적이 담겨 있는 것을 볼 수 있다. 예컨대 영혼의 선재성(8,19), 영혼의 불멸성(3,1), 육체에 억눌린 영혼(9,15), 영혼에 속해 있는 윤리적 성질(1,4; 2,22; 7,27; 10,7; 17,1), 영혼은 지옥으로 간다는 관념(16,14) 등이 있다.[37]

쿰란에서 공동체를 이루고 살았던 사람들은 영혼이 죽음 이후에도 지속적으로 존재하고 마지막 날에 부활할 것이라는 믿음을 지니고 있었다. 바리사이파에 속한 랍비들도 이와 같은 믿음을 지니고 있었다. 헬레니즘의 영향을 받은 유다인들 중에는 부활과 연계시키지 않고도 영혼이 죽음 이후에도 지속적으로 존재한다는 믿음을 지닌 사람들이 있었다.[38]

신약성경에서 몸을 경시하고 영혼만을 중시하는 말은 찾아볼 수 없으나 영혼의 불멸을 전제하는 발언은 찾아볼 수 있다(마태 10,28). 중간단계에 대한 언급(루카 23,43)과 부활에 대한 언급도 있다. 예수는 이러한 관점으로는 사두가이파 사람들보다 바리사이파 사람들에게 가깝다(마태 22,23-32).[39] 신약성경에서 인간의 육체를 표현하는 단어로 소마($\sigma\omega\mu\alpha$, soma), 사륵스($\sigma\alpha\rho\xi$, sarx), 인간의 정신을 표현하는 단어로 프쉬

---

36 C. A. 반 퍼슨, 앞의 책, pp. 103-104; 『성서백과대사전』 8, p. 527.
37 『성서백과대사전』 8, p. 527.
38 Josef Höfer, Karl Rahner(Hg), *Lexikon für Theologie und Kirche*, Freiburg 9, 1986, pp. 566-567.
39 *Lexikon für Theologie und Kirche, Freiburg*, 9, pp. 566-567.

케(ψυχή, pschche), 프네우마(πνευμα, pneuma) 등을 사용하고 있으나 그리스 철학에서처럼 인간의 영혼과 육체를 따로 분리해서 이원론적으로 생각했던 것은 아니다. 신약성경에서 인간에 관한 물음은 인간의 죄와 구원에 주로 집중되어 있다.[40] 인간은 피조물로서 언제나 하느님 면전에 있는 존재이며, 하느님에 의해 다른 모든 피조물 위에 높여진 존재이다. 인간은 하느님에 의해 선택되어진 존재로서 순종과 불순종의 갈등 속에서 하느님의 진노와 은총 아래에 놓여 있다. 그러나 예수 그리스도에 의해 새로운 인간이 되었다.[41]

성경에서 말하는 영혼은 최종적으로는 인간을 뜻한다. 객관적으로 볼 때 영혼은 모든 살아있는 것, 동물까지도(창세 1,20-21.24; 2,19) 포함하기는 하지만 특히 인간에 대하여 사용하는 말이다. 그래서 하나의 영혼은 하나의 사람이다. 주관적으로 볼 때 영혼은 마음이나 몸과 똑같이 '나'를 의미하지만, '나'의 내면성과 생명력을 강조한다. 영혼은 사랑하거나(창세 34,3) 미워하고(시편 11,5), 어떤 사람의 기쁨을 사고(마태 12,18; 히브 10,38) 영구히 하느님을 찬미하기 위해 만들어졌다(마태 22,37; 마르 12,29-30; 에페 6,6; 콜로 3,23). 또한 영혼은 성화되어야 한다(1베드 1,22). 예수는 영혼들에게 안식을 약속했다(마태 11,29). 여기서 말하는 영혼은 육체로 된 존재이기는 하지만 그 속에는 생명의 씨앗, 영원의 씨앗이 자리하고 있다(1베드 1,9).

영혼은 생명의 표지이지만 생명의 원천은 아니다. 생명을 주는 것은 영혼이 아니라 하느님이시다. 죽는다고 말하지 않고 하느님께로 돌아간다고 말하는 '영'(욥 34,14-15; 시편 31,6; 코헬 12,7)과는 달리, '영혼'은 뼈(에제 37,1-14)나 육체(시편 16,9-10)처럼 죽고(민수 23,10; 판관 16,30; 에제 13,19) 죽음에 부쳐질 수 있다(시편 78,50). 이 영혼은 명부에 내려가

---

40 Lothar Coenen(Hg), *Theologisches Begriffslexikon zum Neuen Testament*, Band II, Wuppertal, 1971, p. 937. 41

41 전헌호, 앞의 책(1998), p. 293; 데이비드 코언, 앞의 책, p. 527.

그림자와 같은 죽은 자들의 처참한 생활을 한다. 그곳은 '살아있는 자들의 땅'에서 멀기 때문에 거기에 대해서는 아무것도 모른다(욥 14,21-22; 코헬 9,5.10). 또한 하느님께로부터 멀기 때문에 그분께 찬미를 드릴 수도 없어(시편 88,11-13), 그들은 침묵 속에서 살 뿐이다(시편 94,17). 영혼은 이미 없는 것이다(욥 7,8.21; 시편 39,14). 그러나 깊은 구렁 속으로 내려간 영혼(시편 30,4; 49,16; 잠언 23,14)은 하느님의 전능으로 다시 살아나고(2마카 7,9.14.23), 흩어졌던 뼈들도 다시 생명을 얻게 된다.[42]

그리스도인에게 있어서 영혼은 언제나 사람 전체를 의미하는 말이고 유일무이한 존재이다. 영혼은 윤리적 선택과 이성적 판단의 주체이고 불멸하는 존재이다. 가톨릭교회는 영혼이 하느님에 의해 창조되었으며, 영적이며 불멸하다고 가르친다. 인간은 최종적으로는 모든 피조물을 대표하여 하느님께 감사드리고 그분의 크신 영광을 찬미해야 하는 존재이다.[43]

칸트에 의하면 영혼은 객관적으로 파악될 수 없는 존재이다. 헤라클레이토스, 플라톤, 아리스토텔레스와 같은 사상가들뿐만 아니라 아우구스티누스와 데카르트도 영혼을 고립된 존재로 보지 않았다. 영혼은 현실의 전체 상관관계에서 파악해야 하는 존재이다.[44] 인간만이 본질적인 영혼을 가지고 있다고 할 수 있지만 영혼을 의미하는 라틴어 anima에서 동물을 뜻하는 animal이라는 단어가 파생된 것을 감안하면, 다른 모든 생명체도 나름대로의 방식으로 영혼을 가지고 있는 것으로 볼 수 있다. 영혼은 생기를 주는 원리를 의미하기도 하기에 모든 살아있는 것은 어떤 방식으로든 영혼이 있어야 한다. 하느님이 모든

---

[42] 『한국가톨릭대사전』 9, pp. 6303-6305.

[43] 전헌호, 앞의 책(1998), p. 291; Hans-Peter Dürr u. a., *Geist und Natur; Über den Widerspruch zwischen naturwissenschaftlicher Erkenntnis und philosophischer Welterfahrung*, Scherz Verlag, Bern·München·Wien, 1989, p. 89; *Lexikon für Theologie und Kirche*, Freiburg, 9, p 571; 『한국가톨릭대사전』 9, pp. 6303-6305.

[44] C. A. 반 퍼슨, 앞의 책, p. 153, 210.

생명체에게 나름대로 어울리는 생명을 주셨고 이것을 생명 또는 영혼으로 이해할 수 있다. 영혼은 각각의 종이 가진 유기적 또는 정보적 복잡성에 따라 적절하게 생기를 부여하고 있다. 인간 영혼의 등장은 창조와 진화의 일반적 측면에서 나타난 뛰어난 현상이다.[45]

인간의 영혼은 보다 개인적이고 은밀하며 친숙하게 보인다. 그래서 사람들은 몸이 속해 있는 외부 세계와 달리 영혼을 공간적인 의미는 아니지만 내부 세계로 본다. 타인이 나의 몸은 관찰할 수 있지만 나의 영혼은 관찰할 수 없다. 몸은 역학의 법칙에 복종하지만 영혼은 그렇지 않다. 영혼은 우리의 개인사를 형성하고 몸은 공적인 역할을 담당한다. 사람은 영혼에 대한 체험을 오직 몸짓, 말, 글과 같은 육체적인 것을 통해 다른 사람에게 전달할 수 있다.[46]

역사 안에서 영혼의 정체를 이해하려고 노력했던 여러 가지 시도들을 살펴보면 두 가지 기본적인 방향으로 종합할 수 있다. 하나는 영혼을 생명체의 생명 원리로 보는 것이다. 인간에게 있어서는 정신적인 원리까지 포함하는 것으로서 비물질적인 존재이다. 다른 하나는 물질적인 요소로 이해되는 것으로서 생명체의 몸 안에 들어 있는 힘을 의미하는 것이다.[47] 영혼의 정체에 대한 이러한 두 가지 기본적인 방향을 중심에 두고, 보충적으로 다음과 같은 요소들도 생각할 수 있다.

① 영혼이 생명체의 생명을 가능하게 하는 근원적인 요소라고 보는 전통적인 정의는 그대로 유효하지만, 생명을 외부에서 관찰하는 방식으로는 생명과 영혼이 무엇인가를 결코 온전히 알 수 없다.

② 생명체들의 생명활동을 단순히 물질들이 작동한 결과로만 볼 수는 없다.

---

45 존 호트 저, 『신과 진화에 관한 101가지 질문』, 신재식 역, 지성사, 2004, pp. 56-57.
46 C. A. 반 퍼슨, 앞의 책, p. 16.
47 *Theologische Realenzyklopädie*, Band XXX, p. 755.

③ 영혼이 수행하는 세 가지 요소, 즉 생장·감각·정신적 작용은 영혼 안에 존재하는 생명의 세 가지 근원적 원리와 일치한다.

④ 물질적인 존재인 몸과 비물질적인 존재인 영혼은 이원론적으로 분리할 수 있는 것이 아니다.

⑤ 정신은 영혼에 속한다. 정신은 영혼이 수행하는 최상의 능력으로서 전통적인 이해에 따르면 몸의 어느 한 기관에 결합되어 있는 것이 아니다.

⑥ 인간의 몸이 개별적으로 존재하는 것과 마찬가지로 영혼도 한 인간의 개별성을 형성한다.[48]

4. 마음의 정체

사람의 마음은 손으로 만질 수 없는 추상적 개념이다. 마음을 인식(認識, awareness)과 의식(意識, consciousness)으로 구체화하고, 하나의 실체로 이름을 붙인 사람은 데카르트였다. 데카르트 이전의 철학자들은 마음 대신에 영혼이나 이성, 지성, 정신 또는 다른 개념들로써 마음이 수행하는 역할을 설명하려 했다.[49]

사람의 마음이 오늘날과 같은 모습으로 진화하는 데에 수백만 년의 세월이 필요했다. 6만 년 전에서 3만 년 전 사이에 뇌의 크기와 모양, 전반적인 해부학 구조상의 변화는 전혀 보이지 않은 채, 마음의 본성에서 일어난 중대한 변화의 결과로 볼 수 있는 문화적 큰 진보가 일어났다. 이 일은 어린아이들의 성장 환경을 끊임없이 변화시키고 생활양식의 근본적인 변화를 초래했는데, 이런 변화는 인류의 마음에 주

---

48 *Theologische Realenzyklopädie*, Band XXX, pp. 756-758.
49 카렌 N. 샤노어외 저, 『마음을 과학한다』, 변경옥 역, 나무심는사람, 2004, pp. 36-37; 스티븐 미슨 저, 『마음의 역사』, 윤소영 역, 영림카디널, 2001, p. 12

목할 만한 역할을 한 것으로 보인다. 이런 전환을 통해 사람들은 복잡한 도구들을 고안하고 미술품들을 창작하였으며 은유와 유추를 사용할 줄 알게 되어 마침내 다양한 종교적 관념 체계들도 구축할 수 있게 되었다.[50]

아리스토텔레스는 육체와 영혼만이 사람을 구성하는 것이 아니라 마음도 중요한 구성 요소인데, 이것이 영혼보다 더 높은 것이라고 했다. 마음은 영혼 안에 있는 독립적 실체로서 파괴될 수 없다. 그는 영혼이 육체로 하여금 생각하고 느끼고 움직이게끔 만들지만 마음은 더 높은 기능을 가지고 있는 것으로서 육체나 감성과는 관계가 없다고 했다.[51]

신경학자들은 의식 또는 마음에 상응하는 생물학적 작용의 이해에 상당한 진척을 보아, 인간의 의식은 몇 조에 이르는 시냅스들을 통해 교신하는 수백 억 신경세포들의 동시 작용에서 생겨난다는 사실을 알게 되었다. 그러나 신경세포들이 작용하는 구체적인 과정과 마음의 정체에 대해서는 아직도 제대로 알지 못하고 있다. 마음을 이해하는 데에 또 하나의 어려움은 뇌의 작용 메커니즘을 파악하는 일에 해부학, 생리학, 생화학, 유전학, 신경학, 정신의학, 심리학 같은 수많은 전문 분야가 참여해야 하는 데 있다. 모든 분야가 서로 상당히 다른 관점에서 뇌와 마음을 바라보며 제 나름의 기본 개념과 선입견을 지니고 있기 때문이다.[52]

오늘날 학자들은 일반적으로 마음이 지성, 감정, 의지로 구성되어 있는 것으로 생각한다. 개중에는 이 세 요소를 단일한 마음시스템이 보여 주는 여러 측면들로 생각하는 사람도 있고, 뚜렷이 구분되는 별

---

50 스티븐 미슨, 앞의 책, p. 9, 22, 282, 304, 310.
51 이종성, 『신학적 인간학』, 대한기독교출판사, 1979, pp. 20-21.
52 데이비드 코언, 앞의 책, p. 15.

개의 능력들로 보는 사람도 있다. 하여간 마음은 지성, 감정, 의지로 구성되어 있으면서 외부의 정보를 받아들여 보관하고 판단하여 행동을 유발하는 존재라고 정리할 수 있고,[53] 시냅스 네트워크들의 종합 시스템이라 할 수 있다.[54] 최근 들어 신경학자들은 마음 상태가 어떤 방식으로 뇌 기능에 의존하는지 해명하기 시작하면서 마음이 신경세포들에 토대를 두고 있음을 강조하고 있다. 이들 중 일부는 인간의 마음은 뇌에서 진행되는 물리·화학적 과정에 의한 것일 뿐이라는 주장도 한다. 신경학자인 리처드 레스탁은 마음은 근본적으로 모두 두뇌 활동의 결과라고 생각했고, 프랜시스 크릭은 뇌 신경세포의 물리적 작용이 의식과 마음의 유일한 토대라고 했다.[55] 라 메트리는 특정한 병으로 정신활동을 제대로 못하게 되는 사례와 마약이 정신에 미치는 영향 등 수많은 연구 자료를 바탕으로 인간의 마음이 물질에 기반을 두고 있음을 증명해 보려고 했다. 그는 실제로 마음이 뇌와 신경 조직의 각 부분에 위치해 있는 것으로 생각했다. 마음은 물질과 아무런 차이가 없으며, 심지어 물질조차도 감각 기능을 가지고 있다고 보았다.[56]

뇌와 마음이 본질적으로 두 개의 다른 실체라고 생각하는 사람들도 있다. 이들에 의하면 뇌는 양적인 것이고 마음은 질적인 것이다. 뇌는 과학적 분석이 가능하나 마음은 그렇지 않다는 것이다.[57] 신경생리학자 데이비드 H. 허블은 마음이란 단어의 경계가 모호하여 과학의 범주 밖에 있다고 말한다. 즉 마음은 너무나 모호하고 추상적이어서 구체적으로 표현할 수 없다는 것이다. 하디는 뇌 활동이 마음의 모든 것을 설명하지 못한다고 생각했다. 토마스 다이히만은 단순히 뇌를 해

---

53 KBS 일요스페셜, 〈마음〉, 2006. 1. 15 방송.
54 조지프 르두, 앞의 책, p. 293, 427.
55 류영주, 앞의 책, pp. 387-389.
56 C. A. 반 퍼슨, 앞의 책, p. 59.
57 이런 믿음을 공유한 사람들로 데이비드 H. 허블, 앨리스테어 하디, 토마스 다이히만, 펜필드, 다치바나 다카시, 데이브드 코언, 박만상, 이은일, 존 에클스 등을 들 수 있다.

부해 보는 것만으로는 인간의 마음을 제대로 알 수 없다고 했다.[58]

존 에클스는 모든 포유동물이 의식을 갖고 있지만 인간은 특별히 자의식을 갖고 있다고 주장했다. 그는 네안데르탈인이 출생과 죽음을 구분하고자 제의를 활용한 사실을 들면서 죽음을 피할 수 없는 운명으로 여겼던 인식은, 다른 동물의 의식을 넘어서는 획기적인 도약을 의미한다고 했다. 그는 초자연적인 영적 창조에 의해서 자아 또는 영혼의 유일성이 생겨났다는 것을 인정하지 않을 도리가 없다고 했다. 에클스는 물질 마음과 비물질 마음을 연결하는 모델을 개발했다. 그는 바깥세계(빛, 소리, 냄새, 맛, 감촉)와 내면세계(사고, 느낌, 기억, 꿈, 이미지 형성, 의도)를 구분한다. 특히 내면세계는 '연락 뇌'와 연결되어 있다. 연락 뇌는 자아, 자신, 영혼을 담고 있으며 의지의 근원이다. 에클스 이론의 핵심은 연락 뇌는 물질과 거리가 멀지만 그럼에도 물질 뇌에 영향을 줄 수 있다는 주장이다. 에클스는 연락 뇌와 연결된 뇌 부위를 밝혀내고자 노력하여 뇌 우반구 두정엽의 두 부위가 최신 피질－매우 새로운 피질이라는 의미에서 그 스스로 붙인 이름이다－이라는 부위를 구성한다는 견해를 제시했다. 원숭이는 이곳이 제대로 발달하지 않았으며, 인간 태아의 경우엔 뒤늦게 발달하는 걸로 보인다. 따라서 이 부위는 진화과정에서 뒤늦게 인간 뇌에 추가되어, 창의력과 '지식에 관한' 기능을 맡게 되었다고 주장하면서 이곳이 바로 마음과 연결되는 부위라고 했다. 대부분의 과학자들이, 과학적 정설을 정면으로 반대하는 것이 분명한 에클스의 이 이론을 거부하면서 그의 견해는 영혼이 뇌의 송과선에 들어 있다는 데카르트의 믿음의 현대판이라고 비판했다. 그러나 그의 생물학적 모델에 지지를 보낸 학자들도 있다.[59]

---

58 류영주, 앞의 책, p. 392.
59 데이비드 코언, 앞의 책, pp. 38-39.

박만상 교수는 마음이라는 개념과 영혼이라는 개념은 근본적으로 의미가 다른 개념이라고 하면서, 뇌 작용의 원리를 설명함에 있어서는 일원론적 입장을 표명했지만 마음과 영혼의 문제에 있어서는 이원론적 입장을 보이고 있다. 그는 마음이란 작동하고 있는 뇌에서 발생하는 전기적·화학적인 반응에 따라 생기는 하나의 생물학적 현상이라 정의한다. 뇌세포의 작동 과정에서 일어나는 이러한 현상은 의식, 기억, 행동 등으로 나타나고 그것들은 과학이 취급할 수 있는 대상이 된다. 그러나 혼, 영혼이란 말은 구원, 영생, 내세, 신과의 교제라는 말과 같이 신학의 영역에 속하는 개념이라고 했다.[60]

5. 자아의 정체

우리의 주관적인 자아의 정체는 중요한 요소인데 이것에 대해 제대로 알지 못하고 있다. 물질적인 존재인 뇌가 자아의 정체에 본질적이고 매우 밀접한 역할을 하는 것은 사실이다.[61] 고대철학에서부터 아우구스티누스, 토마스 데 아퀴노, 데카르트, 록크, 라이프니츠, 칸트를 거쳐 현대에 이르기까지 자아(Ich)는 이성적인 생각, 자의식 그리고 영혼과 동일한 것으로 취급되었다. 이들에 의하면 자아는 모든 정신적이고 감성적인 그리고 의지적인 행동의 주체로서 인간 존재의 핵심이자 일생동안 지속되는 인격이고 본질이다.[62]

칸트에 의하면 자아는 두 가지 측면을 가지고 있다. 자아는 감각과 경험의 대상이고, 여러 가지의 객관적인 규정이 가능하다. 그러

60　류영주, 앞의 책, pp. 389-394.
61　Benjamin Libet, Op. cit., p. 21, 273.
62　Gerhard Roth, *Fühlen, Denken, Handeln; Wie das Gehirn unser Verhalten steuert*, Suhrkamp Verlag Frankgurt am Main, 2003, pp. 378-379.

나 자아는 동시에 주체이다. 그래서 자아는 모든 개념을 거느리는 의식이라고 말할 수 있으나, 그것을 말하기 위해서는 다시 동일한 자아를 사용하지 않을 수 없다. 이러한 접근 방식을 칸트는 선험적(transzendental)이라 불렀고, 칸트 이후 철학자에게 큰 영향을 미쳤다. 이 새로운 방법의 장점은 우리가 가진 지식의 기본 전제를 묻는 것이다. 세계에 대한 전 지식은 그 자체로는 지식의 대상이나 사물이 될 수 없는 인식 주체를 전제로 한다. 일상생활의 대화에서는 없어서는 안 될 말인 '나'는 세계 내에 주어진 어떤 사물로도 확인될 수 없다. 자아는 주체로서 세계를 구조화하지만 세계의 일부가 아니다.[63]

자아는 손에 잡히지 않고 도망가는 존재이다. 자아는 일정한 한 점에 이르러서는 어떤 종류의 객관화라도 모두 벗어나 버리기 때문이다. 자아는 인간의 비밀이고 포착의 대상이 아니다. 인간을 대상으로 관찰할 수 있다. 그러나 인간의 본질 가운데 핵심은 시야에 들어오지 않는다. 자아는 대상으로 파악하려고 하는 한 항상 인식의 대상에서 벗어난다. 그러나 자아는 대상을 이해하는 데 없어서는 안 될 필수 조건이다. 자아에 대해서 주체성으로 말할 수는 있지만 결코 대상으로 말할 수 없다. 선험적이기 때문이다. 자아는 대상이나 세계의 일부로서가 아니라 세계를 나의 세계로 만드는 선험적 조건으로 나타난다. 자아는 나 자신으로 끊임없이 현존하고 세계와 삶의 전망 안에서 피할 수 없는 중심이다. 이 선험적 자아를 통해서 비로소 세계가 우리 앞에 등장한다. 자아는 사유와 지각의 주체일 뿐 아니라 행동의 주체이다.[64]

자아는 손에 쥐고 있는 빗이나 내 기억 속에 등록되어 있는 대화와 같이 대상으로 삼을 수 없다. 자아는 행동이나 사상이 솟아 나오는 근

63　C. A. 반 퍼슨, 앞의 책, p. 153.
64　같은 책, pp. 154-155, p. 168.

원이다. 그리고 세계도 이 자아의 활동에 관계되어 있다. 자아는 물리적·생물학적·심리적·사회적·문화적인 모든 요인의 총합이어서 우리가 아는 것들과 알지 못하는 것들 모두 포함하는데 유전, 학습, 스트레스, 노화, 질병 등에 의해 영향을 받는다.[65]

6. 정신의 정체

정신은 일정한 테두리에 넣어 엄격하게 정의하기가 매우 어렵다. 철학을 비롯한 다른 분야에서 사용하는 언어를 보면 그 어려움이 쉽게 증명된다. 정신이란 말은 대개 영혼이란 용어와 같은 뜻으로 쓰였거나,[66] 때로는 인간의 영혼보다 한 단계 높은 층으로 신적인 기원이 있는 것으로 생각되었다.[67] 철학사전에 따르면 정신을 그리스어에서는 프네우마(Pneuma)로, 히브리어는 루아(Ruach)로, 라틴어는 스피리투스(spiritus) 또는 아니마(anima)라고 하는데 숨·생명력·생명의 원리를 의미한다. 고대에서는 정신을 비록 매우 가벼운 것이기는 하지만 물질적인 것과 관련된 것으로 보기도 했다. 현대철학에서는 정신을 그리스적 개념에서 유래한 누스(Nous)와 로고스(Logos)로 본다.[68] 정신은 생물학적으로는 뇌의 수많은 신경세포들과 육체를 구성하고 있는 조직들이 활발하게 작용함으로써 발생한다. 신경세포들과 육체의 조직

---

65 C. A. 반 퍼슨, 앞의 책, p. 165; 조지프 르두, 앞의 책, p. 62, 66.
66 데카르트는 이 두 용어를 구별 없이 뒤섞어 사용했다. 그는 또한 정신을 원하고 의식적으로 인지하며 기억하고 상상하며 이해하는 자아와 동일한 것으로 봄으로써 영혼, 정신, 자아를 특별히 구분하지 않았다.(페터 뒤베케 저, 『두뇌의 비밀을 찾아서; 데카르트에서 에클리스까지』, 이미옥 역, 도서출판 모티브북, 2005, p. 32.)
67 아리스토텔레스가 이렇게 보았다.
68 Gerhard Roth, *Das Gehirn und seine Wirklichkeit; Kognitive Neurobiologie und ihre philosophischen Konsequenzen*, Suhrkamp Verlag Frankgurt am Main, 1997, p. 272.

들을 분리시키는 일이 발생하면 정신에 심각한 장애가 따른다.[69]

정신은 보통 삶의 비물질적인 원리, 사고 능력으로 여겨진다. 아리스토텔레스는 정신을 최고로 완벽한 상태에 도달한 영혼이라고 정의한다. 기원전 300년 무렵 스토아 철학자들은 정신(spiritus)이라는 말이 어원상 숨결이나 바람을 뜻한다는 사실을 근거로, 정신을 생기(生氣)를 가진 기본 물질, 세계영혼(Weltseele)으로 규정했다. 아리스토텔레스와 마찬가지로 토마스 아퀴나스도 정신을 비물질적인 인식 능력으로 보고, 그 안에 영혼의 최고 능력이 잠재해 있다고 생각했다.[70] 그리스도 신앙은 인간의 존재 원리를 정신이라고 규정하고 있다.[71]

몸과 영혼은 구체적인 인간의 국면이다. 이 구체적인 인간은 살아 활동하며 스스로 책임을 지고 자기의 길을 선택한다. 바로 이것을 우리는 '정신'이라 일컫는다. 정신은 몸, 영혼 위에 얹혀 있는 또 하나의 새로운 층이 아니라 전혀 다른 관점에서의 인간이다. 즉 문화를 창조하고 다른 사람들과 사회를 이루어 윤리적인 관계를 가지며, 나아가서는 초월적인 존재를 체험하면서 자기를 인식하고 자기를 완성하고 자기의 위치를 발견하며, 태도를 설정하고 가치 판단을 내리는 주체로 보았을 때의 인간이다. 정신은 우리가 그것을 출발점으로 삼아 세계를 경험하는 중심점이다. 마치 눈과 대상간의 거리를 재기 위해 그 한쪽 끝을 형성하는 자기의 눈 밖으로 나갈 수 없듯이, 정신도 대상으로 삼아 관찰할 수 없는 그런 중심점이다.[72]

정신은 모든 것을 포괄하는 능력이고 한계가 없다. 감각 작용은 항상 몸과 직결되어 있고 일정한 감각 기관에 종속되어 있다. 그러나 정

---

69 Antonio R. Damasio, *Descartes'Irrtum; Fühlen, Denken und das menschliche Gehirn*, Ullstein Buchverlag GmbH, München, 2004, p. 303.
70 한스 페터 뒤르 외 4인 저, 앞의 책, p. 177.
71 심상태, 『인간; 신학적 인간학 입문』, 서광사, 1989, p. 78.
72 C. A. 반 퍼슨, 앞의 책, pp. 4-7. p. 81.

신은 몸에 거의 얽매이지 않고 어떤 특정한 감각 기관의 구속을 받지 않는다. 정신은 모든 것을 포착하고 무한한 가능성을 지니고 있다. 바로 이 이유 때문에 정신을 엄밀하게 규정하거나 일정한 위치를 설정할 수가 없다. 정신은 실로 인간이 한계를 그을 수 있는 영역 밖에 놓여 있다. 인간의 영역 안에 속하는 것은 몸과 영혼의 관계이고 정신은 신성한 힘이라고 아리스토텔레스는 생각했다. 그에게 있어서 정신은 인간을 진정한 인간으로 만들기 위해 영혼의 생활에 연합한 숭고한 힘이다.[73]

몸과 영혼의 문제에 대해서 아리스토텔레스 사상이 갖는 의의는 대단히 크다. 영혼을 몸을 통해서 해석하고, 몸을 영혼을 통해 해석하는 그의 방법은 숱한 문제를 해결했다. 그러나 그는 정신을 구체적인 인간 생활에 관계시키면서 동시에 정신적인 것의 본질을 몸과 영혼으로 존재하는 구체적인 개인의 영역 밖에 두었기 때문에, 그의 사상 체계 가운데 팽팽한 긴장을 조성해 놓았다. 토마스 데 아퀴노에 의하면 정신은 인간에게 개인성과 독립적인 인격을 부여하는 영혼의 한 형태로서 개인적으로 계속 존재한다. 인간은 동물보다 고차원의 세계에 속한다. 그 이유는 인간은 개인적이고 인격적인 정신이고, 이 정신은 곧 불멸하는 영혼이기 때문이다.[74]

조용현은 정신을 하나의 주어진 실체가 아니라 생성되고 발전해 가는 하나의 사건으로 보았다. 그에 의하면 정신은 영장류가 채택한 새로운 적응 전략의 논리적 귀결이다. 인간의 진화는 손을 이동 기능에서 해방시켜 가는 과정이며 이것은 동시에 정신을 출현시켜 온 과정이다. 인간 특유의 노동과 의식의 기원을 여기에서 찾을 수 있다고 한다. 정신은 단순히 나의 뇌 또는 그것의 부대 현상도 아니고 나 밖에

---

[73] C. A. 반 퍼슨, 앞의 책, pp. 121-124.
[74] 같은 책, pp. 124-127.

서 들어온 신비적 실체도 아니다. 그것은 그 속에 있으면서 동시에 그 밖에 있다. 정신은 인간의 비밀이고 우리의 포착 대상이 아니다. 정신은 세계의 한가운데 있지 않고 이 정신을 통해서 비로소 세계가 우리 앞에 등장한다.[75]

자신이 자신을 자신의 부분으로 포괄하는 것, 이것이 바로 자기의식이며 이러한 의미에서 정신의 본질은 자기의식에 기초하고 있다. 의식 자체는 물질이 아니지만 일정한 물질적 기초 위에서 성립한다. 자유의지는 정신이 출현하는 데에 필수적 조건이다. 의식은 자아와 타자를 구분하는 것이고 그것의 최고의 형태가 자기의식이다. 정신은 이러한 무제약적인 자기중심적 관점(즉 자유 의지)에서 가능한 것이고 이때 비로소 세계는 인식 가능한 객관적 대상이 된다. 정신은 모든 것을 대상화하여 파악하고 자신도 하나의 대상으로서 파악한다. 정신은 개방성과 유동성으로 그 자신을 대상과 분리시킬 수 있고, 여기서 자신과 대상을 자신 속에 포섭함으로써 의미를 부여하는 존재가 된다.[76]

C.A. 반 퍼슨은 정신이라는 존재는 영혼·몸과 나란히 제3의 요소로 객관화의 차원에서 작용하는 것이 아니라, 인간의 주관성으로부터 객관성의 차원으로 움직이는 운동을 지각할 수 있는 방식을 가리키는 것으로 본다. 그에 의하면 정신이라는 단어는 인간이 살고, 움직이고, 행동하고, 사유하는 방식과 관계가 있는 말이다. 인간이 정신적인 존재인 것은 그가 정신적인 공간 가운데 자신을 숨겨두고 있기 때문이 아니라 일정한 한 점에 이르러서는 어떤 종류의 객관화라도 모두 벗어나 버리기 때문이다. 정신은 세계의 한가운데 있지 않고, 이 정신을 통해서 비로소 세계가 우리 앞에 등장한다. 인간은 주변의 현실과 관계를 맺을 줄 알고 또 자기와 구별할 줄도 안다. 이것을 통해서 인간

---

75 조용현, 앞의 책, p. 5, 24, pp. 186-187, p. 287.
76 같은 책, p. 193, 214, pp. 289-290, p. 296.

은 자신의 고유한 인격성을 의식한다. 정신적인 것은 이와 같이 행동과 혼합되어 있다. 정신은 그 자체로 고립할 수 없다. 정신은 배후에 항상 숨어 있는 어떤 본체가 아니라 무대나 일터에서, 혹은 장기판에서 발견된다. 그래서 정신은 단순히 물리적으로 규정할 수 있는 어떤 행동의 집합에 제한되지 않는다.[77]

헤겔은 정신을 셋으로 나누어 '주관적 정신', '객관적 정신', '절대 정신'으로 각각 불렀다. 주관적 정신은 보통 개인에게 나타나는 정신으로 이해된다. 객관적 정신은 국가에서 실현되는 법과 윤리이다. 법, 가치, 문화 체계, 정신과학의 연구 영역 등은 객관적 정신에 속한다. 절대 정신은 개인을 초월하여 예술과 종교와 철학을 통해 드러난다.[78]

C.A. 반 퍼슨의 견해를 따르면 인간의 정신은 사람 속이나 밖에 객관적으로 존재하는 어떤 대상이 아니라, 인간이 주변 세계에 대하여 그리고 그와 상관관계 가운데서 스스로 위치를 설정하는 방식이라고 볼 수 있다. 이렇게 볼 경우, 정신은 무엇보다 인간 행동의 장이고 '나'라고 말할 수 있는 한 존재의 실현이며, 그러면서도 동시에 '다른 어떤 것'을 가리킬 수 있는 것이다. 정신은 각 사람이 처한 사회와 문화 속에서 스스로 위치를 설정할 때 필요한 기본적이고 전체적인 행동의 틀이다.[79]

C.A. 반 퍼슨에 의하면 정신의 정체를 드러내는 표상은 어떤 물체가 아니라 운동이다. 그는 정신을 명사라기보다 동사로 보았다. 정신은 인간의 피부에 머물지 않고 제의(祭儀), 예술품, 기술의 업적, 윤리적 결단과 같은 인간의 전반적인 문화적 행위를 포괄하는 넓은 광장에 이른다. 정신에 관해서 구체적으로 말해보려면, 의식적이든 무의

---

[77] C. A. 반 퍼슨, 앞의 책, p. 149, pp. 154-159.
[78] 같은 책, p. 188.
[79] 같은 책, p. 189.

식적이든 문화를 통해 구체화되는 인간의 행동과 관계 짓지 않을 수 없다. 인간은 문화를 통해 보다 향상된 인간이 된다. 인간은 동물처럼 생물학적 세계에 고정되어 있지 않다. 역사 속에 살며, 이 가운데서 늘 새로운 세계(노동, 성에 대한 태도와 다른 행위의 변화, 기술의 발달과 교환 관계, 광고와 예술, 스포츠와 교육 등)를 창조한다. 이것을 헤겔의 용어를 빌어 객관적 정신으로 표현할 수 있을 것이다. 정신의 표현인 문화는 객관적인 측면(도구, 철도, 운동장 등)과 주체적인 측면(자아의식, 자기 설정, 육체성 등)을 다 같이 포괄한다. 정신은 여기서 인간에게 '무엇'이 주어져 있느냐를 문제 삼는 말이 아니라, 인간이 자기의 존재를 '어떻게' 실현하느냐를 가리킨다. 이것은 곧 인간의 행동이 사람됨의 본질적인 요소임을 시사한다. 태도 설정과 가치 판단은 인간에게 부차적인 것이 아니라 인간을 비로소 인간으로 만드는 본질적인 요소이다.[80]

7. 영혼과 정신의 차이

아리스토텔레스 철학의 전통에서는 영혼은 모든 생명체에 깃들여 있는 반면 정신은 인간에게만 있다고 본다. 영혼이라는 단어는 여러 언어에서 바람·숨결·호흡 등의 뜻을 아울러 담고 있는데, 이 말들은 살아있는 육체가 하는 호흡, 잡을 수 없고 금세 사라져 버리는 그 무엇을 가리킨다는 의미에서 정신과 비슷하다. 다만 정신은 육체에 얽매이지 않은, 포괄적이고 독립된 원리라는 점에서 영혼과 다르다고 할 수 있다.[81] 데카르트는 자아와 영혼 그리고 정신을 구별 없이 사용

---

80 C. A. 반 퍼슨, 앞의 책, pp. 190-202.
81 한스 페터 뒤르 외 4인 저, 앞의 책, pp. 198-199.

했다.[82]

  개념사적으로 보면 영혼과 정신 사이에는 본질적 차이가 있다. 아리스토텔레스에게서 볼 수 있는 바와 같이 영혼은 특별히 인간의 영혼만을 의미하는 것이 아니라 일반적으로 모든 생물의 삶의 원칙을 의미한다. 그래서 사람들은 생명이 있는 기관인 식물과 동물의 영혼에 관해서도 말한다. 영혼은 육체적 삶의 내적 원칙을 의미하고 정신은 본질적으로 육체와 물질보다 우위에 있는 존재 원칙과 작용 원칙을 의미한다. 사람들은 이러한 의미로 순수한 정신에 관해서 말한다. 그러나 고전적 해석에 의하면 인간에게 정신은 동시에 영혼이다. 정신은 인간의 육체를 살게 하고 혼을 불어넣어 주는, 육체적 삶의 생명 원칙이다.[83]

8. 영혼 불멸

  한 사람이 세상을 살다가 죽은 후에도 영혼이 불멸하느냐는 문제는, 인류가 자의식을 갖게 된 이후로 지속적으로 관심을 가져 온 테마이다. 이에 관한 다양한 의견들은 크게 불멸한다는 의견과 그렇지 않다는 의견 그리고 결국 알 수 없다는 의견으로 분류해 볼 수 있을 것이다.

  프란츠 M. 부케티츠는 사후세계라든지 부활에 대한 믿음은 우리의 두뇌와 진화가 만들어놓은 환상에 지나지 않을 수 있다고 주장한다. 이것은 죽음에 대한 인간의 두려움을 덜어주기 위한 말에 지나지 않는다는 것이다. 그에 의하면 죽은 뒤에도 삶이 계속된다는 믿음은 자

---

82 C. A. 반 퍼슨, 앞의 책, p. 36; 페터 뒤베케, 앞의 책, p. 38.
83 에머리히 코레트 저, 『철학적 인간학』, 진교훈 역, 종로서적, 1986, pp. 172-173.

연선택의 과정에서 유리한 요소가 된다. 죽음과 함께 모든 것이 끝나 버리지 않는다고 믿으면 자신의 삶에 대해 절망하거나 자기 생명이 유한하다는 생각 때문에 허무해하지는 않을 것이기 때문이라는 것이다.[84]

이에 비해 한스 디터 무칠러는 그렇게 순전히 환상에 불과한 것이 자연선택의 과정에서 유리한 조건으로 작용할 것으로 생각할 수 없다고 한다. 자연선택에서 유리한 조건이 될 수 있으려면 환상이 아니라 구체적인 바탕을 가진 것이라야 한다는 것이다. 한스 페터 뒤르는 죽음 뒤에도 삶이 계속된다고 생각한다면 죽는 순간까지 자신의 삶을 현명하게 꾸려가려고 노력할 것이기 때문에, 이런 태도는 자연선택에서 유리한 부분이 된다고 한다. 영혼 불멸에 대한 믿음으로 문화가 안정을 얻게 되고, 이것은 자연선택에서 유리한 위치를 차지하는 데 큰 도움이 된다는 것이다. 그래서 그는 사람이 죽은 뒤에도 영혼은 어떤 형태로든 계속해서 존재하는 것을 믿는다고 고백한다.[85]

이런 고백에도 불구하고 한스 페터 뒤르는 인류의 정신적인 능력은 아직 미흡하여 사후세계를 제대로 파악할 수 없는 것으로 생각한다. 그에 의하면 인류가 현재까지 알고 있는 것은 극히 제한된 내용에 지나지 않아, 상상에 의존할 수밖에 없다. 한스 디터 무칠러는 죽음이란 인류가 이해할 수 없는 신비로운 사건이기에 모르는 채로 남겨둬야 하는 대상이라고 한다. 이해하기 힘든 문제에 대해서 이런저런 말을 해볼 수 있지만, 그런 이야기를 상징적으로 조심스럽게 다루는 성경을 본받는 편이 차라리 바람직하다고 한다.[86]

철학자 흄은 논리와 사유 그리고 이것을 중시하는 과학으로는 영혼

---

[84] 한스 페터 뒤르 외 4인 저, 앞의 책, p. 206.
[85] 같은 책, pp. 207-208.
[86] 같은 책, pp. 212-213.

의 불멸을 해명할 수 없다고 했다. 믿거나 믿지 않거나 둘 중 하나일 뿐이라는 것이다. 조지프 르두는 인간 존재의 상당 부분이 뇌에서 벌어지는 일들로 설명되므로 영혼 불멸의 문제도 뇌의 정상적인 기능과 무관할 수 없다고 한다. 그는 치매에 걸린 독실한 가톨릭 신자인 자신의 어머니를 잠시만 지켜보면 인간 영혼의 거처가 얼마나 부서지기 쉬운가를 고통스러울 정도로 뚜렷이 느낄 수 있다고 했다.[87] 벤야민 리벳은 뇌에 대한 물리적 관찰만으로는 영혼이 죽음 이후에도 존재할 수 있는 근거를 찾을 수 없는데, 그렇다고 그것을 온전히 부인할 수 있는 근거도 명백하지 않다고 한다. 그래서 그는 죽음 이후에도 영혼이 실제로 존재할 수 있는 가능성에 대해 온전히 부인하지 않았다.[88]

토마스 데 아퀴노는 영혼은 육체로부터 독립적인 어떤 것이기 때문에 불멸하는(incorruptibilis) 존재이고, 그래서 육체의 죽음이 필연적으로 영혼의 파멸을 가져오지 않는다고 했다. 그는 또한 영혼과 더불어 학문과 개별 인식들도 죽음 이후에 남는 것으로 보았다.[89] 데카르트는 물질과 정신을 온전히 분리된 존재로 파악함으로써 정신을 교회에서 말하는 불멸의 영혼으로 간주했다.[90]

영혼 불멸을 주장하는 사람들은 영혼은 처음부터 다른 세계로 향하는 존재라는 생각을 하는 것이 특징적이다. 영혼은 이 지상 세계보다 먼저 있었기 때문에 지상 세계의 사정과 관계없이 영원한 이데아의 세계와 관계한다는 것이다. 영혼 불멸을 증명하려고 여러 가지로 노력한 플라톤은 이 세상에 있을 때부터 몸의 속박을 벗어버릴 채비를 차려야 하는데, 이것은 철학을 통해 정신을 이데아의 세계에 집중시

---

87 조지프 르두, 앞의 책, p. 39.
88 Benjamin Libet, Op. cit., p. 272.
89 G. 달 사쏘 · R. 꼬지 편찬, 『성 토마스 데 아퀴노의 신학대전 요약』, 이재룡 · 이동익 · 조규만 역, 가톨릭대학교 출판부, 1993, pp. 94-95, p. 111.
90 페터 뒤베케, 앞의 책, p. 38.

킴으로써 가능하다고 했다. 그는 철학을 하는 목적이 영혼의 속박을 풀어내고 죽음을 준비하기 위한 것이라고 했다.[91]

9. 인식 작용

인간의 인식 현상은 인류가 아직도 제대로 풀어내지 못하고 있는 신비의 베일 속에 싸여 있는 영역들 중 하나이다.[92] 1.4kg밖에 나가지 않는 뇌가 어떻게 인간으로 하여금 자신을 성찰하게 하고 일정한 정체성을 유지하게 하는지 아직도 풀리지 않은 과학의 수수께끼다. 이 수수께끼를 완전히 해결할 수는 없지만 뇌 과학은 해답을 찾아 지속적으로 진보하고 있다.[93] 뇌가 어떻게 작동하는지를 이해하는 것은 어려운 과제다. 그 때문에 신경화학자들은 보통 그 퍼즐의 몇몇 조각, 예를 들어 인지 측면, 감정 측면, 또는 동기 측면 등과 같은 조각에 대해서만 연구하며 전체 기관이나 시스템들을 한꺼번에 연구하지 않는다. 그러나 뇌에 의해 우리의 정체성이 어떻게 만들어지는지를 이해하려면, 우리는 이들 각각의 과정들이 어떻게 혼합되어 뇌라는 원형질 덩어리의 전기적·화학적인 활동들로부터 한 인간이 출현하게 되는지 알아야 한다.[94]

진화론을 수용하는 뇌 과학자들은 우리의 인식 작용이 동물적인 조상의 원형 인식 작용으로부터 진보되어 나온 것으로 생각한다. 자극과 반응의 매개체로서의 원형 인식 작용은 환경과의 상호 작용에서

---

91 C. A. 반 퍼슨, 앞의 책, p. 45.
92 William H. Calvin, *Wie das Gehirn denkt; Die Evolution der Intelligenz*, Elsevier GmbH Akademischer Verlag, München, 2004, p. 47.
93 스티븐 쿼츠, 앞의 책, pp. 216-217.
94 조지프 르두, 앞의 책, p. 493.

생겨났다.[95] 인간 인식 장치의 기본 구조는 대략 4만 년 전에 완성되어 지금까지 거의 변하지 않았지만, 그런 인식 장치가 만들어내는 학문과 기술은 엄청난 속도로 발달을 거듭해왔다.[96]

인간을 비롯한 유기체들은 현실을 구성하고 있는 요소 가운데 존재한다고 믿는 특정한 부분만을 감각 기관으로 지각해서 재구성한다. 하지만 동일한 대상을 지각하더라도 종(種)에 따라 천차만별이다. 같은 나무를 두고도 개가 보는 것과 박쥐나 벌레가 보는 것엔 차이가 있다. 전에는 인간을 포함한 생명체들의 뇌가 자신을 둘러싸고 있는 수많은 대상을 사진 찍듯이 지각해서 기억한다고 생각했었는데 이제는 그렇지 않다. 우리는 우리를 둘러싸고 있는 이 세계를 우리의 생존에 유리한 방식으로 재구성한다는 것이다. 이러한 사실은 인식 작용에 대해 근본적으로 새롭게 고찰하게 한다.[97]

인지심리학은 여러 증거를 들어 우리가 세계에 대해 인지하는 것은 세계의 편린에 불과하다는 주장을 한다. 우리의 귀는 17-20,000 헤르츠 영역의 음파만 들을 수 있고 눈은 전자기파 중에서 가시광선만 볼 수 있다. 그래서 현대 물리학은 감각적으로 직관된 것을 넘어서야 하고, 눈에 보이는 현상에 순수한 오성을 통해 접근해야 한다고 한 칸트의 이론을 존중한다.[98]

프랜시스 크릭(Francis Crick, 1916-2004)은 여러 부위의 뇌 신경세포들이 동시에 빠른 속도로 흥분하면서 인식 작용이 발생하는 것으로 추정했고, 신경학자 안토니오 다마시오는 뇌의 특정한 신경중추 또는 집중 지역이 인식을 조정한다고 주장한다.[99] 신경생물학자나 신경철학

---

95 Detlev Ganten 외 2인 저, 앞의 책, pp. 794-795.
96 한스 페터 뒤르 외 4인 저, 앞의 책, p. 329.
97 같은 책, pp. 224-225.
98 Detlev Ganten 외 2인 저, 위의 책, p. 720.
99 데이비드 코언, 앞의 책, p. 68; 에른스트 페터 피셔, 앞의 책, p. 397.

자들 중에는 인식 작용은 뇌에서 출현(emergence)을 통해서 발생한다고 주장하는 사람들이 있다. 일부 학자들 중에는 인식 작용은 마치 눈이 빛을 받아들이는 것과 같이 뇌가 지각하는 것이라고 말한다. 개중에는 기존의 뇌 과학으로는 인식 작용을 설명할 수 없다고 말하는 사람도 있다. 이들은 인식 작용이 체험의 문제이기 때문에 뇌의 완전히 다른 측면을 고찰해야 한다고 한다. 어떤 학자들은 인식이란 신경생물학적 사실로 소급될 수 있는 환상에 불과하다고 생각한다. 이와 같이 인식 작용에 대한 다양한 견해들이 공존하고 있다. 이런 상황은 인식 작용에 대해 제대로 고찰해 보려는 사람들의 노력을 어렵게 한다. 그래서 에른스트 페터 피셔는 뇌와 인식 작용에 대해 생리학적으로 설명하려는 노력은 포기하는 것이 나을 것 같다고 말하기도 했다.[100]

로크는 먼저 감각을 통해 들어오지 않은 것은 결코 정신에 존재할 수 없다는 백지 이론을 발표했는데, 이것은 그보다 400년 앞서 토마스 데 아퀴노가 이미 한 말이고 아리스토텔레스까지 거슬러 올라가는 말이다. 데카르트는 인식하는 것과 생각하는 것을 같은 현상으로 보았다. 칸트는 〈순수 이성 비판〉에서 오성은 아무것도 직관할 수 없고, 감각은 아무것도 사유할 수 없다. 이 둘의 결합에 의해서만 인식이 생겨날 수 있다고 했다. 만약 우리에게 감각이 없다면 대상을 인식할 수 없을 것이고, 오성(이해력, 사고력)이 없다면 대상에 대한 표상(관념)을 얻을 수 없을 것이다.[101]

인식 작용은 두뇌 안에서 진행되지만 주체인 나만이 그것의 실제에 다가갈 수 있다. 나의 기쁨과 나의 고통은 오직 나만이 제대로 알 수 있다.[102] 어떤 물건이나 사람을 선택할 때에 나의 뇌가 하는 것이 아니

---

[100] 에른스트 페터 피셔, 앞의 책, pp. 398-399.
[101] Gerald M. Edelman · Giulio Tononi, Op. cit., p. 14; Detlev Ganten 외 2인 저, 앞의 책, p. 719.
[102] 에른스트 페터 피셔, 앞의 책, p. 393.

라 내가 한다. 나의 손이나 입이 누군가에게 인사를 건네는 것이 아니라 내가 한다. 나의 눈이나 뇌가 사물을 보는 것이 아니라 온전한 생명체인 내가 본다. 신경세포나 신경망이 느끼고 사랑에 빠지는 것이 아니다. 온전한 인격체인 우리 각자가 생각하고 느끼고 원하고 선택하고 실행하고 서로 사랑한다.[103]

자아 인식은 사회적 세계와 장기간 교류하는 과정에서 발달했다. 복잡한 사회를 헤쳐 나가기 위해서는 자아 인식은 절대적으로 필요한 것이다. 자아 인식 능력 덕분에 인간은 급속한 사회적 관계의 변화에 호응하여 적응해 갈 수 있다. 문화생물학은 최근의 연구 결과들을 들어 자아 인식은 전전두엽의 발달에 결정적으로 연계되어 있는 것으로 보고 있다. 인간의 뇌에서 가장 늦게 진화한 전전두엽은 인간의 행동을 상황에 맞게 조절하는 체계의 중심이다.[104]

뉴턴의 고전 물리학적 인식 체계는 물질이란 질량을 가진 입자들이 유동적이고도 소극적인 집합을 이루고 있다가 외부의 영향을 받아 형태를 가지게 된다고 인식했다. 자연은 질서, 조화, 예측 가능성이 지배하는 하나의 유기체 또는 기계 장치 같은 것으로 인식했다. 상대성 이론의 출현은 세계에 대한 이러한 인식을 뒤흔들었다. 그때까지 확고부동한 기본 단위라고 믿어 의심치 않았던 시간과 공간은 상대성이론에 의해서 가변적이고 상대적인 단위임이 밝혀졌다. 그 뒤 양자물리학이 등장해 물질에 대한 종래의 관념을 완전히 뒤엎었다. 원자를 구성하고 있는 미시세계는 거시세계를 축소해놓은 것이라는 종래의 생각이 양자이론에 의해 무너진 것이다. 파동과 입자들이 인과 관계를 엄밀하게 따르지 않는 예측 불가능한 형태로 연결되어 우주를 이룬다는 이론이 지배적인 학설이 되었다. 연구가 진척되면서 양자이론

---

[103] Hans Goller SJ, *Sind wir bloßein Opfer unseres Gehirns?*, in Stimmen der Zeit 130, 2005, p. 454.
[104] 스티븐 퀴츠, 앞의 책, p. 65, 225

은 더욱 대담한 내용을 내놓았다. 예를 들어 양자장 이론(quantum field theory)은 물질이란 애초에 없고 보이지 않는 에너지장들의 불규칙한 자극이나 파동만이 존재할 뿐이라고 주장한다. 그 밖에도 양자물리학은 '객관적인 물리 현실'은 그 '물리 현실의 관찰자'와 상관없이 독자적으로 존재하는 것이 아니라고 말한다. 외부 세계에 대한 이러한 인식은 인류가 가진 인식 능력에 대한 이해에 큰 변화를 가져다주었다.[105]

우리가 하는 인식 작용은 완전히 객관적이지도 않고 완전히 주관적이지도 않다. 닐스 보어의 말처럼 우리는 늘 우리가 행하고 경험한 것만을 본다. 이 말은, 우리 자신이 세계 안에서 세계와 함께 작용하고 그러는 가운데 우리와 대상 사이에 어떤 관계가 생긴다는 뜻이다. 이 관계는 대상과 우리 어느 한쪽에만 해당하는 것이 아니라 객관적이면서 동시에 주관적인 그 무엇이다. 양자이론이라는 새로운 물리학이 흥미를 끄는 것은 바로 이러한 이유 때문이다.[106]

10. 언어

인간의 언어는 인간이 환경에 적응해 살아갈 수 있도록 점진적인 진화를 거쳐 형성된 것이다. 인간은 처음에 생존을 위해 필요한 것을 감각을 통해 이해했고, 그러한 과정을 거쳐 사물을 언어로 표현하고 이해하는 사고의 세계를 구축하게 되었다.[107] 인간은 언어로 표현할 수 있는 것보다도 훨씬 더 많은 것을 감각을 통해서 알고 있고 아는 것을 전달하기 위해 글자와 음성의 조합, 즉 말을 필요로 한다. 인간은 서

---

[105] 한스 페터 뒤르 외 4인 저, 앞의 책, pp. 218-220.
[106] 같은 책, pp. 225-226.
[107] 같은 책, p. 15.

로를 이해하고 의사소통을 하고자 하는 욕구를 지니고 있다. 한 인간의 성숙은 다른 사람들과 나누는 대화를 통해서 가능하고 대화는 언어를 통해서 이루어진다.[108]

의식은 언어를 생성시켰지만 언어가 점점 완성되어 갈수록 그것은 역으로 의식에 작용해서 인간의 자의식을 강화시켰다.[109] 인지하기와 말하기는 진화의 두 가지 독립적 발명품이다. 인지는 정보 처리의 형식이며 말하기는 의사소통의 형식이다. 인간 문화의 핵심은 언어이며 언어 능력은 무수한 개별 요소로 세분화될 수 있다. 언어는 가장 중요한 정신적 도구이며 단어와 문장은 잠재적 지성을 담고 있다. 언어는 우리 정신의 지평을 지속적으로 확장해 준다. 우리는 모국어가 아니라 하나의 사고 언어로 사고한다. 그리고 말로 하는 언어는 사고를 외부에 전달하기 위한 수단이다. 사고 언어가 무엇으로 구성되어 있는지는 말하기 어렵다. 우리는 그것을 표현할 수 있는 아주 익숙한 언어(한국어, 독일어 등)만을 가지고 있기 때문이다.[110]

11. 인간 존재의 신비

인간에게는 세상과 삶의 정체를 알고 싶어 하는 열정이 있고, 이 때문에 세상과 삶의 원리에 대한 가설을 줄기차게 내놓는다. 인간은 이러한 열정으로 자신의 정체와 존재의 의미에 대한 이야기를 만들어낸다. 자신이 누구인지를 묻고 탐구하며 대답을 찾는 행위야말로 인간을 인간이게 만드는 행위다. 삶의 정체와 의미를 이해하고자 하는

---

108 에른스트 페터 피셔, 앞의 책, p. 29.
109 조용헌, 앞의 책, p. 276.
110 Detlev Ganten 외 2인 저, 앞의 책, pp. 818-827.

행위는, 인간이 영원히 살지 못한다는 사실의 도전을 받는다. 인간은 자신의 정체와 세상의 의미를 이해하고자 노력하고 있지만 이것을 인간의 언어와 글로 서술할 수 없을 가능성도 있다. 존재의 본질과 현상 자체는 인간의 이해 능력을 벗어나서 풀지 못할 신비로움으로 남는다. 인간이 수없이 많은 종교를 설립한 이유가 여기에 있을 것이다. 신비한 영역을 언급하는 종교는 의심할 여지없이 선조의 생존에 도움이 되었고, 같은 이유로 오늘날에도 여전히 존재하고 있다. 뇌 과학은 인간의 이러한 종교적 영역의 물리적 토대까지도 밝혀내려고 노력하고 있으나 온전히 다 해결하기는 어려울 것이다.[111]

태초의 생명 탄생과 이것에 근원을 둔 인간 존재의 신비를 자연과학적인 탐구 방법으로 궁극적으로 해명하는 일은 현재까지 이루어지지 않았고 앞으로도 가능하지 않을 것이다. 화학·생물학적 진화는 배후에 자취를 온전히 남기지 않았기에 진화에 대한 모든 탐구는 인간이 지금 알고 있는 것과 일치하고 모순이 없는 한에서 인간에게 어느 정도 확신을 줄 뿐이다.[112] 다치바나 다카시는 뇌의 연구를 진행해 가면 인간 존재의 수수께끼, 인간 의식 세계의 수수께끼가 모두 풀릴 거라고 생각했는데, 그것은 불가능한 일이라고 했다.[113]

마음과 뇌의 문제를 포함한 인간 존재의 근본 문제들은 과학적 탐구의 대상이기보다는 철학적·신학적 탐구의 대상이다. 인간 존재의 신비에 관한 문제는 과학적으로 해석하는 것이 불가능한 비물질적인 속성을 지닌다.[114] 적지 않은 수의 물리학자들은 자신이 확고하게 지녔던 신념에 문제가 있는 것을 알고 난 뒤 철학에 관심을 가지게 되었다. 이들은 기계론적 세계관으로 모든 것을 설명할 수 있다고 믿었지

---

111 스티븐 쿼츠, 앞의 책, p. 23, pp. 381-411.
112 Detlev Ganten 외 2인 저, 앞의 책, p. 72.
113 류영주, 앞의 책, p. 393.
114 같은 책, p. 400.

만 그렇게 되지 않았고, 이제는 생물학자들이 머지않아 생물과 관계된 모든 것을 설명해낼 수 있을 것으로 생각하지만 이들 역시 성공하지 못할 것이다.[115]

자연과학의 방법으로 시를 한 편 분석한다면, 탄소 가루로 된 점들이 모여서 글자를 만들고 있는 모습이라든지 글자가 모여 낱말이 되는 순서 같은 것들은 알 수 있겠지만, 시의 뜻은 도저히 이해할 수가 없다. 생명과 인간 존재의 신비도 마찬가지다. 음반에 새겨진 홈을 현미경으로 아무리 들여다봐도 홈에 담긴 소리를 들어낼 수 없다. 그 홈에는 음악이 물질이 아닌 형식으로 담겨 있기 때문이다. 생명이란 물질에 새겨진 형식의 성격을 지니고 있다.[116]

생명체에는 유기적 조직성이 무생물에서보다 훨씬 뚜렷하게 드러난다. 그러나 생명 현상을 유기적 조직성으로 설명해서는 생명을 제대로 이해할 수 없다. 생명은 기존의 설명을 뛰어넘는 완전히 새로운 방법으로 파악해야 하는 무엇인가를 담고 있다. 인간은 이 생명이라는 대상을 자신을 통해 내면적으로 인식하는데, 바로 그렇기 때문에 생명에 대한 인간의 인식은 주관적인 것이 되고 만다. 생명에는 완전히 새로운 차원이 있다는 걸 알지만, 막상 그 생명을 설명하려 들면 생명이 가지고 있는 새로운 차원을 어떤 식으로든 손상하게 된다.[117]

자연과학에는 종교가 개입할 여지가 거의 없지만 많은 자연과학자들의 사고 속에는 종교적인 무엇이 스며들어 있다. 찰스 다윈은 생명의 발생이야말로 모든 신비 가운데 가장 신비스러운 것으로 보았다. 그는 창조에 대해 거듭 이야기했을 뿐 아니라, 자신이 바라는 것도 결국 종의 탄생이라는 위대한 신비를 푸는 데 일조하는 것이라고 했다.

---

115 한스 페터 뒤르 외 4인 저, 앞의 책, p. 76.
116 같은 책, p. 105.
117 같은 책, pp. 114-115.

그는 종의 기원 말미에 창조자가 자연선택이라는 과정을 통해 다양한 생명체들을 만들어냈다는 생각을 하면 숭고함을 느끼게 된다고 쓰고 있다. 자연과학에는 종교가 개입되어 있지 않지만 대다수의 자연과학자들에게 종교가 중요한 동기가 되었던 것은 사실이다. 알베르트 아인슈타인은 '종교 없는 자연과학은 무력하고 자연과학 없는 종교는 눈먼 것'이라고 했다.[118]

그리스도교 근본주의자들 중에는 진화론과 신경과학이 인간의 가치를 폄하할 것으로 염려하는 사람들도 있지만,[119] 이들이 인간을 올바르게 이해하는 데에 큰 도움이 되리라는 기대를 가지는 사람들이 훨씬 더 많다. 성경과 신학은 지구 위의 수많은 생명들과 인간이 생겨난 원인에 대해 소상하게 말하지 않고, 그저 하느님이 생명의 탄생을 원했기 때문이라는 정도로 언급하고 만다. 이러한 말은 우리 인간의 능력으로는 생명 탄생의 이유를 모두 파악할 수 없음을 내비치고 있다.[120]

분명한 것은 인간은 신비하고 쉽게 정의를 내릴 수 없는 존재라는 것이다. 인간은 육체와 영혼의 합일체이면서 자유롭게 사유하고 행동하는 가운데 자신의 존재 의미를 성취할 수 있는 주체이고, 객관화가 불가능한 하나의 원천이다. 바로 이 때문에 인간은 모든 유형의 객체적 대상이 될 수 없다. 그래서 인간 존재의 핵심은 객관적으로 주어진 구조에 의해서보다는 삶의 실천적인 성취를 통해 좀 더 실현할 수 있다. 어떤 사람이 자신의 삶을 인간답게 영위해 나갈 때 그의 육체와 정신이 인간답게 되며, 인간 존재의 본질이 실현된다.[121]

---

118 한스 페터 뒤르 외 4인 저, 앞의 책, p. 40, pp. 58-59, p. 97.
119 스티븐 핑커 저, 『빈서판』, 김한영 역, 사이언스북스, 2004, p. 239.
120 한스 페터 뒤르 외 4인 저, 위의 책, p. 122.
121 C. A. 반 퍼슨, 앞의 책, p. 24; 심상태, 앞의 책, p. 80; 전헌호, 앞의 책(1998), p. 289.

마치는 말

 필자는 인간 존재의 핵심인 영혼 문제에 대한 깊은 이해를 도출하기 위해 나름대로 상당한 정열로 작업에 임했다. 첨단 과학의 시대인 오늘날, 활발하게 진행되고 있는 뇌 과학에 대한 연구 결과를 발표한 문헌들을 모으고, 인간에 대한 철학적·신학적 견해를 담은 문헌들 중에서 대표적인 문헌들을 선별하여 연구를 시작했다. 그리하여 지난 몇 달 동안은 오로지 이 일에만 관심을 쏟으며 영혼과 인간의 정체에 대한 만족할 만한 인식에 도달하기를 희망했다.

 선정한 문헌들을 먼저 읽고 내용을 이해하는 과정에 상당한 시간과 에너지가 투입되었는데, 이 작업을 마칠 무렵 필자에게 서서히 떠오른 생각은 아직도 인류가 자기 자신에 대해 실제로 알고 있는 것이 별로 없다는 것이었다. 뇌 과학자들 중에는 자신이 대단히 많은 것을 알고 있는 것으로 말하는 사람이 있기는 하지만, 대부분의 진실한 뇌 과학자들은 자신이 아직도 인간의 뇌가 수행하는 여러 기능 중에 기초적인 단계에서 몇 발자국 못 나간 지점에서 연구를 하고 있다는 사실을 솔직하게 인정하고 있다. 그러나 이들이 대단한 정열로 지금껏 밝혀 놓은 지식이 인간을 이해하고 각종 고통에 시달리는 사람들의 고통을 덜어 주는 데에 기여할 수 있는 것은 사실이다. 오늘날 뇌 과학이 여기까지 발달할 수 있었던 것은 이들의 헌신적인 연구 덕분이다. 그러나 아직도 알아야 할 것이 엄청난 양으로 남아 있어서 세월이 많이 흐른 훗날에는 오늘날의 뇌 과학 수준을 우습게 볼 수도 있기에, 인간의 정체와 영혼의 본질에 대해 함부로 큰소리를 낼 수 없는 형편이다.

 고대 그리스 시대부터 현대에 이르기까지 뛰어난 철학자, 신학자들이 인간의 정체와 영혼에 대해 주옥같은 생각들을 글로 남겨 인류의 자의식 개화에 큰 역할을 해왔다. 이들의 사상은 과거와 현재뿐만 아니라 미래에도 여전히 큰 영향력을 발휘할 것이다. 그러나 이들은 인간에 대한 생물학적 지식이 오늘날만큼 풍부하지 못한 상황에서 인간에 대한 의견을 개진한 것은 사실이다. 이들의 문헌을 대할 때 이러한 측면을 간과할 수 없다. 이들의 사상과 첨단 뇌 과학의 정보들을 통합하여 고찰할 때 인간의 본질과 영혼의 정체에 관해 한 걸음 더 진보한 지식을 개발할 수 있을 것이다.

   필자는 이러한 점을 염두에 두고 작업을 했지만, 필자 또한 아직도 문헌 탐구의 수준에서 몇 발자국 앞으로 나가지 못하고 있는 것을 솔직히 인정한다. 그리고 필자 나름대로의 견해를 조급히 정리하지 않으려는 노력이 가미되기도 했다. 시간을 두고 성실히 해 나가면 더 좋은 통찰을 가질 수 있을 것인데, 성급한 결론으로 성숙의 길을 막고 싶지 않다. 그러나 지금까지의 작업으로 나름대로 얻은 인간의 본질과 영혼의 정체에 대한 지식과 통찰도 적지 않기에 소중하게 간직하고 싶다. 그것이 이 글에 어느 정도 반영되어 있을 것으로 여기고 있다. 이 글을 읽는 사람들에게도 필자의 지식과 통찰이 전달되기를 바라며 함께 다음 단계로 나아가기를 희망한다.

10

육체와 영혼의 관계

*
*
*

시작하는 말

    육체와 영혼의 관계에 대한 관심은 인간의 삶에서 언제나 빠지지 않고 등장하는 요소들 중 하나이다. 그래서 역사 안에서 뛰어난 학자들이 이 문제에 관해 다양한 견해를 개진하여 글로 남겨 놓았다. 필자도 이 문제에 큰 관심을 지니고 있었기 때문에 언젠가는 깊은 연구와 사색으로 나름대로 이 문제에 대한 주관을 확립하고 싶었다. 그동안 배움과 연구, 강의로 많은 세월이 흘렀고 이제 시간과 정열을 확보하여 이 문제에 대해 차근차근 생각해 보기로 했다. 그런데 '아침부터 밤늦도록 숙식을 잊고 생각해 보아도 배움만 못하더라.'는 공자의 말씀대로 필자 역시 혼자만의 생각으로는 신통한 견해에 도달할 수 없다는 것을 쉽게 짐작할 수 있었다.

    그래서 먼저 문헌 탐구를 통해 역사 안에 존재했던 뛰어난 학자들의 견해들을 살펴보기로 했다. 그동안 필자가 확보한 수많은 문헌들을 선별하는 데에 상당한 시간과 에너지가 투입되었고, 그것들을 읽고 중요한 내용들을 발췌하는 데에는 더욱더 많은 시간과 에너지가 요구되었다. '구슬이 서 말이라도 꿰어야 보배'라는 말을 염두에 두고 자료들을 연결해 나갔고 몇 차례에 걸쳐 다듬기 작업을 보탰다. 자료의 내용들을 활용하여 필자의 문장으로 재구성하기도 하고 더 이상 다듬을 필요가 없을 정도로 잘 구성된 글들은 그대로 활용하기도 했다. 이 두 경우 모두 자료의 출처를 각주에 표시해 두어 문헌 저자와 역자들에게 감사의 뜻을 표했고, 더 깊이 연구하고 싶은 사람들이 문헌들에 쉽게 접근할 수 있도록 정보를 제공하고자 했다.

아직도 더 다듬고 정리할 부분이 있고 필자의 생각을 정리할 여지도 있지만 이들은 다음의 작업으로 남겨 둔다. 혼자서 완벽한 작업을 할 수 없을 뿐더러 모든 것을 혼자 하고 싶지도 않다. 이러한 자료를 발표하는 것을 통해 다른 사람들도 부추겨서 사색과 토론의 장으로 초대하여 함께 고민하고 합의를 도출하고 싶다. 여기에 제시하는 글은 이러한 의지를 담고 있다. 필자에게 많은 비판과 의견이 쇄도한다면 필자의 작업이 성공하고 있는 것으로 간주하겠다.

필자에 앞서 깊은 연구와 사색으로 주옥같은 견해를 글로 남겨 준 동서고금의 많은 학자들에게 고개 숙여 깊이 존경과 감사를 드린다. 그 중에서도 필자의 스승이신 심상태 신부님께 특별한 존경과 감사를 드리고 싶다. 필자가 이 작업을 하기 위해 모은 문헌들 중 국내에서 저술된 문헌으로는 심신부님의 〈신학적 인간학 입문〉이 가장 잘 갖추어진 내용을 담고 있었기 때문이다. 국외에서 저술되었지만 다행히 우리말로 번역된 C.A. 반 퍼슨의 〈철학적 인간학 입문; 몸·영혼·정신〉도 매우 좋은 문헌이다. 이 글에 담긴 각주들이 필자가 이 책을 얼마나 열정적으로 읽고 많이 참고했는지를 알려 준다. 이 문헌을 섬세하고 정확하게 번역해 주신 손봉호·강영안 선생님께도 특별한 존경과 감사를 드린다. 이 분들의 수고가 아니었다면 이와 같이 훌륭한 문헌을 접할 기회를 갖기란 참으로 어려운 일이었을 것이다. 현재 필자가 처한 상황에서 네덜란드어를 배워 익히기란 거의 불가능하고, 그렇다면 이러한 문헌을 발견하기는 매우 어려울 것이기 때문이다. 이 문헌을 통해 어떤 특별한 깨달음과 영감이 필자에게 와 닿는 체험을 했다. 그 내용을 여기에 상술하지는 않았지만 큰 도움이 되었다. 때로는 직접 서술된 글보다 문장들 사이에 놓인 틈에서 더 많은 것을 전달받기도 한다. 이번 기회에 필자는 이 문헌의 저자들이 말하고자 하는 내용들 중 적지 않은 것들을 그렇게 전달받은 것으로 생각한다. 저자는 자신이 깨달은 바를 전달하기 위해 최선을 다해 성심껏 노력했음을 문헌 곳곳에서 감지할 수 있었다.

인간은 너무나 신비한 존재라서, 그 엄청난 신비로 인간 자신의 지성과 권력의 위험으로부터 자신을 지켜나간다. 만약 인간의 모든 것이 인간 자신에게 파악되는 날이 도래한다면 인간은 자신이 지닌 지성의 힘에 의해 큰 위험에 빠져들고 어쩌면 종말을 향해 치달을지도 모른다. 그러나 필자는 이러한 탐구로 인간이 인간에게 온전히 파악되어 더 이상 밝힐 신비가 남지 않는 그런 일은 발생하지 않을 것을 확신하게 되었다.

인간에 대한 이야기는 무한히 가능하여 앞으로도 끊임없이 쏟아져 나올 것이다. 여기에 기록한 복잡해 보이는 수많은 말들은, 그럴듯하게 보이는 학문적인 형식에도 불구하고 인간 탐색의 출발점에서 불과 몇 걸음 나아가지 못한 이야기에 지나지 않는 것일 수 있다. 한편으로 여기에 서술하지 않고 필자의 내면에 남아 있는 생각은 좀 더 정리한 후 발표해도 괜찮을 분위기가 형성되고 언론의 자유가 좀 더 주어졌을 때 글로 정리할까 생각한다.

작업을 하면서 필자의 주관적인 견해를 가능한 대로 적게 첨가하려는 의도를 지니긴 했었지만 내용 전개 방식, 문헌을 이용하는 방식, 문체 등 여러 측면에서 주관적인 판단이 개입되는 것을 온전히 피할 수는 없었다. 한편으로 앞선 문헌들을 단순히 정리하기만 하려고 이러한 작업을 한 것은 아니기에 나의 의견이 반영되는 것은 자연스러운 일이고 필수적인 요소이기도 할 것이다.

1. 육체와 영혼의 관계에 대한 다양한 견해

육체와 영혼이란 낱말은 우리의 일상생활에서 많이 사용하는 용어이고 철학과 신학에서도 중요시하는 개념이다. 육체와 영혼이란 낱말은 인간 자신에 대한 성찰과 관계가 있어, 인간의 성찰이 변하면 이 문제에 대한 생각도 변한다. 인류는 오래 전부터 육체와 영혼의 상호작용에 대해 관심을 가져 왔다.

철학자들은 육체와 영혼의 관계 문제에 대해 이 둘 사이에 존재할 수 있는 가능한 관계들을 논리적으로 다룬다. 뇌 과학자들은 육체의 일부인 뇌가 어떻게 영혼을 만들어낼 수 있는지를 이해하려 한다. 뇌 과학자들은 결국 철학이 아니라 뇌를 연구한다. 궁극적으로 철학자와 뇌 과학자는 서로 추구하는 관심사가 달라서 한쪽의 전진이 반드시 다른 쪽의 전진이나 패배를 의미하는 것은 아니다.[1]

육체와 영혼의 관계에 대한 인류의 생각은 크게 일원론과 이원론으로 나누어볼 수 있다. 일원론은 육체와 영혼을 하나의 실체로 보는 관점인데, 중립적 일원론 · 범신론 · 기능주의 · 유물론 등의 견해가 이에 포함된다. 중립적 일원론은 육체와 영혼을 단일한 현실의 상이한 두 측면으로 본다. 범신론은 육체로 보이는 것도 실제로는 영혼이라고 주장한다. 기능주의는 육체와 영혼의 관계는 소프트웨어와 하드웨어의 관계와 같은 것으로 본다. 유물론은 모든 정신적인 현상이 최종적으로는 물질에 근거한다고 생각한다. 이원론은 육체와 영혼을 서로 다른 실체로 보는 관점으로 여기에도 상호작용설 · 병행설 · 부수현상설 등의 여러 가지 견해가 있다. 상호작용설은 육체와 영혼이 서로 적극적으로 작용을 주고받는 것으로 본다. 병행설은 육체와 영혼이 동

---

1 조지프 르두 저, 『시냅스와 자아: 신경세포의 연결 방식이 어떻게 자아를 결정하는가?』, 강봉균 역, 도서출판 소소, 2005, p. 43.

시에 나란히 작용하는 것으로 보고, 부수현상설은 오직 육체만이 영혼에 작용할 수 있는 것으로 본다.[2]

역사가들에 따르면 고대 그리스 철학자들은 육체와 영혼에 대해 뚜렷하게 구분된 개념을 가지고 있지 않았던 것 같다. 그러다 차츰 몇몇 철학자들이 육체와 영혼을 분리된 것으로 보기 시작했다. 예를 들어 플라톤은 한 개인의 영혼은 사후에도 존속한다고 믿었다. 이에 반해 아리스토텔레스는 육체와 영혼은 개념적으로는 구분 지을 수 있을지라도 서로 통합되어 있어서 분리할 수 없다고 생각했다. 중세시대에 이르기까지 철학자들은 이 두 가지 생각의 조합을 채택했는데, 아리스토텔레스처럼 육체와 영혼을 통합된 실체로 보면서도 플라톤처럼 영혼을 영원한 것으로 간주했다. 예를 들어 토마스 데 아퀴노는 지적이고 비물질적인 마음의 성질은 영혼에 불멸성을 부여하며, 심판의 날에 육체가 부활하여 영혼과 재결합한다고 믿었다. 17세기에 데카르트가 제시한 육체와 영혼에 대한 사유 방식은 그 이후 이 문제에 대한 철학적 논쟁의 기본 형태로 자리 잡았다. 데카르트는 과학과 신앙의 갈등을 해소하는 방법을 모색하여 영혼과 육체는 별개의 실체이며, 이 둘은 뇌 안의 특별한 장소에서 만나 상호 작용한다는 해법을 내놓았다.[3]

18세기 초엽에 활동했던 의사로 데카르트의 사상을 극단화한 라 메트리는, 정신적인 측면을 물질적인 범주로 환원함으로써 인간을 일원론적으로 파악하려고 했다. 그는 감정뿐만 아니라 사유조차도 육체의 작용에 근원을 두고 있다고 생각하여 영혼의 독립성을 부인하고 육체

---

[2] 에른스트 페터 피셔 저, 『인간: 사람이 알아야 할 모든 것』, 박규호 역, 들녘, 2005, p. 393; 성영신 외 12인, 『뇌를 움직이는 마음 마음을 움직이는 뇌』, 해나무, 2004, p. 65; 한스 페터 뒤러 외 4인 저, 『신, 인간 그리고 과학』, 여상훈 역, 시유시, 2000, pp. 214-215.

[3] 조지프 르두, 앞의 책, pp. 39-40; C. A. 반 퍼슨 저, 『철학적 인간학 입문: 몸 · 영혼 · 정신』, 손봉호 · 강영안 역, 서광사, 1989', pp. 11-12.

의 부산물로 여겼다.⁴ 이러한 관점은 루드비히 포이에르바하에게 그대로 이어졌다. 그는 자연의 배후에 하느님이 존재하지 않는 것과 마찬가지로 육체의 배후에 영혼이 존재하는 것이 아니라 육체가 곧 영혼이라고 했다. 육체는 타인과 더불어 자기 자신을 표현하는 구체적인 인간이다. 인간을 육체와 영혼으로 구분하는 것은 추상적인 생각에 지나지 않는 것이기 때문에 이 둘이 어떻게 상호 작용하느냐는 물음은 공허한 질문이라는 것이다. 마르크스와 엥겔스가 정리한 변증법적 유물론의 인간관에 의하면 정신적인 것은 물질의 산물 중에서도 가장 뛰어난 산물이다. 인간의 뇌는 물질 중에서도 가장 복잡하고 우수한 물질이고, 영혼은 이러한 뇌의 기능에 불과하다는 것이다.⁵

유물론이 육체의 작용에 관심을 집중하여 인간을 이해하는 데 나름대로 이바지한 부분이 있는 것은 사실이나 인간의 정신적인 측면을 폄하하고 심지어 물질의 부산물로 보기까지 하여 균형을 이루지 못했다. 유물론은 인간을 의학이나 생물학의 대상으로만 삼아 육체의 작용을 관찰하면 인간 전체를 파악할 수 있는 것으로 생각했다. 그러나 이러한 관점으로 관찰되는 인간은 생생하게 살아있는 것이 아니라 객관적 물질로 도착(倒錯)된 존재에 지나지 않는다. 인간의 정신적 측면은 관찰되지 못하고 마는 것이다.⁶

버클리는 영혼이 육체의 모든 현상을 지각할 때 그것에 대한 지식을 가질 수 있으므로 육체의 현상은 모두 영혼에 의존해 있다고 말한다. 그는 모든 사물이 나를 떠나 존재하는 것은 사실이지만 궁극적으로는 하느님의 정신 안에서 존재한다는 것이다. 인간은 사물을 오직 인간의 눈으로 관조할 수 있을 뿐이고, 이 세계는 내가 경험적으로 지

---

4 C. A. 반 퍼슨, 앞의 책, p. 58.
5 같은 책, pp. 60-66.
6 같은 책, p. 57.

각할 때 비로소 현실이 된다. 나와는 따로 하느님의 정신과 관계해서 계속 존재하는 자연이 있지만 다만 하느님의 정신을 나타내는 상징이요, 문자라는 것이다. 버클리는 육체의 존재를 부인하지 않지만 그것은 정신의 현존을 상징하는 것에 지나지 않는 것으로 보았다.[7]

몽테뉴는 인간을 둘로 쪼개어 하나는 영혼이고 또 다른 하나는 육체라고 말할 수 없고, 우리가 만나고 대화하는 진정한 인간은 항상 육체적인 인간이라고 했다. 니체는 육체가 바로 우리 자신이라고 생각했다. 그는 심지어 정신을 육체 언어의 상형 문자라고 불렀다. 정신은 육체와 떨어질 수 없고 항상 그 가운데 존재한다. 보다 고등한 정신 작용도 역시 육체의 선별적인 활동으로 설명할 수밖에 없다는 것이다. 게엘렌은 인간이 동물과 구별되는 것은 신체 기능의 모든 구조가 동물의 그것과 다르기 때문이고, 이런 의미에서 인간의 육체는 곧 영혼이며 정신이라고 주장했다.[8]

프란츠 M. 부케티츠는 사고나 의식은 비물질적인 것이 아니라 뇌라는 물질에서 생기는 현상이라고 보고 있다. 사고 행위는 비물질적인 것이 아니라 뇌가 지닌 속성의 하나일 뿐이라는 것이다. 이에 비해 판넨베르크는 뇌의 속성이라면 '회색이고 물렁물렁하며 주름져 있다'는 정도일 뿐이지 사고행위나 의식이 뇌의 속성일 수는 없다고 생각한다. 뇌를 통해 사고가 이루어지는 것은 뇌의 기능이라는 것이다. 모차르트 교향곡이 수록된 음반을 두고 '이 음반이 모차르트 교향곡 자체다.'라고 말할 수 없듯이 말이다. 모차르트 교향곡이 녹음된 음반의 기능을 설명하려면 음반을 구성하고 있는 물질 말고도 여러 가지 요소를 동원해야 한다. 사고와 뇌의 관계도 마찬가지라고 한다.[9]

---

7 C. A. 반 퍼슨, 앞의 책, pp. 77-80.
8 같은 책, pp. 129-133.
9 한스 페터 뒤르 외 4인 저, 앞의 책, pp. 215-217.

락크(Lack)와 로렌츠(Lorenz)는 영혼과 육체 사이에 넘어설 수 없는 심연이 존재한다고 말했다. 자의식이 없는 갓난아이가 자의식을 가진 어린아이로 성장하듯이 인류의 진화 과정에서도 이러한 과정이 있었을 것으로 짐작할 수 있다. 그러나 그것이 어떻게 일어났는지를 아는 것은 우리의 인식능력을 넘어선 영역이다.[10] 사르트르는 세계 내에서 몸으로 살아가는 가운데 영혼이 자신의 분화(分化)를 의식한다고 했다. 영혼은 육체를 통해서 세계 안에 드러난다는 것이다. 이런 의미에서 영혼은 곧 몸이라고 했다.[11]

분자생물학의 진보로 뇌의 신경세포와 중앙 신경계통 및 육체 내 다른 세포들 간의 의사소통을 중계하는 화학전달물질을 알아냈고, 그 결과 육체와 영혼은 밀접한 관계를 이루고 있음을 알게 되었다.[12] 오늘날 주로 육체를 대상으로 하는 연구가 많이 있지만, 영혼에 대한 경험적이고 정량적인 연구도 진행되고 있다. 그러나 육체와 영혼을 인간의 전체적인 행동 안에서 보아야 할 필요성이 거듭 생기게 된다. 내가 육체의 일부인 눈으로 외부를 볼 때, 나의 영혼은 동시에 작용하고 있고 이 둘에 대한 구분은 후차적인 것이다. 영혼의 장소에 대해 일정하게 한계를 정할 수 없지만, 영혼은 육체의 구조를 규정하고 육체의 생생한 지향성을 형성한다.[13]

2. 원시인의 세계관

---

10 Hans-Peter Dürr u. a., *Geist und Natur; Über den Widerspruch zwischen naturwissenschaftlicher Erkenntnis und philosophischer Welterfahrung*, Scherz Verlag, Bern·München·Wien, 1989, p. 86.
11 C. A. 반 퍼슨, 앞의 책, pp. 139-140.
12 카렌 N. 샤노어 외 저, 『마음을 과학한다』, 변경옥 역, 나무심는사람, 2004, p. 51.
13 에른스트 페터 피셔, 앞의 책, pp. 91-92; C. A. 반 퍼슨, 위의 책, p. 192, 201.

세상과 자아에 대한 사유가 충분히 축적되지 않았던 원시인들은 아직 내부 세계와 외부 세계, 삶과 죽음, 육체와 영혼 등에 대해 성숙한 생각을 하지 못했다. 이들은 육체와 영혼을 어떤 특정한 존재로 보지 않았으나 죽음에 대한 의식이 트이면서 육체와 함께 몰락하지 않는 영혼에 대한 동경을 가지게 되었다.[14] 다양한 종류의 혼이 있는 것으로 믿은 원시인들은 크게 죽음의 혼과 생명의 혼으로 나누어 생각했다. 지하 세계로 떠돌아다니는 혼은 삶에 힘을 주는 생명의 혼과 완전히 다른 것으로 생각했다. 이러한 사유 안에 벌써 영혼을 순전히 인간적인 범주에 제한할 수 없다는 생각이 드러난다. 영혼은 인간의 한계를 넘어 더 큰 힘이 있는 존재로 비치기 때문이다. 원시인의 세계관에서 인간은 자기의 영혼을 통해 신적인 세계에 접한다.[15]

3. 고대 그리스 사상

육체와 영혼의 일체성은 고대 사상에 가장 분명하게 나타난다. 기원전 약 6세기 초에서 5세기 초반의 고대 그리스 사상에서는 육체와 영혼이 한데 뭉쳐 아직 미분화된 상태였기 때문에 육체와 영혼을 분리하는 생각을 하지 않았다. 당시 인간은 자신의 육체를 의식하는 순간 동시에 자신의 영혼도 의식하게 되었고, 그 반대의 경우도 있었다. 데모크리토스는 유물론적인 인간관을 취했다.[16] 호메로스(Homeros)는 육체를 인간으로 보고, 영혼은 인간이 살아있는 한 그 속에 있는 대상적으로 파악할 수 없는 기관으로 보았다. 육체와 영혼의 분리는 헤라

---

14 심상태, 『인간: 신학적 인간학 입문』, 서광사, 1989, p. 59; C. A. 반 퍼슨, 앞의 책, pp. 87-88.
15 C. A. 반 퍼슨, 앞의 책, p. 89.
16 같은 책, p. 58, pp. 95-96.

클레이토스에서 시작되었다. 그는 영혼을 육체적 기관과는 전혀 다른 로고스(Logos)로 보면서 육체적인 것과는 대립되는 것으로 생각했다. 헤라클레이토스에서 시작된 육체와 영혼을 분리하여 생각하는 현상은 플라톤에게서 진일보했다.[17]

영혼을 뜻하는 그리스어 프쉬케(psyche)는 호메로스의 서사시에 자주 나타나지만 인간의 핵심이란 의미로 사용된 적은 없었다. 프쉬케는 '바람이 분다.', '숨을 쉰다.' 등의 뜻을 가진 동사 프쉬케인에서 온 말이다. 그래서 프쉬케는 호흡과 관련하여 논의되기도 하였고, 인간이 의식을 잃을 때나 죽을 때 사라지는 것을 의미했다. 누스(nous)는 오성 또는 이성이란 뜻으로 철학에서 중요한 말이 되었다.[18] 호메로스에 의하면 육체를 가리키는 그리스어 소마(soma)는 육체가 아니라 시체를 뜻한다. 호메로스가 육체를 지칭할 때는 데마스(demas: 형태)나 멜레아(melea) 또는 구이아(guia)라는[19] 표현을 썼다. 이때는 아직 육체 자체에 대한 관념이 없었으며 자기가 육체를 가지고 있다는 생각도 부재했다.

이러한 고대 그리스의 인간관이 발전하여 마침내 육체와 영혼을 구분하는 이원론이 출현했는데, 소마와 프쉬케가 육체와 영혼의 개념을 형성하는 데 이용되었다. 당시 유행하던 오르페우스교의 영향으로 프쉬케가 영혼이 되고 소마가 육체가 되었다. 나아가 영혼은 신적 기원을 가진 것으로 보게 되어 육체와 영혼의 이원성이 대립으로까지 발전해 나갔다. 또한 여기서 더 나아가 육체와 영혼 그리고 정신으로 나누는 삼분론이 생겨 정신을 신에게서 나온 것 또는 신으로 향한 지향성으로 보기도 했다.[20]

---

17 신오현, 『인간의 본질』, 형설출판사, 1989, p. 78-79.
18 C. A. 반 퍼슨, 앞의 책, pp. 96-98.
19 멜레아(melea), 구이아(guia)는 '수족'을 뜻하는 단어이다.
20 C. A. 반 퍼슨, 위의 책, pp. 100-101.

고대 그리스에서 정신적인 것과 육체적인 것의 구별은 미분화된 전체성에서 분화되었다. 육체에 대한 의식이 있을 때 비로소 영혼 개념이 발전할 수 있었고 영혼의 존재를 생각하지 못할 때는 육체에 대한 의식조차 없었다. 육체와 영혼은 또한 종교적인 차원과도 관련 있는 것으로 나타났다. 이것은 영혼을 신적인 세계로 향하는 인간의 핵심으로 보는 것에서 가능했고, 이와 더불어 죄의식·구원·사후의 삶 등과 같은 개념도 등장하게 되었다. 이와 같은 과정을 거쳐 육체와 영혼을 구별하는 사상이 서양에서 형성되었다. 그 근저에는 육체와 영혼의 상호 관계와 외부 세계 및 종교적 차원과의 관계에 대한 사상이 깊이 깔려 있다.[21]

4. 플라톤

플라톤은 인간 안에서 육체와 영혼 사이의 연대성을 인정하면서도 이들의 본질적 이질성을 주장하는 이원론자였다. 그에 따르면 영혼은 사멸하는 육체와 질적으로 다른 세계에 속한다. 영혼은 지상의 현실 세계보다 먼저 존재하기 때문에 지상 실재의 몰락 과정에 편입되지 않고 영원한 이데아(idea)의 세계에 속하게 된다. 영혼이 지상 세계로 하강하여 육체에 갇혀 있다는 것이다. 그는 육체가 영혼을 방해하고 오염시킨다고 보았다. 감관이 영혼을 제약시키고 영혼이 진리와 접촉하는 것을 차단한다는 것이다. 그래서 영혼과 육체의 결합은 비본질적이고 종국에 가서는 극복되어야 하는 것으로 생각했다. 플라톤은 영혼이 육체를 거스르고 통제할 수 있는 실재라고 여겼다. 영혼이야말로 진정한 인간이고, 육신의 감옥으로부터 벗어나 영원한 세계에

---

21 C.A. 반 퍼슨, 앞의 책, pp. 101-102.

로 귀환할 수 있는 존재인 것이다. 영혼은 불멸의 본질을 가지고 있어 실재의 세계, 이데아의 세계를 향해 끊임없는 상승을 계속하여 마침내 그곳에 도달하고야 마는 것으로 보았다.[22]

그래서 육체적인 욕구나 욕망을 포기하고, 영혼이 내세에서 누릴 정신적인 순결을 추구하는 것을 가장 이상적인 삶으로 간주했다. 이러한 생각은 선과 악의 이념, 성 윤리, 교육, 철학적·신학적 개념들과 인간관 그리고 여러 다른 부분에 큰 영향을 미쳤다. 플라톤의 진정한 의도는 육체와 영혼의 차이를 강조하는 것이 아니라 영혼이 육체보다 뛰어나다는 사실을 이론과 실천에서 사람들이 인정하도록 설득하는 데 있었다. 플라톤은 배의 선원들(몸에 자리 잡은 감관들)이 선장(영혼)과 협력해야 한다는 비유를 들어 영혼이 다른 모든 것을 이끄는 역할을 수행한다고 했다.[23]

플라톤은 영혼의 기능을 세 가지로 나눈다. 가장 높은 기능(수레꾼)은 이성적 능력이고 그 다음(주인의 뜻을 잘 따르는 말)은 의지와 결정의 능력, 마지막으로 가장 낮은 기능(절제 없는 말)은 식욕·성욕과 같은 욕망의 능력이다. 이 세 기능들을 적절히 조절하기 위해 지혜, 용기, 절제와 같은 덕이 필요하다. 그는 영혼의 세 기능들 사이에는 긴장 관계가 성립되어 있으며, 이성이 욕망을 제어하고 의지와 욕망이 서로 적절히 조절하는 것은 매우 중요한 사항이라고 한다.[24]

그러나 인간의 본질을 정신적인 영역으로 제한하면 할수록 육체적인 존재와 상관관계를 맺고 있음이 더욱 분명해진다. 인간은 이 세상에서 고립되지 않고 전 우주와 관계하고 있다. 인간과 우주는 그 아름다움과 존재 의미를 저 높은 현실에서 얻고 있고, 다 같이 본성적으로

---

22 심상태, 앞의 책, pp. 59-60; 이종성, 『신학적 인간학』, 대한기독교출판사, 1979, pp. 19-20.
23 C. A. 반 퍼슨, 앞의 책, pp. 41-43.
24 같은 책, p. 47.

그곳을 향하여 가기 때문에 이 둘은 밀접한 관계를 맺고 있다. 인간의 육체도 세계와 따로 떼어서 기계적으로 또는 비인격적으로 설명될 수 없다. 플라톤은 인간의 진정한 본질은 신적인 영역에 놓여 있다고 한다. 인간은 신들의 소유물이고 신들의 꼭두각시이다. 인간의 내적 정감은 신들이 그를 움직이는 줄인데, 그 중에서도 사고력은 황금의 줄이라고 한다. 영혼이 떠난 후의 몸은 더 이상 참 인간이 아니지만 참 인간의 모형이기는 하다고 한다. 플라톤의 이원론은 데카르트에게서 보는 것처럼 존재론적인 이론이 아니라, 윤리적이고 종교적인 성격을 띠고 있다. 인간이 진정으로 자유롭기 위해서는 초월적인 것을 추구해야 한다는 사상이 플라톤의 이원론에 깔려 있다.[25]

5. 아리스토텔레스

아리스토텔레스는 플라톤의 아카데미아에서 교육을 받을 때만 해도 육체와 영혼의 분리 가능성을 인정했지만 그 자신의 고유한 사고가 형성되면서부터 이들의 비분리성을 강조했다.[26] 아리스토텔레스는 육체와 영혼을 선장과 배처럼 완전히 분리된 것으로 보는 입장을 거부하고, 영혼을 육체의 조화로 보는 유물론적인 주장도 받아들이지 않았다. 그는 도장과 도장에 새겨진 무늬가 하나이듯이 육체와 영혼도 하나라고 주장했다. 육체와 영혼의 관계는 질료와 형상의 관계다. 질료는 일정한 형상 없이 드러날 수 없고, 형상이 독립해서 존재할 수 없듯이 육체와 영혼도 하나일 수밖에 없다고 했다.[27]

---

25 C. A. 반 퍼슨, 앞의 책, pp. 49-54.
26 아리스토텔레스 저, 『영혼에 관하여』, 유원기 역주, 궁리, 2001, p. 16; C. A. 반 퍼슨, 같은 책, p. 114.
27 C. A. 반 퍼슨, 위의 책, p. 115; 심상태, 앞의 책, p. 60.

영혼은 육체 없이 존재할 수 없고 육체의 일종도 아니다. 영혼은 육체가 아니지만 육체와 관련된 어떤 것이기에 어떤 특정한 종류의 육체에 속한다. 영혼은 살아있는 육체의 원인이며 원리이다. 실체는 만물의 존재 이유이고 생명은 생물들의 존재 이유이며 영혼은 그것들의 원인이며 원리이기 때문이다. 생물들에게 있어 영혼은 본성적으로 그런 종류의 것이며, 모든 자연적 신체들은 영혼의 도구들이다. 이와 마찬가지로 동물의 육체들과 식물의 줄기들은 영혼을 위해서 존재하는 것이다.[28] 아리스토텔레스는 모든 생물에게 일정한 형태의 영혼을 부여하여 각각 식물적인 혼, 동물적인 혼, 이성적인 혼이라고 불렀다. 이성적인 혼, 곧 인간의 영혼은 지상에 존재하는 생물 중 가장 뛰어난 형태의 영혼이다.[29]

영혼은 각자 고유의 육체를 통해 자기를 실현할 수 있다. 영혼은 생명 가능성을 지닌 육체의 형상으로서 육체의 잠재성을 실현하는 힘이다. 여기서 영혼은 감추어진 형이상학적 실재가 아니라 구체적 육체를 가진 인간 가운데에서 자신을 구현하는 실재이다. 아리스토텔레스는 구체적이면서 육체와 동시에 존재하는 영혼과 구별되는 실재로 정신(nous; pneuma)을 거론한다. 영혼은 육체 안에서 발생하는 데 비해, 정신은 육체 밖에서 들어온 것으로 신적 성격을 지닌다고 규정한다. 정신 활동은 영혼에 의해 이루어지는 내적 생활이나 육체와 일체를 이루는 영혼 활동과는 대조되는 것으로 간주한다. 정신 능력은 일정한 인상에 매여 있는 감각 작용보다 탁월하다. 정신은 육체에 거의 매여 있지 않고 특정 감각 기관의 구속을 받지 않는다. 정신은 모든 것을 포착하고 무한한 가능성을 지닌다는 것이다. 결국 아리스토텔레스는 육체와 영혼을 한편에, 정신을 다른 편에 두는 이원론을 주장한 셈

28　아리스토텔레스 저, 앞의 책, p. 137, pp. 147-148; 페터 뒤베케 저, 『두뇌의 비밀을 찾아서; 데카르트에서 에클리스까지』, 이미옥 역, 도서출판 모티브북, 2005, p. 31.
29　C. A. 반 퍼슨, 앞의 책, p. 116.

이다. 인간 안에 속하는 것은 육체와 영혼의 관계이며 이것은 사멸할 것이라고 보았다. 그리고 정신은 자신의 본래 세계로 귀환하게 될 것이라고 생각했다.[30]

아리스토텔레스는 정신을 인간만의 고유한 관조 능력으로 이해한다. 정신은 영혼이 아니면서도 그 활동은 영혼과 불가분의 관계를 맺고 있다. 그러므로 영혼과 연결된 정신 활동은 육체와 일체를 이루는 영혼의 활동과는 대조를 이루게 된다. 정신은 모든 것을 포착하고 무한한 가능성을 지니고 있기 때문에 엄밀하게 규정하거나 일정한 위치를 설정할 수 없다. 아리스토텔레스는 모든 것을 '수용할 수 있는 정신'과 빛과 같이 '활동을 가능하게 하는 정신'을 구별한다. 후자는 다른 것과 분리해서 스스로 존재할 때 중단하지 않는 사유로서 존재 가치를 가질 수 있다. 이 정신은 죽지 않으며 영원하다.[31]

육체와 영혼의 문제에 대한 아리스토텔레스의 생각은 대단히 큰 의의를 지니고 있다. 육체를 통해서 영혼을 해석하고 영혼을 통해서 육체를 해석하는 그의 방법은 육체와 영혼의 관계에 관한 어려운 문제를 해결할 실마리를 제공했다. 그러나 정신을 인간에 관계시키면서 동시에 육체와 영혼으로 존재하는 구체적인 인간의 영역 밖에 두어 긴장을 조성해 놓았다. 아리스토텔레스의 사상체계에서 영혼과 정신의 관계는 모호하고 불확실한 것으로 남아 있다. 그에게 있어서 정신은, 인간을 진정한 인간으로 만들기 위해 영혼에 개입한 신비한 존재이다.[32]

---

30 심상태, 앞의 책, p. 61, 72; 이종성, 앞의 책, pp. 20-21.
31 C. A. 반 퍼슨, 앞의 책, pp. 120-121.
32 같은 책, pp. 124-127.

6. 구약성경

구약성경에서 인간을 가리키는 중심 단어는 히브리어로 네페쉬(nephesch)다. 이 네페쉬는 대개 영혼으로 번역되고 있는데, 생명 자체로도 간주되었다. 고대 셈족은 네페쉬가 육체의 생명과 구별되어 별도로 존재하는 생명을 뜻한다고 여기지는 않았지만, 영혼을 의미하며 의식의 중심·생명력의 중심으로서 살아있는 구체적인 인간을 가리킨다고[33] 생각했다.

구약성경에서 뼈와 구별되는 살, 몸을 나타내는 말로 등장하는 바사르(basar)는 네페쉬가 구체적으로 나타난 것으로 볼 수 있다. 바사르는 우선적으로 육체의 보이는 부분을 표시하는 데 사용되고 다음에는 인간의 육체 전체를 표현하는 데 사용된다. 바사르도 네페쉬처럼 인간 존재 자체를 지칭하는데, 육체를 중심으로 인간을 표현한 것이다. 구약성경에는 인간의 정신적 실재를 표시하는 단어 루아(ruach)도 등장한다. 본래 바람·입김·영을 의미하는 말인 루아는, 인간을 살아있는 생명체로 지탱시켜 주는 활력으로서 하느님으로부터 부여된 정신 실재를 의미한다.[34]

루아는 인간 존재가 하느님께 전적으로 의존하고 있다는 사실을 지시하는 말이라고 볼 수 있다. 구약성경에서 인간을 바사르(몸), 네페쉬(영혼), 루아(정신)로 만드는 장본인은 하느님이다. 그래서 인간을 구성하는 모든 것은 근본적인 차이 없이 좋은 것이다. 육체와 영혼을 분리하여 달리 평가하지 않는다. 후대에 이르러 그리스 헬레니즘 사상이 유태교에 영향을 미치면서부터 히브리인들에게 육체와 영혼에 대한

---

33 심상태, 앞의 책, p. 63.
34 같은 책, p. 64.

이원론적인 의식이 생겨났다고 볼 수 있다.[35]

7. 신약성경

신약성경의 인간관은 대체적으로 구약성경의 인간관과 부합하기에 원칙적으로 이원론이 아니라 일원론적 인간관을 표방한다. 신약성경도 그리스 헬레니즘 사상의 영향을 받아 영혼의 불사불멸성의 표상 속에서 육체와 영혼의 구별을 전제하지만, 육체 부활의 표상을 통해 육체와 영혼의 궁극적 단일성을 보전하고 있다. 신약성경에서 육체를 뜻하는 단어 소마(soma)는 살아있는 몸을 뜻하고 전 인간을 뜻한다. 바오로의 서간들에는 소마라는 단어 외에 '살'로 이해될 수 있는 사르크스(sarx)라는 단어가 있다. 바오로는 이 사르크스라는 말로써 몸 자체를 나타내기보다는 육체성에 얽매여서 헤어나지 못하는 부패한 인간 본성을 지칭했다. 이 지상의 생활 자체는 죄가 아니지만 인간이 오직 '살'을 중심으로 살아가면 죄가 될 수 있다는 것이다. 바오로는 플라톤주의나 헬레니즘보다는 구약성경의 노선에 가까이 있다. 로마서 12장 1절에서는 몸을 살아있는 제사로 드리라고 권고한다. 이것은 의심할 여지없이 인간 전체를 뜻한다. 신약성경에 등장하는 프네우마(pneuma)라는 단어는, 구약의 루아처럼 천상 세계에서 계속 존재하는 '생명의 영'을 뜻하고 인격으로서의 인간을 의미한다. 영혼(psyche)이란 말도 등장하지만, 이 경우에도 육체의 반대편을 의미하지 않고 히브리어 네페쉬처럼 인간 전체를 가리키는 말로 사용되었다. 프네우마는 본질적으로 하느님과 연관되어 있고 하느님의 작용을 수용할 수 있는

---

35 심상태, 앞의 책, p. 65.

요체이다.[36]

신약성경이 육체와 영혼을 묘사하는 방식은 철학적·신학적 인간관을 제시하려는 목적과 거리가 멀다. 신약성경에서 관건이 되는 것은 분리된 개별적인 구성 요소들이 아니라 전체적인 인간이다. 이런 관점에서 인간이 취해야 할 태도와 그가 추구해야 할 목표를 중심으로 인간의 상황을 묘사하고 있다. 성경의 주된 관심은, 인간을 그의 궁극적 목표인 하느님과 일치하도록 인도하는 일이고 속죄와 구원을 선포하는 일이다. 그래서 신약성경에서 희망하고 선포하는 참된 인간은 육체로부터 해방된 인간이 아니라 부활한 그리스도의 영광에 참여하는 인간이다.[37]

8. 아우구스티누스

아우구스티누스에 의하면 인간은 하느님을 닮은 영혼과 물질적인 육체라는 두 가지 상반된 요소로 구성된 갈등하는 존재이다. 그는 인간의 본질을 구성하는 것은 영혼이고 이것은 하느님에 의해 하느님의 모상대로 창조되었다고 강조한다. 영혼의 기능은 육체를 지배하고 도구로 사용하는 데 있다. 육체와 영혼이 하느님에 의해 창조되었기 때문에 자체로는 선한 존재다. 그러나 육체는 윤리적으로 부정적인 존재로 간주한다. 아우구스티누스의 육체와 영혼에 대한 생각은, 인간의 육체를 경시하는 신플라톤적 그리스 사상의 관점에 사로잡혀 있다. 영혼은 감각적인 것으로부터 분리되어야 자신을 알 수 있다(De Trinit., X, VIII, 11). 영혼은 하느님의 모상대로 만들어졌기에 이성과 기

---

36 심상태, 앞의 책, pp. 65-67; C. A. 반 퍼슨, 앞의 책, pp. 106-108.
37 심상태, 같은 책, p. 68; C. A. 반 퍼슨, 같은 책, p. 109.

억을 동원하여 하느님을 이해하고 볼 수 있으며 밝고 아름다울 수 있다(De Trinit., XIV, IV, 6). 인간은 고정되어 있는 것이 아니라 끊임없이 변하면서 완성되어 간다. 그는 인간 영혼의 세 기능인 기억(memoria)·지성(intelligentia)·의지(voluntas)가 비록 불완전하지만 하느님의 모습을 반영하고 있는 것으로 보았다(De Trinit., X, XII, 19).[38]

아우구스티누스는 인간은 끊임없이 하느님을 그리워하는 지향적인 성격을 지니고 있고, 이것은 인간이 하느님께 의존하고 있는 것을 드러내는 것이라고 여긴다. 인간의 육체와 영혼은 하느님과 일치하여 그 안에서 평안을 얻기 전에는 언제나 불안하기에, 목적지를 향해 줄기차게 달려가는 존재다.[39]

9. 토마스 데 아퀴노

토마스 데 아퀴노가, '육체와 영혼의 두 가지 요소로 구성된 존재'라는 관점에서 인간을 고찰하고 있는 것은, 아우구스티누스의 경우와 동일하다. 그러나 그는 아리스토텔레스의 철학을 도입하여 영혼과 육체의 정체와 관계에 대하여 설명하려고 노력했다. 영혼을 아리스토텔레스가 말한 것과 같은 의미로 육체의 형상이라고 부르면서, 넓은 뜻으로 사용하여 '영혼은 우리들의 주위에서 발견되는 살아있는 것에 있어서 제일의 생명 원리이다.'라고[40] 했다. 토마스는 또한 인간 영혼을 육체로부터 독립한, 그 자체로 자립하는(subsistens) 어떤 것으로 보았

---

[38] 『한국가톨릭대사전』 9, 한국교회사연구소, 2002, pp. 6303-6305; 전헌호, 『자연환경 인간환경』, 성바오로, 1998, p. 294; 심상태, 앞의 책, p. 71.

[39] C. A. 반 퍼슨, 앞의 책, p. 201.

[40] G.달 사쏘·R.꼬지 편찬, 『성 토마스 아퀴나스의 신학대전 요약』, 이재룡·이동익·조규만 역, 서울가톨릭대학교 출판부, 1993, p. 94; F.C. 코플스톤 저, 『토마스 아퀴나스』, 강성위 역, 성바오로출판사, 1977, p. 191; 『한국가톨릭대사전』 9, pp. 6303-6305.

는데, 그 이유로 영혼이 연장(延長)을 가지고 있지 않은 지성적 인식의 원리라는 것을 들고 있다.[41] 영혼은 이 지성적 인식을 통해서 모든 물체의 본성을 아는 것이다.

그러나 '영혼 자체만으로는 인간이 아니다.'라고[42] 토마스는 말하고 있다. 왜냐하면 인간은 영혼과 육체로 이루어지고 영혼의 기능만이 아니라 감각적 인식도 가지기 때문이다. 그래서 인간은 형상(形相)인 영혼과 질료(質料)인 육체로 구성되어 있는 것이다.[43] 토마스에 의하면 육체를 인간의 육체이게 하는 것은 영혼이고 영혼과 육체가 합쳐져서 하나의 실체를 이룬다. 즉 인간은 영혼과 육체라는 두 개의 실체로 구성되어 있는 것이 아니라 하나의 실체이고 이 실체 안에서 두 가지의 구성 요소를 구별할 수 있는 것이다. 우리들이 무엇을 느낄 때에 느끼는 것은 인간 전체이지 영혼만 또는 육체만 따로 느끼는 것이 아니다. 이와 같이 우리들이 무엇을 이해할 때에도 육체와 영혼을 포함한 인간 전체이다. 토마스는 각기 불완전한 실체인 영혼과 육체가 합쳐져 하나의 실체, 즉 인간을 형성하는 것이며 인간의 활동은 모두 이 실체에 의한 것으로 보았다. 영혼을 빼버린 육체는 육체가 아닌 여러 물질들을 모아 놓은 것에 불과하고, 인간의 영혼은 죽은 뒤에도 존속하지만 이것이 육체에서 분리된 상태에 놓여 있는 동안은 엄밀한 의미에서 인간이 아닌 것이다.[44]

토마스는 육체와 일체가 되기 이전의 영혼은 일종의 보편적인 것으로 존재한다고 생각하지 않았다. 영혼은 육체와 일체가 되기 이전에는 전연 존재하지 않는 것이다. 그는 또한 인간의 영혼이 그 존재에 관해서 육체에 의존한다고 생각하지도 않았다. 왜냐하면 인간의 영혼

---

41 G.달 사쏘 · R.꼬지 편찬, 앞의 책, p. 94.
42 같은 책, p. 94.
43 『한국가톨릭대사전』 9, pp. 6303-6305.
44 심상태, 앞의 책, pp. 72-73.

은 하느님에 의해서 각각 따로 창조되기 때문이다. 토마스에 의하면 인간 육체는 지성적 영혼을 실체적 형상으로서 받아들일 수 있도록 적절하게 조직되어 있다.[45] 그러나 영혼으로부터 형상을 갖추게 되는 육체는 어떠한 우유적 성품도 미리 가지고 있지는 않다. 영혼이 그 제일 원리이고 실체적 형상이기 때문에 영혼에 앞선 육체는 실체가 아니어서 존재할 수조차 없기 때문이다.

토마스에 의하면 영혼은 육체와 합쳐져 있는 편이 합쳐져 있지 않는 상태보다 좋은 것이다. 왜냐하면 영혼은 본성적으로 육체의 형상이기 때문이다. 이러한 생각은 육체의 부활은 당연히 이룩될 요소라는 것을 시사하고 있다. 육체에서 분리되어 있는 것은 영혼의 본성에 일치하지 않는 것이어서 항구적일 수 없다. 따라서 영혼이 언제까지나 육체에서 떨어져 있는 것은 아니다. 영혼은 계속해서 존재하는 것이고 다시 육체와 합쳐져야 하는 것이다. 이것은 바로 죽은 자로부터의 부활을 의미한다.

토마스는 인간의 영혼과 더불어 식물과 동물의 영혼에 관해서도 말하여,[46] 그 기능적 측면에서 볼 때 다섯 가지 기능을 가지고 있는 것으로 보았다: 생장 기능(그 대상은 영혼에 결합된 육체이다), 감각 기능, 욕구 기능, 장소 이동 기능, 지성적 기능(그 대상은 보편적 有이다). 그리고 순수 물질적 자연을 능가하는 정도에 따라 영혼을 다음의 세 가지로 분류한다: 생장 혼(anima vagetativa), 감각 혼(anima sensibilis), 지성 혼(anima rationalis). 그리고 생명체들의 등급에 따라 네 가지의 생활양식으로 구별한다: 생장 작용, 감각 작용, 장소 이동 작용, 지성 작용.

그는 또한 기관(器管, organum)들은 다양한 능력들에 잘 어울리도록 되어 있는 것으로 보고 있다. 다섯 개의 외감(外感, sensus) 기관이 있으

---

45 G.달 사쏘·R.꼬지 편찬, 앞의 책, p. 96.
46 존 호트 저, 『신과 진화에 관한 101가지 질문』, 신재식 역, 지성사, 2004, pp. 56-57.

므로 감각 기능도 다섯 부분으로 구성되어 있다. 영혼은 네 가지의 내 감들을 가지는 것으로 보았다: 공통 감각(sensus communis: 여러 상이한 감각들을 한데 모은다), 환상 또는 상상(phantasia sive imaginatio: 한 칠판에 모으듯 감각들을 보존한다), 기억(vis memorativa: 그곳들을 지나간 경험으로서 인정한다), 평가 능력(vis aestimativa: 대상이 해로운지 이로운지 판단한다).[47]

토마스 역시 창세기의 진술에 따라 인간이 하느님의 모상(imago Dei)으로 창조되었다고 말했다.[48] 인간은 존재하고 살아있다는 점에서 하느님과 유사할 뿐 아니라 인식함에 있어서도 닮았다. 인간은 무엇보다도 하느님을 최대로 모방할 때 하느님의 모상이 된다. 토마스는 인간이 하느님을 인식하고 사랑할 때 하느님을 가장 많이 닮는 것으로 보았다.[49]

토마스의 육체와 영혼에 대한 사상은 그리스도 교회의 공적 교리로 수용되었다. 교회는 인간을 물질적 육체와 정신적 영혼으로 이루어진 합일체로 가르치고 있다. 그리스도 교회는 '육체 부활' 신앙을 통해서 육체와 영혼의 관계가 구별되면서도 분리될 수 없는 생명 원리로 규정하여 이원론에 빠져들지 않았다.[50]

10. 데카르트

데카르트는 이 세상이 질적으로 다른 두 가지 실체를 지니고 있다고 주장했다. 하나는 육체와 뇌를 구성하는 구체적인 물질이고 다른 하나는 눈에 보이지 않는 실체인 영혼이다. 영혼이 보다 우월하기 때

---

47 G. 달 사쏘 · R. 꼬지 편찬, 앞의 책, pp. 98-99; 『한국가톨릭대사전』 9, pp. 6303-6305.
48 G. 달 사쏘 · R. 꼬지 편찬, 같은 책, p. 113.
49 전헌호, 앞의 책(1998), pp. 296-299.
50 심상태, 앞의 책, pp. 74-76.

문에 비행사가 항공기를 제어하듯이 뇌를 조종하지만 어쨌든 육체와 영혼은 평행선을 달린다는 것이다.[51] 데카르트는 뇌의 송과선(pineal gland)이라는 내분비샘이 육체와 영혼이라는 두 실체를 연결한다는 가정을 세워 영혼이 육체에 작용하는 방법을 설명하려 했다. 뇌의 모든 조직은 좌우 하나씩 쌍으로 존재하는 데 비해 송과선은 뇌 중심부에 하나만 존재하기 때문에 이곳에서 육체와 영혼이 상호작용할 것으로 생각한 것이다. 그는 송과선에서 영혼의 명령이 육체에 영향을 주고, 또한 육체나 외부환경으로부터 입력되는 정보들이 지각·감정·지식 등의 형태로 영혼에 들어간다고 생각했다.[52]

데카르트는 매우 분명하게 그리고 철저히 육체와 영혼을 분리했음에도 불구하고 이원론적인 사유를 고집하지는 않았다. 그는 육체와 영혼을 '연장적인 본체(res extensa)'와 '사유하는 본체(res cognitans)'라는 용어를 동원하여 분리한 다음, 육체를 복잡하고 생동력이 있는 기계로 간주하고 영혼을 의지와 오성, 의심과 상상력 등을 모두 포함하는 사유 작용으로 간주했다. 마지막으로 하느님이 육체의 작용에 영혼을 연결시키는 것으로 보았다.[53]

데카르트도 아리스토텔레스나 토마스와 마찬가지로 육체와 영혼의 결합은 선장과 배의 그것보다 훨씬 더 강한 것으로 보았다. 그는 과학이나 철학의 차원으로는 육체와 영혼의 상관관계를 이해하기 지극히 어려운 문제이므로 일상 경험의 차원으로 살펴보아야 한다고 했다. 그는 우리의 일상 경험은 육체와 영혼의 결합을 확신시키기에 충분하고, 심지어 육체와 영혼의 결합에 대하여 가장 확실하고 분명한 기초를 제공해 준다고 말했다. 우리는 일상적 차원에서 육체와 영혼의 통

51　데이비드 코언 저, 『마음의 비밀』, 원재길 역, 문학동네, 2004, p. 67.
52　한스 페터 뒤르 외 4인 저, 앞의 책, pp. 214-215; 성영신 외 12인, 앞의 책, p. 67; 페터 뒤베케, 앞의 책, p. 40; C. A. 반 퍼슨, 앞의 책, p. 33; 조지프 르두, 앞의 책, p. 41.
53　C. A. 반 퍼슨, 같은 책, pp. 26-27.

일성을 이해하지만, 이것은 진정한 의미에서 철학의 영역을 벗어나 있다. 데카르트에게서 흥미로운 점은 인간이 세계와 맺고 있는 상관관계를 일상생활의 범위 내에서는 결코 도외시하지 않은 사실이다. 그는 육체와 영혼의 일체성이 일상 경험 속에 원초적으로 주어져 있음을 인정했다. 철학적 사유를 시작하기 전에는 누구나 이 일체성을 체험한다고 한다.[54]

데카르트가 인간을 육체와 영혼의 통일체로 보는 관점이 그의 철학에 깊이 새겨져 있기 때문에 그의 이론을 절대적인 이원론이라 부르기 어렵다. 이것은 특히 데카르트가 성체에 관해 언급하는 부분에서 분명하게 드러난다. 가톨릭 교인이었던 데카르트는 빵이 본질적으로 그리스도의 몸으로 변하는 것을 자신의 철학으로 충분히 설명할 수 있다고 생각했다. 영혼은 육체의 통일성을 조성하고, 어떤 물질로 이런 육체나 저런 육체로 만들기까지 한다. 인간의 육체는 항상 변하고 육체의 각 부분은 늘 다른 재료들로 바뀐다. 그러나 영혼이 변하지 않기 때문에 육체도 언제나 동일한 육체로 남아 있는 것이다.[55]

이와 같이 데카르트에게서 육체와 영혼의 일체성이 철학적인 사유에 등장하지만 정신적인 것과 육체적인 것의 구별은 언제나 전제되어 있다. 그리고 이 양자의 연합은 이해의 한계를 벗어나 독특하고 예외적이다. 그 연합이 본질적임을 데카르트는 철학의 영역 밖에서 겨우 설명할 수 있을 뿐이었다. 철학적인 견지에서는, 영혼은 육체와 관계없이 스스로 존재할 수 있고 이와 마찬가지로 육체도 영혼과 관계없이 스스로 존재할 수 있다. 양자의 상관관계는 철학적으로 필연적이 아니라 우발적인 것이다. 육체와 영혼의 결합은 하느님께서 원하셔서 그렇게 되었다는 것이다. 이와 같은 설명은 육체와 영혼의 결합에 어

---

54 C. A. 반 퍼슨, 앞의 책, p. 28, 31, 35.
55 같은 책, p. 34.

떤 근거가 있음을 시사해 주지만 이것을 철학적으로 확인할 수 있는 보장이 없음을 뜻한다. 그러므로 육체와 영혼의 결합은 초월적인 도피의 성격을 띠게 되었다.[56]

데카르트는 육체의 기능, 기억, 감각적인 인지, 감정 등을 물질적으로 설명한 뒤, 영혼의 몫은 감독 기능이고 무엇보다 의지를 조정하는 것이라고 했다. 영혼은 생각하는 능력이고 우리 자신에게 일어나는 모든 것이다. 영혼은 우리가 살아있는 동안 죽지 않고 육체 안에 존재한다. 데카르트는 이처럼 육체와 영혼을 파악함으로써 영혼을 불멸의 존재로 간주했다. 그는 육체와 영혼의 연결은 초자연적인 현상이고 하느님이 연출한 것이기에 인간의 지성으로는 도저히 파악할 수 없는 현상으로 생각했다.[57]

데카르트는 오늘날에도 여전히 영향을 끼치고 있는 철학적 이원론에 깊은 영향을 준 것은 사실이지만 절대적 이원론을 주장하지는 않았다. 그가 생각한 인간상에는 우리가 일상생활에서 체험하는 육체와 영혼의 일체성이 들어설 수 있는 여지가 있다. 데카르트의 이원론적 인간관의 핵심은 육체와 영혼을 논리적으로 분리한 다음 그 본성을 따로 관찰하자는 데 있다. 육체와 영혼의 결합이 그것에서도 어느 정도 인정되지만, 그것은 현실적으로 주어진 것에 불과하고 철학적인 연구의 대상이 아니었다. 문제는 육체와 영혼을 상호 고립시켜 이들의 본질을 철학적으로 규명해 보려는 노력이 과연 정당한가 하는 것이다.[58]

---

56 C. A. 반 퍼슨, 앞의 책, p. 38.
57 페터 뒤베케, 앞의 책, pp. 37-41.
58 C. A. 반 퍼슨, 위의 책, pp. 39-40.

11. 로마노 과르디니

1) 육체와 영혼

과르디니에 의하면 인간은 본질적으로 자연 속에 존재한다. 인간은 숨 쉬고 먹고 마시며 감각 기관들을 지니고 있다. 인간에게는 그의 본능의 세계가 작용한다.[59] 육체적 · 정신적 존재라는 특성에 의해 그 스스로 자연에 속한다. 인간은 자신이 이러한 존재라는 사실을 깨달으면서 그리고 그 위로 올라서면서 얽혀 있는 자연과의 관계를 벗어나올 수 있고, 자연을 거슬러 나아갈 수도 있다.[60]

과르디니는 인간은 육체와 영혼이 하나로 일치하여 형성된 존재이지만, 자세히 들여다보면 이 둘이 서로 다른 성격을 지닌 것이 드러난다고 한다. 영혼은 무한한 세계와 관련되고 육체는 물질적 세계의 조건들에 제한되어 있다. 육체는 형상을 갖춘 물질(geformte Materie)이고 형태(Gestalt)며 유기체(Organismus)이다. 육체는 일정한 법칙을 가지고 있고 양과 무게 그리고 형태를 지니고 있다.[61] 하지만 육체는 돌과 같이 공간과 시간에 꼼짝없이 묶여있는 존재는 아니다.

반면 영혼은 육체와는 다른 개념을 갖고 있다. 영혼은 하나이고 파괴될 수 없는 것으로서, 공간과 시간에 매이지 않은 존재이며 자유를 가진 존재이다. 그러나 영혼이 본질적으로 무엇인가에 대해서는 철학적인 방법만으로는 완전히 알아낼 수 없다. 철학적인 탐구에 이어 종교적인 방법을 동원해야 비로소 제대로 파악할 수 있고, 하느님과의 관계를 살펴보는 단계에까지 나아가야만 온전히 파악할 수 있다. 인간은 절대적 정신인 하느님과의 관계 안에서 자신을 영혼 또는 정신

---

59 R. Guardini, *Vom Sinn der Gemeinschaft*, Arche Verlag, Zürich, 1950, p. 12.
60 로마노 과르디니, 『불완전한 인간과 힘』, 전헌호 역, 성바오로, 1999, pp. 54-55.
61 R. Guardini, *Ethik*, Grünewald · Schöningh Verlag, Mainz, 1993, pp. 175-177.

으로 인식한다. 이러한 관계 안에서 그는 자신의 내면에 사물인 이 세계로부터의 독립성을 지니게 된다.[62]

과르디니에 의하면 영혼은 육체 안으로 깊이 들어갈수록 더욱더 힘이 있다. 한편 이러한 현상에서 영혼은 육체 안에서 자기 자신을 잃을 위험도 있다. 인간에게 있어서 단순히 육체적이기만 한 것은 무겁고 단단하며 굳어 있어서 살아있는 인간이라 할 수 없다. 이와 마찬가지로 단순히 정신적이기만 한 것도 인간이 아니다. 이들은 삶의 현장 저 너머에 있는 존재일 뿐이다. 인간적인 것은 이들 사이에 있다. 과르디니는 이러한 사이에 놓여 있는 것을 다른 언어로 표현한다. 육체(Körper)라는 개념 대신에 몸(Leib)이라고 하고 정신(Geist) 대신에 영혼(Seele)이라고 한다. 몸은 정신에 의해 움직이는 육체이고 영혼은 육체 안으로 들어간 정신이다. 이 전체의 중심을 과르디니는 마음(das Herz)이라고 한다. 인간 안에 정신이라고 부르는 것이 존재한다. 단순히 정신적인 것(das Geistige)만이 아니라 참된, 개별적인 정신(wirklicher, individueller Geist)이 존재한다. 정신을 통해 인간은 직접적인 존재 사물로부터 거리를 유지할 수 있어서 위로 상승할 수 있고 안으로 깊이 들어갈 수 있다. 육체를 통해 인간은 자연과 연결되어 있고 어느 한 특정한 시간과 공간 그리고 역사에 묶여 있다.[63]

영혼은 영혼대로 육체는 육체대로 존재하여 어느 하나도 다른 하나로부터 발생되어 나오지 않고, 다른 하나로 들어가서 소멸하지도 않는다. 이들은 서로를 끌어 당겨 일치를 이룬다. 그렇게 하여 각자 다른 존재 안에서 자신의 자리를 잡고 있고 자신의 행위를 정당하게 수행한다. 인간 안에서 우리는 순수한 육체만 만나거나 순수한 영혼만 만나는 것이 아니라, 언제나 인간(Mensch), 인간적인 것(Menschliches)을

---

62 R. Guardini(1993), Op. cit., p. 179.
63 Ibid., pp. 181-183.

만난다. 영혼과 육체, 이 둘의 진정한 관계는 차이 속의 일치(Einheit in der Unterschiedenheit)라는 긴장의 관계이다.[64]

인간은 태어나는 순간부터 죽기까지 다양한 과정을 다양한 형태로 살아간다. 어린 아이, 청소년, 어른, 노인, 죽음, 이들 중 어느 한 순간을 어느 한 사람이라고 할 수 없다. 그러므로 인간은 내적인 것이 표현된 한 현상으로서, 내적인 것과 그것의 표현으로 구성된 현존재의 대화적 존재이다.[65]

2) 현상론

과르디니는 인간을 고찰하는 데에 있어서 형태(Gestalt)에서 시작하여 개체성(Individualità) 그리고 개성(Persölichkeit)으로 구분하여 설명해 나갔다. 이들 각 단계는 서로 함께 있으면서도 아래 단계가 위의 단계에 내포된다.[66] 형태는 생동적인 존재로 있고, 개체성은 구체적인 정신이 살아있는 형태로 있다. 그러나 이 둘은 개성에 의해 특징을 지닌다. 각 단계는 더 높은 의미를 내포하고 있는 위의 단계에 의해 받아들여지고 최종 의미인 하느님에 의해 질서를 부여받는다.

형태란 인간 현존의 가장 낮고 기본이 되는 부분을 의미하는 것으로서, 각 개체가 모여 일치를 이루고 하나의 역동적인 관계를 형성한다. 형태는 단순히 각 개체의 종합만은 아니다. 각 개체는 서로 다른 개체를 짊어지면서 하나의 구심점을 향하여 있다. 형태는 만남과 일치에서 생성되는 것으로서 일정한 긴장과 더불어 활발하게 살아있는 존재이다. 각 개체가 서로 일정한 긴장과 더불어 올바른 관계 속에 서

---

64 R. Guardini(1993), Op. cit., p. 184.
65 Ibid., pp. 185-186.
66 R. Guardini, *Welt und Person: Versuche zur christlichen Lehre vom Menschen*, Grünewald Verlag, Mainz, 1988②, p. 128 이하.

있을 때 형태는 건강을 유지하게 된다.[67] 인간 각자는 모두 다 이러한 형태를 자신 안에 가지고 있다.

형태는 전체와 부분이 서로 지속적으로 교류하면서 형성된다. 물질적이고 부피적인 질서를 내포하고 있고 양만이 아니라 질도 함유하는 것으로서, 완성되어 고정된 것이 아니라 계속 형성되는 진행 중에 있는 것이다.[68] 하나의 세포에서 시작하여 다양하고 지속적인 성장 과정을 통해 형성되고, 형태의 한 부분이자 그 형태를 파괴하는 죽음에 이르기까지 지속된다. 하나의 형태가 죽는 순간까지 진행되는 동안 필연성과 자유 사이에 긴장관계가 놓여 있다. 인간은 전체 질서 안에서 살아가지만 항상 새로운 시작을 할 수 있는 가능성을 내면에 함유하고 있기 때문이다.

과르디니는 인간의 전체적 현상을 고찰하는 데 있어서 형태에서 한 걸음 더 나아가 개체성을 다룬다. 개체성이란 살아있는 존재의 형태, 즉 살아있는 각 개체를 의미한다. 개체성은 자신과 같은 종의 구성원들과 그리고 다른 사물들과의 연관성에서 자신을 구분 짓고 주장해 나가는 특징이 있다. 이러한 자기 구분과 주장은 두 가지의 방법으로 실현되는데, 하나는 주변 세계를 가꾸어 나가는 것을 통해서이고 다른 하나는 다른 개체성들과의 질적인 관련을 통해서 실현해 나아간다.[69] 생명체가 질적으로 낮을수록 같은 종의 요구에 많이 일치되고 질이 높을수록 개체성이 강해진다. 개체성이 강해질수록 같은 종과 그 종이 이루는 군집으로부터 드러나 그만큼 더 적게 보호받게 되고 위험은 증가한다.

인간은 자신의 중심에서 주변 세계로 열려 있는 개체다. 타인이 아

---

67 R. Guardini, *Die Existenz des Christen*, Schöningh Verlag, München, 1977, p. 382 이하.
68 R. Guardini(1977), Op. cit., p. 177.
69 R. Guardini(1988②), Op. cit., p. 111; H. Kleiber, *Glaube und religiöse Erfahrung bei Romano Guardini*, Herder Verlag, Freiburg, 1985, p. 68.

니고 자기 자신으로서 그 자아를 주변 세계에 펼쳐나가고 주장해 나가야 하는 존재다. 그래서 인간은 세계와의 관계에서 중심적인 존재이고 동시에 개방성을 유지해야 하는 존재다. 타인과의 사회적 관계 안에서 살아가는 존재로서 자신 안에 폐쇄되어 머물러 있을 수 없다. 사회적 관계는 인간이 지닌 중요한 특성 중 하나로서 개체성과 더불어 한 개체적 존재 안에 공존한다.[70]

과르디니는 인간의 전체 현상에서 세 번째 층을 개성으로 명명하면서 생동적인 개체의 형태가 정신에 의해 규정되는 것을 의미한다고 한다. 개성은 형태와 개체성을 자신 안에 포함하면서 하나의 통일체를 이룬다. 내면의 현상은 개성에 의해 정신으로 구성된 삶으로 규정된다. 정신은 개체의 형태를 새로운 질과 더 높은 차원으로 향상시켜 인간으로, 즉 개성으로 만든다. 이것은 자의식과 의지 그리고 창조적인 행위의 내면성을 의미한다.

인간 이외의 일반 생명체는 자신의 특정한 규정에 따라 고정되어 있고 정해진 대로 살아간다. 짐승들과 그들의 주변 세계는 고정적으로 규정되어 묶여 있지만 인간과 그의 주변 세계는 동적이며 세계의 모든 영역과 관련을 맺을 수 있다. 개성을 지닌 인간의 내면세계는 규정되어 있지 않아 창조적이고 자신을 뛰어넘는 깊이를 가지고 있다. 각 개성은 서로 타 개성들과 자신을 구분지음으로써 다양한 단계의 차이를 형성한다. 창의력과 교육의 정도 등에 따라 질을 높여 간다. 스스로를 구분 짓는 것이 일반의 평균 수준을 능가할 때에 '뛰어난 개성' 또는 천재가 된다.[71] 인간은 자신의 개성을 충분히 키우고 구현해 나갈 과제를 지니고 있다.

형태와 개체성 그리고 개성 이 세 가지 층은 서로 내적으로 엮어 하

---

[70] L. Börsig-Hover, *Das personale Antlitz des Menschen: eine Untersuchung zum Personbegriff bei Romano Guardini*, Grünewald Verlag, Meinz, 1987, p. 62.

[71] R. Guardini(1977), Op. cit., p. 12.

나의 통일을 이루고 있지만 인간의 모든 것을 설명할 수 있는 것은 아니다. 이 세 단계는 외부에서 내부로 바라보는 입장에서 인간의 전반적 현상에 대해 고찰해 본 것이다. 이것은 "인간이 무엇이냐?(Was ist Person?)"는 질문에 주안점을 둔 고찰로서 인간의 본질을 밝혀 보려는 노력의 초기 단계이다. 인간은 이 세 현상의 상호 연관을 포함하는 그 이상의 존재이다.

3) 본질론

인간의 본질은 "이 인간이 누구냐?(Wer ist dieser da?)"라는 질문으로 언급되기 시작한다. 과르디니는 "'이 인간이 누구냐?' 라는 질문에 '나' 또는 '그'라고 대답하게 되고, 이제 비로소 인격의 본질에 접근하게 된다."고[72] 말한다. 그는 인간에 대해 논할 때, 일반적으로 사용하는 Mensch라는 단어보다 인격이란 의미가 내포된 Person이란 단어를 주로 사용했다. 과르디니에게 있어서 인간으로 존재한다는 것은 곧 인격(Person)으로 존재하는 것을 의미한다. 모든 사람은 원천적·본질적으로 하나의 인격이고 이것은 취소되지 않는 인간의 특성이다. 그가 인간이라고 하는 말은 곧 인격으로서의 인간을 의미한다.

인격은 정확하게 서술할 수 있는 것이 아니다. 이에 대해 과르디니는 "'너의 인격이 무엇이냐?'는 질문에 대해 나는 정확하게 대답할 수 없다. 나의 육체, 영혼, 지성, 자유, 정신 이 모든 것은 인격을 형성하는 재료이지 인격 그 자체는 아니다."라고 한다.[73] 인격이란 한 인간 전체를 의미한다. 인간만이 유일하게 본래적인 의미의 인격이 될 수 있다. 인격은 전체 현상의 다양한 구성원들이 독립되어 옆이나 위에 따로따로 존재하는 것이 아니라, 위 차원의 것이 아래의 것을 수용하면

72　R. Guardini(1988②), op. cit., 121.
73　Ibid., p. 128.

서 서로 엮여 하나의 통일체를 구성하고 있는 자율적이고 자목적(自目的)적인 존재이다. 내가 나로서 있는 것은 자명한 것이지만 다 설명될 수 없는 하나의 수수께끼다.[74] 인격은 분명한 것이면서도 동시에 논리적으로 다 파악되지 않는 존재이다. 과르디니에게 있어서 인격이란 한 사람이 그러한 존재로 있는 바로 그것이다. 그는 자신을 스스로 소유하고 자신의 행위를 유발할 뿐만 아니라 자기 자신 위에 존재한다.[75]

인간이란 바로 자기 자신 안에 있는 존재, 자신의 결정에 따라 자율적으로 살아가는 존재를 의미한다. 내가 어느 한 개인이든 기관이든 그 누구에게도 소유되지 않고 나 자신에게 속하는 것을 의미한다. 또한 내가 어떤 존재에 의해서도 수단으로 사용되지 않고 나 자신이 목적이라는 것을 의미한다. 인간이란, 내 안에 존재하는 다른 사람에 의해 살아가는 것이 아니라 나 자신에 의해서 살아가고 오직 나와 함께 있는 존재를 의미한다.[76] 인간의 자목적성은 인격의 내면성과 가치에 기초를 두고 있다. 이에 대해 과르디니는 다음과 같이 설명한다.

> 인간이란 내가 타인에 의해 대체될 수 없고 보완될 수도 없는, 나 자신과 더불어 있고 나 자신을 위해 있는 유일무이한 존재임을 의미한다.[77]

---

74 이에 대해 과르디니는 1953년 11월 1일에 기록한 일기에 다음과 같이 서술하고 있다. "인간 존재는 온통 신비로 가득 차게 만들어졌다. 그가 가진 모든 것은 선사된 것이다. 그를 형성하는 모든 것 중 어떤 것도 보탤 수 없고 들어낼 수도 없다. 인간은 우주적인 존재라는 것이 나에게 점점 더 분명하게 다가온다. 인간은 세계 전체와 관련되어 있다. 그래서 인간은 온 세계적 특성을 지니고 있다." (R. Guardini, *Wahrheit des Denkens und Wahrheit des Tuns*, Schöningh Verlag, Paderborn, 1985③, p. 67.)

75 R. Guardini(1977), Op. cit., p. 465.

76 R. Guardini, *Angefochtene Zuversicht: Romano Guardini Lesebuch*, Ingeborg Klimmer(Hg.), Grünewald Verlag, Mainz, 1985①, p. 28; Walter Seidel(Hg.), *Christliche Weltanschauung: Wiederbegegnung mit Romano Guardini*, Echter Verlag, Würzburg, 1985, p. 92.

77 R. Guardini(1988②), Op. cit., p. 122.

인간은 복제될 수 없고 부서지거나 자기 자신을 잃어버릴 수도 없다. 그러나 인격의 내적 핵심인 정신이 병들어 갈 가능성은 있다. 과르디니는 '정신이 진리로부터 벗어날 때 병든다.'고[78] 했다. 한 인격체가 착각하거나 거짓을 말하는 것에서 병드는 것이 아니고 진리를 포기하거나 파괴할 때 병들기 시작한다. 때문에 병의 치료는 오로지 다시 진리로 돌아오는 것, 즉 회개만이 가능하게 한다. 또한 자신을 인격체로 유지해 내는 정의와 사랑으로부터 벗어날 때에도 병든다. '자주 불의를 행해서가 아니라 정의를 부정할 때 병든다. 이것은 각 사물이 가진 성질과 규칙들을 존중해야 함을 의미한다.'[79] 인간은 하느님이 규칙과 존재 가치를 부여한 피조물을 그 피조물의 내적 성질과 규칙에 맞추어 존중해야 한다. 이것을 인정하는 것이 모든 윤리적 행위의 근본인 정의다. 인간은 정의를 향하여 있을 때 의미가 있고 정의에서 벗어날 때 병들기 시작하며 동시에 무질서하고 위험한 존재가 된다.

사랑은 인간이 자신의 건강을 유지하기 위해 진리와 정의 못지않게 존중해야 하는 요소다. '사랑하는 사람은 자신의 굴레를 벗어나 점차 자유에로 나아간다.'[80] 사랑하는 사람은 자신으로부터 벗어나 개방성을 얻게 되고 이 안에서 진정한 자아로 성숙해 나간다. 인간은 단순히 개인적인 존재만이 아니다. 본질적으로 개인적인 성격을 넘어서 공동체를 지향해 나아간다. 인간은 처음부터 개별적인 존재인 동시에 사회적 존재이다. 하느님의 인격도 본질적으로 공동체적인 존재임을 계시를 통해 알려 주었다. 고립된 개체는 존재하지 않는다.[81]

---

78 R. Guardini(1988②), Op. cit., p. 124.
79 Ibid., p. 125 이하.
80 Ibid., p. 126.
81 R. Guardini(1985①), Op. cit., pp. 32-33.

4) 관계성

인간은 만남, 이해, 언어, 대화와 응답이라는 기본 요소들로 자신의 관계성을 구현해 나간다. 만남은 과르디니에게 있어서 실재 세계를 대하는 인간의 근본적인 방법이다.[82] 만남이라는 개념 안에, 인간은 본래적으로 혼자 독단적으로 존재하거나 자신만을 위해 존재하는 것이 아니라 '다른 어떤 것을 향해(auf das andere hin)' 존재하는 것이 명백하게 드러난다. 이 개념 안에는 동시에 인간은 '되어 가는 과정' 중에 있는 존재라는 것과 언제나 '자기 자신을 결정해 가는' 존재라는 의미가 함축되어 있다. 되어 가는 것은 인격이 가진 내적인 창조성과 자유롭게 자신을 결정하는 것으로부터 성립된다. 이러한 것에서 만남, 자신을 건네줌, 공동체 안에 묶어둠 그리고 운명과 같은 것이 형성된다.

만남은 자유로운 인간의 내면으로부터 다른 사람을 향해 나오는 말과 행동에 의해 성립된다. 인간의 말과 행동은 이해에 의해 관계 안으로 들어간다. 어느 한 사람의 말과 행동에 자신을 열고 다가가는 사람은 그것을 이해하고 이 이해에 의해 만남은 온전히 성립된다. 이해는 공감과 사랑에 의해 가능하다. 이러한 과정은 인간의 내부로부터 자발적으로 발생하는 것으로서 강요할 수 없는 것이다.[83]

이러한 과정에는 각자 있는 그대로 존재하도록 인정하는 상호 인정과 존중이 전제된다. 어느 한 사람을 이해하려면 기본적으로 그를 있는 그대로 받아들여야 한다.[84] '그가 어떠한가(Wie er ist)'는 만남을 통해서 파악된다. 여기서 이해는 내가 너를 내적으로 만나는 첫 걸음이다. 이것은 올바른 들음을 통해, 그가 말하는 것 안으로 들어가는 것을 통해 성립한다. 그 다음 걸음은 그를 정신적으로 받아들이고, 그와 그가

---

82 R. Guardini, *Sorge um den Menschen*, Band 1, Grünewald Verlag, Mainz, 1988①, p. 59.
83 R. Gaurdini, *Unterscheidung des Christlichen*, Grünewald Verlag, Mainz, 1963, p. 78.
84 R. Guardini, *Tugenden: Meditation ?ber Gestalten sittlichen Lebens*, Grünewald Verlag, Mainz, 1987, p. 135.

말한 것에 대해 곰곰이 생각하는 것이다. 과르디니는 이해를 '너'라고 말할 수 있기 위한 능력으로 서술했다.

인간은 타인으로부터 불리고 그 관계 속에 들어가, 사랑과 신뢰로 자신을 표현할 때 참다운 자신이 된다.[85] 과르디니에 의하면 인간은 본질적으로 나와 너 안에 서 있다. 인간은 사랑으로 너를 향해 나아가며 또한 너를 나 안에 받아들이는 관계 안에 서 있다. 너를 향한 관계 안에 있지 않은 나는 없다.[86] 그럼에도 불구하고 나와 너는 여전히 각자 자기 자신의 자유와 의식 그리고 고유의 모습과 삶의 방식을 가진 다른 존재로 머문다. 그러나 나와 너가 깨어 있으려면 서로 만나야 한다. 나와 너의 관계에 문제가 발생할 때 존재하는 것 자체가 공허해지고 불확실해져 간다. 이 관계가 바로 정립되지 않으면 나는 병들어 간다.[87]

이러한 나와 너의 관계는 여러 가지 종류와 깊이로 구현된다. 이것은 타인을 받아들이는 것, 호의 등에서 시작하여 점차 믿음, 우정, 사랑 등으로 깊어지고 의미와 연속성을 지니게 된다. 나와 너의 관계가 성립되는 곳에는 우선 자신을 고집하는 것과 자기 입장만의 요구에서 벗어나, 상대편을 있는 그대로 보고 그와 함께 있으며 그와 함께 살아가게 된다. 상대를 순수하게 받아들일수록 나 역시 순수한 나가 될 수 있다. 나와 너가 모여 우리가 된다. 이것은 각자가 모여 수가 많아지는 것이 아니고 하나를 이룬다. 과르디니에 의하면 그 만남이 진실하다면 새롭게 태어난다. 우리 안에 나와 너의 다양성이 하나로 종합되는 것이다.[88]

---

85 R. Guardini(1977), Op. cit., p. 113.
86 과르디니는 〈나와 너(Ich und Du)〉를 저술한 마르틴 부버와 일생동안 좋은 관계를 유지했다. 나와 너의 관계에 대한 그의 견해는 부버의 영향을 받은 것으로 생각된다.
87 L. Börsig-Hover, Op. cit., p. 74 이하.
88 R. Guardini(1977), Ibid., p. 320.

5) 언어

　인간은 본성적으로 대화적 존재이고, 대화는 이해를 하는 나와 자신을 여는 너 사이에서 성립한다. 이러한 대화는 언어를 통해 가능하다. 과르디니에게 있어서 언어는 인간 각자가 그 안으로 태어나고 그 안에서 살아가는 의미공간(Sinnraum)이다.[89] 생각과 행동, 인간의 존재 전체가 전개되는 의미공간인 것이다. 언어는 인간적 삶을 위한 전제조건이자 인간적 삶을 구성하는 근본적인 요소 중 하나다. 언어 안에서 인간의 내면세계가 육화되기 시작한다.[90] 인간은 오직 언어와 침묵[91] 안에서만 살아갈 수 있다.

　과르디니에 의하면 생각은 자기 자신과 더불어 혼자 존재하는 것이고 고찰과 모음을 통해 어떤 지식을 이끌어 내는 것이다. 그러나 여기에 행동은 없다. 인간은 말을 함으로써 행동하기 시작하고 다른 사람에게 나아간다. 생각은 언제나 단편적이고 미완성으로 머물지만 언어를 통해, 나와 너의 만남과 상호교환을 통해 자신의 임무를 구현한다. 그러나 인간의 언어는 그 언어가 성립된 시대의 산물로서 그 시대의 한계성을 내포하고 있는 것 또한 사실이다.[92]

　과르디니에 의하면 언어는 정신과 육체가 가장 깊이 일치하는 것이다. 언어는 육체가 발생하는 다양한 강도와 리듬 그리고 높낮이를 가진 소리와 인간의 내면에 깊이 살아있는 내용으로 구성되어 있다. 언

89　Josef Ratzinger(Hg.), Wege zur Wahrheit: *Die bleibende Bedeutung von Romano Guardini*, Patmos Verlag, Düsseldorf, 1985, p. 91.

90　R. Guardini, *Liturgie und liturgische Bildung*, Patmos Verlag, Würzburg, 1966, p. 38.

91　침묵은 인간에게 있어서 말을 하는 언어 못지않게 중요한 요소다. 침묵(Schweigen)은 말을 하지 않는 것일 뿐만 아니라 내적으로 충만하게 채워나가는 행위다. 고독(Einsamkeit)은 다른 사람들과 함께 있지 않는 것만을 의미하지 않는다. 고독 역시 자신을 충만하게 채우는 행위다. 고독 속에서 사람은 자기 자신과 함께 있어서 엄청나게 아름답고 풍부한 것과 영원한 것, 즉 하느님을 만날 수 있다. 침묵 속에서도 이와 같이 하느님께서 가까이 계심을 인식할 수 있다.(R.Guardini, *Der Blick auf das Ganze, Ausgewälte Texte zu Fragen der Zeit*, Walter Dirks(Hg.), Kösel Verlag, München, 1985②, p. 118.)

92　Josef Ratzinger(Hg.), Ibid., p. 121.

어는 생각이 소리로 전환되는 데서 성립된다. 언어를 통해 말을 하는 사람의 내면의 세계가 말을 하는 사람과 말을 듣는 사람이 함께 있는 공간으로 개방되어 나간다. 이 언어는 이것을 들은 사람의 정신에 남게 되고 그가 응답을 함으로써 생각은 전개되고 확장되어 나간다. 그렇게 하여 인간과 인간 사이에 정보가 오가고 진리와 공동체가 구현된다.[93]

두 사람 사이에 대화와 화합이 이루어지는 것은 두 사람 사이에 유효한 진리가 존재할 때이다. 각자는 상대와 함께 할 때 진리를 더 많이 알게 될 것을 희망한다. 이러한 희망으로 각자는 다른 사람의 생각들을 이해하려고 노력하고 자신의 생각을 전달하려고 노력하면서 진리에 대한 이해를 넓혀간다. 이러한 과정 안에는 서로에 대한 호의와 사랑이 들어 있다. 사랑이 있기 때문에 이들은 서로의 본질을 볼 수 있고 파악할 수 있다. 사랑의 능력은 인간의 깊은 본질에 속한다.[94]

언어, 즉 말씀은 하느님 현존의 중심 역할을 하고 있다. 하느님은 스스로 말씀하시는 분이며 동시에 말씀을 듣는 자이고 또한 영원한 대화가 사랑 안에 내재하는 존재이다. 과르디니에게는 말씀의 최종 바탕은 성부의 성령 안에서 성자에게로 향하는 관계, 즉 하느님의 내재적 삼위일체 관계다. 하느님의 말씀에서 모든 사물이 나오므로 사물 자체도 스스로 언어적 성격을 지니고 있다. 세계는 단순히 생각과 권능에 의해서만이 아니라 말하는 것에서 생겨났다. 과르디니에게 있어 이 사실은, 세계 안에서 계속 말을 할 수 있는 것을 의미한다.[95]

---

93 L. Börsig-Hover, Op. cit., pp. 91-95.
94 R. Guardini(1985②), Op. cit., p. 139.
95 R. Guardini(1988②), Op. cit., p. 142; H. Kleiber, Op. cit., p. 81.

6) 자유

인간은 자신의 행위를 자유롭게 이루어 나가는 점에서 식물이나 동물과 전혀 다른 질적인 차원을 가진다. 자유는 인간이 자신의 지식과 의지, 활동과 일에서 스스로 행할 수 있는 것을 의미한다. 어느 한 사람이 자신이 하고 싶은 것을 선택할 수 있고 실행할 수 있으며 원하는 대로 움직일 수 있을 때, 그를 자유인이라고 부른다.[96] 과르디니는 인간이 자신의 자유를 두 가지 측면에서 경험하는 것으로 보고 있다. 첫째, 무엇인가를 스스로 판단하여 선택하는 것에서 자유를 체험하는 것이다.[97] 둘째, 인간이 자신의 정신적 창의력을 발휘하여 자신을 스스로 표현할 수 있는 것을 통해 자유를 체험하는 것이다. 과르디니는 이러한 자유를 생산적인 자유라고 했다.[98] 선택의 자유를 통해 인간은 자신의 주인임을 경험하게 되고 그 순간 내가 나 자신임을 경험하게 된다.

과르디니에 의하면 선택의 자유와 생산적인 자유, 이 두 가지 자유는 하나의 요소 안에서 상호 공동 관계를 이루고 있다. 인간의 생동적인 자유는 두 행위를 모두 포함하여 어느 하나만 드러나는 경우는 존재하지 않는다. 선택의 자유와 생산적인 자유는 상호 협력하여 상대의 활동성을 증진시켜 나간다. 하나의 자유 안에 다른 자유가 적어도 최소한의 단위라도 항상 함께 하여 생동적인 선택 또는 생동적인 자기 표현이 가능하게 한다.

과르디니는 또한 인간이 일상생활에서 체험하는 자유가 정신과 특

---

[96] R. Guardini(1985②), Op. cit., p. 107.
[97] 과르디니는 1945년 4월 4일에 쓴 편지에서 다음과 같이 말한다. "인간은 선택의 자유를 지니고 있다. 그는 자신이 원하는 대로 결정하여 행할 수 있고 이러한 행위에 의해 그의 운명이 결정된다. 성경에도 다음과 같은 말씀이 있다. '나는 자비를 베풀고 싶은 사람에게 자비를 베풀고 동정하고 싶은 사람을 동정한다.'" (로마 9,15; 탈출 33,19); R. Guardini(1985③), Op. cit., p. 16.
[98] J. F. S. v. Koch, *Autonomie und Transzendenz: Untersuchungen zur Religionsphilosopie Romano Guardinis*, Grünewald Verlag, Mainz, 1985, p. 130.

별한 관련을 맺고 있음을 강조했다. 각 인격체의 개체적이고 창의적인 정신은, 자기 자신으로부터도 일정한 거리를 유지하면서 자신을 객관적으로 볼 수 있는 능력이 있어 판단하고 결정을 내릴 수 있다. 이 정신은 행위를 유발시키고 그것에 대한 책임도 수행해 나간다.[99]

정신은 인간 존재의 어느 한 영역에만 제한되어 있는 것이 아니라 한 인간의 모든 것을 결정한다. 인간 안의 모든 자연적인 요소들은 정신을 향해 있고 정신에 의해 규정될 수 있도록 자신을 연다. 정신은 이러한 자연적 요소를 지속적으로 규정해 나가는 과제를 수행함으로써 자신의 존재 의미를 구현해 나간다. 그러나 정신이 자연적인 요소를 자기의 임의대로 규정해 나갈 수는 없다. 자연적인 요소는 자신의 원리에 따라 올바르게 규정되기를 요청한다. 그런데 정신은 착각하여 자유를 잘못 또는 미흡하게 행사할 수 있는 가능성도 언제나 지니고 있다. 착각할 수 있는 가능성은 자유를 가진 인간의 본질에 속한다. 인간은 옳은 것을 자유롭게 선택할 수 있는 바로 그 이유 때문에 착각도 할 수 있는 존재이다.[100] 자유를 잘못 행사할 가능성에 의해 인간은 지속적으로 위협받고 있다. 제2차 세계대전 발발이나 히로시마 원자폭탄 투하와 같은 엄청난 사건들이 지배층의 몇몇 사람들의 즉흥적인 판단으로 얼마나 쉽게 일어났는가를 알고 있는 현대인들에게는 이러한 사건들이 전율할 정도로 와 닿고 있다.

자유에 대한 과르디니의 사고는 자유를 잘못 사용할 가능성을 인지함으로써 더욱 절박해지고 깊어진다. 인간은 누구나 더 이상 자유롭지 못한 상태로 무너질 수 있다. 자유의 행위에 대해 책임질 수 있는 능력이 있는 사람은 존재의 최종 규칙인 하느님과 일치하고 있는 사람이다. 책임은 바로 하느님께 대한 책임이다. 그러므로 인간의 자유

---

99 R. Guardini, *Freiheit, Gnade, Schicksal: Drei Kapitel zur Deutung des Daseins*, Kösel Verlag, München, 1979, p. 72.
100 R. Guardini(1985②), Op. cit., p. 89.

는 하느님 앞의 자유이다.[101] 하느님은 인간을 자유로운 존재로 만드시고 그 자유를 유지하고 지켜주신다. 하느님으로부터 받아들여지고 보호를 받는 것으로, 인간은 자기 자신을 잃어버리는 것이 아니고 오히려 충만한 자유와 자신의 완성을 경험하게 된다. 인간은 자신을 비움으로써 자기 자신이 된다.[102]

이러한 자유는 스스로 수동적으로 성취되는 것이 아니고 적극적으로 원해야 이루어진다. 수동적인 자유는 존재하지 않는다.[103] 자유란 규정도 없이 마음대로 행동할 수 있는 것이 아니라 진리와의 올바른 관계 안에서 유지된다. 진리가 자유를 가능하게 하는 것이다. 자신의 본질에 일치하고 있는 사람만이 자유로울 수 있다. 그러므로 진리 안에 있는 사람만이 자유롭다.[104]

7) 인간과 하느님

인간은 명백한 한계를 지닌 존재이고 이 한계를 받아들여 언제나 짊어지고 가야 하는 존재이다. 한계는 인간의 본질적인 것에 속한다. 과르디니는 인간이 가진 '한계'를 적극적으로 받아들여 그것을 피조성(Geschöflichkeit)의 특성으로 여겼다. 그에게 있어 계시는 한계를 가진 피조물을 온전하게 하는 것이었다. 그래서 과르디니는 계시를 절대적인 것으로 받아들였다.[105] 인간은 하느님의 피조물이고 동시에 하느님의 모상으로서 정신이고 인격이다. 그래서 인간은 자연의 한 부분으로 머물 수 없는 존재다. 인간은 세상으로부터 벗어나 있고 하느님 앞에 서 있다. 그분의 부르심을 인식하고 응답할 능력이 있으며 그렇게

---

[101] Ibid., p. 25.
[102] R. Guardini(1985①), Op. cit., p. 230.
[103] R. Guardini(1988①), Op. cit., p. 117.
[104] Josef Ratzinger(Hg.), Op. cit., p. 135.
[105] Walter Seidel(Hg.), Op. cit., p. 26.

하도록 정해진 존재이다.[106]

인간은 자기 자신을 넘어서야 하는 의무를 가지고 있고, 이것은 인간의 깊은 본성에 속한다. 인간은 자신 안에 들어 있는 소질을 계발함으로써 자신의 본성(Natur)을 구현할 수 있는 것이 아니라, 자신을 넘어 하느님과 함께 하는 삶을 구축함으로써 구현할 수 있다. 인간은 이러한 자기초월을 거부할 때 자신 안에 들어 있는 본성을 잃거나 파괴한다. 인간에게 있어서 본성은 결코 자신만으로 충분한 존재가 아니고, 자명하게 이해되는 개념도 아니다. 인간에게 있어서 본성은 하느님께로 향해 나아가도록 주어진 하느님의 선물이다. 인간의 본연적인 모습(Natülichkeit)은 단순히 자연적인 것이 아니라 은총과 자유의 열매이다. 자연적인 인간(natülicher Mensch)이란 존재하지 않는다.[107] 인간을 규정하는 최종적인 것은 자연으로부터 오는 것이 아니라 인간에게 은총과 계시로 자신을 열어오는 하느님이다.[108] 인간은 자신의 힘으로 온전한 존재가 될 수 있도록 창조된 것이 아니다. 인간의 본질은 하느님과의 관계 안에서 결정적으로 성립한다. 인간은 하느님과의 관계를 어떻게 이해하고 얼마나 진지하게 받아들이며 이 관계로부터 무엇을 하느냐에 따라 그의 성격이 결정된다.[109]

인간이 하느님을 향해 살아가는 것은 그렇게 살아가도록 창조되었기 때문이다. 하느님을 아는 사람만이 사람을 안다. 인간은 하느님으로부터 하느님을 향한 관계 안에 존재한다. 인간은 오직 하느님과의 관계 안에서만 인간이다. 인간의 본질은 하느님으로부터(Von-Gott-Her) 그리고 하느님을 향하여(Auf-Gott-Hin) 성립한다. 인간은 오직 하

---

[106] R. Guardini(1985②), Op. cit., pp. 104-105.
[107] A. Schilson, *Perspektiven theologischer Erneuerung: Studien zum Werk Romano Guardinis*, Patmos Verlag, Düsseldorf, 1986, pp. 168-170.
[108] Josef Ratzinger(Hg.), Op. cit., p. 100.
[109] R. Guardini(1985②), Op. cit., p. 110.

느님의 부르심 안에 존재한다.[110] 생각하는 것, 글을 쓰는 것, 읽는 것보다 훨씬 더 중요한 것은 위대하신 하느님께서 나를 바라보고 계시는 것을 체험하는 것이다. 가장 중요한 것은 하느님의 실재를 체험하는 것이다. 여기서 기도와 감사 그리고 믿음이 성장한다. 모든 차이의 근원인 가장 큰 차이점은 하느님은 하느님이시고 인간은 인간이라는 사실이다.

인간은 하느님께 도달하는 만큼, 하느님을 향해 살아가는 만큼 그리고 하느님으로부터 사물에 다가가는 만큼 본질적인 자기 자신이 된다. 자신의 본질을 발견하는 일은 언제나 하느님을 찾는 것과 관련되어 있다. 그래서 우리는 하느님을 향해 나아갈수록 우리 자신을 찾게 된다.[111] 하느님께서 인간 안에 강하게 작용할수록 인간은 더욱더 자율적이 되고, 비로소 참된 자기 자신이 된다.[112]

하느님과 인간의 관계는 논리적인 귀결로 삼위일체이신 하느님의 관계 안으로 나아간다. 인간은 아버지이신 성부께서 성령 안에서 아들에게로 나아가는 관계 안에 받아들여진다. 그러므로 인간의 하느님께로 향한 관계는, 그리스도가 하느님과 가진 관계 안에 동참하는 것에 존재함을 의미한다. 그리스도인이 된다는 것은 그리스도의 현존 안으로 들어가는 것을 의미한다. 이렇게 하여 그는 '나는 길이요 진리요 생명입니다.'(요한 14,6)라는 주님의 말씀을 구현해 나간다.[113] 인간은 자신을 구성하는 모든 것, 자신 안에서 발생하는 모든 것을 기도와 찬미를 통해 하느님께 돌려 드려야 한다.

---

110 R. Guardini(1985①), Op. cit., pp. 36-62. 과르디니는 그의 일기에서 다음과 같은 말을 하고 있다. "인간은 오직 하느님과 함께 할 때, 하느님 안에 있을 때 진정한 인간이라는 사실을 모든 종교적인 일에서 강조하여 알려 주어야 한다." (R. Guardini(1985③), Op. cit., p. 59.)
111 R. Guardini(1985②), Op. cit., p. 118.
112 Walter Seidel(Hg.), Op. cit., p. 201.
113 R. Guardini(1988②), Op. cit., p. 159.

12. 제2차 바티칸 공의회

　제2차 바티칸 공의회는 사목헌장에서 현대 세계의 인간 상태에 대하여 분석하면서 사물과 인간에 대한 사고방식과 행동, 태도에까지 현대 세계 변화의 영향을 심각하고도 신속하게 받고 있다고 말한다. 인간은 자신의 능력을 크게 확대하면서도 그 능력을 언제나 충분히 지배하지는 못하고, 인간 정신의 가장 깊은 데를 파고들면서도 제 자신에 대해서는 확신을 얻지 못함을 지적했다(사목헌장 4항). 공의회는 인간이 자신 안에 분열을 겪고 있으며 사회의 많은 불화도 여기에서 유발되는 것으로 보았다(사목헌장 10항). 인간은 제 자신에 대해서 수만 가지 견해를, 때로는 서로 상반되는 의견을 주장했고 아직도 주장하고 있음을 언급하면서 여기서 남는 것은 의문과 불안뿐이라고 말한다(사목헌장 12항). 이러한 상황에서 공의회는 계시의 빛에 힘입어 인간에 대한 올바른 견해, 즉 인간의 허약성과 동시에 그 존엄성과 궁극 목적을 밝혀 낼 수 있다고 말한다.

　제2차 바티칸 공의회 역시 창세기의 창조 설화의 견해에 따라 '인간은 '하느님의 모상을 따라' 창조되었기에, 창조주를 알아 사랑할 수 있고 창조주로부터 세상 만물의 주인공으로 설정되어 만물을 다스리고 이용하며 하느님께 영광을 드리는 존재'라고[114] 파악하면서, 그 근거로 시편 8,5-7을 들었다. 인간은 육체와 영혼으로 단일체를 이루고 있다는 견해를 유지하고 있고, 물질세계는 인간에게서 그 정점에 도달하고, 인간을 통해서 창조주를 찬미하는 것으로 본다. 또한 인간은 그 내적 품위로써 물질세계를 초월하여 영적 불멸의 혼을 지니고 있다고 말한다.[115] 인간은 지성을 가지고 있어 만물을 초월하며 이 인간 지

---

[114] 「사목헌장」 12항.
[115] 「사목헌장」 14항; 『한국가톨릭대사전』 9, pp. 6303-6305; 심상태, 앞의 책, p. 76.

성은 하느님의 지혜로부터 지속적으로 빛을 받고 있다. 또한 인간은 양심을 자신의 본질적 요소 중 하나로 가지고 있다. 이 양심은 인간이 하느님과 함께 있는 장소, 하느님의 목소리를 듣는 장소이다.[116] 자유 역시 인간에게 중요한 요소다. 공의회는 '인간은 오직 자유로써만 선을 지향할 수 있다'고[117] 한다. 참된 자유는 인간 안에 새겨진 하느님의 모상을 알려주는 표지이다.

　공의회는 이 모든 설명에도 불구하고 '혈육을 취하신 '말씀'의 신비를 떠나서는 인간의 신비가 참되게 밝혀지지 않는다.'고[118] 말한다. 새 아담인 그리스도는 성부와 그 사랑의 신비를 알려주는 계시로써 인간에게 인간을 완전히 드러내 보여주고 인간이 높이 불렸음을 밝혀준다는 것이다. 공의회에 의하면 '보이지 않는 하느님의 모상'(콜로 1,15)인 그리스도는 완전한 인간으로서 최초의 범죄 때부터 이지러졌던 하느님의 모습을 아담의 후손들에게 회복시켜 주는 존재이다.[119]

13. 신학

　그리스도교 사상가들은 영혼의 불멸성을 강조하면서도 동시에 육체와 영혼으로 통일된 인간의 전체성을 강조한다. 육체는 영혼의 표현이고 영혼은 유한한 공간과 시간 속에서 작용하며, 육체와 영혼이 결합된 전체적인 인간의 완성, 즉 부활을 추구한다. 그러나 부활은 영혼에 내재하는 힘의 활동에 의해 발생하는 것이 아니라 하느님께서

---

116 「사목헌장」 16항.
117 「사목헌장」 17항.
118 「사목헌장」 22항.
119 「사목헌장」 22항; 전헌호, 앞의 책(1998), pp. 303-306.

선사하시는 것이다.[120] 성경은 인간이 육체와 영혼을 가지고 있다고 하지 않고 인간은 육체와 영혼이라고 한다. 인간은 정신적인 것과 육체적인 것의 합성물이 아니라 영혼이고 동시에 육체이다. 영혼은 인간의 한 부분이 아니라 육체로 하여금 살아있는 인간으로 만들고 책임성을 지닌 주체로 만든다. 영혼은 하느님께로부터 직접 창조되고 생명의 원천이다. 인간의 영혼은 동물의 생명보다 훨씬 뛰어난 생명을 인간에게 부여한다.[121]

육체와 영혼이 통일되어 인간의 존재를 가능하게 하는 것은 사실이다. 하지만 한편으로 육체가 병들고 노화할 수 있는 것에 비해 영혼은 건강과 젊음을 유지할 수 있는 것 또한 사실이다. 이러한 것에서 인간 존재가 복합적임이 드러난다. 인간의 식물적이고 감각적인 삶은 정신적 삶의 차원 안으로 통합되어 존속한다. 인간 안에서 상이한 생명 단계들이 단일성을 형성하고 있는 것이다. 살아있는 육체는 영혼의 실현이자 외면성 안에서의 영혼 자체라고 볼 수 있다. 육체는 영혼 매체이고 영혼은 육체를 통해서만 세계 안에서 현존하고 작용할 수 있다.[122]

인간은 개체일 뿐만 아니라 어느 무엇과도 교환할 수 없고 다시 반복될 수 없는 유일무이한 존재이다. 이러한 존재인 인간의 본질은 객관적으로 주어진 구조를 살펴보는 것으로는 온전히 파악될 수 없고, 삶을 구체적으로 살아가면서 자신을 실현해 나가는 과정과 결과를 살펴보는 것을 통해 좀 더 깊이 파악될 수 있다. 한 인간이 자신의 삶을 보다 더 훌륭하게 영위해 나갈 때 그는 그만큼 더 본질적인 인간을 실현하게 된다. 이러한 인간을 통해 육체와 영혼의 본질적인 단일성이

---

120 『한국가톨릭대사전』 9, pp. 6303-6305.
121 호세 꼼블린 저, 『그리스도교 인간학』, 김수복 역, 분도출판사, 1988, p. 312; C. A. 반 퍼슨, 앞의 책, p. 105.
122 심상태, 앞의 책, pp. 76-79.

구현되는 것이다.[123]

14. 교회의 가르침

그리스도교 교의는 육체와 영혼이 하나로 일치한 인간은 개별적이고 인격적인 존재이며, 존재의 원리가 '실체적(substantial)'인 영혼은 불멸하는 존재라고 가르친다(DS 567). 영혼은 또한 독립적이고 단순하다(DS 900, 1440, 2828). 죽음 이후에도 결코 사라지지 않고 또 다른 방식으로 존재하는 실재이기 때문에 물질적인 존재와는 다르다. 물질적인 존재로부터 독립되고 고유의 의미와 가치를 지닌 존재이기 때문이다(DS 1440). 영혼의 불멸성은 단순히 죽음 이전과 같은 양식의 지속을 의미하는 것이 아니라, 유한한 시간 속에서 전개되는 지상 생활을 마친 정신적 인격의 초시간적인 완성과 충만을 의미한다. 계시 진리는 이러한 충만은 최종적으로 육체와 영혼의 통일체로서 인간 전체의 완성으로 표현될 수 있다고 증언한다.[124]

1992년에 발표된 〈가톨릭교회 교리서〉도 인간은 육체와 영혼으로 구성되어 있지만 하나로 통일된 존재라고 가르친다. 인간의 영적 근원을 가리키는 영혼은, 성경에서 인간의 생명이나 인격 전체를 의미한다고 한다. 영혼은 인간의 가장 가치 있고 내밀한 것이며 하느님의 모습을 가지는 것이라고 한다(363항). 일체를 이루고 있는 영혼과 육체에서, 영혼은 육체의 형상으로 생각해야 할 만큼 심오하고 물질로 구성된 육체가 인간의 살아있는 육체일 수 있는 것은 영혼 덕분이라고 한다(365항). 하느님께서 각 사람의 영혼을 불멸할 존재로 직접 창조하

---

123 심상태, 앞의 책, p 80, 126.
124 『한국가톨릭대사전』 9, pp. 6303-6305.

셨다는 것은 교회의 가르침이라고 밝힌다. 이런 영혼은 죽음으로 육체와 분리되어도 사라지지 않고(366항), 오히려 하느님의 전능과 예수 부활의 은덕으로 육체와 결합되기를 기다린다. 그렇게 하여 영원히 죽지 않는 생명을 육체에 돌려주는 부활을 기다리는 것이다(997항).[125]

---

[125] 『한국가톨릭대사전』 9, pp. 6303-6305.

마치는 말

　인간이 이성으로 탐구하는 것은 대부분 가설의 수준에 지나지 않는다. 낡은 가설들을 수정하는 새로운 가설들이 활발하게 성립될 때 발전하고 낙관적인 생각을 할 수 있게 된다. 그래서 결과에 대해 열려 있는 탐구와 토론은 필수적이고 건설적이다. 새로운 가설들 중에서 어떤 것이 수용되고 계속적인 탐구의 대상이 될지는 근본적으로 토론과 합의에 달려 있다. 미래를 개척해 나갈 수 있는 건설적인 토론 문화는 현재에 대한 고무적이고 긍정적인 토론으로 이어지게 된다.[126] 육체와 영혼에 대해서는 탐구할 부분이 많이 남아 있고 앞으로도 탐구가 지속될 것이기 때문에, 필자는 여기서 닫힌 결론을 맺지 않고 중요하다고 생각되는 몇 가지 의견을 제시하는 정도로 그칠까 한다.

　앞에서 고찰한 여러 측면을 고려해 볼 때, 육체를 영혼에서 분리할 수 없다는 것은 확실해 보인다. 정신분석학과 뇌 과학이 등장하여 과거에 합리적인 사고의 핵심으로 생각되던 인간의 영혼에 육체와 직접 관계된 비합리적인 요인이 어느 정도 강하게 작용하는지를 보여 주었다. 이러한 연구의 결과로 육체와 영혼이 도저히 분리할 수 없는 하나의 전체를 구성하고 있음을 인정하게 되었다. 그리스도교 신학자들뿐 아니라 데카르트와 같은 철학자, 존 에클스와 같은 뇌 과학자도 육체와 영혼의 결합은 하느님께서 원하셔서 그렇게 되었다고 한다. 이와 같은 설명은 육체와 영혼의 결합에 어떤 근거가 있음을 시사하고 있지만, 인간의 지성적 탐구로는 확인하기 어려움을 뜻하기도 한다. 이러한 관점에서 볼 때, 육체와 영혼의 결합에 관한 탐구에 있어 초월적인 요소의 개입을 언급하는 것이, 단순히 문제의 핵심을 회피하여 쉬

---

[126] Detlev Ganten 외 2인 저, 『지식; 생명 + 자연 + 과학의 모든 것』, 인성기 역, 이끌리오, 2005, pp. 885-886.

운 결론에 안주하려고만 하는 것이 아니라는 것을 알 수 있다.[127]

육체와 영혼의 문제를 이해하고자 할 때 출발점 자체를 문제 삼지 않으면 인간을 제대로 파악할 수 없다. 한 인간이 구체적으로 살아있는 주체적 상황을 무시해 버린다면 육체는 물질적이고 유기적인 연구 대상으로밖에 여겨지지 않는다. 육체가 영혼과 '함께하는' 의미와 작용을 간과한 채로, 영혼을 분할할 수 없을 뿐만 아니라 영혼의 속성을 공간적이지 않고 복합체가 아니며 비물질적이라고 정의하는 것도 충분하지 않다. 영혼은 육체의 작용을 벗어나 있는 '어떤 무엇'이 아니다. 육체를 벗어난 영혼은 고유의 기능을 올바로 수행할 수 없다. 인간은 자신의 육체에서 그리고 육체와 더불어 자신의 영혼을 경험하게 된다. 자기 육체의 발견은 동시에 자기의 인격과 정신생활의 발견이기도 하다.[128]

영혼의 정체를 파악하기 위해서는 먼저 개인이 자기 체험과 의식 속에서 육체가 무엇인지를 파악해야 한다. 인간의 근본적인 특징은 육체를 통해 세계에 참여한다는 것이다. 이 육체적 참여를 통해 정신과 영혼이 지평선 위로 떠오른다. 하지만 이것이 전부는 아니다. 완전히 파악되지 않는 육체와 영혼의 단일체인 인간은 그 자신이 되기 위해 타인을 필요로 한다. 인간이 영적 존재라는 것은, 인간이 육체와 영혼의 결합체로서 목적과 방향을 가진 지향적 존재라는 뜻이다.[129]

인간의 육체는 우연적인 요소를 띠고 있다. 인간 자체가 유한하고 우발적인 존재이고 지극히 한정된 지식과 가능성을 지니고 있다. 그러나 인간은 인간 이상이 되는 꿈을 꿀 수 있고 오감으로 무한히 풍부한 인상을 처리할 수 있으며, 순수한 직관과 이성 능력으로 사물의 깊

---

[127] C. A. 반 퍼슨, 앞의 책, pp. 20-38.
[128] 같은 책, pp. 67-68, 91-93.
[129] 같은 책, p. 93. 111. 203.

이를 파악할 수 있다. 인간은 자신이 세계 내에 던져진 우발적인 존재임을 깨닫게 되는 순간 자기 밖을 바라보게 된다. 한계성이 오히려 정신적인 진보를 위해 필요한 조건이 된다.[130]

인간에 관한 연구는 지금까지 무수히 있어 왔고 앞으로도 지속될 것이며, 무한정 가능할 것이다. 그것이 가능한 근본적인 이유는 바로 인간 자체 안에 있다. 인간은 하느님의 모상을 따라 창조된 존재이기에 하느님이 무한히 신비한 분이시듯이 인간 역시 완벽히 다 설명될 수 없는 존재이다. 그럼에도 불구하고 자신을 포함해서 인간의 정체를 좀 더 깊이 파악하고자 하는 우리의 지적 관심은 계속해서 우리를 이러한 작업으로 내몰 것이다. 그것은 또한 의미 있는 작업이기도 한 것이다.

인간을 이해하기 위한 이러한 지성적 작업이 인간 이해에 도움이 될 것은 확실하다. 하지만 그리스도교의 인간 이해가 파악하고 있는 것처럼 우리는 하느님에 의해 하느님을 닮은 존재로 만들어진 존재이기에 그를 닮으려고 노력하는 실제적인 작업 안에서, 자신을 포함해서 이웃을 사랑하려는 그 사랑의 노력 안에서 인간을 오히려 더 잘 파악할 수 있을 것으로 생각한다. 이러한 의미에서 인간학을 깊게 연구한 학자들이 인간의 모습에 대해 알려주는 것 못지않게 복음의 말씀을 실생활 안에서 구현해 보려고 노력했던 무수한 유명·무명의 성인들, 지금도 그 어느 곳에선가 드러나지 않은 채로 노력하고 있는 사람들의 모습이 우리에게 본래의 인간 모습을 잘 보여주고 있다고 할 수 있다. 그러한 실질적인 노력을 배제한 인간 이해를 위한 지적 작업은 어떠한 것이라도 지엽적인 것에 머물고 말 것이란 생각이 든다.

---

130 C. A. 반 퍼슨, 앞의 책, pp. 205-207.

11

거시세계와 미시세계 사이의 인간과 신앙

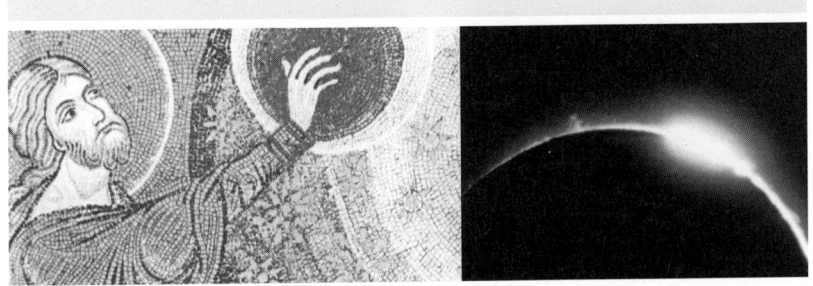

시작하는 말

　교통과 통신의 발달에 힘입어 현대인들은 지구촌에서 일어나고 있는 일들을 쉽게 접하고 있다. 뉴욕에서 발생한 대형 테러가 전 세계에 실시간으로 중계되는가 하면, 아프가니스탄과 이라크에서 진행된 전쟁도 거의 실시간으로 중계되어 전 인류가 현장에서 일어난 사건을 동시에 파악할 수 있다. 그리고 앞으로 어떤 일이 일어날 것인가에 대해서도 비교적 소상히 전망하고 그 추이를 지켜볼 수 있다. 이러한 현상은 단순히 일어난 사건의 보도나 경제와 정치의 영역을 넘어서 문화와 종교의 영역에도 그대로 적용된다.
　현대인들은 이 세상에 다양한 문화와 종교가 존재하고 있다는 사실을 잘 알고 있고, 자신이 신봉하는 종교가 이제 더 이상 절대적인 진리를 가진 완벽하고 가장 좋은 종교라는 배타적인 주장을 할 수 없다는 사실도 점차 느끼고 있다. 심지어 현재 존재하는 여러 종교들을 통합하여 좀 더 나은 종교를 개발하고자 시도하는 사람들이나 단체들도 무수히 생겨나고 있다. 이러한 예를 우리는 가까운 일본에서 쉽게 볼 수 있다. New Age 운동이 이러한 부류에 속하는 것이 아닌가 생각된다.
　이러한 상황에 대한 현대인들의 반응은 다양할 것이고 실제로 다양하다. 종교적 세계관에 혼란을 가중시키는 외부 세계에 대해 울타리를 치고 자신이 신봉하는 종교에 더욱더 파고들어 그것만이 진리이고 다른 종교들은 모두 틀린 것이라고 여기는 배타적인 태도에서부터, 모든 종교에 대한 회의주의에 이르기까지 다양하다. 다종교 사회인 우리나라 안에서 살아가는 일반인들이 종교에 대해 취하는 다양한 태도를 도처에서 볼 수 있다. 우리는 이들의 종교관과 세계관을 이해하고 관용으로 대하거나 그들에게 우리가 올바르게 믿고 있다고 확신하는 신앙을 전달하려고 노력하거나 어떤 형태로든 매 순간 반응하면서 살아가고 있다. 다른 한편으로 이러한 상황에서 자라고 있는 새로운 세대의 종교관을 이해하거나 올바른 종교관을 가르쳐 주어야 하는 과제를 가지고 있으며, 나아가 우리가 믿고 있는 복음을 받아들여 생활화하도록 가르치고 믿음을 갖도록 전교할 의무도 가지고 있다.

21세기가 진행될수록 점차 어려워지고 있는 과제 중 하나가 '종교교육'이고 '복음화'라고 해도 과언이 아니다. 이러한 상황에서 우리가 취할 자세가 무엇인가에 대해 연구하고 실천하는 일에 일조를 가하려는 것이 제11장의 목표이다. '진리가 너희를 자유롭게 할 것이다'(요한 8,32)라고 하신 예수님의 말씀과 한 인간으로서 가진 내면의 욕구에 따라 우리가 추구하는 것은 진리이다. 진리를 알면 존재하는 여러 갈등들을 줄이고 평화와 기쁨을 정착시킬 수 있을 것이다. 필자는 '진리와 진리는 상호 모순될 수 없다.'는[1] 교황 요한 바오로 2세의 말씀에 힘입어, 종교적인 진리를 찾는 데에 있어서 복잡해 보이는 현실 안에서도 낙관적인 자세를 가질 수 있다고 생각한다. 그러나 실제로 이 작업이 그렇게 만만한 것이 아니라는 것을 알고 있다.

필자는 제11장에서 다양한 종교적 세계관의 발상지이자 우리 삶의

---

1 교황 요한 바오로 2세, 「진화와 살아 계신 하느님」, 테드 피터스 엮음, 『과학과 종교; 새로운 공명』, 김흡영 외 역, 동연출판사, 2002, p. 258.

장인 시간과 공간 그리고 그것을 인식하는 인간의 인식능력에 대한 새로운 고찰을 소개하고자 한다. 이러한 고찰은 New Age 운동을 비롯한 신흥종교들이 성립되는 배경을 이해할 수 있는 자료가 될 수 있을 것이고, 나아가 이러한 것에 대처할 수 있는 방안을 개발하는 데에 큰 역할을 할 수 있을 것이다. 물론 여기에는 좀 더 명료한 고찰이 요청되는 부분들도 있고, 필자의 주관적인 견해에 지나지 않는 부분도 있을 수 있다. 그리고 여기에서 모든 것을 다 해결할 수 있는 이론을 전개할 수 없는 것도 사실이다.

필자의 글이 제대로 밝혀 내지 못한 부분에 대한 비판과 보충을 기대한다. 역사 안에서 새로운 세계관이 등장할 때마다 교회는 진통 속에서도 그것을 소화하여 새로운 옷을 갈아입었듯이 우리도 이러한 작업을 통하여 21세기에 적합한 옷을 지어 입을 수 있게 되기를 희망한다.

1. 살아있는 생명체의 생명 원리

알버트 슈바이처 박사는 '나는 살고자 하는 생명체들에 둘러싸여 있는 살고자 하는 존재이다.'라는 말을 했다. 살아있는 생명체는 주변 환경과의 끊임없는 교류 속에서 자신의 생명을 유지해 나간다. 생명을 유지해 나가는 데에 필요한 요소들인 공기, 물, 영양분을 받아들이고 내놓는 작업을 잠시도 쉬지 않고 계속해 나간다. 이 작업을 중단하는 것은 곧 그 생명체의 죽음을 의미한다. 수많은 생명체 중 하나인 인간

---

2 테드 피터스는 New Age 운동을 다음과 같이 정리한다: New Age 영성은 과학과 종교 간의 단절 위에 다리를 놓고자 한다. New Age 사고의 핵심은 전체론(holism)이다. 그것은 다시 말해 과학과 영혼, 생각과 느낌, 남성과 여성, 부자와 빈자, 인간과 자연 등을 대립시키는 근대적 이 원론을 극복하려는 시도다. New Age의 동맥 안에는 세 가지의 폭발적인 일단의 사고가 흐른다. 그것은 ① 20세기 물리학, 특히 양자 이론의 발견 ② 인간의 지식에서 상상력이 담당하는 역할의 중요성에 대한 인정 ③ 우리의 지구를 환경 파괴로부터 지켜내야 한다는 윤리적 급선무에 대한 인식이다.(테드 피터스 엮음, 앞의 책, p. 45.)

역시 육체적 생존과 건강을 유지하기 위해서 외부와 끊임없는 교류를 해야 한다. 교류하지 않고 몸속에 가진 것을 그대로 고정시킬 경우 자신의 생명을 유지할 수 있는 시간은 매우 짧다. 우리가 숨 쉬는 것을 인위적으로 2분간 멈추기 어려우며 숨을 5분 이상 쉬지 않을 경우에는 뇌가 손상되기 시작한다. 영혼과 육체로 구성된 우리 인간은, 육체적 생명을 유지하기 위한 작업을 하는 것에서 더 나아가 정신적 생명을 유지하기 위해 끊임없이 새로운 정보를 얻기도 하고 주기도 한다. 그러한 과정에서 우리가 살아온 방식과 일치하는 정보들뿐 아니라, 낯설고 새로운 정보와 세계관과도 끊임없이 접하게 된다. 마치 육체가 외부와의 교류를 통해 생명에 필요한 요소뿐 아니라 불필요하거나 병을 발생시키는 해로운 요소들도 끊임없이 접하게 되듯이. 이러한 현상은 살아있는 사람이면 누구나 피할 수 없이 겪는 것이다. 육체적으로는 우리 안의 면역체계가 외부에서 들어오는 세균들을 분간하여 몸을 효율적으로 방어해냄으로써 육체적 건강을 지켜내고, 정신적으로도 양심과 합리적인 판단력으로 외부에서 들어오는 수많은 정보들을 분간하면서 정신적 건강을 지켜나간다.

New Age 영성과 같은 새로운 물결들이 우리에게 던지는 도전이 강하고 힘에 겹다는 생각이 든다 하여 우리의 담을 더 높이 쌓아 그 안에 안주하고만 있을 수는 없다. 마음의 문을 닫고 자신 안에 있는 것만을 고집할 경우에는 오래지 않아 생각이 굳어져 고정관념에 사로잡히게 되고 건강한 정신적 삶을 유지해 나갈 수 없게 된다. 그러므로 이들의 도전은 우리로 하여금 깨어 있게 하고 지금까지 살아온 우리의 삶과 믿음의 내용을 재검토하게 하여 더욱 성숙하고 강인하게 할 수 있다. 여기서 우리가 해야 할 작업은 이들의 도전을 견디어 내고 새로운 통합을 이룰 수 있는 역량과 유연성 그리고 개방성을 갖추는 것이다.

육체적 생명을 유지해 나가는 데에는 생명체가 살아가기에 알맞게 조절된 자연의 건강한 공기와 적당한 양의 미네랄이 섞인 맑은 물 그리고 양질의 음식물이 필요하다. 이들 속에 아황산가스나 축산폐수 또는 산업폐기물이 섞일 경우 우리의 몸은 그것을 견뎌내지 못하고 만다. 이와 마찬가지로 건강한 정신적 삶과 신앙생활을 유지해 나가는 데에도 건전한 상식과 종교적 세계관이 필요하다. 여기에 왜곡된 요소들이 지나치게 많이 들어 있을 경우, 우리는 그것을 오래 견디지 못하고 병들어 가고 말 것이다. 진리를 왜곡하여 우리를 병들게 하는 것을 걸러내고 건강한 상식의 삶과 신앙생활에 도움이 될 요소들을 섭취하고 새로운 통합을 이루어 21세기라는 시대에 맞는 삶으로 나아가야 한다. 그러기 위해서는 앞선 세대들이 그들의 문제를 해결하기 위해 최선을 다한 것과 마찬가지로 우리도 그러한 작업을 해야 한다.

2. 그리스도교 세계관의 변화 추이

처음에는 자신들의 부족만을 지켜주는 신으로 생각하고 있던 유대인들의 신관은 주변세계와의 피할 수 없는 교류 속에서 차츰 변화를 겪어 폭이 넓어지고 깊어졌다. 이집트와 교류하면서, 바빌론 유배를 통해 당시 그곳에 존재하던 선진 문화와 세계관을 체험하면서, 그후 그리스와 로마의 문화와 세계관을 겪으면서 그 때마다 한 층 더 성숙하게 되고 마침내 예수 그리스도를 통하여 결정적인 성숙을 하게 된다.

그런데 예수님에 의한 계시를 이해하고 실천하는 과정도 지난 2천 년간 여러 차례 변화가 있었다는 것을 우리는 잘 알고 있다. 그 변화는 이미 복음서 안에도 있었음이 드러난다. 뛰어난 교부들의 작업과 신앙의 위기 때마다 있었던 공의회들을 통해서도 계시를 점차 더 명료하게 이해하는 과정이 있었다. 플라톤 철학을 바탕으로 신학을 종합한 아우구스티누스에 의한 발전이 있었고, 아리스토텔레스의 철학을 바탕으로 신학을 새롭게 전개한 토마스 데 아퀴노에 의한 신학적 사고의 전환이 있었다. 마르틴 루터를 비롯한 여러 종교개혁자들의 도전과 응전에 의한 신학적 사고의 위기와 정립이 있었으며, 종교적 세계관에 냉소적인 태도를 가졌던 계몽주의와 진화론 그리고 무신론에 의한 도전과 응전에 의한 신학적 사고의 재정립도 있었다. 19세기에 개신교가 주축이 되어 낭만주의와 자유주의 신학이 전개되었고, 20세기에 들어와서 신정통주의 신학, 실존주의 신학, 과정신학, 희망의 신학, 정치신학, 해방신학이 전개되었으며, 20세기 후반부터 오늘날에는 여성신학과 환경문제 극복을 위한 생태신학이 조성되고 있다.

이와 같이 그리스도교 세계관의 역사 안에서 많은 변화가 있었다. 오늘날 우리가 겪고 있는 새로운 도전이나 변화는 때로는 감당하기 만만찮은 것이긴 하지만, 역사 안에서 있어 온 여러 도전 중 하나에 지나지 않는 것으로 볼 수도 있다. 지난 역사 안에서 각 변화의 시기마다 있어 온 도전에 최선을 다하여 응전했기 때문에 새로운 통합을 이루어 앞으로 나아갈 수 있었다. 우리 시대에 다가온 도전에 대해서도 최선을 다한 응전이 있을 때, 새로운 통합을 이루어 한층 발전할 수 있을 것으로 생각한다. 그러나 그들의 도전을 심각하게 여기지 않거나 나태한 자세로 대할 경우에는, 그리스도교 세계관의 존재 이유를 합리적으로 설명하는 작업에 실패할지도 모른다.

이제 먼저 New Age의 정체에 대해 간략히 알아보고, 21세기를 살아가는 사람들이 가질 수 있는 다양한 의식과 사상들 그리고 종교적 세계관이 유래된 근본 바탕에 대해 살펴보자. 사람이 살아가면서 여러 가지 생각을 할 수밖에 없는데, 그 생각들이 유래된 근본 바탕은 시간과 공간, 그리고 그것을 인식하는 인간의 인식 능력이다.

3. New Age 운동의 정체

문영석 교수가 『들숨날숨』(2002년 8, 9월호)에 New Age 운동의 전반적인 사항과 핵심을 잘 정리해 놓았다. New Age의 정체에 대해 언급하는 것이 좋겠다는 생각을 하여 그의 글에서 핵심적인 부분을 발췌하여 소개한다.

New Age 운동은 현대문명이 가져다주는 구조적인 문제점들 속에서 새로운 변화를 꿈꾸는 사람들 사이에 급속히 확산되고 있는 일종의 영성 운동이다.

New Age 운동을 정의하기란 쉽지 않다. 종교가 아니면서도 매우 종교적 성격을 가지고 있고, 철학이 아니면서도 세계와 인간에 대한 비전을 제시하고 있으며, 과학이 아니어서 점성술 같은 맹랑한 것을 믿으면서도 과학적 법칙을 이용하고 있기 때문이다. 이처럼 혼합적 면모 때문에 'New Age'에 대한 정의도 제각각 다를 수밖에 없지만 그들의 주장을 종합해 보면 단어 그 자체의 의미처럼 인류가 다가오는 새 시대의 문턱에 서 있다는 것이다.

이 운동은 설립자, 본부, 지도자도 없으며 어떤 특정한 교리나 정경 같은 것도 인정하지 않는다. 넓은 의미에서 '영성'이라고 표현할 수 있겠지만 하느님이나 은총 같은 것을 인정하지 않는 그야말로 어디에 구속되기 싫어하는 자유분방한 현대인의 정서나 구미에 딱 들어맞는 영성이다. New Age는 과학기술의 발달과 사회적 변화로 인해 구시대의 질서와 가치가 붕괴되는 상황에서 삶에 대한 물음과 이에 대한 해답을 기존 종교 안에서 찾는 것이 아니라, 기존 종교 밖에서 구하는 일종의 대체영성 혹은 대체종교 운동이다.

이들은 우주적, 생태학적, 전체론적 인간의식을 주장하며 일원론, 범신론, 환생과 업 등과 같은 종교적 이론들과 초월주의, 신지학, 심령과학 등과도 내적으로 밀접한 관계를 맺고 있다.

New Age 추종자들이 자신들의 이론이 매우 과학적 근거를 가지고 있다고 주장하는 근거는 바로 신과학 운동이다.

　20세기 초반에 일어난 물리학의 새로운 발견들은 새로운 우주상을 제시했는데, 즉 우주는 분할할 수 없는 하나의 시스템이며 하나의 거대한 유기체란 점이다. 그러므로 고전적 과학 방법에 대한 비판들이 새로운 문화 운동으로 전개되어 오늘날 유기적·생태적·전일(全一)적인 새로운 세계관의 태동을 가져왔으며 New Age 운동은 이런 이론들을 그대로 답습하고 있다.

　New Age 추종자들은 불교도들과 마찬가지로 모든 것은 일체유심조(一體唯心造) 즉 마음이 만들어 낸 것이라고 주장한다. 특히 동양종교들이 그리스도교보다 덜 교조주의적, 권위주의적이며 머리로 신을 납득시키기보다 몸을 통해 직접 체득하게 한다는 점에 열광하면서 인간의 경험에서 유발된 각종 명상과 수련방법 등을 그대로 받아들여 왔다.

　그들은 자신들의 요법을 '마음의 과학'이라고 명명하고 자신의 의식을 계발하고 실현화시킬 수 있는 것이라면 그 무엇이든 가리지 않고 불러들여 혼합시켜 버린다. 이런 무차별적 개방성은 기존 종교의 경직된 교의주의나 근본주의 성향과는 극단적으로 대치되는 성향을 보인다.

　그들은 영성적 추구에 있어서도 모든 음식을 다 늘어놓고 각자의 기호에 따라 주워 먹는 소위 '뷔페 스타일'을 좋아하기 때문에 New Age영성을 '영적 뷔페'라고도 한다.

　New Age추종자들이 신봉하는 인간 자신에 대한 극도의 고양과 낙관론은 인간 자신이 우주적 신성과 하나라는 믿음에 근거하고 있으며, 그러기 때문에 하느님이 밖에 있는 것이 아니고 바로 자기 안에 있기 때문에 자신을 경배하라는 것이다.

　New Age 운동을 이해하기 위해서는 먼저 현대인들의 세계관과 가치관에 대한 여러 가지 진단이 선행되어야 한다. 왜냐하면 기존의 문화를 지탱해 오던 실재관(實在觀)을 형성하는 사상, 인식, 가치의 급격한 변화를 현대인들은 체험하고 있기 때문이다. 요즘 지식인들 사이에 인기 있는 말 중의 하나가 소위 '범형의 전환(paradigm shift)' 혹은 '발상의 전환'이란 말인데 보는 관점을 근본적으로 바꾸라는 말로, New Age 추종자들이 가장 즐겨 쓰는 말이다. 기존의 문화가 기계론적, 분석적, 사변적, 물질적, 개인 위주의 남성적, 양적(陽的)인 특성으로 대변된다면 새로운 과학적 발견에 힘입은 새로운 문화적 특성은 시스템적, 종합적, 직관적, 정신적, 환경에 민감한 여성적이고 음적(陰的)인 특성을 지니고 있다. New Age 운동에서 주장하는 대부분은 소위 포스트모더니즘의 주장들과 내적으로 긴밀한 관계를 맺고 있다.

New Age 운동은 그리스도교가 문화의 기반을 이루는 서구의 문화권에서 태동한 운동이다. 그들은 서구의 이성주의, 과학주의 그리고 그리스도교 교리에 비판을 가한다. 이처럼 그들의 반문화적, 반전통적, 반조직적 성향의 운동은 기존의 그리스도교와 많은 면에서 충돌할 가능성을 내포하고 있다.

New Age 추종자들은 인간의 죄로 기울어지는 경향이나 타자로서의 하느님을 부정한다. 이들은 신을 대면하고 싶으면 바로 자신 안의 내면의 거울을 쳐다보라고 말한다. 자신이 바로 신이라는 사실을 깨닫는 데서 구원이 시작된다고 믿기 때문에 외부로부터 오는 신의 은총이나 인격적인 신이 개입할 여지가 전혀 없으며 개인의 철저한 자각과 자기 안의 확실한 '지식'을 강조한다는 점에서 초대교회를 가장 끈질기게 괴롭혔던 영지주의의 현대판 부활이라고 할 수 있다.

우리는 밀과 가라지를 가려낼 수 있는 종교적인 분별력이나 기준을 가져야 하나, New Age의 긍정적인 면도 인정할 줄 알아야 한다. 그들이 추구하는 우주적 형제애, 평화, 조화, 자연에 대한 존경심과 지구환경의 개선에 대한 열의는 보다 나은 세상을 이루어 가는 데에 좋은 표어들이며, 물질주의와 배금주의가 설치는 이 세상에서 영적인 가치를 강조하는 New Age 운동은 분별해서 보아야 한다.

일방적이며 단선적인 거부는 문제해결에 도움이 되지 않으며 그리스도교는 오히려 New Age를 통해 우리 시대가 가지고 있는 수많은 열망들을 보다 더 잘 이해할 수 있다.

오늘날 공교육이 부실하기 때문에 사교육이 번창하는 것을 우리는 목도하고 있다. 그러므로 공교육이 왜 부실해졌는가를 파악하고 이를 개선하기 전에는 사교육의 번창을 막을 길이 없을 것이다. New Age 문제도 마찬가지이다.

4. 시간에 대한 새로운 이해

이 세상에서 일어난 모든 사건이나 사상은 시간과 공간 안에서 발생하여 현존하거나 소멸한다. 그런데 천동설과 지동설에 이어 아인슈타인의 상대성 이론이 나오면서 시간에 대한 현대과학의 이해가 이전과 많이 달라지고 깊어진 측면이 있다. 순환을 한다고 하든 시작과 끝이 있는 일직선으로 달린다고 하든 전통적으로 '시간은 실존하는 존재'로 생각해왔다. 그러나 칸트가 〈순수이성비판〉에서 '시간은 하나의 인식 형식'으로 간주해 온 이후, 시간의 정체를 규명하기 위한 많은 노력이 있었다. 그리고 그 연구는 아직도 진행 중이다.

필자는 본 항목에서 아인슈타인의 상대성 이론에 입각한 시간 규명과 아인슈타인의 상대성 이론의 전문가인 요아킴 부블라트(Joachim Bublath)가 이 이론을 소화하여 시간의 정체에 대해 해설한 연구를 바

---

3 Joachim Bublath의 저서 *Geheimnisse unseres Universums: Zeitreisen, Quantenwelten, Weltformeln*, (Droemer Verlag, 1999)에서 Die Zeit als Illusion(pp. 9-19), Der Verlust der absoluten Zeit(pp. 51-63), Die Welt der Zeitmaschinen(pp. 65-77), Der Stillstand der Zeit(pp. 105-115)를 참조.

탕으로 하여 시간에 대한 현대과학의 이해 중 한 영역을 소개하고자 한다. 물론 필자는 시간에 대해 여기서 소개하는 것과 다르게 해석하는 과학자가 있을 수 있는 가능성에 대해서 인정하고 있고, 다른 견해에 대해서도 이해해 보려는 개방된 마음을 가지고 있음을 밝힌다.

현대인들은 현대과학이 제시하는 시간에 대한 새로운 이해를 여기저기서 접하고 있고, 그러한 정보들이 New Age 운동을 비롯한 신흥종교들에 직·간접적으로 영향을 준 것으로 생각된다. 그래서 이것을 알아보는 것이 이들에 대한 우리의 자세를 결정하는 데에 참고할 하나의 자료가 될 수 있고, 나아가 그리스도교의 영성을 쇄신하는 데에도 자료로 삼을 수 있을 것으로 생각한다.

1) 시간의 정체

아폴로 10호와 17호의 승무원으로서 달 탐험여행을 했던 유진 서넌 (Eugene Cernan)은 달로 향하던 중에 지구를 전체적으로 본 감동을 다음과 같이 표현했다

> 지구와 멀어짐에 따라 대륙과 대양이 한눈에 조망되었다가, 마침내 지구의 둥근 윤곽이 보이기 시작한다. 세계가 한눈에 보인다.…(중략)…게다가 지구상에서 시간이 흐르고 있는 모습이 보인다. 해 뜨는 지역과 해 지는 지역이 동시에 보이고, 지구가 회전하고 시간이 흘러가는 모습을 관찰할 수 있다.[4]

인간에게 있어 시간은 지구가 회전하는 것과 크게 연관되어 있다. 지구가 한 바퀴 자전하면서 태양 빛이 비치는 것과 비치지 않는 것이 한 번 교차되면 사람은 그것을 하루로 인식한다. 이것을 24등분 나누

---

4 다치바나 다카시, 『우주로부터의 귀환』, 전현희 역, 청어람미디어, 2002, p. 258.

어서 1시간으로 인식하고, 1시간을 60등분하여 1분으로, 1분을 다시 60등분하여 1초로 인식하고 있다. 그런데 아폴로 11호가 달 표면에 머문 시간은 21시간 36분이었고, 차츰 길어져 17호는 75시간을 머물렀다. 지구에서의 시간으로 계산하면 아폴로 11호는 하루를 채 못 머물렀고 17호는 3일이 넘도록 달 표면에 있었으나, 달의 시간으로 계산하면 둘 다 달의 반나절도 머물지 못하기는 마찬가지였다. 달에 있어서 하루는 자전과 공전주기가 같아 29.5일이기 때문이다.

　시간은 누가 어떤 기준으로 보느냐에 따라 각기 다양하다. 날개를 초당 70회 정도 움직이는 벌새에게 있어서의 1초는, 한없이 느린 나무늘보에게 있어서의 1초와 많이 다를 것이다. 밤낮 없이 캄캄한 심해에서 살아가는 물고기들에게 있어서의 하루는 햇볕이 잘 드는 근해에서 사는 물고기에게 있어서의 하루와 다를 것이다. 언제나 그 자리에 서 있는 나무에게서의 1년은 이곳저곳 많이 돌아다니는 동물들의 1년과 다를 것이고, 한해살이풀에게 있어서는 1년이란 개념은 매우 낯설지도 모른다. 이렇듯 생명의 종에 따라 시간에 대한 감각이 각기 다르다.

　사람에게 있어서도 시간에 대한 감각은 나이에 따라 다르고, 그때그때의 상태에 따라 다르다. 이제 겨우 이성이 조금 트인 초등학교 1학년 아이에게의 하루는 할아버지의 하루와는 다를 것이다. 견디기 힘든 어려운 환경에서 고된 일을 하는 사람의 1시간과 매우 보고 싶었던 연인을 만난 사람의 1시간이 결코 같을 수 없다. 같은 사람에게 있어서도 그가 무엇을 하고 있느냐에 따라 매시간에 대한 주관적인 느낌은 많이 다르다.

　또한 지구에서의 1년과 화성에서의 1년이 서로 다르고, 목성과 토성에서의 1년은 더욱더 다르다. 은하 중심을 축으로 2억 년에 한 바퀴 공전하는 태양에게 있어서의 1년은 또 어떤 것인지 상상하기가 쉽지 않다.

중력의 세기도 시간의 흐름에 큰 영향을 미친다. 지구 중력의 중심에서 가까울수록 시간은 그 중력의 힘을 강하게 받아 천천히 흐르고 멀수록 빠르게 흐른다. 그래서 같은 지구 안에서도 엄밀한 의미에서는 바닷가에서의 1초와 해발 1,950m인 한라산 정상에서의 1초, 8,848m인 에베레스트 정상에서의 1초가 미세하지만 조금씩 서로 다르고, 지구궤도를 도는 인공위성에서의 1초는 이들보다 좀 더 다르다. 지구의 자전 방향과 같은 방향으로 나는 비행기에서의 시계보다 자전 방향의 반대 방향으로 나는 비행기에서의 시계가 더 빨리 달린다. 중력이 매우 센 태양에서의 1초는 더욱더 길 것이다. 물체가 이동하는 속도도 시간에 큰 영향을 미친다. 초속 1m의 속도로 걸어가는 사람에게 있어서의 1초와 초속 10만km의 속도로 이동하는 물체가 있다면, 그 물체에게 있어서의 1초는 서로 다르다.

시간은 이렇게 물리적인 상태와 시간을 인식하는 생명체의 종류와 심리적 상태에 따라 각기 다양하게 나타난다. 그런데 근대 철학의 아버지 칸트는 여기서 더 나아가 '시간이라는 것은 독립적으로 존재하는 그 무엇이 아니며, 또 사물에 속하는 객관적 규정도 아니다. …(중략)… 시간이라는 것은 내감의 형식, 즉 우리 자신과 우리의 내적 상태를 직관하는 형식 이외에 다른 아무 것도 아니다.'라고[5] 한다. 시간은 객관적으로 존재하는 어떤 것이 아니고, 인과관계를 파악하여 삶이 가능토록 할 목적으로 인간의 뇌에 들어 있는 하나의 인식의 틀에 지나지 않다는 것이다.

요아킴 부블라트의 현대 물리학적 시간관에서는 존재하는 것은 오직 현재뿐이라고 한다. 과거와 미래라는 것은 인간의 뇌 안에만 존재할 뿐 우주 어디에도 없는 것으로서 인간의 의식 세계에 존재하는 것일 뿐이라고 한다. 인간은 지구가 한 번 자전한 것을 하루로 인식하고

---

5   Immanuel Kant 저, 『순수이성비판』, 전원배 역, 삼성출판사, 1977, pp. 88-89.

한 번 공전한 것을 1년으로 인식하여 뇌 속에 일어난 모든 사건을 정리해 둔다는 것이다.

앞으로도 시간에 대한 탐구는 계속될 것이고 시간에 대한 새로운 해석이 나올 것이다. 그런데 이러한 시간에 대한 다양한 견해들에도 불구하고 아침에 동쪽에서 해가 떠오르는 것이 우리의 감각 세계에는 기정사실이듯이, 우리에게 있어서 하루는 24시간으로 구성되어 있고 1시간은 60분이며 1분은 60초이다. 상식의 세계에서는 이 상식적인 사실을 인정하면서 살아가는 것이 서로의 건강한 삶을 위해서 좋을 것이다.

그러나 일상의 세계를 넘어서서 진리의 세계로 좀 더 깊이 들어가고자 하는 경우에는 시간에 대한 새로운 견해를 곰곰이 묵상하는 것도 인생의 본질을 이해하는 데에 크게 도움이 될 것이다. 그러면 하느님께는 천년도 하루 같고 하루도 천년 같다는 성경 말씀이 무슨 의미를 담고 있는지 좀 더 깊이 알아들을 수 있을 것이다. 그리고 인간의 수명에 있어서 시간의 길이에 연연해하는 것에서 조금 자유로울 수 있을지도 모른다. 이것은 의식의 문제이기 때문이다. 100살을 살아도 죽음의 순간에는 살았던 삶이 결국 찰나에 지나지 않게 인식될 것이다. 의롭게 산 삶은 짧게 살아도 영원을 산 것과 같을 것이다. 우리는 이것을 예수님의 삶에서 보고 있다. 또한 우리가 늘 궁금해 하는 죽음 이후의 세계가 어떤 세상인가에 대한 표상도 좀 더 사실에 가깝게 그릴 수 있을지 모른다.

2) 현재, 이 순간의 의미

인간은 역사적인 존재이다. 현대문명은 과거 수만, 수천 년 동안 인류의 경험과 탐구정신의 결과이다. 현재 나의 모습은 선조와 부모님이 물려준 삶의 조건과 나의 노력의 결과이다. 인간에게 과거는 언제나 따라다니는, 지울 수 없는 그림자와 같은 존재이다. 우리는 우리를 둘러싸고 있는 과거 역사로부터 결코 해방될 수 없다. 그것은 벗어나야 할 존재가 아니라 인정하고 받아들여 그 바탕 위에 나의 삶을 구축해 나가야 할 삶의 토대인 것이다. 그러나 과거는 현재가 아니다. 과거의 자취는 남아있지만 과거라는 시간 자체는 없는 존재이다. 실제로 존재하는 것은 오직 현재, 이 순간뿐이다. 우리의 기억 속에 과거에 대한 추억과 정보가 아무리 많다 하더라도 그것은 두뇌 속에 잠재된 것일 뿐 현실은 아니다. 아무리 많은 자취를 남겨 두었다고 하더라도 과거라는 시간은 이미 흘러가고 없는 것이고 다시는 돌이킬 수 없는 것이다.

앞으로 과학이 아무리 발달한다 하더라도, 공상과학 소설이나 영화에 등장하는 타임머신은 개발되지 않을 것이다. 인간의 삶이 가능하게 하는 가장 기본적인 구성 요소들 중 하나인 인과율이 무너지기 때문이다. 미래에 그런 기계가 개발될 수 있을 것이라면, 현재 이 순간에 그런 기계를 타고 등장한 사람들이 있어야 한다. 왜냐하면 미래에 그런 기계가 등장할 것이라면, 그 기계를 탄 사람이 그에게 있어서 과거 중 하나인 이 시간으로 돌아오고자 할 것이기 때문이다. 현재 그런 기계를 타고 나타나는 사람이 전혀 없는 것은 그런 기계의 개발은 불가능하다는 것을 이미 증명하고 있는 것이다.

우리는 살아가면서 과거의 경험들을 회상해 볼 필요가 있을 때가 종종 있다. 오늘의 삶에 대한 지혜를 얻기 위해서이다. 그러나 그것이 너무 잦아 과거 속에만 파묻힌다면, 현실의 중압감으로부터 도피하기 위해 한때 화려했던 과거 속으로 도피한다면, 과거에 입은 상처들로부터 벗어나지 못하고 언제나 그 영향권 속에서 고통 받고 있다면, 과거에 나에게 잘못한 사람을 용서하지 못하여 오늘 이 순간을 분노와 원망으로 살고 있다면, 그런 삶은 실제를 살아가는 것이 아니라 존재하지 않는 허상을 살고 있는 것이라고 말해도 과언이 아니다. 제대로 살지 못하고 있다고 평가해야 하는 수준이 낮은 삶이다. 나는 과거나 미래에 살아있는 것이 아니라 현재, 이 순간에 살아있다.

예수님께서는 '일곱 번씩 일흔 번이라도 용서하라.'고 하셨다. 용서하여 과거를 과거이게 하고 현재, 이 순간으로 다시 돌아오는 것만이 나를 살리는 길이다. 예수님께서도 억울하게 당한 상처의 아픔이 엄청나게 크다는 것을 알고 계신다. 그래서 그분은 '다시는 죄를 짓지 말라.'고 하셨다. 그 상처의 아픔이 너무나 크다는 것을 아시기 때문에 그런 상처로 다시 고생하지 않았으면 하는 연민을 지니셨던 것이다.

참으로 살아있기 위해서는 현재 이 순간에 있어야 한다. 현재 이 순간에 있는 사람은 과거와 미래 사이의 중립에 있는 것이고 기억이나 상상 속의 허상에 있는 것이 아니라 실재하는 세상 속에 있는 것이며, 과거와 미래 그리고 현재를 자유롭게 드나들 수 있는 자유로운 사람이다. 나의 상태가 어떠하든 용기를 내어 현재, 이 순간을 받아들이고 나면 서서히 의식세계가 밝아져오고 몸과 마음의 자유가 다가오며 자신이 매우 부자란 사실을 인식하게 되어 행복해진다. 성인들은 아무것도 가진 것 없이도 풍부한 삶을 살았고, 세상에 그 누구 못지않은 부자로 살았다. 그분들은 이 세상에서 가장 가치 있는 것은 바로 현재, 이 순간과 살아있는 몸과 마음을 가진 나 자신이란 것을 깊이 깨달았기 때문이다. 현재 이 순간에 온전히 있으면 영원함이 어떤 것이라는 것에 대해 은근히 짐작할 수 있고 어렴풋이나마 체험할 수 있다. 이 순간을 받아들이면 삶에 대한 느낌이 달라지고 마침내 삶이 달라질 것이다. 이것은 스스로 해 보지 않으면 알 수 없는 실천의 문제이다.

3) 현재와 미래

우리는 앞날을 위해 걱정하고 노심초사한다. 오늘보다 더 나은 내일을 위해 많은 노력을 하고 미래의 삶을 설계하여 그 노력을 좀 더 효율적으로 해나가려고 애를 쓴다. 이것은 인간의 삶에서 매우 중요한 부분이다. 내일을 생각하지 않고 오늘을 마구 살면 삶이 엉망진창으로 진행될 것은 물론이고, 그것을 짐작하는 오늘 벌써 마음이 편치 않고 불안해진다. 그래서 미래를 매우 합리적으로 계획하여 그 계획대로 살아가도록 노력하는 일은 내일뿐만 아니라 오늘의 삶에도 안정과 평화를 가져온다. 그래서 대부분의 부모와 스승들이 자녀들이나 제자들에게 미래를 잘 생각하면서 오늘을 살아가도록 권한다. 그래야 오늘보다 더 나은 내일을 기대할 수 있기 때문이다.

그러나 예수님께서는 '내일 걱정은 내일하고 오늘은 오늘 걱정만 하라.'고 하신다. 내일이 아무리 중요하다고 하더라도 내일은 아직 오지 않은 시간이고 현실이 아닌 아직 머릿속에만 있는 가상의 시간이기 때문이다. 그 누구도 내일을 위해 염려하고 계획할 수는 있을지언정 내일을 앞당겨 오늘로 만들 수는 없다. 타임머신을 타고 미래를 여행할 수는 더더욱 없다. 만약 그럴 가능성이 있는 것이라면 이미 미래를 여행하고 온 사람이 있어야 할 것이다.

미래는 오직 인간의 뇌 안에 존재하는 생각에 지나지 않는 것이기에 결코 현실로 앞당길 수 없는 존재이다. 어떤 사람이 현재의 삶이 무거운 이유로, 더 나은 미래가 예상되기에, 무척 사랑하는 사람을 기다리기 때문에 현재를 벗어나 미래로 나아가는 경우에도 오직 머릿속의 상념으로만 그렇게 할 수 있을 뿐이다. 물론 그러한 시간이 결국 오기는 올 것이다. 그러나 현존하는 실제의 시간은 현재, 이 순간뿐이다.

현재 이 순간 잘 살고있는 사람은 미래도 잘 살아갈 수 있는 사람이다. 왜냐하면 아직 실존하지 않는 미래도 현재 이 순간 안에서 현실화되기 때문이다. 현재 이 순간에 있지 못하고 좀 더 나은 삶이 예상되는, 좀 더 기쁜 존재를 만날 것으로 예상되는 미래로 쉽게 도망치는 사람은, 그 미래가 현재가 되면 다시 그 순간에 있지 못하고 또 다른 미래로 도망치고 말 가능성이 농후하다. 교회 안에서의 수많은 성인들은 이러한 삶을 살았던 사람이다. 그들은 현재 이 순간이 아무리 힘들어도 미래로 쉽게 도망치지 않았고, 현재 이 순간이 좋아 여기에 아무리 머물고 싶어도 그것을 붙잡으려고 집착하지 않았다. 오는 것을 받아들이고 가는 것을 붙들지 않았다. 그들도 미래를 설계하고 걱정하기도 했지만 몸과 마음은 언제나 현재 이 순간에 있었다. 그래서 그들은 자유로웠고 풍요로웠다. 그래서 그들은 죽음이 다가 온 순간에도 결코 당황하지 않았다. 언제나 현재, 이 순간을 받아들였기 때문이다.

5. 공간에 대한 새로운 이해

천동설의 세계관에서 살아가던 인류 중에서 섬세한 관찰력을 가진 사람들 덕분에, 지구가 둥글며 태양을 중심에 두고 타원 궤도를 돈다는 지동설을 알아냈다. 인류가 천동설의 세계관에서 살아가고 있었을 때, 인간의 감각세계에서는 태양이 지구를 도는 것으로 인식하고 있었지만 실제로는 지구가 태양을 돌고 있었던 것이다. 지동설의 세계관을 바탕으로 뉴턴이 정립한 고전물리학을 정설로 믿고 살아가던 중에 섬세한 관찰력을 가진 깨어있던 사람들은, 그것으로 설명되지 않는 현상들이 있는 것을 인지하고 그 정체를 밝혀내려 노력했다. 아인슈타인은 그의 뛰어난 관찰력과 집요한 연구로 이러한 노력들을 정리하여 상대성 이론을 발표하여 공간에 대한 새로운 이해를 불러일으켰다. 인류는 이러한 이론들로 새로운 현상을 만드는 것이 아니라 이미 있던 현상을 인식하면서, 존재 사물과 공간에 대해 좀 더 깊고 정확한 이해로 나아가는 것이다.

우주공학의 발달에 힘입어 그간 지구 궤도를 선회하거나 달까지 다녀온 수백 명의 우주인들이 전하는 체험도 우주의 본 모습과 공간에 대한 이해를 높이는 데에 기여했다. 현대인들은 이들의 다양한 체험을 직·간접적으로 접하면서 자신의 세계관을 형성해 가고 있다. 이러한 것은 New Age 운동을 비롯한 새로운 세계관들에도 적지 않은 영향을 미쳤을 것으로 짐작된다. 그래서 여기서 공간에 대한 새로운 이해를 정리해 보고자 한다.

1) 공간의 정체

우리가 상식적으로 알고 그 속에서 살아가고 있는 공간에 대해서도 깊이 관찰해 보면 상당히 재미있는 현상들을 발견할 수 있다. 또한 공간에 대한 우리의 생각과 입장이 어떠한가에 대해 좀 더 깊이 이해할 수 있다. 그러면 우리가 살아가는 삶에서 좀 더 자유롭고 깊이 있는 삶을 살게 되지 않을까 생각해 본다.

지금 이 순간 나는 나의 공간 안에 있다. 나 자신이 공간적인 존재인 것이다. 나의 몸을 비롯하여 나를 둘러싸고 있는 모든 것들이 공간적인 존재이다. 눈을 들어 하늘을 바라보면 어제와 같이 오늘도 저렇게 넓고 높고 청아하게 있고 저 멀리 산들이 줄지어 서 있으며, 길과 무수한 집들과 사람들이 있고 이 방에 내가 이렇게 있다. 이들이 마치 언제나 이렇게 있었고 앞으로도 이렇게 있을 신성불가침의 것으로 여겨지기도 한다. 그래서 우리는 이들의 존재에 대해 기정사실로 믿고 이들에 맞추어 우리의 삶을 엮어 가고 있다. 그리고 이러한 우리의 자세는 건강한 상식에 기초를 둔 옳은 것으로서 계속 유지해야 한다.

그런데 이제 좀 더 세밀히 관찰해 보면, 언제나 이 모습 이대로 있는 것이 당연하게 생각되는 공간이 상당히 재미있는 존재라는 것을 인식하게 된다. 비록 공간에 대한 우리의 좀 더 깊은 관찰이 공간에 어떠한 변화도 가져올 수 없고 관찰하기 이전이나 이후나 객관적 결과는 같을지라도, 그와 같은 공간에 대한 주관적 자세에는 상당한 변화를 가져올 것이다.

우선 내가 현재 있는 방을 둘러보자. 나에게 이 공간의 모습은 어떠한가? 책상 앞에 앉아 있을 때의 공간과 일어나 서 있을 때의 공간 그리고 바닥에 누워 있을 때의 공간이 각기 조금씩 다르다. 내가 있는 방에 한 사람이 더 있다면, 그에게 있어서의 이 방의 공간은 나에게 있어서의 이 방의 공간과 똑같지 않다. 이제 일어나서 걸어 보자. 공간이 움직이면서 모습이 계속 변한다. 이러한 나를 관찰하는 다른 사람에게 있어서의 공간도 자꾸 변한다.

이제 해가 지고 어둠이 깔려 방안이 깜깜하다고 생각해 보자. 그러면 같은 방에 있어도 낮에 보던 것과 같지 않다. 촛불을 하나 켜 보자. 어두울 때보다 공간이 갑자기 커 보인다. 그 촛불을 들고 방안을 이리저리 걸어 다녀 보자. 공간이 나를 중심으로 움직이는 것을 볼 수 있을 것이다. 이 때 공간의 중심은 촛불을 들고 있는 나 자신이다. 눈을 한 번 감아 보자. 공간이 어디 갔는지 없고 어둠 속에서 자의식을 가진 나 자신이 느껴질 것이다.

이제 바깥에 나와서 서 보자. 주변에 공간이 펼쳐져 있다. 길을 따라 걸어 보자. 나의 걸음에 따라 공간이 서서히 바뀌어 간다. 차를 타고 달리는 경우의 공간은 지금과 또 다르다. 파도를 가르며 달리는 배를 타고 맞이하는 공간도 다르다. 비행기를 타고 하늘 높이 올랐을 때의 공간은 많이 다르다. 우주선을 타고 더 멀리 나가 본 사람들의 증언에 의하면 그곳에서의 공간에 대한 느낌은 매우 다르다. 우선 아래 위가 없고 동서남북도 없다. 이들은 지상이나 지구 중력권에 있을 때에만 있는 개념이다. 우주에서는 그냥 공간 속에 자신이 있을 뿐이다.

그런데 이렇게 다양한 공간들 안에 공통점이 하나 있다. 그것은 이 공간들의 중심에 언제나 내가 있다는 것이다. 나는 나의 공간의 중심이고 주인공이다. 내가 어디서 무엇을 하든 나의 공간은 언제나 나를 중심으로 펼쳐진다. 이것은 우주선을 타고 지구의 대기권 바깥으로 나가도 마찬가지이다. 이것을 체험한 유진 서넌은 다음과 같이 말하고 있다.

　우주선 밖으로 나갔을 때 비로소 자신의 눈앞에 우주 전체가 있다는 것을 실감한다. 우주라는 무한한 공간의 정 중앙에 자신이라는 존재가 던져져 있다는 느낌이다.[6]

　시간이 언제나 현재, 이 순간의 나를 중심으로 과거와 미래로 연결되어 있듯이, 공간 역시 나를 중심으로 이 땅과 우주 안에 펼쳐져 있다. 나를 떠난 공간에 대해 상상은 할 수 있지만, 실제로 체험할 수는 없다. 이런 의미에서 공간은 나의 인식과 큰 관련이 있고, 나의 지능·심리상태·육체적 건강 상태·체구의 크기 등과 관련이 있는 존재이다. 같은 크기의 집이라도 키가 작은 어린아이의 경우와 큰 어른인 경우가 다르게 보인다. 같은 길이의 거리라도 나의 건강 상태가 양호할 때와 나쁠 때 다르게 다가온다.

　이러한 측면에서도 우리 각자는 자신의 삶의 주인공이다. 다른 사람의 공간을 내가 대신 체험할 수 없고, 다른 사람도 나의 공간을 대신 체험할 수 없다. 내가 가진 공간은 나만의 공간이고, 다른 사람은 그만의 공간을 가지고 있다. 우리 한 사람 한 사람이 다 삶의 주인공이고 매우 소중한 존재이다. 그래서 각자는 하나의 소우주이기도 하다. 우리가 공유하는 공간과 인식이 대단히 많기 때문에 서로 이해하고 협력하면서 더불어 살아갈 수 있는 것이다.

　아침에 일어나 화장실에 가서 대소변을 보거나 세수를 하면 지구 중력에 의해 아래로 흘러가서 처리된다. 이것은 언제나 반복되는 현상이기 때문에 우리에게는 당연한 일이다. 그러나 이러한 행위와 현상이 언제나 통하는 곳은, 우주 전체로 볼 때 지극히 한정된 작은 영역에 지나지 않는, 지구 표면에서만의 일이다. 우주선을 타고 지구 표

6　다치바나 다카시 저, 앞의 책(2002), p. 257.

면에서 조금만 벗어나면 상황이 많이 달라진다. 물로 세수를 하면 아래로 흐르는 것이 아니라, 나의 얼굴 주변에 그대로 흩어져 둥둥 떠다닌다. 대소변도 특수처리를 하지 않을 경우에는 마찬가지 현상을 일으킨다. 또한 공기 압력이 전혀 없는 그곳에서는 액체의 끓는점이 매우 낮아 우리의 체온에서도 체내의 수분이 끓기 때문에 도대체 생존이 불가능하다. 우주인이 우주여행을 하는 동안에도 지상에서의 환경을 연장시킨 우주복을 입지 않으면 단 몇 분도 생명을 유지할 수 없다. 우리는 이 땅을 떠나서는 다른 어떤 곳에서도 이 땅에서와 같이 편안하고 안전하게 있을 수 없다. 우주복과 같은 유지비가 매우 많이 드는 옷을 입어야 겨우 목숨을 유지할 수 있고, 그것을 입고 있는 동안의 불편함이야 이루 말할 수가 없다. 오랫동안 특수 훈련을 받은 사람들만이 얼마동안 견뎌낼 수 있는 그런 것이다.

초저녁이나 이른 새벽에 밝게 빛나는 금성을 바라보면 매우 아름답다. 때때로 밤하늘 높이 떠 있는 화성이나 목성을 바라보아도 역시 아름답다. 그런데 이들 행성들에서 지구를 바라보면 어떻게 보일까? 지구와 금성의 크기가 거의 비슷하니까 금성에서 지구를 바라보면 여기서 금성을 보는 것처럼 보일 것이다. 이 온 우주에 인간이 편안히 살 수 있는 공간은 이 지구가 제공하는 공간뿐이다. 지상에서 바라보는 하늘이 저렇게 높고 커도 실제의 우주 안에서는 사과에서 껍질 정도에 해당하는 지구 표면의 얇은 막에 지나지 않는다. 그 막 바깥은 깜깜한 암흑천지이다. 우주정거장 미르호가 찍은 지구 표면의 자료를 보면 지표면의 밝은 청색 부위는 지구 전체에서 지극히 얇은 막에 지나지 않는다. 그 막에 바로 이어 한없는 검은색이 펼쳐져 있다.

이것에 대해 유진 서년은 이렇게 말하고 있다.

지구 저쪽은 아무 것도 없는 암흑천지이다. 완전한 암흑이다. 그 어두움, 그 어두움이 가진 깊이를 보지 못한 사람은 절대로 상상할 수

없다. 그 암흑의 깊이는 지구의 어떤 것으로도 재현할 수 없다.[7]

우리는 이 지구의 자식이고 지구적인 존재이다. 지구 바깥은 한없는 암흑세계뿐이어서 그 실상을 좀 더 자세히 생각하면 무섭고 소름이 끼치기조차 한다. 우리의 지구는 이러한 공간에 우리를 언제나 안전하게 데리고 있다. 지구는 음속보다 더 빠른 초속 463m의 속도로 자전을 하고, 태양을 중심축으로 삼아 초속 29.7km라는 엄청난 속도로 달리고 있음에도 우리뿐만 아니라 공기분자 하나까지 놓치지 않고 챙긴다. 만약 그렇게 하지 않는다면 우리는 금방 이 깜깜한 우주 공간 속으로 빠져들어 목숨을 단 몇 분도 이어가지 못하고 말 것이다.

2) 아인슈타인의 상대성 이론과 공간

칸트는 〈순수이성비판〉에서 '공간이라는 것은 사물 그 자체의 성질이나 상호관계를 가진 사물 그 자체가 아니다.…(중략)…공간이라는 것은 외감의 모든 현상의 형식, 즉 감성의 주관적 제약이며 외적 직관은 오직 이 제약 하에서만 가능한 것이다.'라고 주장하고 있다. 이어서 그는 '그러므로 우리는 오직 인간의 입장에서만 공간이니 연장을 가진 물체니 등등을 말할 수 있는 것이다. 만일에 우리가 주관적 제약을 떠난다면, 그 때에는 공간의 표상이란 전연 무의미한 것이다.'라고 설명하고 있다.[8] 공간은 칸트가 말한 것처럼 아인슈타인의 상대성 이론에 의해서도 우리가 일상생활에서 경험하는 바와 같이 고정되어 불변하는 존재가 아니라 중력장의 세기와 물체가 달리는 속도에 따라서 달라지는 상대적인 존재이다.

---

7 다치바나 다카시 저, 앞의 책(2002), p. 259.
8 Immanuel Kant 저, 앞의 책, pp. 84-85.

천체는 질량의 크기에 비례하는 중력을 지니고 있다.[9] 태양, 북극성, 시리우스와 같이 부피와 질량이 대단히 큰 항성은 힘이 매우 센 중력을 가지고 있다. 어느 한 항성이 지니고 있는 중력은 둘러싸고 있는 주변 공간에 강한 힘으로 작용하여 우리가 지구의 표면에서 경험하는 공간과 다른 공간을 형성한다. 목성과 토성의 중력은 태양이나 북극성과 같은 항성이 가진 중력에 비해서는 약하지만 금성, 지구, 화성보다는 상당히 강한 중력을 가지고 있어서 이들 근처에서의 공간은 지구 표면에서의 공간과 동일하지 않다. 우리 은하계의 중심을 비롯하여 우주의 곳곳에 있는 것으로 추정되는 중력이 대단히 센 블랙홀(Black Hole)에서는 모든 것이 그 안으로 끌어 당겨져 공간도, 시간도, 물질도 인류가 가진 현재의 인식체계로는 알지 못하는 상태로 존재한다.[10] 또한 빛이 달리는 속도에 가깝게 움직이는 물체의 공간은 정지되어 있는 물체의 공간과 많이 다르다. 움직이지 않고 고정되어 있는 물체의 공간에 비해서 빛의 속도에 가깝게 움직이는 물체의 공간은 그 크기가 작아진다.[11]

아인슈타인은 이러한 사실을 밝히면서 천체들이 서로 중력에 의해 직접 끌어당겨 충돌하지 않고 자신의 중력에 의한 공간의 변화에 의해 서로 일정한 법칙에 따라 존재하고 있는 이유를 설명했다. 또한 태양계의 혹성들이 태양의 중력에 의한 공간 변화에 의해 태양 주위를 돌고, 달이 지구의 중력에 붙들려서 지구를 돌고 있는 원리를 설명했다. 이러한 사실에 의해 아인슈타인은 상대성 이론에 입각하여 공간

---

[9] 1665년 뉴턴이 발견한 중력의 법칙에 의하면, 2개의 물체 사이에 작용하는 힘은 인력이고, 그 크기는 두 물체의 질량의 곱에 비례하며 거리의 제곱에 반비례한다.(『한국세계대백과사전』 25권, 동서문화, 1995, p. 14696; Bertrand Russell, 『The ABC of Relativity(상대성 이론의 참뜻)』, 김영대 역, 사이언스북스, 1999', p. 93f.)

[10] Joachim Bublath, Op. cit., pp. 105-115, p. 221f; 루이스 엡스타인 저, 『그림 속으로 여행하는 상대성 이론』, 박성근 역, 에드텍, 1993, p. 262 이하.

[11] Joachim Bublath, Ibid., p. 65 이하.

도 불변하는 존재가 아니라 중력과 속도에 따라서 변하는 상대적인 존재라는 것을 밝혔다.[12]

3) 우주의 모습

우주라는 단어는 이 세상에 존재하는 모든 물질, 공간, 시간을 모두 포괄하는 말이다. 우주는 우리가 살고 있는 이 땅과 그 위의 모든 것, 공기와 구름을 포함한 하늘의 모든 것, 태양과 달 그리고 밤하늘의 모든 별들을 포함한 모든 것을 의미한다. 또한 이러한 것에 대해 생각하고 있는 나 자신과 모든 사람들이 우주를 구성하고 있는 한 요소이다. 그래서 가깝게는 나 자신부터 멀리는 아득한 별들에 이르기까지 다 우주에 속한다.

천문학자들은 이 우주의 크기가 반지름이 약 150억 광년 정도 되는 공과 같다고 한다. 우주의 크기를 km로 나타내려면 너무나 많은 숫자를 써야 하기 때문에 좀 수월하게 광년이라는 단위를 사용하는데, 1광년은 빛의 속도로 1년을 달려서 도달하는 거리다. 빛의 속도가 정확하게 초속 299,792,458km이니까, 1광년은 $299,792,458 \times 60 \times 60 \times 24 \times 365$km의 거리, 약 9.46조km다. 우주의 크기는 반지름이 이 거리의 137억 배이므로, 아무튼 대단히 큰 것만은 사실이다. 이 정도로 큰 공간 안에 약 1,000억 개의 은하가 있는데, 이들은 평균 200만 광년의 거리를 두고 분산되어 있다. 우리가 살고 있는 태양계가 속해 있는 은하는 약 2,000억 개의 항성을 가지고 있다.

이렇게 엄청나게 큰 우주의 나이는 약 137억 년이다. 우리 지구의 나이가 약 46억 년이라고 하는데, 우주는 지구가 생겨나기 훨씬 이전에 생겨나 우리들이 살아가고 있는 이 지구가 생성될 수 있는 조건을

---

12 Joachim Bublath, Op. cit., p. 89 이하; James A. Coleman 저, 『상대성 이론의 세계』, 다문독서연구회 역, 도서출판 다문, 1998², p. 180 이하.

마련해 온 것이다.

그런데 이렇게 오래되고 큰 우주도 처음에는 1cm도 되지 않는 작은 크기에서 출발했다고 한다. 처음에는 지금의 모습과는 달리 고도로 농축된 순수한 에너지였고, 시간이라는 것도 없는 상태였다. 그것이 도대체 어떤 것인지 알 수 없는, 현재 우리가 체험하는 우주와는 완전히 다른 상태로부터 대폭발이 일어나 우주가 발생하여 팽창하기 시작했다. 우주가 아직도 팽창하고 있다는 사실을 처음으로 밝혀낸 허블은 1929년에 멀리 떨어진 은하에서 온 빛을 분석하다가 알게 되었다.

스티븐 호킹과 같은 뛰어난 천문학자들이 공동으로 내린 최근의 연구 결과에 의하면 이러한 우주도 여러 개가 있다고 한다. 이 여러 개의 우주들은 서로 연결되어 통교하면서 유지되고 있는데, 우리가 살고 있는 이 지구는 11차원으로 구성된 이 우주의 한 면에 붙어 있는 4차원의 세계를 가진 존재라고 한다. 점·면·공간·시간, 이 4차원을 초과하는 차원에 대해서도 상상하기 힘든데, 우주는 11차원으로 구성되어 있다니 그 정체에 대해 정확한 개념을 가지려면 좀 더 많이 생각하고 상상해 보아야 할 것 같다.

우리는 이러한 우주 안에서 살고 있다. 지구는 태양과 일정한 거리를 두고 공전하면서 빛을 받아야 모든 생명체를 살릴 수 있는 존재인데, 이러한 조건을 가진 지구를 만들기 위해 하느님께서는 이미 137억 년 전부터 작업을 하셔서 이렇게 광대한 우주를 만들어 오셨던 것이다.

이 우주가 신비하고 위대한 것은 단순히 대단히 오래되고 그 크기가 엄청나기 때문만이 아니라, 그 안에 이 모든 것을 보고 생각하고 살아있음에 대해 감사하는 사람들이 있기 때문이다. 인간은 이 우주를 바라보고 인식함으로써 이 우주로 하여금 우주이게 하고 존재 가치를 갖게 하는 존재이다. 그러므로 각 사람은 이 우주보다 더 위대한 존재이다.

4) 별

 지름이 약 10만 광년이고 중심부 두께가 약 1만 5천 광년이며 외부 두께가 수천 광년 크기의 원반형인 우리 은하 안에 약 2천억 개의 별들이 있는데, 이들은 평균 4-5광년의 거리를 두고 분포되어 있다. 우리 태양계에서 가장 가까이 있는 별인 알파-센타우루스까지의 거리가 4.3광년이고, 오늘날 사용하고 있는 우주선으로 가려면 7.6만 년 이상 걸리니, 우주의 대부분은 텅 빈 공간인 셈이다. 그런데도 별들이 뿜어내는 빛이 워낙 밝기 때문에 그 먼 거리를 건너와서 우리의 밤하늘을 아름답게 장식하고 있는 것이다. 우리는 이 별들 덕분에 시간과 계절 그리고 방향을 정확하게 알 수 있다.

 시리우스의 경우만 해도 지구와 약 8.8광년 떨어져 있는데, 이렇듯 지구와의 거리가 10광년 안에 있는 별은 8개에 지나지 않는다. 북극성은 1,100광년 떨어져 있고 1등성인 직녀성도 26광년이나 떨어져 있다. 이들은 각자 있는 자리에서 빛을 내면서 자신의 역할을 할 뿐, 다른 별에게 접근하여 간섭하거나 방해하지 않는다. 서로의 존재와 위치를 인정하여 그대로 있게 한다.

5) 태양계

 우리 은하의 중심에서 약 2만 8천 광년 떨어진 곳에 우리의 태양계가 자리 잡고 있다. 우리의 태양계로부터 가장 가까운 별인 알파 센타우르스까지의 거리는 약 40.7조km나 된다. 이것은 태양계의 지름이 약 100억km인 것에 비해 너무나 먼 거리이다. 태양계 지름의 4천 배가 넘는 거리에 해당한다. 그래서 우리의 태양계는 다른 별들과는 상관없이 독립적으로 이 우주 안에 존재하고 있다. 다른 별들과는 서로의 빛을 통해서 그곳에 있다는 사실을 아는 것 이외의 교류는 없다. 이러한 사실을 두고 보더라도 UFO에 대한 이야기는 이야기로서는 흥미가 있는 것이지만 그 이상은 아닐 가능성이 매우 크다.

태양계는 태양계 전체 질량의 99.866%를 차지하는 태양을 중심으로 평균 약 5천만km의 간격을 유지하면서 수성, 금성, 지구, 화성, 소행성, 목성, 토성이 있고 그보다 좀 더 긴 간격을 두고 천왕성, 해왕성, 명왕성이 있다. 명왕성 바깥 부분에 아직 그 정체가 다 밝혀지지 않은 소행성들이 있고, 긴 타원 궤도를 도는 혜성이 약 700개 있다. 수성과 금성을 제외한 행성들은 하나 또는 여러 개의 위성을 가지고 있다. 그리고 이따금 지구의 대기권 안으로 떨어질 때 긴 꼬리를 내며 타는 유성들이 있다. 이들이 우리 태양계 안에 있는 존재들이고, 이들은 다른 천체의 것들에 비해 비교적 우리 가까이 있는 것이어서 우리의 삶에 좀 더 밀접한 영향력을 지니고 있다.

태양계는 은하의 중심을 축으로 하여 초속 약 220km의 속도로 공전을 하고 있는데, 이 태양계 안에 있는 모든 물체들도 잠시도 가만히 있지 않고 태양을 중심으로 태양이 자전하는 방향으로 일정하게 돌고 있다.

우주의 나이는 약 137억 년인데, 태양계의 나이는 약 46억 년 정도 되는 것으로 추정하고 있다. 학자들이 태양계의 나이를 이렇게 추정하는 이유는 지구에 떨어지는 운석과 달의 흙을 분석해 보니 이들이 대개 45억 5천만 년의 나이를 가지고 있기 때문이다. 지구 위에 있는 암석은 모두 이보다 젊어서 태양계의 나이가 실제로 이 정도 될 것으로 생각하고 있다. 그래서 학자들은 태양계는 우주가 탄생할 때 함께 생긴 것이 아니라, 이미 한 번 수명을 다한 별이 초신성, 거성으로 폭발하여 우주 공간으로 흩어졌다가 다시 모인 제2세대 별이 다시 한 번 이러한 과정을 거치면서 형성된 제3세대 별인 것으로 추정하고 있다.

이러한 과정에서 지구와 우리 몸을 구성하고 있는 물질들이 만들어졌다. 우리 몸을 구성하는 원소들을 만들기 위해 놀랍게도 이렇게 긴 기간의 작업이 있었던 것이다. 우리가 이렇게 삶을 살아가도록 하기 위해 많은 요소들이 오래 전부터 준비되어 왔고, 오늘도 이 우주와 태양계는 조금도 어긋나지 않게 법칙을 지키고 있다.

6) 푸른 별 지구

우주인 유진 서넌은 달로 가면서 지구를 바라본 감동에 대해 다음과 같이 고백하고 있다.

> 지구로부터 멀어짐에 따라 지구는 점점 아름다워진다. 그 색깔이 말할 수 없을 정도로 아름답다.…(중략)…태양 빛을 받아 청색과 백색으로 된 지구가 빛나고 있는 그 아름다움. 이것은 사진으로는 표현될 수 없다.[13]

지구는 태양으로부터 평균 약 1억 5천만km의 거리에 있는데, 수성이나 금성처럼 태양에 너무 가까이 있지도 않고 화성이나 목성처럼 너무 멀리 있지도 않은 알맞은 거리에 있어서 생명체들이 살아갈 수 있는 환경이 조성될 수 있었다. 그 크기 또한 적도 반지름이 약 6,378km이고 극 반지름이 약 6,357km이어서 생명체들이 살아가기에 매우 적합하다. 부피가 태양이나 목성처럼 클 경우에는 중력이 너무 커서 모든 물체들이 현재보다 훨씬 더 무거울 것이기 때문에 상당히 부담스러울 것이고, 달과 같이 작을 경우에는 중력이 너무 약해서 공기와 같은 가벼운 물질들을 붙들어둘 수가 없어 생명체들이 살아갈 수 없을 것이다.

이처럼 지구는 우리가 살아가기에 꼭 알맞은 크기이고 태양으로부터 적당한 간격에 위치하고 있다. 이러한 현상을 우연으로 돌리기에는 너무나 신기하고 정밀하게 이루어져 있다.

지구 위에서 오늘날 살아가고 있는 생명체는 천만 종이 넘는데, 이

---

13 다치바나 다카시, 앞의 책(2002), p. 259.

렇게 많은 종류와 개체들이 살아갈 수 있기까지 긴 여정이 있었다. 46억 년 전의 지구는 약 95%가 넘는 이산화탄소로 구성된 대기로 둘러싸여 있었고, 육지와 바다의 모습도 오늘날과는 매우 다른 상태였다. 그런데 길고 긴 시간이 흐르는 동안에 식물들이 광합성을 하면서 끊임없이 이산화탄소를 받아들이고 산소를 내놓으면서 산소가 20.94%인 오늘날과 같은 대기가 형성되어 각 종 생물들이 살아갈 수 있는 상태가 되었다.

지구 위에 각종 생명체들이 살아갈 수 있도록 환경을 조성하는 데에 식물들이 큰 공헌을 한 것이다. 제임스 러브록은 지구 자체가 하나의 살아있는 생명체일 것이라는 가설을 내놓았는데, 많은 사람들이 그의 학설에 동조하고 있다. 지구는 가만히 두면 그 안에 생명체들이 살아갈 수 있도록 자신이 알아서 조절한다는 것이다. 자연 속에서 산불이 나거나 황사현상이 일어나더라도 자정작용을 하여 공기가 다시 맑아지는데, 이것은 물의 경우에도 마찬가지로 해당된다. 자연은 햇빛, 산소, 미생물 등을 동원한 자정능력을 갖추고 있기 때문에 어느 정도의 오염 물질이 들어와도 정화해낸다. 그러나 지나치게 많은 양의 오염 물질이 공기와 물 또는 땅에 유입될 경우에는 감당하지 못하고 썩어들고 만다. 우리의 앞날을 위해서라도 지구촌의 환경 문제에 대해 우리 스스로 관심을 기울이고 오염시키지 않도록 노력해야 하는 것은 당연한 귀결이다.

6. 인간의 인식 능력과 세계

시간과 공간에 대한 이해를 알아내는 데에는 인류가 가진 인식 능력을 동원하여 긴 시간에 걸친 많은 노력이 필요했다. 인간의 인식 능력이 아직 닿지 않아 인류가 현재는 모르고 있지만 앞으로 더 밝혀낼 수 있는 부분도 많이 있을 것이다. 존재하는 이 모든 것을 인식하는 인간의 인식 능력에 대한 연구는 많이 진행되어 있고 또 그들을 제대로 정리하자면 한없는 작업이 될 것이다. 이 테마에 대해서도 지면이 허락하는 범위 내에서 간단히 정리하고자 한다.

New Age 운동을 비롯한 신영성운동이 일어난 배경에는 그들이 이 세상을 인식하는 것이, 기성 종교 단체들이 인식하여 가르치고 있는 것과 차이가 난다는 것도 하나의 원인으로 자리 잡고 있다. 인류는 과학 문명의 발달과 더불어 기존의 인식 체계가 아직 제대로 설명하지 못하고 있는 부분을 점차 알아가고 있다. 가톨릭교회가 이러한 부분을 인식하여 기존의 세계관과 통합해 나가는 유연성을 가진다면, 과학문명 시대를 살아가는 신자들과 일반인들을 대상으로 좀 더 친근하게 신앙의 진리를 가르칠 수 있을 것이다. 존재하는 모든 것이 하느님의 창조물이라는 믿음은 어떤 이론과 상황 앞에서도 든든한 마음과 유연성을 갖게 한다.

1) 거시세계와 미시세계

앞에서 소개한 세계는 거시세계에 관한 것이다. 이 거시세계의 크기는 너무도 엄청나서 우리의 상상을 초월한다. 거시세계는 그 엄청난 크기로 자신을 인간의 호기심과 과학 문명의 힘으로부터 지켜나갈 것이다. 인간이 자신의 과학 문명으로 지금까지 우주여행에 성공한 것은 고작 달에 다녀온 것이 전부이다. 그런데 이 세계 안에서 태양계는 한 점에 지나지 않을 정도로 작은 존재이고 그것의 한 행성인 지구는 더욱 작은 존재이며, 그 안에서 살아가고 있는 수많은 생명체들과 70억의 사람 중 하나인 나는 참으로 작은 존재이다. 그래서 이 거시세계에 대해 생각하면 나의 존재에 대한 가치와 자부심을 의식하기가 쉽지 않다.

그러나 생각의 방향을 바꾸어 미시의 세계를 들여다보면, 미시세계 안에 또 하나의 거대한 세계가 들어 있다는 것을 인식할 수 있고, 나 자신이 그렇게 작기만 한 존재가 아니라는 사실도 알 수 있다. 거시세계와 비교해서는 한 알의 모래에도 미치지 못할 내 몸이지만, 내 몸도 약 100조 개의 세포들로 구성된 거대한 존재다. 그리고 각 세포 안에는 핵, 세포질, 미토콘드리아, 리소좀, 리보솜, 중심립, 원형질막, 골지복합체, 퍼옥시솜, 미세필라멘트, 미세소관 조면소포체, 활면소포체와 같은 각종 기관들이 들어 있다. 핵 안에 들어 있는 DNA에만도 30억 개가 넘는 염기가 있고, 염기들은 다시 무수한 수의 원소들로 구성되어 있다.

물질의 최소 단위인 원소들은 다시 양성자, 중성자, 전자 등으로 구성되어 있다. 가장 가벼운 수소는 구조가 단순하지만 우라늄과 같은 중금속은 상당히 복잡하고 전자의 수도 매우 많다. 물리학자들은 이들 미립자의 성질과 정체에 대해 밝혀내려는 노력을 계속하고 있다. 21세기에 들어와서는 미시세계의 영역을 다루는 나노과학에 관한 연구도 활발하게 진행되고 있다.

우리는 거시세계와 미시세계의 중간에 위치하고 있다. 그래서 어떤 관점으로 나를 바라보느냐에 따라 한 알의 모래에도 미치지 못할 정도로 작게 볼 수도 있고 엄청나게 큰 또 하나의 우주로 볼 수도 있다. 미시세계로 눈을 돌려보면, 이들에 대해 우리 자신이 또 하나의 거대한 우주라는 생각을 하게 된다. 우리는 그렇게 작은 존재가 아닌 것이다.

100조 개나 되는 세포 안에서는 지금 이 순간에도 수많은 일들이 진행되고 있다. 산소를 이용해서 탄수화물을 에너지로 전환시키고 DNA 복제가 이루어지고 있으며, 낡은 세포를 처분하고 새로운 세포를 만드는 일이 진행되고 있다. 이러한 세포들로 구성된 각 기관들이 수행하고 있는 일들 또한 엄청나다. 폐 · 심장 · 위 · 소장 · 대장 등에서 호흡, 혈액순환, 소화 등이 진행되고 있고 뇌 · 눈 · 귀 · 손발 등은 보고,

듣고, 움직이는 이 모든 것을 지시하고 있다. 이렇듯 말로 다할 수 없는 일들이 원만히 진행되고 있어서 내가 이렇게 삶을 구가하고 있는 것이다.

우리 안의 미시세계에서 매 순간 진행되고 있는 수많은 일들을 우리가 의식적으로 수행해 내야 하는 것이라면, 아마도 우리는 벌써 지쳐서 자신의 생명을 유지해 나가는 일을 포기하고 말았을지 모른다. 우리가 그렇게 되지 않도록 하느님께서 이 모든 일을 알아서 하신다. 당신의 생각과 계획대로 우리를 만드시어 이 모든 일을 책임지신다.

2) 미시세계와 인식구조

우리는 외부의 사물들을 오관을 통해 인식한다. 지금 나에게는 눈앞에 책이 있고 컴퓨터가 있으며, 일어나 밖으로 나가면 수많은 다른 종류의 사물들이 있다. 각종 사물의 크기와 무게를 짐작하고 있으며 그 경도 또한 대강 알고 있다. 공기와 같이 눈으로 직접 볼 수 없는 사물도 여러 경로를 통해 있음을 알고 있다. 우리의 두뇌는 이들을 보고 인식하도록 구성되어 있다. 그래서 우리는 이러한 세계에 익숙하게 길들여져 기쁨을 가지고 살아가고 있다.

그런데 이러한 우리의 인식구조가 크게 흔들린 일이 지난 20세기에 있었고, 아직도 이 문제는 제대로 해결되지 않고 있다. 이것은 바로 우리의 생활에 가장 밀접한 존재들 중 하나인 빛의 정체를 밝히는 과정에서 발생했다. 뉴턴은 빛이 입자로 이루어져 있다고 생각했다. 그러나 19세기 초반에 토마스 영이 간섭계(干涉界, interferometer) 실험을 통해 빛이 파동으로 이루어져 있음을 증명했다. 그러다가 20세기에 들어와서 아인슈타인이 빛을 어느 물체에 비추면 전자가 튀어나가는 효과를 증명하면서 빛이 입자의 성질을 가지고 있음을 증명했다. 이렇게 되자 과학자들의 머리가 복잡해졌다. 빛은 입자와 파동의 성질을 모두 가지고 있는 것이다. 이것이 도대체 무엇인가? 아직도 의문을 가지고 그 정체를 완전히 규명하고자 탐구하는 사람들이 많이 있다.

그런데 빛만이 그러한 것이 아니라, 우리가 자로 부피를 잴 수 있고 무게를 측정할 수도 있으며 경도를 측정할 수도 있는 온갖 사물들을 깊이 들여다보면, 그 사물을 이루는 기초단위인 전자가 이러한 성질을 가지고 있음을 알게 된다. 사람들은 오랫동안 전자는 마치 지구가 태양을 도는 것과 같은 형태로 양자를 중심으로 뚜렷한 모양새를 갖추고 돌고 있는 것으로 생각했다. 그러나 독일의 W. K. 하이젠베르크가 1927년에 양자역학의 기초를 이루는 '불확정성의 원리'를 발표한 덕분에 전자가 그러한 형태를 갖춘 존재가 아니라는 것을 알게 되었다. 양자 주위를 빛과 같이 빠른 속도로 움직이고 있는 전자가 어디에 있을 것인지 위치를 대강 짐작은 할 수 있어도 정확하게 어디에 있는지는 결코 알 수 없다. 그 이유는 전자가 입자와 파동의 성질을 동시에 지니고 있기 때문이다.

인류는 오래 전부터 물질의 본질을 알고자 하여 많은 탐구를 해왔다. 세상이 물, 불, 공기 그리고 흙으로 이루어졌을 것으로 추측한 그리스철학자들을 비롯하여 수많은 철학자들의 생각들을 여기서 굳이 언급할 수도, 언급할 필요도 없을 것이다. 물질의 본질에 대한 탐구를 깊이 파고들면, 우리의 인식 능력을 초월하는 존재를 만나게 된다. 우리의 두뇌는 입자인 동시에 파동인 빛이나 전자와 같은 존재의 본질을 인식할 수 있는 능력을 가지고 있지 않다. 그래서 물질의 본질이 무엇인가를 정확하게 알 수 없는 것이다. 자연에는 우리가 그 정체를 알지 못하는 것이 무수히 있다. 다른 동물들이 인식하는 요소들을 인간인 우리는 인식하지 못하는 경우도 있다. 과학을 맹신하는 사람들은 과학으로 모든 것을 밝혀낼 수 있을 것처럼 믿고 큰 말들을 하지만, 이들은 여기저기서 탐구의 한계를 만나 자신의 맹신에 문제가 있음을 느낀다. 물질은 물질대로 호기심이 강한 인간의 지성적 폭력으로부터 자신을 지켜나가기 위한 전략을 갖추고 있는 것이다.

여기에서도 우리는 결국 믿음의 단계로 넘어가지 않을 수 없는 처지에 놓여 있음을 알게 된다. 그 정체를 알 수 없는 것으로 구성된 물질들을 대하는 우리의 의식 저 밑바닥에는 믿음이 가득히 깔려 있다. 내가 기대한 대로 작용할 것이라는 물질에 대한 믿음, 그 물질들로 구성된 이 세계와 이웃에 대한 믿음 그리고 이 모든 것을 만드신 창조주께 대한 믿음! 우리 마음에서 믿음을 제거하면 단 한 순간도 이 세상을 살아갈 수 없다.

3) 인과율과 불확정성

인과율은 물리학의 세계에서뿐만 아니라 우리의 일상생활에도 매우 중요한 원리이다. 하이젠베르크가 불확정성의 원리를 발표하고 난 뒤, 적지 않은 수의 사람들이 '이제 인과율은 폐기처분되려나 보다.'고 생각하기도 했다. 그러나 불확정성은 어디까지나 양자역학의 영역에 해당하는 원리여서 이것에 의해 인과율이 폐기처분될 수는 없다.

인과율이 무시되는 세상은 인간이 살아갈 수 없는 상태로 변하고 말 것이다. 인과율은 원인이 있으면 반드시 결과가 있고 결과가 있으면 반드시 원인이 있다는 것을 알려 준다. 오늘 내가 우리 집에 살고 있는 것은 과거에 이 집을 지은 것과 그것을 우리 가족이 매입하거나 임대한 것에 원인이 있다. 배가 고플 경우 밥을 먹으면 해결된다. 배가 고픈 원인이 있고 밥을 먹는 과정이 있으며 배가 부른 결과가 있다. 이러한 인과율 덕분에 우리는 과거에 대한 추정과 현재에 대한 납득 그리고 미래에 대한 예측을 할 수 있다. 그래서 이 삶에 대해 이해와 설계를 할 수 있고 살아갈 수 있다.

불교에서도 인과율을 매우 중시한다. 원인이 있기 때문에 결과가 있다는 것에 대한 불교도의 믿음은 대단히 크다. 필자는 이것을 『달라이 라마 예수를 말하다』라는 책에서 깊이 접했다. 인과율은 우리의 삶을 가능하게 하는 매우 소중하고 반드시 존중되어야 하는 법칙이다. 인과율의 법칙이 무너진다면 인간의 삶은 대단한 혼란에 빠져들고 말 것이다.

 이렇게 이 세상 모든 현상이 인과율의 법칙에 의해서만 일어난다면 얼마나 좋을까? 미리 모든 것을 예측할 수 있어서 실수가 거의 없을 것이고, 결과에 대한 원인을 추정하는 데에도 한결 수월할 것이다. 그러나 이 세상에서 일어나는 모든 현상들이 인과율의 법칙에 의해서만 일어나지 않는 데에 어려움이 있다. 늦가을에 가지를 떠난 낙엽이 어디에 떨어질지 계산하는 것은 쉽지 않은 일이고 토끼가 언제 어디로 뛸지를 미리 아는 것은 좀 더 어려운 문제이며, 내 마음이 언제 어떻게 동할지를 아는 것은 더욱더 어려운 문제이다. 또한 내 친구가 손을 펼지 주먹을 쥘지를 아는 것은 대단히 어려운 문제이며 낯선 사람이 어떤 마음으로 어떤 행동을 할지 미리 아는 것은 거의 불가능한 일이다.

 이 세상에는 인과율 덕분에 미리 예측하여 대비할 수 있는 것도 많이 있지만 그것이 통하지 않아서 불확실한 것도 대단히 많다. 우리가 겪는 많은 어려움은 바로 이 불확실한 것들로부터 오는 것이다. 특히 인간의 이성과 의지 그리고 감정이 개입되는 영역에는 불확정성이 언제나 개입한다. 백화점에서 어떤 물건을 보고 한 사람은 좋아하는데, 그와 가장 가까운 짝은 좋지 않다고 한다. 어떤 사람은 붉은 색을 좋아하고, 어떤 사람은 노란색을 좋아한다. 이것을 인과율로 설명할 수는 없다. 그렇다는 사실을 그냥 받아들일 수밖에 없다.

 그런데 한편으로 이 불확정성 덕분에 우리의 삶이 이렇게 다양하고 풍부한 것이다. 이 세상에 인과율만 통한다면, 매우 획일적이고 너무도 빡빡하여 살아볼 만한 세상이 되지 못할 것이다. 불확정성은 우리의 삶을 고통스럽게도 하고 살아볼 만한 것이 되도록 하기도 한다.

4) 객관적 세계와 주관적 세계

　객관적 세계가 존재한다는 것은 부인할 수 없는 명백한 사실이다. 우선 이것은 나의 존재에서부터 확인하게 된다. 내가 이렇게 있는 것 자체도 객관적 세계의 일부이다. 금방이라도 직접 확인할 수 있는 나의 몸이 여기에 이렇게 있고 살아온 삶이 있으며 희망하는 미래가 있다. 그리고 이렇게 사고하는 내가 현재, 이 순간에 두 눈을 뜨고 있다.

　그리고 나의 외부에 많은 것들이 객관적으로 존재하고 있다. 산과 들, 하늘과 바다, 도로와 집들, 수많은 사람들과 동식물들이 엄연히 존재하고 있고, 이들이 있기에 나의 삶 또한 가능하다. 나는 이들로부터 유래했고, 이들과의 끊임없는 교류 속에서 오늘의 나를 유지해 나가고 미래를 희망하고 있다. 이들의 존재를 부인하고서는 삶이 진행될 수 없다. 외부에 나 아닌 다른 존재인 객관적 세계가 존재한다는 것을 인정하는 것은 선택사항이 아니라 의무사항이다.

　그러나 다른 한편으로 이러한 객관적 세계의 존재를 인식하고 그것과의 관계를 맺어가는 것은 나 자신이다. 외부에 아무리 많은 객체들이 존재한다 하더라도 내가 오관을 닫고 있으면 그들은 나에게 없는 존재와 마찬가지다. 내가 지금까지 알고 있는 모든 것, 머릿속에 그릴 수 있는 모든 것, 눈앞에 보이는 현재의 모든 것은 나의 주관적 세계가 받아들여 재구성한 나의 세계이다. 밝은 해가 떠 있는 대낮에 온 천지를 밝게 보고 있는 것은 나 자신이라는 말이다. 맹인은 두 눈이 성한 사람이 보고 있는 세상을 보지 못하고, 짐승들은 종마다 이 세상을 다른 빛으로 인식한다. 식물들은 세상을 어떻게 파악하는지 우리는 아직 알지 못하고 있다.

　이 점은 소리나 냄새, 맛이나 촉각의 경우에도 마찬가지로 해당된다. 내가 강아지를 쓰다듬을 경우에도 온 몸이 털로 가득 덮인 그가 느끼는 나의 손길과 내가 그를 느끼는 감촉이 서로 많이 다르다. 유치원에 다니는 아이의 손을 잡고 산책을 하는 경우에도 아이가 나의 손을 느끼는 것과 내가 그의 손을 느끼는 것이 서로 많이 다르고, 내가 그를 바라보며 갖는 생각과 그가 나를 바라보며 갖는 생각에는 훨씬 더 많은 차이가 있다.

외부의 객관적 세계가 참으로 어떻게 생겼는가에 대해서 우리는 결코 완전히 알 수 없다. 내가 알고 있고 보고 있는 세상은 모두 나의 오관과 사유를 거친 주관적 세계이다. 개는 개의 안목으로 이 세상을 지각하고 소는 소대로 그렇게 하며, 모든 동·식물들이 그렇게 하고 있다. 하느님께서는 생물의 각 종마다 고유한 세계를 갖도록 창조하셨고, 같은 종 안의 구성원들은 서로 공감대를 많이 갖도록 하여 의사소통과 공동생활이 가능하도록 하셨다. 그래서 우리는 이 세상에서의 삶을 함께 살아갈 수 있다. 나에게 맛있는 것은 대체로 너에게도 맛있고, 네가 웃는 상황에서는 일반적으로 나도 함께 웃는다. 그래서 우리는 서로 협동도 하고 경쟁도 하면서 이 세상을 더불어 살아가고 있다.

그럼에도 불구하고 내가 알고 있는 세상은 나의 고유한 것이고, 내가 이 세상에 태어난 것이 명백한 것과 마찬가지로 나에게는 이 세상도 그 때부터 존재하기 시작했다. 이것은 내가 죽을 때에도 마찬가지이다. 내가 이 세상에서 죽음으로 소멸되는 것이지만, 이 세상 역시 그 때 나에게서 소멸될 것이다. 이 거대한 우주 공간과 137억 년이나 된다는 시간 역시 나에게는 나의 주관적 세계에 지나지 않는 것이다.

나는 외부의 객관 세계를 조금씩 더 체험해 가면서 내가 지금까지 알고 있던 세계 이외에도 더 넓은 세계가 있다는 것을 알아 간다. 그만큼 나의 주관적 세계가 커져 가는 것이다. 새로운 곳을 여행할 때마다 이 주관적 세계는 넓어지며, 다양한 종류의 책들을 읽거나 정규 또는 비정규 교육을 받을 때마다 깊어져 간다. 여기에 공부의 큰 의미가 있다. 배우면 배울수록, 책을 보면 볼수록, 여행을 하면 할수록 나의 주관적 세계는 넓어지고 깊어진다.

또한 마음의 문을 열고 외부 세계를 받아들이면 받아들일수록 주관적 세계는 풍부하고 깊어져 간다. 마음의 문을 닫아걸고 있는 사람은 보고 또 보아도 아무것도 본 것이 없게 된다. 예수님께서는 제자들에게 비유로 말씀하시는 이유에 대해 설명하시면서 마음을 닫고 있는 바리사이인들은 듣고 또 들어도 보고 또 보아도 알아듣지 못하지만, 마음이 열린 사람은 한 번만 듣고 보아도 금방 알아듣고 자신이 무엇을 어떻게 해야 하는지를 안다고 하셨다.

우리는 나 자신이 누구인가에 대해 궁금해하며 알려고 무척 노력한다. 나는 누구인가? 나를 구성하고 있는 것은 무엇이며, 궁극적으로 나는 어디서 와서 어디로 가는 것인가? 죽음 이후의 세계는 어떠할 것이며, 부활이란 과연 어떤 것인가? 모르는 것이 매우 많고, 알고 싶은 것도 한두 가지가 아니다. 이 모든 것은 생명의 신비로서, 인간의 이성만으로는 그 누구도 아직 완전히 밝혀 내지 못했고 앞으로도 밝힐 수 없을 문제이다.

그런데 분명한 것은 나의 마음을 열어 두고 있으면, 내가 현재 이 순간에 있으면 나를 잃지 않게 되고 깊고 넓어진다는 것이다. 마음을 비우고 있는 사람, 마음을 청빈하게 가진 사람, 마음이 깨끗한 사람은 복되고 하느님을 뵙게 될 것이라는 예수님의 말씀이 무엇을 의미하는지 한 번 더 묵상해 보자. 불교에서 깨달음을 얻은 자는 마음을 완전히 비운 사람으로 생각하는 이유에 대해서도 한 번 생각해 보자.

현재, 이 순간 나에게는 나의 몸과 인식하는 의식이 있다. 이 몸이 튼튼하도록 관리하면서 의식세계를 열어 두면 열어 둘수록 나는 더욱 깊어지고 풍부해진다. 온갖 노력들로 지금까지 확보한 모든 지식과 체험 그리고 그 외 모든 것들은 나와 이웃의 삶에 매우 소중한 것이고 존중하여 잘 활용해야 하는 것이지만, 완전한 것이 아니라 아직 과정 중에 있는 것이다. 그것을 움켜쥐고 고집하여 고정되고 굳어지면서 작아지지 않으면 좋겠다. 그러면 우리의 삶이 줏대가 있으면서도 유연해서 서로 이해하고 갈등을 줄일 수 있어 좀 더 행복할 것이다.

5) 세상과 해석

거시세계를 채우고 있는 엄청난 크기의 물질들도, 미시세계를 채우고 있는 온갖 미세한 생명체들과 원소들도, 나에게 아무런 말을 하지 않는다. 나의 삶이 어디서 유래하느냐고, 삶의 의미는 무엇이냐고, 인간은 무엇이며 죽음 다음에는 어떻게 되느냐고, 나아가 신이란 과연 존재하는 거냐고 물어보아도 아무런 답이 없다. 이런 질문에 대해 존재 사물들은 절대적인 침묵만을 지키고 있다. 북한의 주민들이 저렇게 굶주려 죽어 가도 되느냐고 물어보아도 여전히 답이 없다. 굳이 윤리적인 삶을 살아야 할 이유가 어디 있느냐고 물어도 역시 말이 없다.

거시세계와 미시세계를 통틀어 말다운 말을 할 수 있는 존재는 나와 나의 주변에 있는 사람들뿐이다. 삶에 의미가 있다거나 없다고 말하는 존재도 사람들이고, 죽음 다음에 무엇이 있다거나 없다고 말하는 존재도 역시 사람들이다. 하느님이 있다거나 없다고 말하는 이도 여전히 그러하다. 어떤 사람은 자연을 보고 창조주 하느님을 느끼고, 어떤 사람은 자연만이 존재할 뿐 그 이상의 것은 인간의 상상이 그려낸 허상일 뿐으로 여긴다. 똑같은 우주를 여행하고 온 우주인들마다 그것을 창조하신 하느님께 대한 반응이 다르다. 유리 가가린은 '우주 어디에도 신이란 존재는 없더라.'고 했고, 존 글렌은 '우주에서 하느님의 창조 신비를 더욱 분명히 볼 수 있었다.'고 했다. 유리 가가린에게는 하느님은 존재하지 않는 허상에 지나지 않고, 존 글렌에게는 엄청난 존재인 것이다.

이러한 사실에서 우리의 인식과 마음이 세상을 이해하고 해석하는 데에 큰 역할을 하는 것을 알 수 있다. 우리는 객관적 사물을 현재 우리가 가진 오관이 지닌 능력으로 감지하면서 우리의 이성과 의지 그리고 감정이 보고 싶은 대로 보고 해석하고 싶은 대로 해석하는 것이다. 이러한 의미에서 세상을 바라보고 이해하는 데에 있어 우리는 단순히 수동적인 존재만은 아닌 것이다.

삶에 의미가 있다고 보고 싶은 사람이 삶에 의미가 있는 것으로 보고, 죽음 이후에 새로운 삶이 있기를 희망하는 사람이 그러한 삶에 대한 믿음을 지니며, 하느님이 계시기를 원하는 사람이 하느님의 존재를 믿는 것이다. 또한 삶은 의미가 있다고 믿는 사람에게 삶이 좀 더 의미 있게 다가오고, 죽음 이후에 영원한 삶이 있다고 믿는 사람에게 영원한 삶에 대한 희망이 다가오며, 하느님께서는 당신을 믿는 사람에게 더욱 분명하게 다가오신다.

이러한 의미에서 우리의 믿음은 하느님의 창조에 한 몫을 하는 참으로 소중한 존재이다. 하느님께서는 누구에게도 강요하지 않으신다. 나는 하느님께서도 자유를 존중해 주시는 자유로운 사람이며, 나의 믿음은 외부에서 강요된 수동적인 것이 아니다. 나의 온 삶과 인격을 동원한 또 하나의 창조 행위이다. 나는 외부의 누군가가 뛰어난 이론과 모범적인 실천으로 신앙을 나에게 확신시켜 주어야만 하는, 가만히 있어도 되는 수동적인 존재만이 아닌 것이다. 나는 나의 삶의 주인공이고, 내가 생각하고 믿고 행동하는 모든 것의 주인이다. 주인공으로서 세상을 바라보는 나에게 이 세상도 삶도, 이웃과 하느님도 큰 의미로 다가오는 것이다.

6) 생명의 정체와 아담이 준 이름

창세기 3장 18절 이하에 다음과 같은 구절이 있다.

> 야훼 하느님께서는…(중략)…들짐승과 공중의 새를 하나하나 진흙으로 빚어 만드시고, 아담에게 데려다 주시고는 그가 무슨 이름을 붙이는가 보고 계셨다. 아담이 동물 하나하나에게 붙여준 것이 그대로 그 동물의 이름이 되었다.

누구에게 이름을 붙여준다는 것은 매우 큰 의미를 가진다. 갓 태어난 아기에게 어떤 이름을 주느냐는 것은 그 아이의 일생에 큰 영향을 미칠 수 있는 중요한 일이다. 그렇기 때문에 대개 집안에서 가장 어른이신 할아버지나 큰아버지 또는 부모가 이름을 정한다. 이와 마찬가지로 동식물을 비롯한 사물들에게 이름을 붙여주는 것은 그 존재의 본질을 접하고 규정하는 일이다. 그래서 학자들은 지금까지 발견되지 않은 새로운 종류의 생물이나 물질을 발견하면 이름을 붙이는 데에 매우 신중한 자세를 갖는다.

하느님께서 당신이 만드신 생명체들을 아담 앞으로 데리고 오셔서 아담으로 하여금 이름을 붙이게 하시고 아담이 붙인 이름이 그대로 그 생명체의 이름이 되도록 하셨다. 하느님께서 아담으로 하여금 이름을 붙이게 하신 것은 그 생명체의 본질이 무엇인가를 규정하게 하신 것이기도 하다.

그런데 생명의 정체는 무엇인가? 이 질문에 대답할 수 있는 존재는 누구이며, 어떤 대답이 가능할 것인가? 현대의 생물학자들은 생명체의 구조와 작용 원리에 대해 비교적 소상히 알고 있다. 보통 사람들이 짐작할 수 있는 것보다 훨씬 더 깊이 알고 있다. 인간의 유전자 지도를 만든 단계에 이르러 있고, 앞으로 더 알아낼 가능성은 추측이 불가능할 정도이다.

그럼에도 불구하고 살아서 끊임없이 활동하고 증식하는 생명체의 정체에 대해서는 알지 못하고 있다. 생물학자들은 아직도 생명체의 구조와 작용 원리를 탐구해 나가면 그 정체를 밝혀 낼 수 있을 것으로 기대하고 있는 듯하다. 그러나 생명의 정체를 알아내는 것과 생명체의 구조와 작용 원리를 알아내는 것은 같은 차원이 아니다. 생명체의 구조와 작용 원리를 알기 위해 인간이 지금까지 수행해 온 방식으로 아무리 더 탐구하고 아무리 더 많은 지식을 쌓아간다 해도 생명의 정체에 대한 답을 얻어낼 수는 없다. 그것은 나의 작용을 제외한 외부에서 해답을 던져줄 수 있는 문제가 아니기 때문이다.

여기서 우리는 아담이 행한 일을 해야 한다. 아담은 하느님이 만드신 동물들에게 이름을 붙여 주어 그 동물의 본질을 규정했다. 그렇다면 나는 이 생명의 정체를 무엇으로 보고 싶은가? 여기에 생명의 정체에 대한 답이 들어있다. 이 우주 어디에서도 이 문제에 대한 답을 들을 수 없다. 심지어 다른 사람이 던져 주는 해답으로도 속 시원하지 않다.

내가 어떻게 보고 싶은가, 어떻게 보는가를 정립해야 한다. 우리는 이 문제에 단순히 수동적인 존재만은 아니기 때문이다. 우리는 우리 스스로 생각하는 것보다 훨씬 더 위대한 존재이다. 하느님의 창조사업에 동참하도록 불린 존재인 것이다.

7) 진화와 창조

성경에서 천동설의 세계관으로 전하는 세상 창조 이야기를 오랫동안 글자 그대로 믿고 있던 교회는, 19세기에 접어들어 찰스 다윈이 진화론을 발표하자 상당한 어려움을 가지게 되었다. 아직도 성서해석학이 현대와 같이 충분히 발전하지 못했던 당시, 진화론과 이것을 바탕으로 한 무신론은 교회에 커다란 도전이었고 교회는 어떻게 대응해야 할지 잘 몰라 당혹해 했다. 그러면서 일부에서는 세상은 하느님께서 창조하신 것이 분명한 만큼 진화론은 하나의 가설에 지나지 않는 것으로 특별히 재고할 가치가 없다고 평가하기도 했다.

이러한 평가에 대해 당시 진화론자들은 더욱더 기세를 올려 창조론과 그것을 주장하는 교회를 공격했다. 19세기 후반과 20세기 전반은 진화론자들과 창조론자들 간에 대화보다는 싸움이 횡행했던 시기로 볼 수 있다. 그러다가 테이야르 드 샤르댕 신부가 진화론을 수용하는 창조론을 발표함으로써 양편이 서로 대화할 수 있는 장이 마련되었다. 그 이후 진화론자들과 창조론자들의 대화는 늘어갔으며 이 대화는 아직도 진행 중에 있다. 양측의 주장을 들어보면 서로 팽팽하다.

어느 한 쪽도 만만하지 않아 평행선을 그리고 있다. 진화론자들의 주장도 나름대로 일리가 있고, 창조론자들의 주장도 일리가 있다. 이 대화가 앞으로 어떻게 진행될지 많은 사람들이 궁금해 하고 있다.

그런데 창조론만이 절대적인 진리임을 주장하면서 진화론을 전혀 수용하지 않을 듯하던 교회가 근래에 들어 진화론을 단순한 가설로만 보지 않고 있다. 요한 바오로 2세 교황께서는 여유 있는 자세로 자연 과학자들의 연구와 주장을 존중했다.

교황님은 '교황 비오 12세가 발표한 교황 칙서 〈인류의 기원〉에서 인류와 인간의 소명에 관한 신앙적 교리와 진화 사이에는 아무 충돌이 없음을 이미 천명한 바 있습니다.…(중략)…성서 해석자들과 신학자들은 그들의 연구 영역이 지니는 한계를 알기 위해서라도 자연 과학이 이루어 놓은 결과에 대해 숙지하고 있어야 합니다.'고 말씀하시면서, '이 교황 칙서가 출판된 이후 거의 반세기가 지난 오늘날, 새로운 지식은 우리로 하여금 진화가 하나의 가설 이상이라는 것을 깨닫게 하고 있습니다. 지식의 다양한 영역에서 이루어진 일련의 발견들을 통하여 학자들이 이 이론을 더욱 잘 받아들이게 된 것은 실로 놀라운 일입니다. 그렇게 의도하지도 않았고 일부러 조작하지도 않았음에도 불구하고, 독자적으로 수행된 연구 결과들이 서로 일치했다는 사실 그 자체가 이 이론을 지지하는 중요한 증명이 되었습니다.'고 말씀하셨다. 이어서 '모든 인간이 육체 속에 이러한 위엄을 간직하게 된 것은 영적인 영혼 덕분입니다.…(중략)…인간 육체가 기존의 생명체로부터 기인했다고 하더라도 영적인 영혼은 하느님께서 곧바로 창조하신 것입니다.…(중략)…관찰 과학자들은 생명의 복잡한 현상들을 시간의 진행에 맞추어 더욱더 정확하게 기술하고 측정합니다. 영적인 것으로 이행하는 순간은 이런 종류의 관찰의 대상이 될 수 없습니다.…(중략)…형이상학적 지식, 자아의식과 자아성찰, 도덕적 양심, 그리고 심미적·종교적 경험 등은 철학적 분석과 반성의 능력에 속한 것이며

신학은 창조주의 계획에 따라 그 궁극적인 의미를 밝혀냅니다.'라고 말씀하셨다.[14]

그런데 무신론적 진화론자들은 인간의 영혼도 하느님으로부터 유래하는 것이 아니라, 물질에서부터 진화한 것에 지나지 않는다고 주장하고 있어서 이들과 앞으로 좀 더 깊은 대화가 있어야 할 것으로 생각된다. 앞으로 과학적인 탐구가 아무리 깊이 진행되더라도 여전히 진화와 창조의 문제는 인간이 어느 쪽으로 보고 싶은가 결단의 문제로 남을 것 같다. 분명한 것은 이러한 대화가 열의를 가지고 진행될수록 세상과 인간에 대한 이해가 깊어지고, 그 신비가 더욱 돋보일 것이라는 사실이다.

8) 인식 능력과 사랑

거시세계와 미시세계로 구성된 우주 자체는 아무런 말이 없다. 물을 비롯한 모든 사물들의 기원과 그 성격에 대해서 어떤 설명도 하지 않는다. 우주는 그 안의 모든 것들과 함께 말없이 존재하고 있다. 그러면서 우리의 목숨이 유지되도록 공기, 물, 음식물 등 많은 요소들을 끊임없이 공급하고 있다. 어떤 대가나 고맙다는 말을 듣기를 요구하지도 않고 그냥 그대로 있다. 의미가 있다고도 하지 않고 없다고도 하지 않는다. 우리를 사랑한다고도 하지 않고 사랑하지 않는다고도 하지 않는다.

우주의 존재와 우리의 존재에 대해 의미와 사랑을 부여하는 것은 바로 나와 이웃, 즉 인간의 일이다. 내가 사랑을 가지고 있으면 이 우주 전체가 사랑으로 가득 찬다. 우주가 존재하는 것도, 생명체들을 끊임없이 먹여 살리는 것도, 내가 이렇게 살아가는 것도 모두가 사랑에서 비롯된 행위의 결과가 된다. 모든 것이 사랑으로 번성하고 있다.

---

[14] 교황 요한 바오로 2세, 앞의 글, p. 259 이하.

내 안에 사랑이 없으면 모든 것 안에 사랑이 없어 보인다. 이 우주 안에 사랑이란 없는 것이고 우주는 그냥 그대로 있는 것일 뿐이다. 다른 어떤 것도 아닌 냉혹한 법칙에 따라 질서정연하게 움직이는 존재에 지나지 않는 것이다. 하느님의 존재나 사랑이란 것도 말이 안 되는 헛소리에 지나지 않는 것으로 머문다. 설사 그분이 사랑으로 다가오신다 해도 나는 그것을 인식해내지 못한다. 내가 그것을 공감하고 인식할 의식구조를 지니지 않고 있기 때문이다.

내 안에 든 사랑이 모든 것을 사랑으로 물들인다. 또한 사랑으로 다가오는 분들의 사랑을 인식하고 받아들인다. 내 안에 사랑이 있을 때, 사랑이신 하느님께서 나에게 사랑으로 다가오시는 것을 사랑으로 맞이하게 되고 하느님께서 이 온 우주를 사랑으로 창조하셨다는 사실을 알게 된다. 그래서 사랑은 모든 것을 살리고 모든 것에 의미를 부여하는 존재라는 것을 알게 된다. 내 안에 든 사랑이 절대적인 침묵 속에 냉혹하게 있는 듯 보이는 우주에게 말을 걸어, 이 우주로 하여금 나를 사랑하게 하고 밝은 대낮과 별이 총총한 밤을 믿음으로 대하게 한다.

사랑은 나와 이웃 그리고 우주와 하느님을 의미 있게 하고 함께 살게 한다. 문제는 내 안에 어떤 사랑이 어느 정도의 강도로 있느냐는 것이다.

9) 잡념과 창조적 상상력

잡념에 시달리는 고통 역시 다른 고통들에 비해 결코 작은 고통이 아니고, 적지 않은 수의 사람들이 겪는 고통이다. 심할 경우에는 어느 한 곳에 집중할 수가 없어 학생들은 학업 성과를 제대로 내지 못하고 어른들은 생업을 제대로 수행하지 못하며, 심지어 두통으로 인해 현실을 제대로 파악하지 못하는 지경에 이르기까지 한다. 때문에 잡념에 시달리지 않는 사람은 마음의 평화를 유지할 수 있기에 행복한 사람이라 말할 수 있다. 그런데 문제는 유아기를 지나고도 잡념에 시달리지 않는 사람이 올바른 성장의 단계에 있다고 할 수 있는가이다.

어느 한 개인의 생애에서 잡념을 모를 만큼 집중력이 좋은 시기는 유아기이다. 유아들의 의식은 집중되어 있고 현재, 이 순간에 있다. 그래서 이들에게 있어서 하루하루는 매우 길고 생동적이며 기억력이 뛰어나다. 이들의 삶은 매 순간이 새롭고 신기하며 온전하다. 어른들도 유아들과 같이 현재 이 순간에 온전히 있을 수만 있다면, 이들과 같이 생생한 삶을 매 순간 누릴 수 있을지도 모른다.

이러한 유아도 어느 시기부터 잡념을 가지기 시작한다. 학교에서 수업 도중 선생님의 말씀에 온통 빠져있던 아이의 머릿속에 딴 생각이 일어 선생님의 말씀을 놓치는 경우가 생겨나고 시간이 흐를수록 점점 빈도도 잦아진다. 가정에서 부모님의 말씀을 듣는 중에도 머릿속은 다른 곳에 가있기 일쑤이다. '얘가 도대체 생각이 어디에 가 있는 거야.'라는 핀잔을 듣는 회수가 늘어가고, 공부에 집중하는 것이 고달파지기 시작한다.

동물들은 잡념에 시달리지 않는다. 이들은 언제나 현재, 이 순간에 있다. 이들에게는 과거나 미래라는 의식이 없다. 아니 그런 것을 의식할 만큼 성숙해 있지 않다. 현재까지 약 800만 년 정도로 알려진 인간의 역사에 있어서 집중력은 오랫동안 다른 동물들과 마찬가지로 뛰어났었다. 학자들은 인간이 잡념에 시달리기 시작한 것은 오래된 일이 아닌 것으로 보고 있다.

사람이 잡념에 시달리는 것은 정신적 성숙함을 누리는 것의 이면이다. 과거와 미래·현재라는 시간을 인식할 수 있고 동시에 여러 가지를 생각할 수 있으며, 하고 싶은 것이 많아지는 단계에 이르러 풍부한 사고를 할 수 있는 능력을 가진 사람의 정신적 활동이, 경우에 따라 잡념이 되기도 하고 창조적인 생각이 되기도 하는 것이다. 어떤 특정한 생각이 그보다 더 중요한 일을 하는 중에 일어나면 잡념이 되고, 그렇지 않을 때 일어나면 창조적인 생각이 될 수 있다. 또한 그것을 잘 살려나가면 뛰어난 영감이 될 수도 있고 그렇지 않으면 수많은 잡념들의 대열에 잠겨들 수 있다.

요즘 넘쳐나는 정보들에 의해 아이 어른 할 것 없이 많은 생각과 상상 속에서 이전보다 풍부해진 물질적 생활 못지않게 정신적으로도 풍부한 삶을 살고 있다. 이것은 진보를 거듭해 온 인류의 역사에서 큰 축복 중 하나이기도 하다. 그러나 이들을 잘 관리할 수 있을 만큼 강한 정신력과 구체적인 현실 감각을 함께 키워나가지 않으면, 이들은 통합되지 않고 낱개로 머물러 끊임없는 잡념을 불러일으키며 우리의 현실 감각을 갉아먹고, 심하면 정신과 치료를 받아야 할 지경으로 몰고 갈 것이다.

물질적인 것이든 정신적인 것이든 혜택을 많이 누리면 누릴수록 그만큼 더 많은 수련(Askese)이 요청되는 현실을 피할 수 없다. 그렇기 때문에 인생은 누구에게나 공평하고 고달픈 것인가 보다.

10) 하늘과 하느님의 나라

요한으로부터 세례를 받으시고 난 뒤, 광야에서 사십 일 동안 사탄의 유혹을 견뎌내신 예수님은 '때가 차서 하느님의 나라가 가까이 왔다. 회개하고 복음을 믿어라.'라고 말씀하시면서 공생활을 시작하셨다. 이 때 예수님께서 선포하신 하느님의 나라에 대한 큰 관심은 이 말씀을 직접 들은 사람들, 초기 교회 그리고 그 이후의 교회 안에서 살던 사람들, 오늘을 살아가는 사람들 모두 언제나 지니고 있다. 사람은 자의식을 지니고 있어 자신의 삶과 유한성 그리고 죽음을 인식하는 존재이기 때문이다.

하느님 나라의 정체는 무엇이며, 어디에 어떤 모습으로 존재하는 것일까? 때가 찼다는 것에 대한 예수님의 생각은 어떤 것일까? 그분이 생각한 하느님의 나라는 어떤 것이며 어디에 어떻게 다가와 있는 것으로 생각하셨을까? 또한 당신이 이해하신 복음은 어떤 것인가? 하느님의 나라가 다가왔다는 말씀 자체가 복음인가? 아니면 어떤 내용이 따로 있는 것인가? 예수님은 이러한 것에 대해 깊고 분명한 생각을 가지고 계셨을 것이고 사람들에게 가르쳐 주셨을 것이다. 하지만 복음서에서 지적 호기심이 많은 현대인이 만족할 만큼 충분한 설명을 읽을 수는 없다. 이 질문들에 대해 신학자들이 고찰해 놓은 것을 어느 정도 살펴보려면 그 글은 상당한 수준의 학문적인 논문이나 저서의 형식을 갖추어야 할 것이다.

지구의 중력을 이겨내고 하늘로 오를 수 있는 교통수단을 가지지 못했던 시절에는 오랫동안 하느님의 나라가 저 높은 하늘 어느 곳에 있을 것으로 생각했음을 우리는 신앙고백 양식들과 수많은 문헌들을 통해서 알 수 있다. 그 당시 사람들은 그 정도의 표상으로도 큰 갈등을 느끼지 않고 그들의 신앙생활을 해 나갈 수 있었던 것 같다.

그러나 오늘날에는 비행기를 타고 하늘 높은 곳에서 지상을 내려다보는 것은 원하기만 하면 누구나 체험할 수 있는 일이다. 특수한 훈련을 받은 다수의 사람들은 우주선을 타고 지구 궤도를 도는 경험을 했고, 개중에는 달까지 다녀온 사람들이 있다. 이들이 전해준 여러 자료들과 체험 고백을 접한 현대인은 이제 하늘 저 높은 곳에 하느님의 나라가 존재하지 않는다는 사실을 알고 있다. 아직도 신앙생활에서 접하는 신앙의 표상들과 언어들에서, 우주선이 개발되기 이전의 표상과 언어들을 자주 접하게 되는 현대인들의 마음속에 이런 저런 갈등과 혼란이 일어날 것은 쉽게 짐작 가는 일이다.

이런 시대에 다시 한번 더 물어본다. 예수님이 선포하신 하느님의 나라는 어디에 어떻게 있는 것일까? 자연과학을 발전시켜 응용한 기술로 로켓을 만들어 하늘을 뚫고나가 달에 다녀온 사람들은 하느님의 나라를 지나서 달에 다녀온 것일까?

이들이 전하는 각종 보고를 접해 보면, 이들은 달에는 다녀왔지만 하느님의 나라에는 다녀오지 못한 것이 분명하다. 그리고 자연과학으로 달에는 다녀올 수 있지만 하느님의 나라에 다녀올 수 없는 것은 분명해 보인다. 하느님의 나라는 첨단으로 발전하는 과학기술과 특수한 훈련을 받은 뛰어난 사람들만 갈 수 있는 나라가 아닌 것이다. 그리고 그 나라는 아무도 갈 수 없을 만큼 달보다 더 멀리 있는 것도 아닌 것이 분명하다. 회개하고 복음을 믿으면 그 나라에 갈 수 있음을 예수님이 말씀하셨기 때문이다.

이러한 사실들을 종합해 보면, 하느님의 나라는 바로 나와 이웃 안에 있다. 그리고 그 나라에 가는 것은 그리 크게 어렵지 않다. 회개하고 복음을 믿으면 언제든지 갈 수 있다. 내가 원하기만 하면 하느님의 나라는 현재 이 순간 내 안에서 전개될 수 있고 이웃으로 확산될 수도 있다.

7. 신영성 운동과 복음화

우리의 일상생활과 사상 그리고 신앙생활은 앞에서 살펴본 시간과 공간 그리고 우리의 인식 능력 안에서 진행된다. 우리는 지구에서 살아가고 있고 지극히 지구적인 존재이다. 우리가 생각하고 있는 인식 체계와 생활 방식도 지구가 가진 조건과 밀접한 관련이 있다. 앞에서 장황하게 시간과 공간 그리고 인간의 인식 능력에 대해 살펴본 것도 우리의 일반적인 삶과 신앙생활이 전개되는 장의 성격을 파악하여, 지구 위에서 일어났거나 일어나고 있는 각종 생활양식과 세계관의 근거와 한계를 이해하고자 하는 데에 목적이 있었다. 인간의 삶과 종교는 이 범위 안에서 발생하여 부침할 수 있을 뿐, 이 범위를 넘어설 수 없다. 지구 위에 수많은 민족들과 문화 그리고 종교들이 있지만 이들이 다양할 수 있는 가능성은 이 범위 안에서이다.

살아있는 사람은 그 '살아있음'의 특성에 의해 계속해서 새로운 것을 추구하기 마련이다. 일상생활의 형태와 사상 체계 그리고 종교적 내용과 표현 방식은 그동안 끊임없이 변해 왔고 앞으로도 변해갈 것이다. 그러나 그것이 아무리 변해간다 하더라도 변할 수 있는 폭은 공간과 시간 그리고 그것을 인식하는 인간의 인식 능력 범위 안이다. 그리고 이것은 모두 하느님의 피조물이다. 표현에 동원되는 기호들과 언어조차 모두 하느님의 피조물에 지나지 않는 것이다. 우리가 믿는 하느님은 이 세상 모든 것을 창조하신 분이다. 그분으로부터 유래하지 않은 것이 없다. 이러한 사실에서 우리는 시간의 흐름에 따라 이 땅 위에 등장하는 다양한 종류의 사상적 표현들과 종교적 표현들도 하느님께서 창조하신 피조물인 인간이 그 피조물을 대상으로 피조물을 도구로 사용하여 행하는 것임을 알 수 있다.

그리스도교 교회 역시, 역사의 흐름 안에서 자신의 신앙을 규정하고 표현하는 데에 많은 변화의 과정을 겪었음을 우리는 알고 있다. 천동설의 세계관으로 기록한 신·구약성경을 코페르니쿠스 이후로 새롭게 알게 된 지동설의 세계관으로 해석하는 과정에서 갈등과 변화가 있었으나 그런 대로 잘 적응하여 오늘에 이르고 있다. 우리는 그것을 갈릴레오 재판을 통해 알고 있다. 그 당시 교회는 그에게 '지구가 태양을 돌고 있다.'는 견해를 철회하도록 종용했다. 이것을 인정할 경우 천동설의 세계관으로 기록된 성경의 무류성을 지키기 어렵다고 생각한 것이 그 원인 중 하나이다. 그러나 교황 요한 바오로 2세는 당시 교회의 그러한 판단이 틀렸었다는 것을 인정하고 사과했다. 진화론에 대해 교회가 취하는 오늘날의 태도가 19세기와 다른 것도 사실이다.

그리스도교는 이제 현대과학의 발달과 정보 통신의 발달에 의한 새로운 상황에 직면하고 있다. 그 중에서도 New Age 운동을 비롯한 신영성 운동은 초대교회에 대한 영지주의의 도전에 못지않은 큰 도전이 되고 있다. 이 운동은 현대인이 기성 종교들에 대한 상대주의나 냉소주의의 자세를 갖도록 하는 측면을 가지고 있고, 자신 스스로 또 하나의 울타리를 치면서 하나의 종교 단체로 변해가고 있기도 하다. 그러나 이들에 의한 자극은, 우리 가톨릭교회가 깨어있도록 하고 자신의 정체성을 점검하여 명확하게 정립하도록 하며 신앙을 표현하는 방법에 유연성을 갖도록 하는 기회가 될 수도 있다.

그래서 세계관에 대한 이들의 다양한 표현 방법과 다양한 활동을 두려움이나 부정적인 시각으로만 대할 것이 아니라, 그 안에 함축되어 있는 부정적인 영향을 미칠 수 있는 가능성에 주의를 기울이면서도 절대자와 진리를 찾는 노력의 일환으로 간주하여, 이들과 마음을 터놓고 대화를 나눌 개방적인 자세와 포용의 자세를 갖는 것이 좀 더 긍정적인 결과를 가져올 수 있을 것으로 생각한다. 세상에 존재하는 다양한 종교들과 세계관은 인류가 살아서 활동한 자취이고 살아있음의 한 표현이다. 인류의 삶이 없는 곳에는 그러한 종교들과 표현 방식들도 없는 것이고, 아무것도 없는 곳에서는 우리의 신앙을 알려줄 수 있는 가능성도 없다. 그것이 어떠한 것이든 무엇인가 존재하는 곳에 대화의 가능성이 있고 우리의 신앙을 심을 수 있는 가능성도 있다. 우리와 다른 신앙체계들과 세계관은 다른 한편으로 우리의 믿음을 표현하는 방식을 풍요롭게 할 수 있고 정화하는 데에 긍정적인 자극이 될 수도 있다.

하지만 오늘날 우리를 힘들게 하는 신영성 운동의 저변에는 인간의 문제에 늘 따라다니는 인권과 돈 문제, 즉 신영성 운동을 도구로 하여 궁극적으로는 사람의 인권을 우롱하면서 진심을 속이고 돈벌이에 이용하려는 의도가 있음이 서서히 드러나고 있다. 신영성 운동과 관련된 각종 신흥 단체들의 리더들에 대해, 결국은 영리 추구를 위해 가능한 방법을 다 동원하여 사람을 현혹하는 것 같은 의혹을 떨쳐버릴 수 없다. 우리는 교우들과 일반 사람들이 이러한 것에 속아 넘어가지 않도록 이들의 진위를 잘 파악하여 올바른 정보와 가르침을 줄 의무를 가지고 있다.

그런데 자유를 전제로 하는 신앙의 특성상 우리는 다른 종교 단체들이나 사상 체계들에 물리적 또는 정신적 압력을 가할 수 없고 우리의 믿음과 세계관을 강요할 수도 없다. 현대에 들어와서 가톨릭교회가 그렇게 할 수 있는 수단을 갖고 있지도 않을 뿐더러 그렇게 한다면 그것은 더 이상 하느님께 대한 올바른 신앙이 아니라 강요된 교조주의에 지나지 않는 것이 되고 말아 사람들의 일상생활과 정신세계를 억압하게 될 것이다.

우리는 모든 인간은 하느님의 피조물이라는 것을 알고 있고, 인간 안에는 건전한 양심과 이성적인 판단력이 있다는 것을 인정하고 있다.[15] 우리와 다른 종교를 신봉하고 다른 표현 방식으로 자신의 믿음을 드러내는 사람들도 하느님의 피조물로서 하느님의 섭리를 받는 존재로 생각하는 것이 그렇지 않은 것보다 더 옳을 것이다. 그들이 진리를 추구하지 않는 사람들이라면 그들 안에 들어있는 모순 때문에 스스로 자멸해갈 것이고, 진리를 추구하는 사람들이라면 '진리는 상호 모순될 수 없다.'는 명제에 따라 대화를 통해 서로 평화와 일치를 이루어나갈 수 있을 것이다.

이 세상에 존재하는 모든 생명체는 자신의 생명을 지켜나가고 번성하는 데에 유익한 방향으로 나아간다. 식물을 지켜봐도 그들의 생명을 유지하는 데에 필요한 빛, 물, 공기, 땅이 있는 방향으로 몸이 향하는 것을 알 수 있다. 이 점은 동물도 마찬가지고 사람도 이와 마찬가지여서 자신의 생존과 삶의 질 향상에 유리한 방향으로 관심을 가지고 움직이게 된다. 이것은 정당한 것이다. 우리 가톨릭교회가 New Age 운동을 비롯한 신영성 운동과 이 세상에 대해 취할 자세는 생명, 평화, 자유, 사랑, 자비, 상호 존중, 포용, 관용, 용서, 나눔과 같은 좋

---

15 「종교자유에 관한 선언」, 한국천주교중앙협의회, 『제2차 바티칸공의회 문헌』, 1973(재판), p. 613 이하.

은 것을 다른 어떤 기관이나 종교 단체보다 많이 가지는 것이다. 본성적으로 좋은 것을 향해 나아가는 사람들이 가톨릭교회 안에 그 어떤 곳보다 좋은 것이 많이 있다는 것을 깨닫고 자발적으로 찾아오도록 하는 것이 가장 좋은 방법이다. 우리가 이들에게 모범을 보이기 위해 이러한 것들을 노력해서 갖추려면 무척 힘든 작업이 될 것이다. 왜냐하면 우리와 같은 기존의 가톨릭 신자와 수도자 그리고 성직자 역시 이들과 같은 물리적 조건 속에서 이 세상을 살아가고 있기 때문이다. 그래서 가장 좋은 방법은 가톨릭 신앙의 기쁨을 참으로 누리면서 살아가는 것이다. 힘에 겨운 노력을 통해서가 아니라 그렇게 살지 않고 달리는 살 수 없을 정도로 신앙생활의 기쁨을 육화해야 한다. 신영성 운동의 도전은 한편으로 우리로 하여금 진정한 가톨릭 신앙인이 되도록 종용하고 있다. 우리가 참된 신앙의 기쁨을 살아내느냐 그렇지 않느냐에 우리 가톨릭교회의 번성과 몰락의 열쇠가 있고, New Age 운동을 비롯한 신영성 운동과 그 외 다른 사조들의 도전을 극복해 내느냐 그렇지 못하느냐가 달려 있는 것이다.

가톨릭교회 안에는 2천년 역사의 흐름과 더불어 풍부한 영성이 쌓여 있다. 교부들의 가르침과 순교자들의 정신 그리고 수많은 성인들의 가르침과 모범적인 생생한 삶이 축적되어 있다. 그리고 세계의 각 나라와 민족들을 포용하는 조직을 가지고 있다. 가톨릭교회는 지금까지 이것으로 세상의 성화와 구원에 이바지해왔고 앞으로도 그렇게 할 것이다. 활기와 정체성의 확립과 같은 문제들은 시대와 지역에 따라 흥망성쇠의 변화가 있었지만 전체적으로는 꾸준히 정체성과 생명력을 잃지 않고 지켜왔다. 21세기에 들어와서는 지구촌 가톨릭교회의 정체성과 생명력을 지켜가는 작업에 우리 한국 가톨릭교회가 특별한 역할을 담당하도록 부름을 받고 있음을 부인할 수 없다.

이러한 작업에 요청되는 것은 우리가 진리를 가지고 진리를 살아가는 것이다. 제2차 바티칸 공의회는 '진리에도 등급이 있다.'는 사실을 밝히고 있다.[16] 우리가 고수하려 노력해야 할 것은 주변적인 진리가 아니라 핵심적인 진리이다. 주변적인 것은 시대의 흐름에 따라 자주 옷을 갈아입었던 것을 우리는 알고 있다. 우리가 고수해야 할 핵심적인 진리는 바로 삼위일체이신 하느님께 대한 믿음과 그 믿음에서 유래하는 희망 그리고 믿음과 희망의 완성인 사랑이다. 그리고 우리가 이미 알고 있는 예수님의 부활을 비롯한 여러 가지 요소들이다. 우리가 이 세상 안에서 사랑으로 모인 종교 단체이고 그 사랑의 삶을 참으로 살아가면 다른 모든 문제들은 크게 걱정하지 않아도 될 사항이다. 이들은 시간의 흐름에 따라 해결될 것이고, 또 다른 문제들이 등장하면서 이 단 하나뿐인 삶의 장인 지구 위에서 인간의 삶이 진행될 것이다.

바뀌고 개선되어야 할 존재는 외부에 있는 것이 아니라 바로 우리 자신이다. 우리가 이 세상 삶의 주인공인 자기 자신과 이웃 그리고 이 세상에 대한 참사랑을 가슴에 품은 사람이어야 하고, 가톨릭교회가 그러한 사람들로 모인 종교 단체여야 하며 사랑으로 이 세상을 품어 안는, 가슴이 넓고 따뜻한 존재가 되어야 한다. 그것은 미래 어떤 날부터 실행하려 한다고 해서 될 일이 아니라 바로 현재 이 순간 나부터 실행해야 하는 요소이다.

물론 우리 한 사람 한 사람은 70억이 넘는 사람들이 살고 있는 이 세상 안에서 할 수 있는 것이 그리 많지 않다는 것을 알고 있다. 그러나 우리 각자는 반지름 137억 광년이나 되는 우주 바깥을 꿰뚫고 나갔다 올 수도 있고, 137억 년의 시간을 거슬러 태초의 빅뱅 이전까지 거슬러 갔다가 다시 그 시간만큼 미래로 나아갔다가 현재로 돌아올 수 있는 정신을 가진 존재이기도 하다. 내가 사랑을 가진 존재로서, 이 세상에 현존하는 것에서부터 모든 문제들을 풀어갈 수 있고, 다양한

---

16 「일치 운동에 관한 교령」 11항, 한국천주교중앙협의회, 『제2차 바티칸 공의회문헌』, p. 322; 알렉산드레 가노치 저, 『교의와 교의신학』, 전헌호 역, 분도출판사, 1993, p. 166.

문제들에도 불구하고 이 세상이 존재 가치를 지닌 존재가 되도록 할 수 있다.

New Age 운동을 비롯한 신영성 운동이 가진 다양한 세계관과 표현 방식들 그리고 이 사조를 따르는 사람들의 수가 점차 많아지고 있는 것에 어떤 두려움이나 의혹을 가지고 대할 것이 아니라, 사랑을 가진 나와 우리 가톨릭교회에 대한 믿음으로 어깨를 펴고 당당히 그들에게 나아가야 한다. 그리고 그들이 가진 생의 애환들을 위로하고 사랑으로 감싸 안는 포용력을 보여야 한다. 그러면 이 새로운 사조인 신영성 운동이 우리 가톨릭교회를 풍요롭게 하는 요소들을 제공할지도 모를 일이다. 지난날에 지동설과 진화론이 새롭게 등장했을 때에 그것은 가톨릭교회의 전통적인 사유 체계를 뒤흔드는 일이었지만 대화와 인내로써 교회와 세상이 이전보다 더 풍요로운 결과를 가져왔다.

토마스 베리나 매튜 폭스와 같은 일부 신학자들의, New Age 영성을 가톨릭 신학에 통합하려는 시도가 아직은 초기 단계에 있어 어설프게 보이긴 하지만, 그런 대로 어떤 가능성을 보여주고 있다. 이들의 시도를 무시하고 배척하기만 할 것이 아니라 세상을 긍정하고 사랑으로 감싸 안으려는 노력의 일환으로 간주하여 지켜보는 것이 좋으리라 생각한다. 혹시 그들이 한 쪽으로 치우친다면 균형을 잡을 수 있도록 우리가 조언하고 보완해나갈 수도 있을 것이다.

오늘날 한국 개신교나 가톨릭교회는 모두 넘치는 정보와 홍보를 제공하는 인터넷 문화에 길들여지면서, 자라나는 새로운 세대인 청소년들에게 종교교육을 어떻게 할 것인가에 대해 심각하게 고민해야 하는 상황에 직면해 있다. 우리는 이 과제가 만만치 않음을 인식하고 있다. 대도시의 적지 않은 성당들에서 주일학교 운영이 여러 가지로 어려운 처지에 있으며, 현대를 살아가고 있는 신심 깊은 신자들과 성직자, 수도자들 역시 때로는 힘에 부치고 위로를 필요로 하는 상황에 처해 있다. 이 모든 현상들이 어쩌면 우리로 하여금 21세기에 맞갖은 새로운 옷으로 갈아입도록 자극을 주고 있는지도 모를 일이다.

이러한 문제들은 꼬리를 물고 계속 일어나 우리를 엄습하고 있다. 그럼에도 불구하고 이 모든 문제들에 대처하는 출발점은, 현재 이 순간 지구에서 전개되고 있는 인류의 삶을 사랑으로 바라보며 다른 세계관과 신앙을 가진 사람들이나 단체들과 대화하려는 개방성과 유연성을 가지는 것이다. 문제가 많고 부족함이 많은 것조차 인정하고 받아들이는 것이다. 그리고 내가 할 수 있는 것은 최선을 다하고 나머지는 하느님께 맡겨드려야 한다. 왜냐하면 그분께서 최종적인 주인이고 책임자이시기 때문이다. 그분께서 계시는 한 신영성 운동을 비롯한 현존하는 여러 가지 문제들이 우리가 고통을 감수해야 하는 어려운 문제가 될 수 있을지언정 신앙의 근본을 뒤흔드는 문제가 될 수는 없다.

12

종교의 자유와 자연계에 대한 인식의 변화

* * *

시작하는 말

지난 20세기 중반, 제2차 세계대전 이후로 지구촌에서 자유 진영과 공산 진영 사이에 약 40여 년 간 동서 냉전의 시기가 있었다. 교황 요한 바오로 2세를 비롯한 수많은 사람들의 노력에 의해 동구가 열리고 화해의 무대가 조성되는 듯 했는데, 곧 이어 그리스도교와 이슬람교 사이에 존재하던 해묵은 대립과 갈등이 전면에 등장하여 여러 가지 어려움이 생겨나고 심지어 전쟁까지 발생했다.[1] 국내에서도 종교적 신념 때문에 병역의 의무를 거부한 일로 옥살이를 기꺼이 하던 사람들이 자유의 물결과 함께 종교와 양심의 자유를 외치며 자신들의 특수

---

1 종교 통계학자인 데이비드 B. 바렛은 최근 발간한 『오늘의 순교자(Today's Martyrs)』라는 책을 통해 오늘날에도 수많은 그리스도교인들이 자신의 신앙 때문에 목숨을 잃고 있다고 했다. 그는 국제복음연맹(World Evangelical Fellowship)의 자료 등을 인용해 힌두교와 회교가 세계적으로 확산되고 아프리카 등지에 존재하는 독재정부에 의해 순교자의 수가 증가하고 있는 추세라고 밝히고 있다. 국제복음연맹이 발간한 『세계의 종교자유: 자유와 박해에 관한 보고서』에 따르면 전 세계의 75개국이 어떠한 형태로든 종교의 자유를 제한하고 있으며, 전 세계 인구의 10% 만이 완전한 종교의 자유를 누리고 있다고 한다.(URL http://cornerstone.or.kr/research/dailydata/121200.htm, 검색어: 종교자유.); 그러나 그리스도교 지역인 서방세계는 종교의 자유를 허용하여 모슬렘들의 신앙의 자유는 물론 포교의 자유까지 허용하여 이 지역에서 이슬람 신도들이 증가하고 있는 반면, 이슬람교를 주로 믿는 지역에서는 대부분 그리스도교에 대한 신앙의 자유와 포교의 자유를 제한하여 이 지역에서 그리스도교인들의 증가는 사실상 불가능한 상태이다.(URL http://cwmpcts.org/main/cwm-resources/study/articles/graduate-student/graduate%20student-001/현대선교신학/ctm99-1/이형석01.htm, 검색어: 종교자유.)

한 입장과 주장을 고려해 달라는 목소리를 높이고 있다.²

　교황 요한 바오로 2세는 종교 간의 대화와 평화를 중요한 일로 간주하여, 교황에 즉위한 후 일찍부터 전 세계에 존재하는 수많은 종교의 지도자들을 한 자리에 초빙하곤 했다. 교황의 이러한 노력은 그 자리에 초대를 받은 각 종교 지도자들만이 아니라 의식이 깨어있는 많은 사람들로부터 매우 바람직한 작업으로 평가를 받았고, 지구촌 여러 민족 사이의 종교 간 대화와 평화 정착에 적지 않은 역할을 했다. 이것은 제2차 바티칸 공의회의 종교자유에 관한 정신을 구체적으로 실천해 나간 것이기도 하다. 이러한 작업이 진행되는 동안 한편으로 예상치 못한 문제도 발생했다. 종교 간의 대화와 평화에서 전제되는 것은 상호 인정과 존중인데, 그렇다면 우리가 믿고 있고 소속되어 있는 가톨릭교회가 다른 종교들보다 특별히 더 낫거나 다른 것이 무엇이기에 굳이 가톨릭교회에 머물러야 하며 전교를 해야 할 이유가 어디 있겠는가라는 정체성 확인의 문제가 대두된 것이다.

　종교 다원화의 세계에서 이러한 생각이 심화되고 종교 상대주의에 빠져들 우려가 있다는 것을 간파한 당시 교황청 신앙교리성 장관이던 요셉 라칭거 추기경은 2000년 8월 6일 주님의 거룩한 변모 축일을 맞아 〈예수 그리스도와 교회의 유일성과 구원의 보편성에 관한 선언〉을 발표했다. 당시 가톨릭교회의 입장에서는 이러한 문헌을 발표해야만 하는 절박한 이유가 있었지만 개신교를 비롯한 다른 종교에 속한 사람들의 반응은 냉담했고, 심지어 가톨릭교회 안에서마저 제2차 바티칸 공의회의 정신을 구현하는 데에 어려움을 자초하는 것이 아닐까 염려하는 사람들도 있었다.³

2　이러한 일은 주로 여호와의 증인을 신봉하는 사람들에 의해 일어난다는 것은 이미 잘 알려진 일이다. 우리나라에는 1,900여 종의 종교가 있으며 신흥종교까지 합하면 셀 수 없을 정도이다. 헌법에 규정된 종교의 자유는 신흥종교들에 대한 자유를 제한하지 않는다.

3　필자는 교회가 처한 이러한 복잡한 상황에 대해 함께 염려하는 마음으로 제12장에서 이 문제에 대해 다루어 보기로 하고, 자연계에 대한 현대인의 인식의 변화에서 종교자유에 대한 좀 더 깊은

이 문제는 가톨릭교회의 정체성과 우위성을 강조하는 것을 유지하면서도 타종교들을 대화의 상대로 삼을 만큼 동등하게 인정하고 열린 마음을 가져야 한다는 것을 말해야 하는 어려움을 안고 있다. 결론을 어떻게 맺느냐에 따라서 몸담고 있는 가톨릭교회나 타종교 어느 한쪽으로부터 비난의 화살이 날아오는 것을 감수해야 하기도 하는 민감한 테마이다. 한편으로 이 테마 자체가 이성적인 고찰만의 대상이 아니라 의지와 감정적인 선택의 대상이기도 하기 때문에 완벽하게 객관적인 고찰은 처음부터 가능하지 않음을 우리는 알고 있다. '팔이 안으로 굽는다.'는 속담대로 필자의 고찰은 가톨릭교회의 입장에서 전개될 수밖에 없다. 개신교나 불교 또는 타종교에 속한 사람이 이 글을 대한다면 달리 생각할 수도 있을 것이다. 그러나 그 또한 자신과 자신이 소속된 종교의 입장에서 비판하는 것이기에, 그의 견해 역시 객관성을 완전히 갖추었다고 보기는 어려울 것이다.

이러한 어려움을 감안하여 자연과학의 발달로 현대인이 자연을 인식하는 과정에서 발생한 변화를 검토하여 종교 간의 이해를 도모하는 데에 도움이 될 방안을 모색하고자 한다. 존재하는 사물과 일어나는 사건은 가능한 대로 여러 각도에서 관찰해야 좀 더 객관적이고 깊이 있는 인식을 할 수 있다는 사실을, 일반 종교와 계시 종교를 이해하고 서로 간의 평화로운 공존과 진정한 대화를 도모하는 데에 적용해 보려는 것이다. 계시 진리는 자연과학의 진리를 배척하지 않고 오히려 인정하고 계시의 빛으로 비추어 더욱 풍요롭게 한다는 것이 신학의 입장이다.[4] 그래서 신학은 자연과학과 끊임없는 대화를 시도하고 자연

이해의 실마리를 찾아보기로 했다. 다른 분들이 이 문제에 대해 발표한 논문이 있는가 찾아보니, 마산교구의 구병진 신부님이 1981년에〈가톨릭교회와 종교자유(I)〉『신학전망』52, 대건신학대학, 1981, pp. 43-58)를, 1988년에〈종교의 자유와 인권〉『가톨릭 사상』2, 대구가톨릭대학교가톨릭사상연구소, 1988, pp. 5-36)을 발표한 것을 발견할 수 있었다. 이 자료들은 필자가 종교의 자유에 대해 공부하는 데에 큰 도움이 되었다.

4 제2차 바티칸 공의회, 「사목헌장」제57항, 『제2차 바티칸 공의회 문헌』, 한국천주교중앙협의회, 1973, p. 238.

과학이 밝혀놓은 자연에 대한 새로운 인식과 새로운 이론을 전개하고 발전시키는 데에 활용하기도 한다.

종교의 자유는 이러한 문제들을 담고 있는 민감한 테마이기에 객관적인 진리를 밝히는 것을 목적으로 하는 학문적 사명을 고려하여 가능한 대로 객관적인 탐구를 해보려고 한다. 그리고 어떤 특정한 결론을 맺는 것을 목표로 하기보다는 종교의 자유와 평화 정착에 대해 심도 있는 사유를 할 수 있는 열린 자료를 제공하는 것을 목표로 삼으려 한다.

필자는 먼저 종교자유의 정의와 역사적 고찰을 알아보고, 제2차 바티칸 공의회의 종교자유에 관한 선언문과 종교자유에 관한 교황청의 최근 문헌들을 살펴본 다음 아인슈타인의 상대성 이론을 고찰하여 종교 간의 대화와 이해를 도모하고 갈등을 줄일 수 있는 이론적 바탕을 모색하고자 한다.

1. 종교의 자유 정의

종교의 자유문제를 다루는 데 있어 정의와 해설을 먼저 소개하는 것이 순서에 맞는 일일 것이다. 한국교회사연구소에서 1985년에 발간한 『한국가톨릭대사전』에 수록된 종교자유의 정의와 해설은 다음과 같다.[5]

> 정의: 자기가 원하는 종교를 자기가 원하는 방법으로 신앙할 자유.
> 이 자유의 근거는 하느님의 모상으로 창조된 인간의 존엄성에 있으므로 믿는 사람이나 믿지 않는 사람이나 그들이 인간이기 때문에 당

---

5 『한국가톨릭대사전』, 한국교회사연구소, 1985, pp. 1065-1066.

연히 가지는 기본권이다.

  종교의 자유는 공동선을 손상하지 않아야 한다는 도덕적 한계와 공공질서를 교란해서는 아니 되는 법적 한계 내에서 행사되어야 한다. 그러나 그 제한은 종교의 자유의 본질적 내용을 침해할 수 없다.

  정치와 종교는 구분된다. 종교의 자유의 한계를 넘는 행위를 정치가 규제하듯이, 정치의 윤리적인 측면은 종교가 방향을 제시하고 이끌어가야 할 대상이다. 종교인은 착실한 신앙생활로써 종교가 사회와 국가를 위하여 유익하고 필요하다는 것을 증거해야 할 임무가 있으며 그 결과 종교자유를 신장시킬 수 있는 것이다.

이렇게 짧고 간단한 정의와 해설은 종교의 자유에 대한 한국 가톨릭교회의 견해를 표명한 것일 뿐만 아니라, 제2차 바티칸 공의회의 정신의 요약이고 나아가 전체 교회의 태도를 드러내는 것이다. 종교의 자유에 관한 일반 사회의 태도를 알아보기 위해 『한국세계대백과사전』을 찾아보니 내용이 다음과 같았다.[6]

  종교의 자유: 자기가 원하는 종교를 자기가 원하는 방법으로 믿을 수 있는 자유.

  중세유럽에서는 국교 이외의 다른 종교를 믿으면 이단자로서 가혹한 처벌을 받았다. 역사적으로 볼 때 1647년과 49년 영국의 국민협정에서 최초로 규정되었다. 이어 89년 권리장전, 1776년 미국 버지니아 권리선언 등에도 규정되었다.

  한국의 헌법은 종교의 자유 및 국교의 불인정과 정교분리의 원칙과 양심의 자유를 각각 규정하고 있어, 전통적으로 양심의 자유는 내면적 종교의 자유로, 종교의 자유는 외면적 자유로 규정하였으나 헌법

---

6 『한국세계대백과사전』 24, 동서문화, 1995, p. 14448.

은 이를 따로 규정하고 있다.

종교의 자유의 주체는 자연인만이고 법인은 제외된다. 내용은 대체로 다음과 같다.

① 신앙의 자유는 종교를 믿거나 믿지 않는 자유, 종교의 선택·변경의 자유, 신앙고백의 자유, 신앙고백을 강요받지 않을 자유, 신앙 여부에 의한 차별 또는 불이익을 받지 않을 자유를 뜻한다.

② 종교적 행위의 자유는 종교 의식, 행사에 참석 또는 참석하지 않을 자유가 포함된다.

③ 종교적 집회·결사의 자유는 교회·교단의 조직과 결성 및 그러한 집회·결사에 가입 또는 탈퇴할 수 있는 자유를 의미한다.

④ 포교의 자유는 종교선전·종교교육·종교비판의 자유를 뜻한다.

한편 정교분리의 원칙은 국가가 특정종교를 보호하거나 지원해서는 안 된다는 것으로, 국가적 식전에서의 특정종교의식 등은 금지되어 있으나 일상생활의 습속화된 행위는 위헌이 아니다.

한편 미풍양속 파괴행위, 미신적 치료행위, 국민의 기본의무 회피행위 등은 종교의 자유에 포함되지 않으며, 이는 국가안전보장·질서유지·공공복리를 위하여 제한할 수 있다. 그러나 이 경우에도 종교 자유의 본질적 내용을 침해할 수 없다.

〈세계인권선언문〉에서는 '어떠한 사람도 인종, 피부의 색, 성, 언어, 종교, 정치상 혹은 다른 의견, 국민적 혹은 사회적 출신, 재산 문벌 또는 다른 지위라고 하는 것과 같은 여하한 종류의 차별도 받는 것 없이 이 선언에 열거되고 있는 모든 권리와 자유를 향유할 권리를 갖는다.'라고' 규정하여 권리와 자유의 향유에 대해서 종교를 이유로 한

---

7 「세계인권선언문」제2조.

차별을 금지하고 있다. 또한 '어떠한 사람도 사상, 양심 및 종교의 자유를 향유할 권리를 갖는다. 이 권리는 그 종교 또는 신념을 변경할 자유, 나아가서 그 종교 또는 신념을 표명할 자유를 포함한다.'라고[8] 규정하여 일반적인 종교의 자유를 인정하고 있다.

1999년 1월 1일 세계 평화의 날에 요한 바오로 2세 교황께서 발표한 〈인권존중은 참 평화의 비결〉이라는 제목의 담화문에서도 종교의 자유를 인권의 핵심으로 강조했다.[9] 종교는 인간의 가장 깊은 열망을 표현하고 인간의 세계관을 형성하며 인간관계에 영향을 주기 때문에, 종교의 자유는 인권의 핵심이며 불가침 권리라고 했다. 그러므로 개인이 양심의 요구에 따라 종교를 바꿀 수 있는 권리를 인정해야 하는 것이다. 인간은 모든 상황에서 자기 양심을 따르도록 요구받으며 결코 양심에 거슬러 행동하도록 강요될 수 없다.

2. 종교자유에 관한 역사적 고찰

어느 한 종교는 그 시대에 어떠한 처지에 있었는지, 정치권력과 어떤 관계에 놓여 있었는지에 따라 종교의 자유를 누리기도 하고 그렇지 못하기도 했으며 때로는 다른 종교의 자유를 인정하지 않기도 하는 등 유동적인 입장에 있었다. 이스라엘은 종교와 정치가 하나로 일치하고 있어 모세 이래로 백성의 지도자나 왕은 곧 이스라엘 민족이 신봉한 종교적인 사항에서도 으뜸의 위치에 있었다. 이것은 신권정치

---

8 「세계인권선언문」제18조.
9 〈인권 존중은 참평화의 비결이다. - 5. 인권의 핵심인 종교자유〉, 제32차 세계 평화의 날 교황 담화(요약), 《서울주보》, 천주교 서울대교구 선교국, 1999. 1. 1. (URL http://jubo.catholic. or.kr/1999/990101/default.htm 검색어: 종교자유)

(Theokratie)라는 개념으로 설명할 수 있는데,[10] 이러한 상황에서는 다른 종교의 신봉을 인정하는 종교의 자유라는 개념은 병존할 수 없었다.

초기 교회는 당시 로마 사회에서 소수의 사람들이 신봉하는 작은 단체로서 황제를 신으로 추대하여 제국의 정치, 사상의 중심으로 삼던 상황에 의해 신앙의 자유를 누리지 못하고 박해를 받는 처지에 있었다. 이러한 상황에서 교부들은 종교의 자유를 획득하기 위해 많은 노력을 하면서 박해의 위험을 감수해야만 했다. 떼르뚤리아노는 종교의 자유가 자연법에 근거하기 때문에 이것은 양심의 사항이고 양심의 문제를 폭력으로 저지하는 것은 옳지 않다는 주장을 했다. 4세기 초에 락탄시오(Lactantius)는 종교와 강제는 서로 양립할 수 없다고 주장했다.[11] 이 당시 교회는 국가 권력을 상대로는 종교의 자유를 쟁취하기 위해 노력해야 했고, 교회 내에서는 이단자와 분리주의자들을 대상으로 로마교회와의 일치를 주장해야 하는 어려운 처지에 있었다.

교회가 종교의 자유를 얻은 것은 313년 콘스탄티노 황제의 밀라노 칙령에 의해서였다. 이 칙령은 그리스도교를 다른 종교들과 동등한 합법적 종교로 인정했다. 그리스도교는 380년에 국교가 되었고 392년에 다른 모든 이교적인 종교행위를 금지하여, 박해를 받던 입장에서 다른 종교를 탄압하는 상황에 놓이게 되었다. 이렇게 되면서 교회 고유의 영역이 국가의 이념과 의도를 위해 이용되기도 했고, 황제가 분리주의자들과 이단자들을 쳐부수는 책임을 맡음으로써 '교회 외부적 사항의 주교'의 역할을 하기도 했다. 이렇게 하여 교회가 세속화되는 위험과 국가가 종교를 정치적 목적으로 이용하는 위험을 초래했다. 교황 젤라시오 1세(Gelasius I, 492-496)는 여기서 더 나아가 왕권과 주

---

10 구병진, 앞의 글(1981), p. 47.
11 구병진, 앞의 글(1988), p. 52.

교권이 서로의 권리를 인정해야 하지만 신적 사항이 세속적 사항보다 더 높은 가치를 지녔음을 강조했다.[12]

이러한 과정을 거쳐 그리스도교화된 서양은 중세에 들어 교회와 국가가 공생하는 상황을 유지했다. 보니파시오 8세 때에 교황권의 우위가 최고도에 도달했으나 이후 점차 쇠퇴기에 접어들게 되었다. 이러한 위치에 있던 교회는 다른 종교나 이단을 신봉하는 사람을 세례의 충실서원을 파기하고 하느님을 거슬러 모독하는 자로 간주하여, 참신앙으로 되돌리기 위해 육체적 제재를 포함한 강제적 수단의 불가피성을 강조했다.[13] 이러한 생각을 실천에 옮기는 과정에서 여러 가지 무리가 진행되었고 많은 사람들의 억울함과 고통이 있었던 것은 부인할 수 없는 역사적 사실로 남아 있다. 전체적으로 중세의 유럽은 그리스도교만을 진리를 가진 참된 종교로 여겼기 때문에 진리를 가지지 않은 다른 종교를 신봉하는 것을 금했다. 그래서 종교의 자유는 결코 있을 수 없는 것이었다.[14]

종교개혁의 사건으로 그리스도교에 여러 종파들이 생겼지만 아직 현대적인 개념의 종교자유와는 거리가 멀었다. 1555년 아우구스부르그의 종교평화조약에 의해 가톨릭과 개신교가 서로를 인정하면서 공존하기로 했다. 그러나 다른 종파들을 믿을 수 있는 종교자유는 전혀 허락되지 않았다. 또한 일반 백성들은 자신이 살고 있는 지역을 다스리는 군주의 신앙을 따라 믿어야 했다. 군주가 개신교를 신봉하면 자신도 그렇게 해야 했고 다른 선택의 여지는 없었다. 군주가 믿는 것과 다른 종파를 믿고 싶은 사람은 자신이 믿는 종파를 신봉하는 군주가 다스리는 지역으로 이주해야 했다. 이주할 수 있는 자유가 주어진

---

12 구병진, 앞의 글(1988), pp. 52-53.
13 같은 글(1988), p. 55.
14 Horst Balz u.a., *Theologische Realenzyklopädie*, Band 28, Walter de Gruyter Verlag, Berlin, New York, 1997, pp. 565-566.

것은 본격적인 종교자유의 시작으로 간주할 수 있으나 모든 제후들이 이 자유를 허락한 것은 아니었다.

30년 종교전쟁을 겪은 후 1648년에 가진 베스트팔렌의 평화 조약은 군주가 믿는 종파와 상관없는 개인의 종교자유를 좀 더 허락했다. 18세기에 들어와서 계몽주의의 영향을 받은 국가는 개인의 문화와 종교 양심의 자유를 좀 더 존중하여 이러한 사항들은 차츰 개인의 선택에 맡기고, 국가는 사회 전체의 질서와 평화 유지에 부정적인 영향을 미치는 것을 막는 것에 주로 관여하게 되었다. 그러나 유럽에서 신흥 종파나 그리스도교 이외의 다른 종교들을 믿을 수 있는 공식적인 자유는 1806년에 이르러 비로소 허락되었다.[15]

크롬웰(Cromwell)이 국가와 교회를 분리해야 한다고 주장한 것을 받아들인 그의 친구 로저 윌리암(Roger William)은, 신대륙으로 건너와 1636년 로우드 아이랜드(Rhode Island)를 건설한 후 신대륙 사회에 큰 영향력을 미쳤는데 그 결과, 이 지역에서는 1663년부터 유대인과 이방인을 포함한 모든 사람들이 종교자유를 누릴 수 있었다. 경제적·사회적 이유로 유럽인들의 이민을 장려할 필요가 생겨나면서 종교자유에 대한 생각도 좀 더 관용을 가지게 되었다. 마침내 1776년 미국 독립을 선언하기 직전에 발표한 버지니아 인권선언문(Bill of Rights von Virginia)은 종교의 자유를 인간에게서 결코 빼앗아갈 수 없는 천부적인 기본 인권에 속하는 것으로 인정했다. 모든 사람은 자신의 양심에 따라 선택한 종교를 자유롭게 신봉할 권리를 소유할 수 있다는 것이다. 이것으로 종교의 자유, 양심의 자유 그리고 종교의식의 자유를 인정했다. 버지니아 인권선언문은 이후 설립된 미국의 각 주의 법에도 적용되었다.

미국에서 혁명적인 방법으로 진행된 종교자유에 관한 사항들은 프

---

15 Horst Balz u. a., Op. cit., pp. 566-567.

랑스 혁명에도 큰 영향을 미쳤다. 가톨릭교회가 출생, 혼인, 사망 신고를 독점하던 것을 국가도 기록하게 됨으로써 개신교와 유대인들 그리고 비신앙인들이 이러한 일에서 받던 불편함을 해소하게 되었다.[16]

이 시기에 독일 지역에서 종교의 자유를 먼저 허용하기 시작한 나라는 프로이센이었고, 독일의 다른 영주들도 그 뒤를 따랐다. 1848년에 프랑크푸르트에서 있었던 제국회의에서 종교의 자유가 독일국민의 기본권에 속하는 것으로 인정했다. 자신이 믿는 종교가 무엇이든 국민으로서 동등한 대우를 받게 되고, 종교적 집회와 의식의 자유를 가지게 되었다. 1871년에 독일 전역에 걸쳐 종교의 자유를 허용했지만 아직 개인적인 차원에서의 자유이고, 오늘날 의미하고 있는 바와 같은 완전한 종교자유는 1919년 바이마르 헌법(Weimar Reichsverfassung)에서 허락되었다. 나치시대에는 종교의 자유가 공식적으로 폐지되지는 않았지만 여러 가지 요소들에 의해 실제적으로는 많은 제약이 있었다. 1949년에 바이마르 헌법에서 보장한 종교자유를 재확인하면서 종교와 세계관, 집회와 양심의 자유를 보장했다.[17]

종교의 자유에 대한 이러한 사건들이 진행되고 있는 동안 가톨릭교회에서 보인 반응은 대단히 부정적이었다. 심지어 종교를 자신의 양심에 따라 선택하고 신봉하며 표현하는 자유란 곧 가톨릭교회를 말살시키는 것으로 생각하기까지 했고, 비오 6세에서 12세까지 일관되게 종교의 자유에 대해 거부하는 태도를 유지했다.[18] 국가는 공동선을 이룩해 나가야 하고 그러기 위해선 참 종교인 가톨릭교회의 권리와 자유로운 활동을 보장해야 한다는 것이 이 교황들의 생각이었다. 이 교황들은 '진리만이 권리를 소유하며, 오류는 권리를 소유할 수 없다.'고

---

16 Horst Balz u. a., Op. cit., pp. 568-569.
17 Ibid., pp. 569-570.
18 구병진, 앞의 글(1988), p. 7.

주장하면서, 진리를 가진 가톨릭교회만이 선교를 위한 자유의 권리를 가진다고 했다. 교회는 처음부터 언제나 그러했던 것과 같이 비오 교황들의 시대에도 자신이 객관적인 진리 위에 서 있음을 확신하고 있었다.

교황을 비롯한 교회 내의 수많은 신심 깊은 구성원들이 가졌던 이러한 확신은, 교회를 사랑하여 교회를 세상으로부터 지켜가고 영원히 세상의 빛으로 존재토록 하기 위한 것이었음을 우리 모두 쉽게 이해할 수 있다. 그러나 문제는, 교회의 신심 깊은 구성원들의 이러한 확신에도 불구하고 많은 사람들이 교회 안에서 부자유의 고통을 호소하고 표현의 자유를 부르짖었으며 심지어 교회로부터 발길을 돌리기까지 한 것에 있다. 이러한 상황이 심화된 것을 열린 마음으로 관찰한 요한 23세에 의해 개최된, 제2차 바티칸 공의회는 종교의 자유 문제에 대해 그 때까지 가졌던 교회의 태도에 많은 수정을 가했다. 제2차 바티칸 공의회 〈종교자유에 관한 선언〉에 대해 아래에서 좀 더 자세하게 살펴보자.

우리나라에서는 1886년 프랑스와 맺은 한불수호조약으로 프랑스 사람들이 국내에서 천주교를 자유롭게 믿고 활동할 수 있게 되었다. 1899년 내무지방국장 정준시와 뮈텔 주교가 교민조약(敎民條約)을 맺음으로서 조선인들도 종교의 자유를 갖게 되었다. 동시에 교인들이 일반인들과 동등한 권리와 의무를 향유하게 되었다.[19]

---

19 「한국 천주교 사회복지사 - 2. 종교자유 획득과 수도회 결성 이후의 활동(1886-1910)」, 가톨릭대학교 사회복지대학원 석사논문, 1998 중 일부
(URL http://fr.catholic.or.kr/peters1/Hcswk/hcswk2.htm 검색어: 종교자유)

3. 제2차 바티칸 공의회의 종교자유에 관한 선언[20]

　제2차 바티칸 공의회 교부들은 먼저 현대인들이 인격의 존엄성을 나날이 더 의식하면서 자신의 행동에 있어 강제 받는 것을 원치 않고 오직 자신에게 주어진 의무에 따라서 스스로 판단하고 행동하고 책임을 지는 자유를 향유하고 구사할 것을 요구하고 있는 것에 주목했다. 현대인들이 이와 같이 자유를 요구하는 것은 주로 인간의 정신적 가치 영역과 특히 종교의 자유에 관한 영역인 것으로 보았다.[21]

1) 종교자유의 일반적 원리

　공의회 교부들은, 인간이 종교자유에 대한 권리를 가지고 있음을 선언하면서 이 자유는 각 사람이 어느 한 개인이나 사회적 단체, 그 밖의 온갖 인간적 권력의 강제를 받지 말아야 한다고 설명하고 있다. 각 사람은 사적이나 공적으로 그리고 단독이나 단체의 일원으로 정당한 범위 내에서 자기 양심에 따라 행동하는 데 방해받지 않아야 한다고 한다.[22] 교부들은 종교자유의 권리는 인격의 존엄성에 바탕을 두고 있는 것으로 강조하고 있다. 종교자유에 관한 인격의 이 권리는 사회의 법적 제도 안에서 인정되어 시민적 권리가 되어야 하는 것이다. 사람은 누구나 인격(人格), 즉 이성과 자유의지(自由意志)를 가졌으므로 자신이 책임을 지고 진리, 특히 종교적 진리를 탐구할 내적 충동과 의무를 갖는다. 교부들은 종교자유가 인간의 본성 자체에 뿌리를 두고 있다고 한다. 그러므로 이 자유의 행사(行使)는 정당한 치안을 교란케 하

20　여기에 제2차 바티칸 공의회의 종교자유에 관한 선언의 주된 내용을 정리하여 소개하고자 한다. 필자의 해설은 가능한 대로 자제하고 원문의 핵심을 발췌하여 소개한다.
21　『제2차 바티칸 공의회 문헌』, 한국천주교중앙협의회, 1973², p. 615.
22　『제2차 바티칸 공의회 문헌』, p. 616.

지 않는 한, 방해해서는 안 되는 일이다.[23]

교부들에 의하면 '사람은 누구나 정당한 수단을 써서, 현명하게 자기 양심의 옳고 참된 판단을 내리기 위하여, 종교에 관한 진리를 탐구할 의무와 권리를 가지고 있다.'[24] 인간은 자신의 양심을 따를 수 있어야 하고 양심을 거슬러 행동하도록 강요받아서는 안 된다. 교부들은 '종교의 실천은 그 성질상, 우선 인간이 자신을 하느님과 직접 관련짓는 임의(任意)의 그리고 자유로운 내적 행위에 있는 것이다. 이러한 행위는 순 인간적 권력으로 명(命)해질 수도 방해될 수도 없다.'[25]고 강조했다.

이러한 종교자유는 개인에만 해당되는 것이 아니라, 종교 단체에도 해당된다. 교부들은 '종교 단체는 정당한 치안이 유지되는 한, 자체의 규칙에 의해 자치를 하고 최고의 신을 예배하며, 자기 회원들의 종교 생활 실천을 돕고 교리(敎理)의 수업을 하며, 또 회원들은 자기들의 종교 원리에 입각한 생활 향상을 위한 협력 기관을 촉진하는 등의 자유를 향유할 권리를 갖고 있다.'[26]고 밝히고 있다. 종교 단체가 그 교의의 특수한 힘을 자유로이 발휘함을 방해받지 않음도 종교자유에 속하기 때문이다. 인간이 자기 자신의 종교심의 발동으로 자유로이 집회를 가지거나 교육적·문화적·자선적 및 사회적 단체를 구성하는 권리는 인간의 사회성과 종교의 성질 그 자체에 기반(基盤)하는 것이다.[27]

그러므로 시민, 사회적 단체, 국가, 교회, 기타 종교 단체는 각자의 의무에 따라 종교자유에 대한 권리를 보호하고 지켜갈 의무가 있다. 국가는 시민이 신앙의 권리를 행사하고 그 의무를 완수할 수 있도록

---

23 『제2차 바티칸 공의회 문헌』, p. 617.
24 같은 책, p. 617.
25 같은 책, p. 618.
26 같은 책, pp. 618-619.
27 같은 책, p. 619.

정당한 법률과 그 외의 적절한 수단으로써 효과적으로 모든 시민의 종교자유를 보호하고 신앙생활을 하는 데 유리한 조건을 만들어 주어야 한다.[28] 폭력과 협박으로 시민에게 어느 특정한 종교에 가입하거나 이탈하도록 하는 것은 부당한 일이다.[29]

그러나 자유를 행사할 경우에는 개인적·사회적 책임을 준수해야 한다. 자신의 권리를 행사하기에 앞서 타인의 권리와 모든 이의 공동 이익을 고려해야 할 도덕적 의무가 있다. 교부들은 정의와 사랑으로 자유를 행사해야 하는 것을 강조한다. 사회는 종교자유란 구실 아래 일어날 수 있는 폐단에 대해서 자신을 방어하고 지켜갈 권리를 갖고 있고, 국가는 특히 이러한 일을 행할 의무를 가지고 있다.[30]

2) 계시에 비추어 본 종교자유

바티칸 공의회가 종교자유에 대해서 선언하는 이유는 인격의 존엄성을 존중하는 것에 있다. 교부들은 '자유에 관한 이 교의는 하느님의 계시에 뿌리를 박고 있으므로 그만큼 그리스도 신자로부터 성의를 가지고 준수되어야 한다.'고[31] 강조하면서 '종교자유는 그리스도의 신앙의 행위와 온전히 일치하는 것'이라는[32] 사실을 상기시킨다.

교부들은 하느님에 대한 인간의 응답이 자유의지에서 나오는 것이어야 함을 가톨릭 교의 중에 가장 으뜸가는 것으로 언급한다. 그러므로 '그 누구도 자기 의지를 거슬러 신앙을 받아들이도록 강요당해서는 안 되며, 신앙행위는 그 성질상 자유의지에 의한 것'이다.[33] 교부들

---

28 『제2차 바티칸 공의회 문헌』, p. 620.
29 같은 책, p. 621.
30 같은 책, p. 621.
31 같은 책, p. 622.
32 같은 책, p. 623.
33 같은 책, p. 623.

은 '종교자유의 원칙은 사람들이 쉽게 그리스도교의 신앙으로 인도되어 이것을 자발적으로 받아들이고 생활 전면에 걸쳐 이것을 실천할 수 있는 환경을 만들어 주는 데 적지 않게 기여한다.'고[34] 하면서 다음과 같이 강조했다: "복음의 진리에 충실한 교회는 종교자유의 원리를 인간의 존엄성과 하느님의 계시에 합치한 것으로 인정하고 그것을 촉진시킬 때 그리스도와 사도들의 길을 따라간다고 하겠다."[35]

교부들은 종교의 자유를 강조하면서 그것이 이 세상 안에서 교회의 자유를 진작시키는 데에 중요한 요소라는 것을 다음과 같이 말한다: "교회의 자유는 교회와 속권 및 모든 시민적 질서와의 관계 안에서 근본 원리가 되는 것이다.…(중략)…교회는 또한 그리스도교 신앙의 규정을 따라 시민사회에서 생활할 권리를 가진 사람들의 사회로서도 자유를 요구한다."[36]

교부들은 〈종교자유에 관한 선언〉을 다음과 같은 말들로 맺고 있다: "공의회는 종교적 예배의 자유가 헌법으로 공인되어 있음을 기쁜 마음으로 환영하는 반면에, 시민으로 하여금 종교 신봉을 멀리하게끔 또 종교단체의 생활을 극히 곤란 또는 불안케 하는 정부도 없지 않은 통탄할 사실을 크게 근심하면서 고발한다. 특히 인류 가족의 현 상태에 있어서 종교의 자유가 얼마나 필요한가를 신중히 고려해 줄 것을 가톨릭 신자들에게 권유하며 전 인류에게 바란다.…(중략)…사실 전 민족이 날로 더욱 일체화하고 문화와 종교를 달리하는 사람들이 보다 강인한 관계로 결속되고 마침내는 각자의 책임감이 왕성해져 가는 것은 명백하다. 따라서 인류 사이에 평화적 관계와 화합이 확립되고 강화되기 위해서는 지상 어디서나 종교의 자유가 효과적인 법적 보호를

---

34 『제2차 바티칸 공의회 문헌』, p. 623.
35 같은 책, p. 625.
36 같은 책, p. 626.

받고, 사회에 있어서 종교생활을 자유로이 하는 인간 최고의 의무와 권리가 준수될 필요가 있다."[37]

공의회의 종교자유에 대한 이러한 정신은 일반 사회와 타종교에 대한 가톨릭교회의 자신감과 성숙한 자세를 보여주고 있다. 이것은 또한 우리나라 헌법의 정신에도 일치하고 있어서 타종교와의 평화 공존과 대화 증진을 위한 문을 열어 두었다고 볼 수 있다.

4. 종교자유에 관한 교황청의 최근 문헌

시작하는 말에서 언급한 바와 같이, 교통과 통신의 발달로 다양한 문화 간의 활발한 교류에 힘입어, 최근 들어 지구촌에 종교 다원주의와 상대주의가 부상하고 가톨릭교회의 유일성과 보편성에 이의를 제기하는 경우가 잦아졌다. 이러한 일은 교회 외부에서만이 아니라 교회 내부에서까지 발생하면서 교회의 존재 이유와 선교의 당위성을 주장하는 데에도 적지 않은 지장을 초래할 수 있는 상황이 되었다. 교황청에서 선한 의지로 주도한 종교 간 대화도 이러한 오해를 불러일으키는 데에 한 몫을 하지 않았는지 우려하는 사람들마저 생겨나게 되었다.

이러한 여러 가지 사항들에 대해 교회의 생각을 명백히 알리기 위해 신앙교리성은 2000년 8월 6일 〈예수 그리스도와 교회의 유일성과 구원의 보편성에 관한 선언〉을 공포했다. 이 문헌에서 종교간 대화는 교회의 복음 전파 사명에 속하는 것으로서 '진리에 대한 순종과 자유에 대한 존경 안에서 상호 인식과 상호 풍요성에 바탕을 둔 관계와 이

---

37 『제2차 바티칸 공의회 문헌』, p. 628.

해의 태도를 요구한다.'고[38] 했다. 그렇다고 하여 그리스도교 신앙의 고유성·영감을 통하여 이루어진 성경의 성격-예수 그리스도 신비의 유일성과 구원의 보편성, 교회의 보편적인 구원 중개성, 가톨릭교회 안에 현존하는 그리스도의 유일한 교회의 실재성이 시대에 뒤떨어진 진리로 간주되어서는 안 된다는 것을 분명히 했다. 상대주의적 사고방식을 치유하기 위해서는 '예수 그리스도의 계시가 결정적이며 완전하다는 것을 무엇보다 강조해야 하고 '길이요 진리요 생명'(요한 14,6)이신 예수 그리스도의 신비 안에서 완전한 계시가 실현되었음을 굳게 믿어야 한다.'고[39] 하면서, '예수 그리스도의 계시는 완전하기 때문에 다른 종교들 안에 나타난 계시로 보완될 필요를 전혀 가지지 않는다.'는[40] 것을 명백히 했다. 이러한 이유로 그리스도교 신앙과 타종교의 신념은 명확하게 구별된다는 것이다. 타종교들의 경전들도 모든 사람을 비추는 참 진리의 빛을 반영하기도 하지만 '이들이 간직하고 있는 선과 은총의 요소들은 그리스도의 신비로부터 받는 것'이라고[41] 했다.

또한 '하느님의 보편적 구원 의지가 하느님 아들의 강생과 죽음 그리고 부활 안에서 표명되었으며 유일하게 성취되었다는 것을 가톨릭 신앙의 진리로 굳게 믿어야 한다.'고[42] 하면서 '유일하게 성취되었다'는 표현이 예수 그리스도의 구원 사건의 의미와 가치를 타종교에게 지나치게 강조하는 인상을 주기 때문에, 신학은 이러한 어휘들의 사용을 피해야 한다는 제안도 있으나 이러한 어휘는 신앙의 원천들 자체에서 발전된 것을 표현하기 때문에 계시에 충실한 것뿐이라고[43] 하였다.

---

38 「예수 그리스도와 교회의 유일성과 구원의 보편성에 관한 선언」 제2항.
39 같은 책, 제5항.
40 같은 책, 제6항.
41 같은 책, 제8항.
42 같은 책, 제14항.
43 같은 책, 제15항.

이러한 그리스도 구원 신비의 완성은 교회에 달려 있다. 그리고 이 교회는 바로 사도적 계승에 뿌리를 두고 있으며 베드로의 후계자와 그와 친교를 이루고 있는 주교들을 통하여 다스려지는 가톨릭교회라고 할 수 있다. 그러므로 교회의 유일성은 가톨릭 신앙의 진리로 굳게 믿어야 하는 것이다.[44] 현존하는 여러 분파의 그리스도교는 교회의 보편성을 역사 안에서 완전히 실현하는 데에 장애가 되는 상처이기는 하지만 가톨릭교회의 일치성을 상실하게 하는 것은 아니다.

그러므로 교회는 타종교들과 본질적으로 동등하지 않고 이들이 설정한 구원의 여러 방법들과 병행하는 구원의 방법 중 하나가 아니다. 타종교의 기도문들이나 의식들이 복음을 위한 준비 역할을 하는 경우도 있으나, '그리스도교의 성사들에 고유한 신적 기원 또는 사효적(ex opere operato) 구원 효력이 있는 것으로 생각할 수는 없다.'고[45] 한다. 교회가 세상의 종교들에 대하여 존경심을 갖고는 있지만, 종교적 상대주의나 신앙 무차별주의는 근본적으로 배제한다.

이러한 표현들은 타종교를 신봉하는 사람들 사이에서 결국 가톨릭교회가 타종교보다 우월하다는 주장이 아니냐는 반감을 불러일으킬 수 있다. 그러나 가톨릭교회는 '구원은 진리 안에 있다.'는 표현을 명백히 하여 오직 진리만이 옳고 우월한 것으로 존중하고 있다. 가톨릭교회는 이 진리가 가톨릭교회 안에 완벽하게 있다고 주장하고 있고, 타종교를 신봉하는 사람들은 그들의 종교 안에 있다고 주장할 것이다. 그러므로 종교 간에 대화를 해야 할 필요가 절실한 것이다. 그런데 가톨릭교회가 종교 간 대화를 하는 경우에도 교회 복음화 사명의 일부로서 대화해야 한다. 교회의 입장에서는 당연한 일이지만 타종교인의 입장에서는 그들이 진리라고 주장하는 것을 더 참된 진리로 간

---

44 「예수 그리스도와 교회의 유일성과 구원의 보편성에 관한 선언」제16-17항; 「교회헌장」제20항, 『제2차 바티칸 공의회 교회헌장』.
45 「교회헌장」제21항.

주하고 싶을 것이다. 종교간 대화의 전제 조건은 동등성인데, 이 경우의 동등성도 가톨릭교회의 입장에서는 '대화에 참여하는 사람들의 동등한 인격적 품위를 말하는 것이지, 교리 내용과 관련된 동등성이 결코 아니라'는[46] 것이다. 이러한 사항들로 대화의 어려움이 놓여 있다.

2001년 7월 25일 제88차 세계 이민의 날을 맞아 발표한 〈이민과 종교간 대화〉라는 담화문에서 교황 요한 바오로 2세는 종교간 대화의 필요성과 중요성을 강조했다.[47] 서로 다른 종교를 신봉하는 사람들이 평화롭게 공존하기 위해서는 경계심과 편견, 두려움의 장벽을 없애고, 다수파 종교인과 이민으로 구성된 다양한 종교의 소수파 종교인 사이에 대화와 상호 관용이 필요하다. 교황은 대화가 모두가 추구해야 할 중요한 길이라는 사실을 강조하면서, 대화를 위해서는 인간관계에 진정한 변화를 가져올 수 있는 소박하고 일관된 일상의 행동이 요청된다고 했다.

대화는 어려운 일이지만 그리스도인들은 인내와 확신을 가지고 꾸준히 대화를 추구해야 할 책임이 있다. 그리스도인들은 다른 신앙을 고백하는 사람들을 열린 마음으로 반갑게 맞이해야 한다. 그리스도인들은 신념을 가지고 자기 신앙을 꾸준히 실천하면서 그리스도인이 아닌 사람들과 대화를 추구해야 한다. 교황은 다른 사람과 참된 대화를 나눌 수 있으려면 자기 신앙을 분명하게 증언해야 한다는 것을 주지시키고 있다. 이러한 진실한 대화 노력은 서로 차이만이 아니라 때로는 모순까지도 받아들이고, 사람들이 자기 양심에 따라 내리는 자유로운 결정을 존중할 것을 전제한다. 대다수 국민이 그리스도교와는 다른 신앙을 고백하는 나라들에서도 이렇게 더불어 사는 연대의 삶이

---

46 「교회헌장」제22항.

47 이 문헌에 의하면 현재 전 세계에 약 1억 5000만 이민이 존재하고 있다. (URL http://www.cbck.or.kr/publish/docucatholic/2001/19/pope_immigration.htm, 검색어: 종교자유); 교황 요한 바오로 2세, 「제88차 세계 이민의 날 담화」(2001. 7. 25)

이루어져야 한다. 이러한 존중과 연대의 문화가 특히 다문화, 다종교 환경에서 살아가는 그리스도인의 정신에 스며들어야 한다. 환대와 상호 개방을 통하여 사람들은 서로 더 잘 알게 되고, 다양한 종교 전통들 안에도 귀중한 진리의 씨앗이 많이 들어 있음을 깨닫게 된다. 이러한 깨달음에서 출발한 대화는 진리와 선에 열려 있는 모든 사람의 마음을 풍요롭게 한다.

종교 간 대화는 우리 시대의 가장 중요한 과제들 가운데 하나이며, 이민 현상은 이러한 대화를 촉진할 수 있다. 그러나 교황은 이러한 대화가 종교적 무차별주의에 바탕을 두어서는 안 된다는 것을 다시 한번 강조하고 있다. 그리스도인은 대화하면서도 자신 안에 간직하고 있는 희망을 분명하게 증언해야 할 의무가 있다는 것이다. 대화에서 신앙의 선물을 감추어서는 안 되고 오히려 들어 높여야 한다.

교황청 종교 간 대화 평의회 의장인 프란치스코 아린제 추기경은 2001년 '디왈리 축제'를 맞이한 힌두교 신자들에게 보낸 메시지에서 대화의 중요성을 다시 한번 강조했다.[48] 대화 교육은 폭력의 원인을 극복하는 데에 이바지하는 것이다. 각 종교 전통에 대한 상호 존중과 존경은 사회 평화와 화합의 증진을 위해 매우 중요하다. 대화와 커뮤니케이션 증대, 실질적인 협력을 위한 교육은 폭력의 원인을 극복하고 상호 이해와 존중의 정신을 조성하는 데에 이바지한다. 대화를 하려면 자신의 전통을 알고 차이점을 알아야 한다. 다른 종교 신봉자들 사이의 관계 증진을 위한 교육과 훈련은 시급한 우선 과제이다. 여기서도 종교 다원성에 대한 인식 증대가 종교 무차별주의로 이어져서는 안 된다는 것을 분명히 하고 있다. 대화는 다른 사람들의 종교 전통을 존중하면서도 자신의 종교 전통에 확고히 뿌리를 내리고, 종교들 사

---

[48] 〈'디왈리' 축제에 즈음하여 힌두교 신자들에게 보내는 메시지〉, 교황청 종교 간 대화평의회, 2001.(URL http://www.cbck.or.kr/publish/docucatholic/2002/21/hinduism.htm, 검색어: 종교 자유)

이의 객관적 차이점을 인정할 것을 요구한다. 추기경은 각 종교 공동체는 자기 신자들에게 대화의 정신을 가르칠 자기 나름의 방법을 고안하고, 각 공동체 안에서 대화의 태도를 가장 잘 증진할 수 있는 방법을 제시하기를 요청했다. 추기경은 또한 대화에는 서로의 신앙과 관습에 대한 정확한 정보 교류를 촉진하는 공동의 노력들이 뒤따라야 한다는 것을 강조했다.

종교의 자유에 대한 이러한 고찰에 이어 인류가 그동안 전개해 온 자연계에 대한 인식의 변화를 고찰하여 다양한 종교가 존재할 수 있는 근거와 상호 이해와 평화 공존을 위해 노력해야 할 이유의 근거를 살펴보고자 한다. 객관적 사실을 인식하고자 하는 과학적 사유에서도 관찰자가 놓인 시대적 상황과 관찰 위치에 따라 자연계에 대한 인식에 변화가 있는 것이 사실이라면, 인간의 지성 · 감성 · 의지 모두가 함께 작용하는 종교적 세계관에는 다양성과 변화의 가능성이 더욱더 있을 수 있다는 것을 인정해야 할 것이다. 그러나 이런 경우에도 교회 문헌에서 수차례 강조한 대로 종교적 무차별주의에 빠져들 수는 없다는 것 또한 염두에 두어야 할 사항이다.

5. 자연계에 대한 인식의 변화

천동설의 입장에서 신앙생활과 일상생활을 해나가던 인류는 코페르니쿠스, 갈릴레오를 비롯한 자연과학자들이 새롭게 밝혀놓은 지동설에 의해 의식과 생활을 하는 데에 새로운 전기를 맞이했다. 이 땅을 중심으로 해와 달 그리고 별들이 동에서 떠서 서로 지는 것이 아니라, 구형인 지구가 남극과 북극을 축으로 하여 자전하고 태양을 중심으로 타원 궤도를 돌고 있다는 사실은, 천동설의 관점으로 세상을 살아가고 신앙생활을 하던 사람들에겐 쉽게 믿을 수 없는 놀라운 충격이었다. 그러나 그것은 분명한 사실이었고 이것을 받아들여 의식과 생활을 재정비해야만 했으며, 심지어 성경에 대한 해석도 새롭게 해나가야 했다. 인류는 근대 이후로 이러한 작업을 꾸준히 진행해 왔으며, 그 결과 오늘날에 와서는 지동설을 당연한 진리들 중의 하나로 인식하고 있다. 자연과학이 밝혀놓은 새로운 인식에 쉽게 적응할 수 없었던 당시의 교회는 나름대로의 입장을 안고 있었다. 그러나 당시에 교회가 갈릴레오에게 적절하게 대응하지 못했던 것에 대해서는, 약 4세기가 지난 20세기 후반에서야 교황이 잘못을 인정하면서 바로잡을 수 있었다. 교회는 용기를 가진 학자들이 자연과학과의 갈등 문제를 깊이 연구하여 새로운 의식 체계를 구축하기까지, 오랜 기간 계시신앙에 대한 해석의 문제에 있어 자연과학적 지식과 갈등을 계속 안고 있었다. 이러한 상황은 교회의 교도권에만 부담을 준 것이 아니라, 세속 안에서 일상생활을 유지하면서 신앙생활을 해나가야만 했던 많은 수의 신자들에게도 큰 어려움을 제공했다. 특히 19세기 이후 다윈을 중심으로 한 진화론과 칼 마르크스를 중심으로 한 무신론적 유물론 그리고 프로이트를 중심으로 한 무신론적 정신분석학이 발전했었을 때, 이에 대한 대비가 부족했던 교회와 그 구성원은 많은 난관들에 봉착했었다.

이러한 때에 떼이야르 드 샤르뎅을 비롯한 교회 내의 의식 있는 수많은 학자들의 노력은 이들과의 갈등을 해소하고, 신학과 일반 학문과의 대화의 창구를 넓혀놓는 데에 큰 역할을 했다. 이러한 종류의 난관들은 종류만 달리할 뿐 앞으로도 다양한 형태로 지속적으로 우리에게 다가오리라 예상된다.[49] 교회의 구성원들은 문제가 커졌을 때 그것

---

49 오늘날 서구 사회에서 많은 수의 교회 구성원들이 교회를 떠나고 있고, 신학은 일반 학문에 비해 큰 관심을 끌지 못하고 있는 것이 사실이다. 이러한 현상을 단순히 세속화와 복지사회의 결과로만 볼 수는 없다. 교회는 부자에게도 가난한 사람들에게도, 원시사회에게도, 농경사회에게도, 산업사회에게도, 복지사회에게도, 정보통신사회에게도 매력이 있어야 하기 때문이다. 하느님은 어떠한 사회 속에서도 누구에게도 존재하시고, 예수는 모든 사람들의 구세주이다.

을 해결하기 위해서 뒤늦게 나설 것이 아니라, 예상되는 문제들을 미리 파악하여 대비책을 강구할 필요가 있음을 지난 역사에서 읽을 수 있다.

아인슈타인은 상대성 이론을 발표하여 물질, 시간, 공간에 대한 기존의 이해를 크게 변화시켜 놓았다. 이 변화는 천동설에서 지동설로 바뀌는 것만큼 큰 의식의 변화로 간주해도 과언이 아닐 정도이다. 물론 그의 상대성 이론은 혼자만의 작업으로 밝혀진 것은 아니다. 뉴턴을 비롯한 그보다 앞서서 물리학을 깊이 연구했던 학자들이 기존의 고전 물리학으로 다 풀어나갈 수 없는 문제들이 물질계 안에 계속 남는 것을 인지하고, 이것을 해결해 보려고 다 각도로 연구를 진행해 왔었다. 아인슈타인은 이러한 물리학자들의 연구 과정과 결과들을 습득하고 그것에서 더 나아가 그의 상대성 이론을 밝혀내기에 이른 것이다. 그 내용을 살펴보면 다음과 같다.

1) 물질에 대한 인식

고전물리학에 의하면 물질은 처음부터 물질이고 물질보존의 법칙에 의해 끝까지 물질로 머문다. 그러나 아인슈타인과 그 이후의 물리학자들이 밝혀놓은 바에 의하면, 물질은 에너지로부터 유래한 것으로서 일정한 조건에 따라 다시 에너지로 환원될 수도 있고 다른 물질로 변화될 수도 있는 것이다.[50] 물질의 이러한 성질을 활용한 것이 오늘날 많은 문제들이 따르고 있지만 널리 사용하고 있는 원자력에너지이다.

이러한 사실은 인류가 가지는 물질에 대한 생각이 고전물리학적 인식 체계 속에서 살아가던 사람들과는 달라질 수 있을 것이라는 가능성을 열어놓았다. 어느 한 종류의 물질은 고정되어 불변하는 존재가

---

50 Joachim Bublath, *Geheimnisse unseres Universums; Zeitreisen, Quantenwelten, Weltformeln*, Dromer Verlag, München, 1999, p. 162f.

아니라, 순수 에너지로 변할 수도 있고 조건에 따라 다른 종류의 물질로 전환될 수도 있는 상대적인 존재이다. 이러한 사실은, '모든 만물은 끊임없이 변해간다'는 탈레스를 비롯한 고대 그리스 철학이나, '만물(萬物)은 무상(無常)하고 돌고 돈다.'는 존재 사물에 대한 불교의 이해와 더불어, 현대인으로 하여금 절대적인 것은 없고 존재하는 것은 모두 상대적이라는 생각을 갖게 하는 원인이 되고 있다.

2) 공간에 대한 인식

고전물리학에 의하면 공간은 우리의 눈에 지각되는 대로 공간으로 머무는 객관적인 존재이다. 그러나 칸트는 그의 〈순수이성비판〉에서 공간은 우리가 그렇게 인식하는 주관적인 존재이지 객관적인 것이 아니라고 밝히면서 찬반의 많은 논란을 불러일으켰다.[51] 아인슈타인은 여기서 더 나아가 공간은 천체의 중력 세기에 따라서도 변하는 존재라는 것을 밝혔다. 또한 이동하는 물체의 속도에 따라 그 물체가 가지는 공간의 크기와 구조가 달라진다는 것도 밝혔다. 그렇게 하여 그는 우리의 오관에 절대적으로 객관적인 존재로 와 닿는 공간 역시 인식하는 주체의 조건에 따라 상대적인 것이 될 수 있다는 것을 밝혀놓은 것이다.[52]

오늘날 물리학자, 생물학자, 동물생태학자 등과 같은 자연과학자들은 인간에게 있어서의 공간과 곤충이나 짐승들에게 있어서의 공간이 똑같지 않음을 밝혀놓고 있다. 초음파를 이용하여 공간과 먹이를 파악하는 박쥐의 공간은 들판에서 풀을 뜯고 있는 소나 양의 공간과 다를 것이며, 군집생활을 하는 벌이나 개미의 공간은 여우나 호랑이의 공간과 다를 것이다. 심지어 사람에게 있어서도 나이와 체격에 따라

---

51 Immanuel Kant 저, 『순수이성비판』, 전원배 역, 삼성출판사, 1977, pp. 84-85.
52 Joachim Bublath, Op. cit., pp. 105-115, p. 221f; 루이스 엡스타인 저, 『그림 속으로 여행하는 상대성 이론』, 박성근 역, 에드텍, 1993, p. 262f.

같은 공간이 다르게 인식되기도 한다.

  이러한 사실은 우리 신앙생활에 있어서의 공간에 대한 인식 체계에도 큰 변화를 불러일으켰다. 이러한 변화 중의 하나로 천당과 지옥에 대한 공간 개념의 변화를 들 수 있다. 이제 천당과 지옥은 더 이상 공간적인 존재로 설명할 수 없게 되었다. 천당과 지옥이 존재할 수 있는 공간은 그것을 인식하는 주체의 주관의 영역 안으로 들어오고 말았다.

3) 시간에 대한 인식

  아인슈타인의 상대성 이론은 시간 역시 고정된 존재가 아니라 조건에 따라 변하는 존재임을 밝혀놓았다. 객관적 시간은 중력의 세기에 따라 빠르게 가기도 하고 느리게 가기도 한다. 예를 들어 같은 지구 위에서도 중력을 크게 받는 지구 중심에서 가까운 해수면에서 가는 시간보다 지구 중심에서 다소 먼 3,000m 산 위에서 가는 시간이 더 빠르고, 인공위성에서 가는 시간은 더 빠르다. 또한 지구의 자전과 같은 방향인 서쪽에서 동쪽으로 날아가는 비행기 안에서 보다 반대방향인 동쪽에서 서쪽으로 날아가는 비행기 안에서 가는 시간이 더 빠르다.[53] 지구 위에서 가는 시간보다 목성 위에서 가는 시간이 더 느리고, 태양 근처에서 가는 시간은 태양의 강력한 중력에 의해 더욱더 느리다. 주관적인 시간은 어린아이에게 보다 중년에게 더 빨리 가며, 노인에게 있어서는 더욱더 빨리 간다. 또한 고통스러운 일이나 지루한 일을 하고 있을 때보다 즐거운 일을 하고 있을 때 시간이 빨리 가며, 원치 않는 사람보다 좋아하는 사람과 함께 있을 때 빨리 간다.

  각 동물마다 시간을 인식하는 것이 다른 것도 분명한 사실이다. 60년 이상을 살아가는 코끼리의 시간과 한 달 정도 살고 마는 매미나 잠자

---

[53] James A. Coleman 저, 『상대성 이론의 세계』, 다문독서연구회 역, 도서출판 다문, 1998°, p.182f.

리 또는 벌꿀의 시간은 분명히 다르다. 태양을 한 바퀴 도는 것을 1년으로 삼고 있는 지구상에서의 시간 개념과 공전 주기가 다른 화성이나 목성 또는 천왕성이나 해왕성에서의 시간 개념도 많은 차이가 있을 것이다.

그런데 이러한 시간을 인식하는 것은 인간의 주관적인 일이다. 칸트는 시간이 외부에 객관적으로 존재하는 것이 아니라 사물과 사건을 체계적으로 이해하기 위한 하나의 주관적 인식 체계인 것으로 보고 있다.[54]

4) 물질, 공간, 시간과 인간의 인식

우리는 일상생활에서 물질과 공간 그리고 시간이 우리의 외부에 각자 고유한 성질을 지니고 객관적으로 존재하고 있음을 경험하고 있고, 이것은 부정할 수 없는 사실이다. 지구상에 존재하는 다양한 종류의 물질들은 각기 고유한 성질을 지니고 있어서, 그 성질을 존중하면서 그것에 맞추어 생활해 나가야 한다. 휘발유를 필요로 하는 자동차에 경유를 넣고 다닐 수는 없으며, 맑은 물 대신 산업폐수를 마시면서 살아갈 수는 없는 일이다. 양질의 음식물을 먹지 않고 썩은 것을 먹고 살 수도 없는 일이다. 물질이 가진 성질을 존중하지 않고는 생명을 유지해 나갈 수 없는 위험한 상황에 이르기 십상이다. 그러나 각기 고유한 성질을 지닌 다양한 물질들도 앞에서 살펴본 상대성 이론의 원리에 지배를 받는 것도 사실이다. 어느 한 종류의 물질이 지구상에서와 같은 조건 속에서 인위적인 조작을 가하지 않을 경우에는 안정되어 일정한 성질을 지속적으로 가지지만, 주변의 조건이 다르게 조성될 경우에는 완전히 다른 성질을 가진 물질로 변할 수 있는 것이다. 이러한 것을 인식하는 주체는 인간이다. 인간은 다양한 종류의 물질들이

---

54 Immanuel Kant 저, 앞의 책, pp. 88-89.

가진 성질들을 인식해 내고 그들이 가진 성질을 활용하기도 하며, 필요할 경우에는 다른 조건을 조성하여 물질에 화학반응이 일어나도록 하기도 한다. 또한 물질이 상대성 이론에서 설명하는 바와 같은 성질을 지니고 있다는 사실조차 인식해 낸다.

또한 공간 역시 우리 앞에 놓여 있고 우리는 항상 어느 일정한 공간 속에 들어 있다. 일정한 공간의 크기를 자로 잴 수 있고, 계산할 수 있다. 공간은 우리 앞에 그러한 존재로 놓여 있고, 이것을 우리는 객관적 사실로 받아들이지 않을 수 없다. 그러나 우리의 일상생활에서 해가 아침마다 동쪽에서 떠올라서 저녁에는 서쪽으로 지는 것이 사실이라 하더라도, 실제로는 해가 동에서 떠오르는 것이 아니라 지구가 자전하고 있으며 태양을 중심으로 공전하고 있는 것이 객관적 사실이다. 이러한 사실은 이율배반적인 것이 아니라 둘 다 맞는 진리이다. 이러한 것을 인식하는 인간을 주체로 두고 볼 때는 아침마다 해가 동에서 떠오르는 것이 맞는 일이고 천체의 움직임을 두고 볼 때는 지구가 자전하는 것이 맞는 일이다.

시간도 우리 앞에 객관적으로 그러한 존재로 놓여 있다. 이것을 우리는 무시하면서 일상의 생활을 해나갈 수 없다. 하루는 24시간이며, 아침 9시에 관공서가 문을 열고, 1주간은 7일이다. 친구와 저녁 7시에 만나 식사를 하기로 했으면 그 시간에 만나기로 한 장소에 가야 한다. 그리고 그렇게 갈 수 있도록 우리 대부분은 일정하게 가는 시계를 지니고 있다. 그러나 앞에서 살펴 본 바와 같이 이 시간이 지구의 중력에 의해 영향을 받는 것도 사실이고, 다른 천체에서는 개념이 완전히 다른 것도 사실이다. 그러나 지구상에서 살아가는 인간에게는 앞서 살아갔던 사람들이 서로 약속하여 정해 놓은 시간개념이 적용되는 것도 사실이다. 시간 역시 인간을 주체로 두고 볼 경우에는 둘 다 맞는 진리이다.

인간은 인간적 인식의 주체로서 언제나 주인공이다. 물질, 공간, 시간을 그러한 존재로 인식하는 것은 인간이다. 우주 만물 중에서 오직 인간만이 물질, 공간, 시간을 이렇게 인식하고 있다. 이들이 있는 것은 인간의 의식 안에 있는 것이다. 물론 나의 주관적인 인식 작용과는 상관없이 물질, 공간, 시간이 존재하는 것도 사실이다. 그러나 그것이 나에게 인식되지 않는 한, 그것은 아직 나에게 존재하지 않는 것이고 아무런 가치를 지니지 않은 것이다. 인간은 허블망원경을 통해서 이 우주에 약 천억 개의 은하계가 존재한다는 사실을 인식하게 되었다. 천억 개의 은하계는 이 사실을 지각하고 있는 현대인에게는 존재하는 사물이지만, 이것을 지각하지 못한 이전의 사람들에게는 존재하지 않았던 것이다. 비록 그것이 객관적으로 외부 세계에 존재하고 있었다고 하더라도! 현재의 천체망원경이 관측하지 못하고 있는 또 다른 우주가 외부 세계에 있을지도 모른다. 그러나 그것은 아직 우리에게는 없는 존재와 마찬가지이고, 이 존재에 대해 정확하게 어떠한 말도 할 수 없다.

물질, 공간, 시간 자체는 가치중립적인 존재이다. 이들은 우리에게 스스로를 선하다고도 하지 않고 악하다고도 하지 않으며, 어떤 말도 하지 않고 어떤 해석도 내리지 않는다. 이들을 어떤 존재로 볼 것이냐, 어떻게 해석할 것이냐 하는 문제는 이들을 인식하고 있는 인간의 문제이다. 우주 만물 안에서 인간 이외의 어떤 존재도 이러한 작업을 할 수 없는 것이다.

이러한 의미에서도 인간은 만물의 영장이고 우주의 중심이다. 그리고 '나는 생각한다. 그러므로 나는 존재한다.'는 데카르트의 명제가 성립할 수 있는 것이다. 물론 이러한 생각이 객관성을 무시한 주관주의에 빠져들 위험성을 안고 있는 것도 사실이다. 나의 의식과는 상관없이 태양, 지구, 사람들, 사건들은 존재하는 것이다. 그러나 그러한 것이 그러한 것으로 존재한다는 사실을 인식하는 것은 우주 만물에서 유일하게 인간뿐이고, 직접적으로는 나 자신이다. 이렇게 인식하는 내가 있음으로써 이 세상이 존재하는 것이고, 이 세상이 존재함으로써 그것을 인식하는 주체인 내가 존재하는 것이다.

이러한 사실을 우리는 종교적 진리를 인식하는 데에도 적용할 수 있을 것이다. 그렇다고 하여 순수 주관주의나 종교적 상대주의에 빠지는 것은 경계해야 할 일이지만, 각자의 종교적 세계관과 선택을 존중하는 근거로 삼을 수는 있을 것이다.

5) 인간의 의지와 하느님 존재 인식

로욜라의 이냐시오 성인은 '모든 것 안에서 하느님을 찾을 수 있다.'고[55] 했다. 자연 사물들 안에서, 사람들 안에서, 사건들 안에서, 일상의 생활이나 일을 해 나가는 중에서 하느님을 발견할 수 있고, 언제 어느 곳에서든 원하기만 하면 하느님을 만날 수 있다고 한다. 이냐시오뿐만 아니라 수많은 성인·성녀들이 자연 사물들 안에서 하느님을 찾았고, 제2차 바티칸 공의회 〈하느님의 계시에 관한 교의헌장〉에서도 자연사물을 통해서 하느님을 인식할 수 있음을 언급하고 있다.[56]

그러나 자연과학적 사고와 아인슈타인의 상대성 이론에 있어서의 자연사물은 중립적인 존재이다. 여기서는 하느님이 계신다고도 하지 않고, 안 계신다고도 하지 않는다. 자연과학과 상대성 이론에서 그러한 태도를 취하는 것은 자신의 분수를 지키는 일이다. 자연과학과 상대성 이론은 인간의 오관에 의해 검증되는 것을 관찰의 대상으로 삼는다. 아인슈타인의 상대성 이론이 옳은 것으로 인정된 것도 관찰과 실험에 의해 확인되었기 때문이다. 그리고 이것은 인간 이성의 대상으로서 어느 한 사람이 자신의 주관에 따라 아니라고 부인할 수 없는 객관적인 사실이다. 그래서 이것은 우리의 이성에 강제성을 지닌다.

---

55 J. Stierli, *Ignatius von Loyola: Gotteserfahrung und Weg in die Welt*, Olten, 1981, p. 143.
56 「계시헌장(Dei Verbum)」제3항.

우리의 이성이 부인할 수 없이 사실로 받아들여야만 하는 존재인 것이다.

그러나 신의 존재 문제는 단순히 이성의 대상만이 아니다. 신의 존재 문제는 이성만의 대상이 아니기 때문에 이성을 압박하지 않는다. 신이 존재한다고 반드시 인정하도록 이성을 압박하지 않으며, 신이 존재하지 않는다고 반드시 부인하도록 이성을 압박하지도 않는다. 만약 신의 존재 문제가 단순히 이성만의 대상이라면, 이미 역사 안에서 둘 중의 하나로 판결이 나고 말았을 것이고 더 이상 논란의 여지가 남아 있지 않을 것이다.

그러나 신의 존재 문제는 인식하는 주체의 의지와도 관련된 문제이다. 인식하는 주체, 즉 어느 한 사람이 신이 존재하는 것으로 인식하고 싶은 의지를 갖고 있다면, 그는 신의 존재를 확신하게 되고 신의 존재를 믿게 된다. 이와 반대로 어느 한 사람이 신이 존재하지 않는 것으로 생각하고 싶다면, 그는 신의 존재를 부정하게 되고 신의 존재를 믿지 않게 된다. 이것은 단순히 이성적인 검증의 문제만이 아니라 의지적인 선택의 문제이기도 하기 때문이다.

신이 존재하고 그 신이 자신을 예수 그리스도를 통해서 계시했다는 것을 받아들여 믿기로 선택한 사람에게 그리스도교의 계시와 믿을 교의들 그리고 신학적 이론들은 의미를 지닌다. 그렇지 않고 다른 방향을 선택한 사람에게는 그리스도교가 이 세상에 존재하는 수많은 종교들이 가진 믿음 체계들 중의 하나에 지나지 않아서 종교학적 탐구의 대상은 될지언정 믿음의 대상은 되지 못하고 만다.

선택에는 인간의 자유가 깊이 개입한다. 인간에게 자유가 없다면 선택의 여지도 전혀 없을 것이다. 선택의 여지가 없는 것은 논란의 여지가 없는 것이어서 이성과 의지를 강요한다. 그리고 그것은 가치 평가의 대상이 되지 못한다. 어떤 사람이 2 + 2 = 4 란 사실을 인식한다고 해서 그가 가치 있는 존재로 평가받지는 못한다. 이 사실은 지극히 당연한 것이며 가치중립적인 것이다.

그러나 그리스도교 계시신앙에 의하면 인간은 하느님이 자유로운 존재이듯이 자유로운 존재이다. 인간의 자유는 하느님으로부터 부여된 천부적인 것이고 그 누구도 인간으로부터 자유를 빼앗아서는 안 되는 것이며, 빼앗을 경우에는 그가 중대한 잘못을 범하는 것이 된다.

이러한 사실에서 종교 간 상호 이해와 대화의 모색은, 각자 자신이 신봉하는 종교를 다른 종교보다 더 진리라고 믿는 태도를 관용하는 열린 마음과 태도가 전제되어야 하는 것을 알 수 있다. 가톨릭교회에 소속되어 있는 사람들은, 가톨릭교회가 가진 고유한 계시진리의 완결성에 대한 확신으로 이것을 다른 사람들에게 전하고자 하는 열성을 가지면서도 다른 종교를 신봉하는 사람들을 존중하고 대화의 파트너로 삼는 인내심과 열린 마음을 가져야 하겠다. 종교적인 신념의 문제는 다른 사람들에게 물리적 강제력을 동원하여 전달할 수 있는 대상이 결코 아니다. 지나간 역사 안에 있었던 수많은 종교적 갈등들이 이러한 사실을 대변하고 있다. 여기서 우리는 '진리와 진리는 상호 모순될 수 없다.'는[57] 교황 요한 바오로 2세의 말씀에 힘입어 가톨릭교회의 정체성과 선교할 근거를 잃지 않으면서 종교 간 대화와 평화 공존을 모색하는 일을, 복잡해 보이는 현실 안에서 낙관적으로 추진해 나갈 수 있다고 생각한다.

---

57 교황 요한 바오로 2세, 앞의 글, p. 258.

마치는 말

　필자는 본 장의 전반부에서 종교자유라는 말의 개념이 무엇이고 이것을 인식하고 존중하는 데에 역사 안에서 어떠한 과정을 거쳤는지 살펴보았다. 또한 제2차 바티칸 공의회에서는 종교자유에 대해 어떠한 견해를 표명했는지, 최근 들어 교회에서는 어떠한 생각을 드러냈는지 고찰해 보았다. 그리고 자연계에 대해서도 인간의 인식이 계속해서 변해왔음을 소개하면서, 객관적인 사실을 밝히는 데에 주력하는 자연과학의 진리도 관찰자가 처한 시대적·개인적 상황에 따라 다양하게 이해된다는 사실을 들어, 종교적 진리와 종교자유의 문제에 대한 인식의 변화와 다양한 견해들도 관찰자가 처한 시대적·개인적 상황에 크게 영향을 받는 것이란 사실을 고려하도록 하고자 했다.
　시작하는 말에서 이미 밝힌 대로 여기서 필자가 어떤 명쾌한 결론을 내리지는 않는다. 종교자유에 대한 포괄적인 고찰로 이 문제에 대한 좀 더 깊은 인식을 가져 자신의 신앙을 확고하게 지켜가면서도 타 종교에 대한 열린 자세와 대화의 자세를 가지는 데에 도움이 될 수 있는 문제 제기 정도에서 머물려고 한다. 물론 신앙의 영역을 인식하고 이해하는 것과 자연과학적 영역을 인식하고 이해하는 과정과 방법에 다른 점이 많이 있는 것은 사실이지만 모두 인간의 인지 능력과 의지 그리고 감성의 범위 안에서 이루어진다는 면에서 서로 참고할 사항이 있을 것으로 생각한다.
　민감한 주제인 종교자유 문제를 다루는 데에 있어서 생각의 폭을 지나치게 넓게 잡았다는 비판을 받을 수도 있다는 것을 예상하기도 했지만, 용기를 내어 한번 시도해 보았다. 닫힌 결론을 내리지 않고 생각을 열어 두는 것은, 다양한 종교를 신봉하는 종교인들 간에 그리고 이 문제에 관심을 가진 학자들 사이에 좀 더 많은 대화와 상호 존중이 필요하다고 생각하기 때문이다.

13

죽음과 천국에 관한 21세기적 고찰

*
*
*

시작하는 말

동물학자들의 연구 보고 자료에 의하면 코끼리나 침팬지도 무리의 일원이나 자식의 죽음을 매우 슬퍼하여 한동안 주검을 떠나지 않고 그들 나름대로의 방식으로 애도한다고 한다. 동물학자들은 이러한 현상에 대해 계속해서 심도 있게 연구해서 좀 더 많은 것을 밝혀낼 것이기에 관심을 가지고 지켜볼 만한 일이다. 그러나 이러한 동물들의 죽음에 대한 애도의 형태는 앞으로도 별로 변하지 않을 것이고 인간의 것과는 질적 차이가 크다.

자의식을 가진 인간에게 죽음 문제는 가장 큰 관심의 대상이라고 해도 과언이 아니다. 인간이 죽음을 특별한 사건으로 인식하고 슬퍼했던 흔적을 남긴 것 중 가장 오래된 것은 네안데르탈인들의 무덤이다. 그러나 인간은 그 특성상 그보다 훨씬 전부터 구성원이나 자신의 죽음에 대해 슬퍼했을 것이 틀림없다. 오래된 유적들은 세월의 풍상을 이기지 못하여 남아 있는 것이 드물고 아직 사람의 눈에 띄지 않아 학자들이 더 이상의 연구를 할 수 없을 뿐일 것이다.

제13장에서 필자는 인류의 생존 이래로 언제나 관심의 대상이었고 다양한 사상들이 전개되는 죽음과, 이에 따르는 것으로 믿음의 대상

이 된 천당·연옥·지옥·부활 그리고 심판의 문제에 대해 필자의 자연과학적·철학적·신학적 지식을 총동원하여 고찰해 보고자 한다. 가능한 대로 객관성을 유지하려고 노력할 것이지만, 본 장에 개진하는 생각들은 필자가 지닌 사고의 패러다임 안에서 구성되는 것이기에 주관이 적지 않게 개입될 것이다. 또한 본 글은 실험과 검토를 거친 어떤 확정적인 이론을 제시하려는 것이 아니고 이러한 주제에 대해서는 그러한 검정이 가능하지도 않는 것이기에, 이러한 방향으로도 생각을 해 보자는 제의를 하는 정도라는 것을 감안해 주면 좋겠다. 필자의 생각에 대한 확대 해석이나 지나친 믿음을 원하지 않는다. 누군가가 그러한 태도를 취한다면 곤란을 초래할 수 있다.

그러므로 상상력을 동원하여 쓴 한 편의 동화나 시에 지나지 않는, 그러나 논리적으로 생각하려는 의지가 들어 있어 재미있고 함께 생각해 볼만한 가치가 있는 것 정도로 생각해 주면 좋겠다. 그리고 필자의 생각에 동조나 비판의 물결이 일어나 이 문제에 대한 토론의 광장이 열린다면 필자의 노력에 보람이 따르는 것으로 간주하겠다. 그렇게 하여 많은 사람들이 하느님이 주신 은혜로운 삶의 장인 현세를 참으로 소중하게 여기고 아름답게 살아가려는 의식이 확산된다면 행복하겠다.

1. 죽음의 본질

생물학적으로 본 인간의 삶은 태어나 성장하고 자식을 낳아 기른 다음 늙고 병들어 죽는 패턴으로 구성되어 있다. 이것은 대자연의 법칙으로서 인간뿐만 아니라 모든 동·식물에게도 해당되는 것이고 생물의 종류에 따라 주기의 길고 짧음이 있을 뿐 예외가 없다. 그런데 인간과 다른 생물체들 사이에 근본적인 차이가 하나 있다. 그것은 바로 일반 생물체들은 삶의 이러한 구조에 대한 명확한 인식이 없는 반면 인간은 이러한 사실을 인식하고 있다는 것이다. 다른 생명체들보다 훨씬 더 진보한 뇌를 가진 포유동물은 위험한 상황에 처하면 그것을 재빠르게 감지하고 벗어나려고 나름대로 머리를 쓰는 모습을 보이지만, 그것은 정해진 프로그램에 따라서 행동하는 것일 뿐 자신의 존재와 삶 그리고 죽음을 인식하는 행동은 아니다. 코끼리나 침팬지가 동료나 가족의 죽음에 대해 보여주는 슬퍼하는 태도에 대해서는 아직도 더 연구할 여지가 남아 있는 것은 사실이나, 삶과 죽음에 대한 이들의 태도가 결코 인간의 것과 동일한 것으로 볼 수는 없다.

인간은 자라면서 가족 구성원이나 타인의 죽음을 체험하게 되고 나이에 따라 이러한 체험의 수가 증가하면서 자연스럽게 점차 자신의 죽음에 대해서도 심각하게 생각하게 된다. 타인의 죽음을 한 번도 가까이에서 체험하지 않은 어린이나 청소년도 이성이 트이면서 서서히 인간은 죽는 존재라는 것을 명료하게 인식하게 되고 마침내 자신의 미래와 죽음에 대해서 심각한 고찰을 하게 된다.

죽음이라는 테마는 인간의 삶에서 언제나 따라다니는 화두이자 그림자와 같은 존재다. 햇빛이 강할수록 그림자가 짙듯이 의식이 명료하고 삶이 행복할수록 죽음에 대한 생각도 명료해진다. 이렇게 건강하게 살아있는 동안에 죽음은 다른 사람에게나 해당되는 것처럼 멀게 느껴지기도 하고, 이렇게 강하고 명료한 의식으로 멀쩡하게 살아있다가 죽는다는 것은 말이 안 되는 황당한 것으로 생각되기도 한다. 그렇지만 다른 사람과 마찬가지로 나 또한 예외가 아니라는 것을, 고통스럽기는 하지만 인정하지 않을 수 없다.

필자의 고모님은 '죽어도 죽기 싫으니 죽지 않는 방법을 가르쳐 다오.'라고 절규하시더니, 병고에 시달리는 기간이 길어지자 '이젠 죽을 때가 된 것 같다. 순리대로 살아라.'라는 말씀을 남기시고 여든 셋을 맞이한 몇 해 전에 돌아가셨다. '성당에 다니시면 죽어도 죽지 않습니다.'라는 신부 조카의 말이 그분에게 얼마나 위로가 되었는지는 알 길이 없다. 죽음에 대한 자의식이 있는 인간에게 그리스도교의 부활신앙은 핵심적이고 큰 위로가 되는 요소이다. 그래서 죽음 이후의 부활과 천당 그리고 지옥의 존재는 믿을 교리 중에서 큰 비중을 차지하고 있다.

  인간이 이런 저런 질병이나 사고로 또는 생물학적인 수명을 다한 다음 맞이하는 죽음은, 앞에서 설명한 대로 누구나 인식하는 것이다. 이미 죽음의 관문을 거친 사람뿐만 아니라 살아있는 사람도 언젠가는 예외 없이 이러한 생물학적인 죽음을 맞이할 것이다. 이러한 죽음의 현상을 외부에서 관찰할 수는 있어도 내가 직접 온전히 체험한 것을 다른 사람에게 전할 수는 없다. 등산 중에 심근경색으로 쓰러지셨다가 응급구조대의 도움으로 다시 소생하셨던 큰아버지께서 폐암으로 사망하시기 석 달 전에 문병을 간 필자에게 그 체험을 말씀하시면서 '헌호야, 죽음이란 것이 그렇게 무섭기만 한 것이 아니더라. 세상이 온통 아름답게 보이더라. 그래서 나는 죽음에 대한 두려움을 어느 정도 극복할 수 있을 것 같다.'고 하셨다. 물론 이 말씀을 하던 당시 그분은 자신이 폐암으로 곧 죽음을 맞이하게 될 것임을 모르고 계셨다. 돌아가시던 날 밤에 곁에서 간호를 하던 큰어머니에게 '이제 내가 죽을 것 같아.'라고 말씀하신 후 큰어머님을 한 번 안아보시고 세상을 떠나셨다. 죽음 직전의 상황을 체험하신 체험담이 실제로 죽음을 겪으실 때에도 진실이었는지는 알 길이 없다. 죽음이 크게 고통스럽지는 않았으리라 짐작해 볼 뿐이다.

  죽음에 대해 더 깊이 고찰해 보면, 눈으로 확인할 수 있는 생물학적인 죽음 외에도 여러 가지 형태의 죽음들이 존재하는 것을 인식할 수 있다. 죽음의 개념을 조금 좁혀 의식이 명료하게 깨어 있는 것을 '살아있다'고 보고 그렇지 않은 것을 '죽어있다'고 본다면, 잠을 자는 현상도 죽음과 가까운 것으로 간주할 수 있다. 물론 다시 깨어나 활발하게 살아갈 것이 분명하므로 온전히 죽은 것은 아니지만 살아있음을 인식하지 못한다는 의미에서 작은 죽음으로 볼 수 있다. 이런 점에서 의식이 깨어있는 동안에도 멍하니 있거나, 하는 일이나 삶에 집중하지 못하고 잡념에 시달리거나, 이런저런 걱정거리로 마음이 산란한 현상도 작은 죽음 속에 있는 것으로 볼 수 있다.

또한 가족이나 사랑하는 사람들과의 뼈아픈 이별도 죽음의 한 형태이다. 그것이 비록 나의 직접적인 죽음은 아니지만 나의 몸과 마음에 큰 비중을 차지했던 사람과의 사별이나 이런 저런 이유로 헤어져 다시는 못 만날 처지에 놓일 때 겪는 아픔과 상실감은 이미 죽음의 일부를 맛보게 할 정도이다. 간절히 원했던 것을 가질 수 없거나 오랫동안 노력해 온 일이 실패로 돌아가고 만 경우에도 작은 죽음을 겪게 된다. 수십 년 동안 규칙적으로 출퇴근하던 직장을 잃는 일도 작은 죽음이고 정든 곳을 떠나 낯선 곳으로 이주해야 하는 경우도 마찬가지다.

지나간 과거도 이미 죽음의 세계에 든 것으로 볼 수 있다. 오늘의 나는 과거 내가 살아 온 삶의 결과이지만, 그 과거는 기억의 창고에만 머물러 있을 뿐 결코 현실이 아니다. 시간을 거슬러 되돌아가는 것이 온전히 불가능한 일이기 때문이다. 지난날의 삶에 대한 기억이 뇌와 무의식의 세계에 아무리 깊이 저장되어 있다 하더라도, 그것은 이미 흘러간 삶이고 다시 되풀이할 수 없는 영역에 잠겨 있을 뿐이다.

생물학적으로도 인간은 비록 조금씩이긴 하지만 날마다 죽고 날마다 다시 태어난다. 약 100조 개에 이르는 몸의 세포들은 정해진 시간 동안 활동하다가 사멸하고 새로운 세포들로 대치된다. 이런 일은 끊임없이 일어나서 1년 정도 지나면 몸의 많은 부분이 교체된다. 마치 어느 한 지역을 흐르는 강물의 양은 비교적 일정해도 물은 언제나 새로운 물인 것과 같다. 우리 몸의 형태에 큰 변화가 없어도 그 몸을 구성하고 있는 원소와 세포들은 끊임없이 변한다. 그래서 나 자신의 몸은 잠시도 고정되지 않고 언제나 변해간다. 이런 측면을 고려하면 우리는 밤마다 죽고 날마다 다시 태어난다고 할 수도 있다. 온전한 죽음만큼 심각하지 않아서 크게 인식할 수는 없지만 말이다. 평소 잘 알고 지내던 어떤 사람을 오랜만에 만날 경우, 그의 모습에 적지 않은 변화가 일어난 것을 인식하게 된다. 비록 그의 외모는 이전의 그 사람이라는 것을 알 수 있을 정도로 미미한 변화를 가졌다 하더라도 내부는 상당히 많이 변해 있다.

끊임없이 새로운 것을 체험하고 배우는 존재인 인간은 인간과 세상에 대한 생각도 꾸준히 바꾸어 간다. 긍정적인 것과 부정적인 것을 다양하게 체험하고 배우면서 삶에 대한 생각이 풍부해지기도 하고 때로는 부정적인 생각과 감정에 사로잡혀 고통을 받기도 한다. 이런 의미에서도 인간은 날마다 죽음과 태어남을 반복해 나가는 것으로 볼 수 있다. 이 순간 나의 생각과 정체성은 어제와 조금 다르고 1년 전과는 다소 다르며 10년 전과는 많이 다르다. 날마다 좋게 태어날 수도 있지만 불행하게도 이전보다 못하게 태어날 수도 있다.

살아있는 지금 이 순간을 분석해 들어가 보면 살아있다는 것이 그렇게 간단한 사건이 아니라는 것을 알 수 있다. 깊은 진리는 섬세한 차이에 관심을 가지는 사람들에 의해 발견되는 것을 역사 안에서 볼 수 있다. 내 주변에 살아있는 사람들을 보면 이들은 오감과 의식을 가지고 이런 저런 일을 처리하고 말을 하는 것을 관찰할 수 있다. 내가 이렇게 살아있는 것도 나 스스로 의식할 수 있다. 주변 사람들과 내가 살아있는 것은 그 무엇으로도 부정할 수 없는 현실이다. 그러나 살아있는 나의 실체를 붙잡으려 시도해 보라. 결코 붙잡히지 않을 것이다. 우선 살아있는 '나'라는 주체에 대해서 온전히 알 수 없다. 내 몸 안에서 진행되고 있는 온갖 현상들에 대해 제대로 알지 못하고 있는 것은 물론, 내가 누구인지 어디서 왔는지 어디로 가고 있는지 삶이 무엇인지 잘 모른다. 어떤 것을 원하고 그것을 실행하고 결과를 수집하고 그러면서 삶을 살아가고는 있지만, 엄밀한 의미에서 왜 그것을 원하여 그렇게 살아가고 있는지 온전히 알지 못한다. 육체와 영혼 안에 각인된 프로그램을 따라서 각 나이에 맞는 의욕과 행동을 취하고 있는지도 모른다. 살아있는 자신의 실체를 붙잡으려는 시도를 할 경우, 판판이 실패하고 만다. 가만히 앉아서 마음을 비우고 단순히 존재하는 데에 전진하면, 맑은 텅 빈 세계가 펼쳐진다. 이 때 자아는 어디로 갔는지 알 수 없고 청아한 세상만이 온통 펼쳐진다. 이러한 순간에는 삶과 죽음의 경계선이 모호해진다. 여기서 더 나아가 '나는 이미 죽은 사람이다.'라고 생각하면 자신으로부터 더욱더 해방되어 눈앞에 온 세상이 활짝 펼쳐진다. 이런 체험을 통해 선현들과 예수님은 '자신을 버리고 죽어야 산다.'고 하셨는지 모를 일이다. 살아있는 순간에도 '나'라는 실체를 붙잡을 수 없기 때문에 삶과 죽음의 경계선이 명확하기만 하지 않다. 그래서 죽음에 대해 이렇게 많은 말을 해놓고도 삶과 죽음의 정체가 무엇인가에 대해서 제대로 밝힌 것이 하나도 없는지 모르겠다. 삶이 그러하듯이 죽음도 온전히 풀 수 없는 신비이자 수수께끼로 보인다. 그 원인이 필자의 식견이 짧은 탓에만 있는 것으로 생각되진 않는다. 이 모든 것에도 불구하고 내 안에 죽음을 싫어하고 끊임없이 살고자 하는 욕구가 강력하게 자리 잡고 있는 것은 무엇 때문인지 도대체 알다가도 모를 일이다.

2. 천당의 정체

전통적으로 천당은 인간이 생각할 수 있는 좋은 것이 모두 있는 가장 훌륭한 곳으로 그려진다. 꽃이 피고 새가 노래하며 온갖 종류의 과일들을 비롯하여 맛있는 음식들이 지천으로 있고 사슴과 학을 비롯한 온갖 종류의 선한 짐승들이 살고 있으며, 선남선녀들이 아무런 고통 없이 언제나 행복하게 어울려 살아가는 곳으로 상상한다. 하늘은 맑고 산들바람이 온화하게 불어오며, 맑은 물이 흐르는 시내에는 물고기들이 한가하게 오가고 어디서나 좋은 음악이 들려오는 등 글로 표현할 수 있는 것보다 훨씬 더 좋은 곳, 그야말로 낙원을 의미한다고 볼 수 있다.

이러한 천당은 이 땅 어느 곳이나 또는 저 멀리 하늘 어느 곳에 존재하되 죽음의 관문을 거쳐야 도달할 수 있는 곳으로 설정되어 있다. 하지만 이곳에 누구나 갈 수 있는 것은 아니다. 지상에서 착하게 살면서 남을 위해 좋은 일을 많이 한 사람들이 그에 대한 보상으로 가거나 수많은 난관과 고통 속에서도 큰 인내심으로 한결같이 의롭게 산 의인들이 그러한 삶에 대한 보상으로 가며, 신약성경의 아브라함 곁에서 복을 누리는 나자로이야기에서 볼 수 있는 바와 같이 지상에서 소외되고 가난한 처지로 평생을 고통으로 산 사람들이 가서 충만한 행복과 위로를 받는 곳이다.

그리스도교는 천당의 모습을 자세한 묘사로 정확하게 제시하지는 않지만 앞에서 언급한 것과 비슷하게 설명하면서, 그 존재를 믿을 교리로 가르치고 죽음 이후에 그곳에 이를 수 있도록 최선을 다해 성실하게 살 것을 권유한다. 그리스도교뿐만 아니라 불교와 도교, 무속에 이르기까지 대부분의 종교들이 공통적으로 천당에 대한 이러한 이미지를 지니고 그곳에 갈 수 있도록 착한 삶을 살도록 가르치고 있다. 이러한 것은 고전문학의 중심 테마인 권선징악에 큰 역할을 한다.

자연과학이 아무리 발달한다 하더라도 인간의 일상적인 삶과 문학 그리고 종교에서 천당에 대한 이러한 이미지를 지워버리거나 천당의 존재를 온전히 부인하지는 못할 것이다. 천당의 존재 여부에 대한 토론이나 천당에 대한 새로운 해석은 그 강도의 차이는 있을지라도 언제나 인간의 삶을 따라다닐 것이다. 자의식을 지니고 있어 자신의 죽음을 인식하는 인간은 극단적인 단절을 가져오는 죽음을 넘어선 유토피아를 그리워하는 존재이기 때문이다. 천당의 존재 여부는 본질적으로 인간의 능력을 벗어난 절대자의 영역에 해당하는 것이기에 제한된 현세를 살아가는 인간 누구도 그것을 좌우할 수 있는 힘을 지닐 수 없다. 오직 하느님의 의지에 맡겨둘 수밖에 없는 테마이다. 때문에 앞에서 묘사한 것과 같은 천당은, 인간의 희망사항일 뿐 결코 존재하지 않는다고 단정적인 주장을 할 수 없다. 그러한 단정적인 주장을 하는 사람이 있다면, 그러한 천당이 있다고 말하는 사람이 그러한 천당에 대한 자신의 믿음을 말하고 있는 것과 마찬가지로 그 역시 자신의 믿음을 표현한 것에 지나지 않는다.

그러나 21세기를 살고 있는 우리는, 다른 한편으로 천당에 대한 이러한 이미지가 뭔가 어색하고 실제가 아닐 것 같으며 인간을 위로하고 권선징악을 구현하기 위한 동화에 지나지 않을 것 같은 의구심을 갖기도 한다. 이러한 의구심은 우리가 미숙하고 신앙심이 부족해서 생기는 것만은 아니라는 것에 심각성이 있다. 이러한 심각성은 우리가 무엇인가 좀 더 합리적인 생각을 해보아야 할 시점에 이른 것을 알려 주고, 우리로 하여금 천당에 대한 좀 더 현명한 생각을 하도록 압력을 가한다. 그래서 앞에서 서술한 이미지의 천당이 존재할 가능성을 굳이 부인하지 않은 채, 이에 대한 새로운 생각을 전개해 보는 것도 의미가 있을 것 같다.

오늘날 자연과학의 발전으로 우주의 구조가, 천동설에서 주장하던 것과 같지 않고 지동설에서 주장하는 바와 같다는 것을 잘 알고 있다. 이에 더 나아가 아인슈타인의 상대성이론과 하이젠베르크의 양자론은 시간과 공간이 상식적으로 인식하는 것과는 많이 다른 존재라는 것을 알려 주었다. 시간·공간·물질·에너지·속도 등은 서로 긴밀한 관계에 있고, 이들은 모두 인간의 주관적인 인식과 깊은 관계 속에 있다는 것을 밝혀 주었다. 이러한 상황에 더하여 천당이 전통적인 세계관에서 말하는 바와 같이 이 땅 어느 곳에, 또는 우주의 어느 곳에 위치하여 존재할 가능성이 높지 않다는 것도 어렵지 않게 짐작하게 된다. 그렇다고 하여 어떤 고통도 존재하지 않고 온전한 행복만 있는 천당이 가상의 세계로서 존재하지 않는 완전한 허구일 것 같지도 않다. 천당이란 것을 상상하는 것은 그러한 것이 존재할 가능성이 있음을 의미하는 것이기도 하며, 그것이 인간의 삶에 꼭 필요한 존재라는 것을 의미하는 것이기도 하기 때문이다.

천당이란 엄밀한 의미에서 고통이 없고 행복만 있는 곳을 의미한다. 모든 것이 갖추어져 있고 경치가 아무리 좋은 곳에 있다 하더라도 몸이 아프다든지 누군가와의 갈등으로 마음이 편치 않다면 천당에 있다고 할 수 없다. 외부의 물질적인 조건뿐 아니라 인간 내면의 생물학적·심리적인 조건도 완전해야 천당에 있다고 볼 수 있다. 인간이 이러한 조건을 누릴 수 있는 상태는 어떠한 때인가? 그리스도교 영성에서는 하느님과 함께 있을 때가 바로 천당의 상태에 있는 것이라고 한다. 천당이란 하느님과 함께 있는 것, 하느님의 면전에서 그분을 바라보고 있는 것에서 비롯된다. 모든 것을 갖춘 완벽하게 좋은 장소에 있다 하더라도 하느님이 계시지 않는다면 그곳은 천당이 아니다. 완전하신 하느님이 계시지 않는 곳이 완전한 곳, 곧 천당일 수 없다. 다른 측면에서 생각해 본다면, 인간적인 눈에 비록 부족한 것이 많아 보이는 곳이라 하더라도 완전하신 하느님이 계신다면 그곳은 천당이지 않을 수 없다. 완전하신 하느님이 계시는 곳은 그 사실만으로도 완전하기 때문이다. 설사 이런 저런 부족함이 있을지라도 완전하신 하느님의 현존으로 그 모든 것이 묻히고 말 것이다.

이런 의미에서 천당은 반드시 죽음의 관문을 거친 후에나 도달할 수 있는 곳이 아니다. 죽음의 관문을 거쳐서 간 곳이라 하더라도, 모든 것이 갖추어진 완벽한 곳에 도달했다 하더라도 하느님이 계시지 않으면 천당이 아니다. 죽음의 관문을 거쳤건 안 거쳤건 상관없이 하느님이 계시기만 하면 그곳은 천당이다. 이 말은 천당은 현세에도, 내가 살고 있는 바로 이곳에도 있을 수 있다는 것이다. 현세이건 내세이

건 상관없이 하느님이 계시는 곳은 천당이다. 하느님은 현세를 살고 있는 이 순간 이곳에도 계시고 내세에도 계시고 안 계시는 곳이 없다. 장소적으로도 시간적으로도 계시지 않는 곳이 없고 계시지 않는 순간이 없다. 그러므로 오직 내가 완전하신 하느님과 함께 있느냐 그렇지 않느냐에 내가 천당에 있느냐 그렇지 않느냐가 달려 있다.

하느님께서는 온 우주와 지구 위의 무생물들에도 계신다. 그래서 어느 것 하나 소중하지 않은 것이 없다. 하느님을 만나 뵐 수 있는 매개체이기 때문이다. 흙, 돌, 물, 하늘, 땅, 공기 등 세상에 존재하는 모든 것을 통해 하느님을 만날 수 있고 어느 정도 천당을 누릴 수 있다. 하느님을 만나 뵈려는 마음으로 자연을 대하면 모든 것이 그렇게 좋을 수 없는 이유가 여기에 있을 것이다. 아무리 좋은 경치 속에 있어도 하느님을 뵈려는 의지가 전혀 없는 사람에게는 불과 얼마 되지 않아 권태가 찾아들고 허무함과 무의미가 지배하게 된다. 그러나 마음속에 하느님께 대한 신뢰를 품고 있는 사람에게는 모든 것이 은총으로 다가오고 아름답고, 의미로 가득 차게 된다. 비록 사막 한복판에 홀로 있다 해도 충만하고 행복하다. 교회 전통 안에 존재했던 수많은 사막의 성자들이 이것을 증명하고 있다. 아무것도 가진 것 없어도 넉넉하고 행복하여 끊임없는 사랑을 누릴 수 있었고 주변에도 나눌 수 있었다.

하느님은 펄펄 살아계신 생명이시고 생명체들을 창조하셨기 때문에 생명체들 안에 좀 더 집중적으로 계신다. 그래서 모든 종류의 동·식물은 하느님을 만나게 하는 매개체이다. 하느님이 계시는 생물체들을 가까이 함으로써 하느님을 만날 수 있고 천당을 누릴 수 있다. 하느님께 대한 믿음이 없는 사람에게는 식물도 동물도 단순히 진화의 과정에서 생겨난, 그래서 없어도 아무 상관이 없는 존재이고 먹을거리를 제공하는 존재에 지나지 않는 것이며, 큰 의미 없이 '그냥' 있는 존재에 지나지 않는 것일 수 있다. 그러나 생명의 창조주이신 하느님께 대한 신뢰를 지닌 사람에게 이들은 하느님의 창조의지를 지닌 소중한 존재이자 생명의 하느님을 좀 더 깊이 만날 수 있는 존재이고, 그래서 인간이 좀 더 천당에 가까이 있도록 도와주는 존재이다.

발 아래 피어난 이름 모를 작은 들꽃의 모습에도 하느님은 무생물보다 더 진하게 더 가까이 계시기에 하느님을 느낄 수 있고, 풍채가 당당하고 크고 아름다운 꽃을 피우고 대단한 열매를 맺는 키 큰 과일나무에게서는 하느님의 섭리를 더욱더 많이 느낄 수 있다. 이런 종류의 나무들은 자연의 아름다움과 풍요함을 느끼게 할 뿐만 아니라 많은 생명체에게 먹을거리를 제공하여 세상에 좀 더 많은 생명체가 살아가도록 하려는 하느님의 섭리를 수행해 나간다. 이들의 이러한 모습 안에 하느님은 가까이 그리고 진하게 함께 하신다.

이러한 식물들의 도움에 힘입어 온 세상을 채우고 있는 각종 동물들 안에 하느님은 식물들보다 더 가까이 더 진하게 함께 하신다. 여러 종류의 감각을 갖추고 먹이와 짝을 찾아 부지런히 이리저리 움직이는 그 모습 안에는 하느님의 섭리가 좀 더 많이 작용하고 있다. 비록 약육강식의 냉혹하고 엄밀한 질서 속에서 살아가지만 그것을 두려워하거나 원망하지 않고 자신의 역할을 충실히 해나간다. 자신보다 약한 것은 인정사정없이 잡아먹고 자신보다 강한 존재에게 그렇게 잡아먹힐 때에 원망하지 않는다. 이들이 자신의 죽음에 대한 자의식을 갖지 못한 것은 죽음의 고통에 많이 시달리지 않도록 하려는 하느님의 섭리가 아닌가 생각된다. 지상에 존재하는 수많은 동물들은 하느님을 좀 더 진하게 만날 수 있는 매개체이다. 하느님께 대한 믿음을 가진 사람은 강아지의 맑은 눈망울을 바라보면서 단순히 귀여운 강아지만이 아니라 그 안에 계신 하느님을 뵙는다. 천당에 좀 더 가까이 다가가는 것이다.

이러한 존재들 안에 계시는 하느님께서는 인간 안에 이들과 비교할 수 없을 정도로 더 많이 그리고 더 깊이 계신다. 그래서 바오로 사도는 우리 자신은 하느님이 계시는 궁전이라고 했다. 생명 자체이신 하느님께서는 당신을 닮은 존재로 인간을 창조하시고 그와 함께 깊이 일치하신다. 하느님을 뵐 수 있는 매개체들 중에서 가장 좋은 매개체는 바로 사람이다. 엄청나게 큰 우주와 지구, 그 안의 수많은 생명체들, 텅 빈 사막들, 어디에서나 하느님을 만나기를 원하기만 하면 하느님을 뵐 수 있지만 사람들과의 만남을 통해 하느님을 가장 많이 가장 진하게 만날 수 있다. 그래서 천당에 가장 가까이 있게 된다. 아이들의 해맑은 얼굴과 눈망울은 하느님을 많이 반영하고, 가족들에 대한 사랑으로 온갖 노력을 다하는 튼튼한 중년의 남편들과 그들의 아리따운 아내들의 자태는 하느님의 사랑을 많이 알려주며, 평생을 자신과 가족 그리고 이웃을 위해 일하고 이제 주름진 얼굴로 고요한 미소를 지으며 여유를 누리는 노인들의 모습도 하느님의 큰사랑을 담고 있다. 이들 모두는 하느님을 만나게 하는 매개체이다. 이들과의 만남은 하느님을 좀 더 가까이 뵐 수 있는 기회를 제공한다.

    삶을 살아가는 주체인 나 역시 하느님이 창조하신 생명체이자 하느님을 닮은 존재이기에 하느님을 내포하고 있다. 아무도 없이 나 혼자만 있을 때, 이 또한 하느님을 만나 뵐 수 있는 좋은 기회다. 내 안에 계신 하느님과 만날 수 있는 시간이기 때문이다. 내 안에 계신 하느님을 어떻게 만날 것인가? 여러 가지 방법이 있다. 우선 나를 온전히 비움으로써 내 안에 계신 하느님을 뵐 수 있다. 내가 이런 저런 생각들과 욕망들로 혼탁해져 있을 때에는 흔들리는 수면과 같이 어떤 것도 비출 수 없지만, 그들을 비워내어 맑고 고요한 상태를 유지하면 하느님께서 등장하신다. 천당이 전개되는 것이다. 다른 사람들과 함께 할 때에는 자유의지를 지닌 그의 의사도 하느님을 만나는 길에 변수로 작용하기 때문에 서로 마음을 맞추어야 하느님을 뵙는 일이 가능하다. 하지만 나 홀로 있을 때에는 나의 의지만 조정하면 되고 내 의지의 주인은 나 자신이기 때문에 마음만 먹으면 가능한 일이다. 그래서 나 홀로 나 자신과 더불어 있을 때가 하느님을 뵙기 가장 좋은 기회라고 말할 수 있다. 그래서 예수님도 종종 혼자 있는 시간을 가지셨고, 교회 전통 안의 수많은 성인·성녀들도 가능하면 혼자 있는 시간을 많이 가지려고 했다고 볼 수 있다.

하느님을 뵙고 천당을 누리기에 가장 좋은 길은 혼자이든 형제들과 함께 하든 하느님을 만나고자 의지적으로 노력하는 일, 바로 기도이다. 청원기도, 탄식기도, 감사의 기도, 타인을 위한 기도, 자신을 위한 기도 등 여러 가지 종류의 기도가 있지만 핵심은 하느님을 만나는 것이고 하느님과 함께 있는 것, 곧 천당의 상태를 누리는 것이다.

그러나 우리는 이러한 모든 것에도 불구하고 이 지상에서 온전한 형태의 천당을 누릴 수는 없다는 것을 알고 있다. 불완전한 존재인 이 몸과 실체를 다 알 수 없는 이 영혼으로 살아가는 이 지상의 삶에서는 어떠한 만남을 통해서도 하느님과의 온전한 일치를 이룰 수 없다는 것을 알고 있다. 존재 사물들과의 만남에서도, 동·식물들과의 만남에서도, 사람들과의 만남에서도, 가장 가까운 자기 자신과의 만남에서도, 하느님을 만나기 위한 극진한 기도를 통해서도 하느님을 직접 면전에서 뵙는 온전한 만남은 가능하지 않고 오직 상대적인 만남만이 가능하다는 것을 안다. 그렇기 때문에도 죽음 이후에 만나게 될 온전한 천당에 대한 표상을 고이 간직해야 한다. 이러한 표상 안에서만이 하느님과의 온전한 만남에 대한 희망이 존재할 수 있기 때문이다.

3. 연옥의 정체

연옥이란 개념을 명확하게 설정하여 믿을 교리로 선포한 종교는 가톨릭교회가 유일할 것이다. 개신교는 연옥의 존재를 아예 명시적으로 부정하고 있다. 그래서 사람이 죽으면 천당이나 지옥 중 한 곳으로 가도록 정해지고 그렇게 된 다음에는 자신이나 타인의 노력 등 어떠한 방법으로도 변경될 수 없는 것으로 주장한다. 이와 같은 개신교의 교리에 의하면 죽은 사람을 위한 기도는 아무런 효과를 지닐 수 없다. 구원과 저주가 이미 완벽하게 결정되었기 때문에 그 이후의 어떠한 노력도 상황을 변화시킬 수 없기 때문이다. 루터와 캘빈을 비롯한 개신교 신학자들은, 구원은 온전히 십자가에 못 박혀 돌아가신 예수 그리스도의 은총으로 이루어지는 것이기 때문에 인간의 노력이 여기에 개입할 여지가 없다고 한다. 그래서 죽음 이후에 천당에 가게 되는지 지옥에 가게 되는지 여부는 온전히 예수 그리스도와 하느님께서 판단하신다. 인간의 어떠한 노력도 여기에는 조금의 역할도 할 수 없다는 것이다. 죽은 사람을 위한 살아있는 사람의 기도가 아무런 도움이 되지 않는 것은 물론이고, 살아있는 동안 자신의 선한 행위들도 자신의 구원에 어떤 역할도 할 수 없다는 것이다. 구원은 오로지 은총에 의한 것이기 때문이다. 캘빈은 이러한 이론에서 한 걸음 더 나아가 사람은 태어날 때 이미 구원되어 천당으로 갈 사람과 지옥으로 갈 사람으로 정해진다는 주장을 했다. 어떤 사람이 구원될 사람으로 태어났는지 지옥으로 갈 사람으로 태어났는지를 알 수 있는 것은 그 사람이 현세에서 살아가는 모습이라고 한다. 구원될 사람으로 태어난 사람은 현세에서부터 하는 일마다 성공하고 잘 산다는 것이다. 이것이 장로교의 예정조화설이다. 이러한 교리를 믿는 개신교 신자들에게는 연옥에 대한 생각이 개입할 여지가 없다. 그래서 개신교 신자들에게는 죽은 사람을 위한 기도가 엄밀한 의미에서 살아있는 사람들을 위로하는 데에는 도움이 될지 모르나 죽은 사람에게는 아무런 도움이 되지 않는 헛일에 지나지 않는 것이 되고 만다.

일부 특별한 사람들을 제외하고 대부분의 일반 사람들은, 이 세상을 살아가면서 좋은 일을 많이 하면서 착하게 살고 싶은 간절한 바람으로 적지 않은 노력을 하고, 종종 그럴듯한 성과를 낸다. 이러한 성과들은 세월 속에서 제법 쌓이기도 한다. 대부분의 사람들이 일일이 기록하지 않고 망각 속으로 흘려보내 버리지만 이에 대한 정확한 셈을 해 본다면 분명 대단히 많은 양일 것이다. 인간은 자신과 이웃을 위해 좋은 일을 하는 것을 좋아하도록 창조되었고 그렇게 해야 행복을 느끼고 살아갈 이유를 갖기 때문이다. 뇌 과학자들의 연구에 의하면 인간의 뇌 속에는 이웃을 사랑하고 가진 것을 나누는 등 선한 일을 하도록 부추기는 메커니즘이 유전적으로 존재한다고 한다.

이런 모든 것에도 불구하고 우리는 살아가는 과정에서 이런저런 착각과 오류에 빠져들고 잘못에서 벗어날 수 없어, 알게 모르게 가슴앓이를 한다. 지금 아는 것만큼 아는 상태로 인생살이를 시작한다면 이런 일들이 적게 개입될 것이라는 생각도 해보지만, 현재로서는 거의 백지 상태로 태어나 하나씩 배워가야 삶이 무엇이고 그것을 어떻게 살아가야 하는지 깨쳐나갈 수밖에 없다. 또한 이 과정은 많은 시간을 필요로 하는데, 그 동안에도 삶이 지속적으로 진행되기 때문에 원하지 않아도 수많은 착각과 오류가 개입되는 것이다. 그렇다고 해서 세상에 대해 어느 정도 알고 있는 지금부터라도 잘못을 저지르지 않을 자신도 여전히 없다. 때문에 선한 의지에도 불구하고 앞으로도 계속해서 이런저런 잘못을 범하게 될 것을 짐작할 수 있다.

연옥에 대한 표상은 이러한 삶의 쳇바퀴를 살아가는 우리 범인들의 사정을 배려한 것이고 따뜻한 인간애를 가진 것이다. 선한 삶과 잘못된 삶을 오가며 살고 있는 대부분의 사람들은, 때문고 혼탁한 영혼을 지니고 있기에 죽음 이후 단번에 천국에 가겠다는 주장을 할 체면도 없고 그렇게 가기에도 부담스러울 것이다. 하지만 그렇다고 하여 지옥으로 가서 영원히 벗어날 수 없는 고통에 시달리기에는 좀 억울할 것이다. 이런 사람들을 위한 곳이 연옥이다. 전통적인 표현에 의하면, 죽음 이후에 연옥이란 곳으로 간 사람은 그곳에서 상당한 기간 수련과 정화의 과정을 거쳐 천당에 가도 될 만큼 맑은 영혼이 되면 하느님의 자비로 천당으로 이주하게 된다.

이러한 연옥이 있기 때문에 죽은 사람일지라도 자신의 정화를 위해 계속해서 노력할 이유가 있고 결국 좋은 결과가 있다. 현 세상을 넘어서서도 또 한 번의 기회가 주어지는 것이다. 현세에서 많은 노력을 했음에도 불구하고 부족한 점은 저 세상에 가서도 보충하고 개선할 수 있는 것이다. 우리가 아는 많은 죽은 사람들의 삶이 특별히 훌륭하지 않았다 하더라도 그들도 이러한 기회가 있기 때문에 결국에는 천당으로 나아가게 될 것을 희망할 수 있다. 연옥에 대한 이러한 표상과 생각 덕분에 현세에서 완벽하게 살지 못하다가 저 세상으로 간 수많은 사람들에게 희망이 주어졌다. 또한 아직 현세에서 잘 살아보려고 무던히 노력하지만 시시포스의 이야기처럼 결국은 완벽의 정점에 도달하지 못한 채로 살아가고 있는 우리들도, 구원과 천당에 대한 희망과 미래에 대한 믿음으로 큰 두려움 없이 오늘을 살아갈 수 있다.

또한 이러한 연옥이 있기 때문에 현세를 살고 있는 사람과 죽음의 관문을 거쳐 내세를 살고 있는 사람 사이에 교류가 가능하다. 가톨릭 교회는 연옥에서 단련 중에 있는 영혼을 위해 자주 기도한다. 돌아가신 부모님이나 사랑하던 사람들을 위해 기도하기를 권하고 기꺼이 기도한다. 현세를 살고 있는 사람들의 기도가 이들의 정화에 도움이 된다는 믿음에 근거해서다. 살아있는 사람들은 이렇게 기도함으로써 이들과 교류를 하고 있다. 연옥이 존재하지 않는다면 죽은 사람을 위한 기도는 의미가 전혀 없고 가능하지도 않을 것이다. 천당이나 연옥에 있는 사람들이 살아있는 사람들을 위해 하는 기도도 의미가 있는 것이기에 종종 이들에게 우리를 위해 기도해 달라는 부탁도 한다. 특히 우리가 존경하는 성인들에게, 우리를 무척 사랑했던 부모님이나 가까운 사람들에게 우리를 위해 기도해 달라는 부탁을 한다. 이중 대표적인 것이 성모 마리아께 부탁드리는 성모송이다.

이러한 연옥이 실제로 존재하고 우리가 죽음의 관문을 거치게 되면 현세에서 못 다한 정화의 과정을 이곳에서 다 마친 후 천당으로 건너갈 가능성도 실제로 존재한다는 것은, 가톨릭 신앙의 믿을 교리이고 이것이 실제로 존재할 가능성은 언제나 있다. 연옥의 존재 여부에 대해 객관적이고 과학적으로 확실하게 부정할 수 있는 논리가 나오기 전에는 존재할 가능성은 항상 남아있는 것이다. 그리고 연옥의 부재를 객관적이고 과학적으로 확실하게 증명할 수 있을 가능성은 보이지 않는다. 우선 연옥의 존재 여부는 신앙의 대상이지 과학의 대상이 아니기 때문이다. 또한 과학은 어떤 가설을 설립한 뒤 실험으로 진실성을 확인해야 그 가설을 정설로 인정하는데, 연옥의 존재 여부는 실험의 대상이 아니기 때문이다.

본격적인 연옥은 죽음의 관문을 거친 다음에 가는 것이겠지만, 연옥의 정체가 하느님과 온전한 일치를 이루기 위한 정화의 과정이라면 현세에서 하는 정화의 과정도 일종의 연옥이라고 해도 틀리지 않을 것이다. 현 세상은 하느님과 온전히 일치되어 있는 완벽한 천당이 아니고 그렇다고 하여 하느님과 완전히 격리되어 있어 저주받은 지옥도 아니다. 현세를 살아가는 사람들은 보다 나은 삶을 위하고 영혼의 정화를 위해 부단한 노력을 하고 있다. 이것은 현세가 정도의 차이는 있을지라도 연옥과 크게 다르지 않음을 의미한다. 연옥과 같은 개념을 지니고 있기 때문이다. 이곳에서 성실하게 살아가면서 착한 일을 많이 하는 사람은 죽은 후에 연옥에서 정화할 것이 많지 않아 좀 더 빨리 천당에 가게 될 것이다. 물론 이러한 일에는 하느님의 은총이 언제나 개입하기 때문에 순전히 인과응보에 의한 논리로만 기간을 정확하게 정할 수는 없을 것이다. 장로교에서 주장하는 예정조화설이 인간의 자유의지를 온전히 무시하고 있다는 비판에 대응하기 힘든 논리 부족을 여실히 드러내면서 당혹해 하고 있다는 것도 시사하는 바가 크다. 인간은 자유의지를 가진 존재로서 선한 일을 선택할 수도, 악한 일을 선택할 수도 있다. 그리고 이러한 선택에 대한 책임을 감당해야 한다. 이 말은 선한 일을 하려는 인간의 노력은 연옥의 수련 과정에 의미가 있고 보탬이 된다는 것이다. 그렇지 않다면 온전히 운명론에 내맡겨져 인간은 아무것도 할 수 없는 존재가 되거나, 선하신 하느님께서 인간을 구원하시지 않을 리가 없기 때문에 할 일이 아무것도 없게 될 것이다. 그러면 인간은 그저 수동적이기만 한 동·식물과 다를 바 없고 인간의 노력은 아무런 의미가 없는 불필요한 행위로 전락하고 말 것이다.

하느님과의 관계를 중심으로 생각해 보면, 연옥이란 하느님과 온전히 일치한 천당의 상태도 아니고 그렇다고 하느님과 완전히 단절된 지옥의 상태도 아닌, 때로는 가까이 때로는 멀리 있는 어중간한 상태라고 볼 수 있다. 현세를 살아가는 대부분의 사람들은 이러한 상태에서 살아가면서 좀 더 하느님 가까이 가려고 무던히 애를 쓰고 있다. 원하지 않지만 살다 보면 하느님과 멀어질 때가 생기고 그것이 괴로워 분발하다 보면 다시 거리가 좁혀들기를 반복하고 있다. 연옥 단련이 지속되고 있는 것이다.

하여간 이런저런 사정들을 곰곰이 짚어보면 현재의 삶은 연옥과 같은 성격을 다분히 지니고 있다. 그래서 연옥은 단순히 죽음 이후에나 가는 곳이 아니라 현재 진행되고 있는 이 세상에서도 이미 상당한 강도로 존재하고 있는 것으로 생각한다.

4. 지옥의 정체

전통적으로 지옥은 사람이 생각할 수 있는 가장 나쁜 장소로 묘사된다. 뜨거운 불과 영원히 지속되는 지독한 고통은 항상 등장하는 소재이다. 그래서 누구도 이러한 곳에 가고 싶은 마음이 들지 않도록 한다. 이 세상에서 올바르게 살지 않아 남을 괴롭히고 악한 행위를 많이 하면 지옥으로 가도록 판정되는 것으로 간주한다. 일반 종교에서 묘사하는 지옥도 대개 이와 대동소이하고 그리스도교에서 말하는 지옥의 모습도 마찬가지다. 사랑이신 하느님께서는 모든 사물과 생명체를 사랑하시고, 특별히 사람을 사랑하시어 모두가 구원을 받아 천당에 들기를 원하신다. 그러나 당신의 이러한 사랑을 거부하고 나쁜 일만 일삼기를 끝까지 고집하는 사람이 지옥에 가는 것은 어쩔 수 없이 허용하신다. 그에게 자유의지가 있고 이것을 주신 하느님께서 그 자유의지를 거슬러 압박하시지 않기 때문이다. 이렇게 그려진 지옥은 권선징악의 근거로서 큰 역할을 한다. 지옥이라는 존재가 가상의 세계일뿐이고 실제로는 없는 것이라면 인간의 삶은 상당히 흐트러질 수 있을 것이다. 굳이 선하게 살려고 노력하지 않아도 될 것이고 남을 속이고 이용하며 살더라도 양심의 가책을 받을 이유가 없어 기회주의자들이 늘어날 것이다. 그래서 지옥의 존재는 인간으로 하여금 정신 차리고 살게 하고 바르게 살게 하며 이웃에게 선한 일을 많이 하도록 하는 대단히 긍정적인 역할을 한다.

그런데 과학문명이 발달한 오늘날, 지옥이 전통적으로 생각해 온 것과 같은 모습으로 존재할 것인가에 대해 의문을 제기하는 사람이 많아졌다. 이들은 지구는 둥근 공에 지나지 않고 조금만 벗어나면 엄청난 허공이 있으며, 달과 태양·별들 그리고 은하들이 존재할 뿐 어디에도 지옥은 없다고 생각한다. 땅 속을 깊이 파내려 가도 그곳에는 오로지 마그마를 비롯한 여러 가지 물질이 있을 뿐, 세상을 떠난 인간이 벌 받기 위해 갈 곳은 없다고 생각한다. 자연과학적 지식을 앞세운 이들의 주장은 나름대로 일리가 있다. 그렇지만 이들의 논리로 지옥의 부재를 온전히 증명해 낼 수도 없다. 우주는 엄청나게 큰 공간이어서 장소적인 의미의 지옥이 어느 한 곳에 존재할 수 있는 가능성을 온전히 배제할 수 없다. 지옥은 또한 죽음이란 관문을 거친 후에 가는 곳이기 때문에 우리가 관찰할 수 있는 물질세계와는 다른 차원의 것이다. 그래서 우리가 지닌 오감의 영역을 벗어난 세계에 존재할 가능성은 언제나 있다. 그런데 이러한 반론에도 문제가 전혀 없는 것은 아니다. 지옥이 죽음을 거쳐서 가는 곳이고 오감의 영역 밖의 세계라면, 뜨거운 불과 온갖 고통스러운 것이 다 있어 영원히 지속된다는 표상이 어울리지 않는다는 주장을 온전히 비켜가기가 힘들기 때문이다. 그럼에도 불구하고 전통적인 의미의 지옥이 현존할 가능성을 전적으로 부인할 수 없는 것은 사실이고, 굳이 부인해서 이로울 것도 없다.

지옥을 천당과 마찬가지로 하느님과 연계시켜서 생각해 보면 하느님이 온전히 계시지 않는 곳이라고 할 수 있다. 경치가 아무리 좋고 맛있는 음식이 지천으로 있어도 완전한 기쁨의 원천인 하느님이 지속적으로 계시지 않는다면 그곳은 바로 지옥이다. 하느님과 거리가 멀수록 지옥에 가깝고, 하느님과 온전히 단절되어 회복할 가능성이나 희망이 전혀 없는 곳이 온전한 지옥이다. 이러한 의미의 지옥은 공간적인 의미의 지옥보다 존재 가능성이 높아진다. 하느님께서는 누구도 지옥에 가는 것을 원하지 않으신다. 사람들 역시 누군가가 지옥에서 고통을 받고 있다면 그가 아무리 낯선 사람이라 할지라도 연민의 정을 느끼게 되어 그의 고통에 어느 정도 함께 하게 된다. 그래서 정상적인 사람들 중에는 누구도 자신이나 타인이 지옥에 가는 것을 좋아하지 않는다. 그럼에도 불구하고 지상에서 사는 동안 하느님을 온전히 멀리한 사람들은 죽음 이후에도 하느님을 가까이 할 수 없어 이런 지옥에 빠져들고 만다. 그리고 영원히 그곳에 머물게 된다. 이런 일은 없으면 좋겠지만 불행하게도 그 가능성을 온전히 배제할 수는 없다.

지옥도 천당이나 연옥과 마찬가지로 이미 현 세상에 존재하는 것으로 볼 수 있다. 질병과 가난 그리고 소외와 같은 이런저런 이유로 엄청난 고통 속에 있다든지 착한 일은 멀리하고 악한 일만 일삼아 심한 양심의 가책에 시달린다든지 누구도 좋아하지 않아 사람들과의 깊은 단절 속에 비참하게 살고 있다면, 비록 현 세상에 살고 있을지라도 그는 이미 지옥의 고통을 겪고 있는 것이다. 아무리 노력해도 앞이 보이지 않아 절망할 수밖에 없는 처지에 있는 사람도 마찬가지고 풍부한 물질적 조건을 갖추었어도 사랑하는 사람의 죽음으로 삶의 의미를 온전히 잃은 사람도 마찬가지이다.

사랑이신 하느님을 도대체 믿을 수도 받아들일 수도 사랑할 수도 없어 멀리 있는 사람도 지옥에 있는 것과 마찬가지이다. 하느님을 믿는 사람이 이런저런 잘못과 불성실한 신앙생활로 하느님과의 거리를 상당히 멀리 두고 있다면 그 역시 지옥에 가까이 있는 고통을 겪고 있다. 이러한 측면에서 본다면 지옥은 현 세상 곳곳에 언제라도 존재할 수 있는 것이다.

5. 부활의 본질

죽음이라는 현상에 대해 심각한 자의식을 갖게 된 인간은 그것을 슬퍼하는 과정을 거치면서 차차 죽음을 넘어선 삶, 영원히 죽지 않는 삶에 대한 동경을 하게 되었다. 지구촌에 존재하는 다양한 종교들과 민속 문화들을 고려해 보면, 이러한 생각은 어느 한 특정 지역의 특정한 민족에게서만 시작된 것이 아니라 곳곳에서 산발적으로 생겨난 것으로 추정해 볼 수 있다. 선사시대의 유적인 거석들과 고인돌, 무덤들이 이러한 추정을 가능하게 하는 자료이고, 이집트의 피라미드와 인디언들의 마야문명이나 잉카문명의 유적들도 이에 포함된다. 그리스도교에서 부활신앙을 확고하게 형성하기 오래 전부터 부활과 영원한 삶에 대한 인류의 염원은 간절하여 종교, 문헌, 건축, 생활양식 등 여러 요소들에 자취를 남겨 놓았다. 학자들의 연구에 의하면 그리스도교의 부활신앙은 인류의 이러한 간절한 소망과 무관하지 않다.

부활에 대한 신앙을 내포하고 있는 일반 종교들의 표현은 다양하고 막연하여 구체적인 내용을 파악하기 어려운데 비해, 그리스도교의 부활신앙은 예수 그리스도의 부활에 대한 증언으로 구체적이고 확실하다. 사도들과 복음서 저자들은 한결같이 십자가에 못 박혀 돌아가신 예수님은 사흘 만에 부활하여 살아 계신다고 증언하고, 이것을 온 세상에 자신의 목숨을 걸고 외쳐댔다. 하지만 여기에서 그 현상에 대해 자세하게 언급하는 것은 본 글의 중심 논의를 벗어나는 행위일 것이다. 십자가에 못 박혀 돌아가신 예수님은, 단순히 영적으로만 부활한 것이 아니라 육체와 더불어 부활하여 한동안 제자들과 함께 대화도 하고 먹고 마시기도 하다가 승천하여, 하느님의 오른편에 앉아 계시면서 성령을 보내시어 교회와 세상을 인도하도록 섭리하고 계신다는 것이다. 그리고 예수님을 믿는 사람들은 예수님과 같이 부활하여 영원히 살 수 있는 희망을 가질 수 있다는 것이다. 이러한 부활신앙은 내용이 구체적이고 분명하여 몇몇 의문점이 있는 것도 사실이지만 다른 종교들의 막연한 표현들에 비해서 알아듣기 쉽다. 또한 가장 소중한 목숨을 걸고 선포하는 제자들의 강력한 증언이 이 현상의 진실성을 뒷받침하고 있어서 '정신 나간 사람들의 말도 안 되는 소리'로 간주하기에는 무엇인가 강한 호소력도 있다. 뿐만 아니라 오늘을 이렇게 구체적으로 살아있는 내가 죽음을 넘어선 부활의 영원한 삶을 알게 모르게 강력히 동경하고 있기 때문에 귀가 솔깃해지기도 한다. 그래서 한편으로는 자연과학의 엄밀한 법칙을 무시하는 측면이 있는 이러한 증언에 강한 의구심이 들면서도 실제로 그런 부활이 있다면 참으로 좋겠다는 희망을 가지게 된다. 사람에 따라 각기 다양한 신앙의 동기를 지니고 있지만, 이러한 희망이 그리스도교 신앙을 갖게 된 동기가 된 사람들도 많을 것이다.

예수님의 부활이 단순히 종교적 교리이거나 제자들의 희망 사항 정도가 아니라 역사적 사실이라면 이것은 인류에게 완전히 새로운 차원의 존재를 알려 주는 엄청난 복음이다. 약 38억 년 생명체들의 역사에서, 약 8백만 년 인류의 역사에서 죽었다가 다시 살아난 구체적인 현상은 이 사건 외에는 없기 때문이다. 2천 년 전에 있었다고 하는 예수님의 부활을 말도 안 되는 소리로 거부하는 사람들이 사두가이·바리사이·로마 지배층 등 당시에도 많았고 그 이후에도 많았지만, 그것을 믿고 성실히 믿음의 삶을 살다가 세상을 떠난 사람들도 많다. 하지만 어느 쪽에 서있었건 상관없이, 이들 중 아직 어떤 사람도 예수님처럼 부활한 사람은 없다. 물론 현세에서 지금처럼 사는 삶으로 부활할 것이라는 생각을 가진 사람도 드물고 교회에서 그렇게 구체적으로 말하지도 않는다. 예수님의 부활 사건은 종교적인 진리를 많이 내포하고 있기 때문에 근본적으로는 자연과학적 분석의 대상이 되지 않지만, 종교적인 진리이든 자연과학적 진리이든 죽은 사람이 실제로 살아나 영원히 사는 것이 아니라면 큰 의미가 없다. 나아가 부활에 대한 수많은 말들이 결국에는 실체가 없는 공허한 소리에 지나지 않을 것이다. 그러므로 조금 더 분석해 들어가 보자.

부활의 형태를 생각해 보면 순수 영적인 부활과 육체와 함께 하는 구체적인 부활이 있을 수 있다. 그리스도교는 사도신경을 통해 '육체와 함께 하는 부활'을 믿을 교리로 가르친다. 그리고 21세기를 살고 있는 현대인들의 자연과학적 지식을 동원한 예리한 질문들에 구렁이 담 넘듯 적당한 설명으로 대치하고 말지만, 설명하는 사람도 듣는 사람도 풀리지 않은 의문으로부터 시달리기는 매한가지다. 한 인간이 태어나서 성장하여 살다가 늙고 병들어 죽는 과정에서 다양한 변화의 과정을 거친다. 육체가 날마다 변해 가는 것은 물론 영혼과 정신도 지속적인 변화의 과정을 거친다. 내 몸을 이루는 원소들이 이전에는 다른 생명체의 구성원이었고, 일정한 기간 내 몸 안에서 역할을 하다가 몸 밖으로 배출되어 지구 생태계를 한없이 돌고 돈다. 영혼과 정신도 성장과 쇠퇴를 지속한다. 이전에 중요하던 것이 이제는 더이상 중요하지 않고, 중요하지 않던 것이 중요해지다가 다시 중요하지 않은 것으로 흘러간다. 이러한 상황으로 우리는 어느 시기의 어떤 육체와 영혼으로 부활하게 될 것인지, 과연 그러한 부활이 가능하기나 할 것인지가 궁금해진다. 또한 나의 몸을 이루고 있던 원소들이 이미 다른 생명체나 사람의 몸을 이루고 있을 수 있고, 내가 어떤 상태의 육체와 영혼으로 부활해야 만족해할지도 의문스럽다. 특히 자신의 육체와 정신 상태에 대해 늘 불만족스러워 하던 사람은 더욱 그러할 것이다. 여기에 어떤 논리적인 문제가 상존하고 있다.

또한 지구 생태계는 일정한 크기로 한정되어 있기 때문에, 일반 생물들을 비롯하여 인간을 부양하는 데에 있어서 명확한 한계를 지니고 있다. 지금 현존하는 70억이 넘는 인류도 제대로 부양하지 못해 약 15억에 이르는 사람들이 생필품 부족으로 시달리고 해마다 2천만 명이 굶주림으로 죽어간다. 이러한 상황에 지난날 살았던 모든 사람이 이 땅위에 육체와 더불어 부활한다면, 아수라장과 같은 지구 생태계에서 인류 모두는 엄청난 고통에 시달리게 될 것이다. 차라리 현세에 그러한 모습으로 부활하지 않는 것이 더 나을지도 모를 상황이 될 수도 있다. 이러한 현상에도 해결되기 힘든 깊은 문제가 들어 있다.

필자는 이러한 문제들에도 불구하고 어떤 형태로든 부활이 있기를 원하고 희망하고 믿고 싶어, 막연한 면이 없지 않으나 결국 믿는 쪽으로 선택을 해 왔고 앞으로도 그러할 것으로 예상한다. 죽음을 넘어선 부활에 대한 희망과 믿음이 없다면 당장 현세를 살아가는 이 삶마저 제대로 살아갈 이유가 사라지기 때문이다. 부활이 없다면 차라리 태어나지 않는 것이 훨씬 더 나을 것이다. 이 땅에 태어나 아무리 귀하고 화려한 삶을 살더라도 죽음에 대한 자의식을 떨쳐버릴 수 없고, 부활이 없다면 그 모든 것이 결국에는 허망한 것이 되어 삶의 과정이 다 지나고 나면 하룻밤의 꿈과 같이 되고 말 것이다. 성실하게 살려고 애를 쓸 이유도 사랑을 베풀 이유도 없을 것이고, 남을 괴롭히고 사기를 일삼아도 들키지만 않으면 되기 때문에 기회주의자로 살아간들 아무 문제될 것이 없을 것이다. 그러나 내 안에 존재하는 양심과 의식의 모든 것은, 그러한 삶을 결코 살아서는 안 되고 바르게 살아야 한다는 것을 알려 주고 있다. 내가 올바른 삶을 살아가지 않으면 처음에는 약한 신호로 경고를 보내다가 그래도 그 삶을 고집하면 점점 강한 신호를 보내어 마침내 듣지 않을 수 없도록 고통을 준다. 감옥에서 탈출하여 한 동안 소란을 피우던 신창원이 간절히 바라던 것도 남을 도와주는 착한 삶이었다. 이제 그는 감옥 안에서라도 선한 삶을 살기 위해 나름대로 노력하고 있을 것으로 짐작해 본다.

부활에 대한 희망과 믿음 그리고 올바른 삶을 살아가는 것은, 어떤 논리의 결과이거나 사람을 위로하고 세상의 질서 유지를 위한 사탕발림만이 아니라는 것을 구체적인 삶의 현상에서 인식한다. 삶이란 부활에 대한 희망과 믿음 없이는 도저히 불가능한 것이다. 물론 부활에 대한 믿음이 없는 사람도 잘 살아가고 착한 일도 많이 한다. 그러나 그 사람의 의식 깊은 곳을 파고들어 보면 결국 막연하지만 죽음 이후의 삶에 대한 희망과 믿음을 지니고 있는 것을 볼 수 있다. 이 세상에는 인간의 오감에 노출되지 않은 요소들이 노출되는 것보다 훨씬 더 많고, 인간의 이성적 사유의 논리를 뛰어넘는 것도 대단히 많다. 인간 자체가 우연적인 요소를 안고 있는 존재인 피조물이고, 그 인간을 구성하고 있는 오감과 이성적 사유 역시 지극히 제한된 피조물이어서 오감과 인과율의 논리에 와 닿지 않는 것이라 하여 의미가 전혀 없다는 말 자체가 논리에 맞지 않는 말이다. 생명과 부활은 인과율을 초월하는 존재다. 인과율의 논리는 생명이라는 큰 틀 안에 존재하는 여러 구성 요소들 중 하나에 지나지 않는 것이다. 생명과 부활은 칸트의 말대로 논리의 결과가 아니라 생생히 요청되는 존재다.

지금까지 고찰한 것은 개인의 부활에 관한 것이다. 한편 한 개인이 아니라 집단적이고 생물학적인 의미의 부활은 새로운 개체가 태어날 때마다 발생한다. 사실 지구 위에서 살아가는 모든 생명체는 이러한 법칙으로 자신의 종을 유지한다. 개체들의 죽음과 소멸은 있지만 그 개체들의 생명력이 남긴 새로운 개체들로 이 땅에 생명체들의 부활이 지속적으로 이루어진다. 인간도 넓은 의미로 생물학적인 존재이기에 새로운 생명의 태어남으로 이 땅에서 끊임없이 부활하고 있다. 이것은 매우 중요한 사실이다.

약 38억 년 전에 시작된 생명의 역사에서 종의 부침은 심했다. 공룡과 같이 이 땅에서 오랜 기간 살다가 멸종해 버린 종의 수는 무수히 많다. 그러나 지구의 생명체들이 살아가고 있는 현상을 전체적인 시각으로 바라보면 다른 종들이 끊임없이 발생하여 생명의 체계를 이어가고 있음을 알 수 있다. 그래서 생명체의 개체들은 태어남과 성장 그리고 사멸을 반복하고 생명체의 종류도 지속적으로 변해가지만 생명체 자체는 이 땅에 탄생한 이후 지금까지 꾸준히 이어지고 있다. 이것은 앞으로도 지속될 현상이기에 오늘날 환경 오염에 의해 멸종되는 종의 수가 많은 것이 사실일지라도 생명체 자체가 멸종하지는 않을 것으로 생각한다. 그렇다고 하여 인간이라는 종이 이 땅에서 지속적으로 살아갈 것이란 보장은 없다. 오늘날과 같은 대량 생산과 대량 소비적인 삶이 지속될 경우에는 미구에 인간에게 어떤 위험이 닥칠지 알 수 없는 일이기에, 이 문제에 대해 심각하게 생각해 보아야 한다.

지구촌의 물리·화학적인 법칙은 엄밀하고 변함이 없다. 이 법칙은 온 우주에 통하는 것이어서 어디에서나 동일하게 적용되며 소멸도, 생성도 없이 영속적이다. 생명체는 이 법칙을 기반으로 한다. 이 법칙이 항구하지 않고 변화무쌍하게 되면 어떤 생명체도 살아갈 수 없다. 물을 마셨는데 기름이나 독을 마신 것과 같은 효과가 나타날 경우를 가정해 보면, 엄밀하고 변함이 없는 이 법칙이 얼마나 마음을 편안하게 하는지 쉽게 알 수 있다. 지구촌에 존재하는 물질도 마찬가지다. 끊임없이 순환하면서 수많은 생명체들을 키워내지만 전체적인 질량은 조금도 줄어들거나 늘어나지 않는다. 이런 의미에서 물리·화학적 법칙을 교란시키는 의미를 지닌 기적에 대한 일부 종교인들의 지나친 기대나 맹신은 개선될 필요가 있다. 이런 모든 현상에 대해 깊이 들어가면 한이 없을 것이므로 다른 기회에 고찰해 보기로 하고, 이 글에서는 사람의 부활을 개인의 차원으로 살펴보는 것으로 제한해야 할 것 같다.

6. 언제 부활하는가?

신문 기사를 쓰거나 어떤 사실에 대한 보고서를 쓸 경우 반드시 지켜야 하는 법칙이 있다. 그것은 바로 육하원칙으로서 '누가, 언제, 어디서, 무엇을, 어떻게, 왜'라는 요소가 명확하게 드러나도록 글을 써야 읽는 사람이 글 쓴 사람이 전하고자 하는 내용을 잘 이해할 수 있다. 인간은 이러한 요소들을 명시할 때 그 내용을 정확하게 이해하는 패러다임을 뇌의 인식구조 속에 지니고 있기 때문이다. 사물을 볼 때에는 가시광선을 통해서만 인식하기 때문에 적외선이나 자외선 등 그 외의 파장을 지닌 빛이 아무리 많아도 소용이 없다. 소리를 인식하는 진동수도 16-20,000Hz 사이로 제한되어 있다. 이렇듯 인간은 이 범위 밖의 것을 소리로 인식하지 못하지만, 짐승들은 이와 다른 영역을 소리로 인식하기도 하기 때문에 인간이 반응하지 못할 때에도 반응을 하는 경우가 있다.

육하원칙이라는 인식의 틀도 하나의 피조물이고 인간은 이 틀 안에 든 것을 이해하지만 이 세상에는 이 틀 안에 들어오지 않는 사건들도 많이 있을 수 있다. 이런 의미에서 '언제 부활하는가?'라는 질문은 인간이 알아듣기 위한 인식의 틀에 근거한 것이다. 이 인식의 틀을 벗어난 존재에게는 이 질문이 의미가 없거나 하지 않아도 되는 질문에 지나지 않는다. 인간은 공간과 시간이라는 피조물 안에서 살고 있기 때문에 무엇이든 시·공간과 연계해서 설명해야 알아듣는다. 육하원칙의 내용이 이것을 알려주고 있다. 인간이 알고 있는 시간이란 존재는 인간이 지닌 인식의 틀에 근거한 것이지 객관적으로 그렇게 존재하는 것은 아니다. 아인슈타인의 상대성 이론이 이러한 사실을 알려 주고 있고 시간에 대한 철학도 이러한 사실을 설명하고 있다. 인간은 시간을 지구의 공전과 자전 주기와 연계해서 인식한다. 인간이 인식하는 시간이란 바로 지구의 움직임과 관계있는 것이다. 지구를 벗어나면 시간의 개념이 달라지고 물질세계를 벗어나면 인간이 인식하는 시간은 존재하지 않는다.

이러한 것을 염두에 두고 '언제 부활하는가?'라는 질문을 고찰해 보자. 예수님의 부활사건은 십자가에서의 죽음과 무덤에 묻힘 그리고 만 하루가 지난 다음 주일날 아침에, 여인들과 제자들이 무덤으로 가 보니 빈 무덤만 남아 있었고 곧 이어 부활하신 예수님의 발현이 있었던 것으로 보도되었다. 인간이 지닌 인식의 틀에 들어오는 설명이고, 실제로 이러한 과정이 있었다는 보도이다. 이것이 실제 사건이 아니라면 예수님의 부활에 대한 수많은 설명들에도 불구하고 실체가 없고 말만 많은 허구에 지나지 않는 것이다. 이러한 부활 사건의 진위 여부는 대단히 중요하고 그래서 제자들은 이 사실을 증거하는 데에 소중한 목숨을 걸어야만 했다. 증언 중에 가장 강력한 증언은 목숨을 건 것이기 때문이다.

우리도 죽음 이후에 예수님과 같이 실제로 부활하기를 희망하고 믿고 있다. 이러한 부활이 구체적으로 어떻게 일어날지 궁금하기도 하지만 최종적으로는 하느님의 섭리에 달린 것이므로 맡겨드리고 더 이상 파고들려고 하지 않는다. 한계를 가진 피조물인 인간으로서 더 이상 어떻게 해볼 수도 없다. 예수님 외에는 죽은 사람들 중에 다시 살아나서 마음대로 돌아다니며 사람들과 대화를 나눈 사람이 없고, 죽음의 관문을 거쳐 이미 몸에서 썩는 냄새까지 풍겼던 나자로가 예수님에 의해 다시 살아나기는 했지만 결국 다시 한 번 더 죽음의 관문을 거쳐 이 세상을 떠나갔기에 누구도 이 문제에 대해 더 이상 어떻게 해 볼 수 없다. 그래서 하느님의 섭리에 맡겨드릴 수 있을 뿐이다.

그런데 죽음의 관문을 통과한 사람은 시간과 공간의 패러다임으로 구성된 이 지상의 모든 조건을 벗어난 사람이 된다. 차원을 완전히 달리하는 존재가 되는 것이다. 그러므로 그에게 있어 시·공의 제한을 받는 구조인, 이 지상으로의 복귀는 마치 유배생활로 내몰리는 것과 같은 것이 될 수 있다. 이 영역에 대해서는 필자를 비롯한 누구도 정확한 내용을 알 수 없기 때문에 단지 논리에 따라 짐작을 해 볼 뿐이다. 그래서 그에게는 '언제 부활하는가?'라는 질문이 실상을 제대로 파악하지 못한 어리석은 질문에 지나지 않는 것이 될 수 있다. 그러므로 자신이 무엇을 질문하고 있는지 조심스럽게 진단해 보아야 하는 것이다. 이러한 질문은 육하원칙에 의해 서술해야 제대로 알아듣는 패러다임을 가진 살아있는 인간의 질문이지, 육하원칙과 시·공의 세계를 벗어나 우리가 다 알 수 없는 완전히 새로운 차원으로 나아간 사람에게 해당하는 질문이 아니라는 것이다. 그렇기 때문에도 이 문제는 하느님의 손에 맡겨드리고 이 지상을 살고 있는 우리에게 해당하는 요소를 살펴보는 것으로 이 질문에 대한 고찰을 마무리하도록 하자.

앞에서 언급한 큰 부활 말고도 이 지상에는 작은 부활들이 끊임없이 일어난다. 밤에 잠자리에 들었다가 아침에 일어나는 것도 부활이고 잠자리에 들기 전에 헤어졌던 사랑하는 가족이나 동료와의 재회도 부활이며, 성실한 노동으로 형편이 나아지는 것도 부활이고, 날마다 조금씩 새로운 진리를 깨치면서 영적으로 성장하는 것도 역시 부활이다. 이웃과의 크고 작은 갈등이나 마음의 고통을 해결하여 한숨을 돌리는 순간에도 작은 부활을 맞이하는 것이고, 오랫동안 시달려 온 질병으로부터의 해방도 부활이다. 합격하기를 간절히 원하던 시험에 붙는 것도 부활이고 취직을 하는 것도 부활이며, 배우자를 만나 짝을 이루는 것도 부활일 뿐만 아니라 사랑으로 아이를 낳는 일은 제법 큰 부활이다.

　나열할 수 있는 것이 수없이 많지만 이 정도만 해도 필자가 무엇을 말하려고 하는지 드러난 것으로 생각한다. 부활은 우리가 살아가는 중에 일상생활의 크고 작은 사건들 안에서 끊임없이 일어난다. 죽음을 거친 후의 참된 부활은 하느님의 섭리와 손에 맡겨드리는 것 이상으로 우리가 할 수 있는 것은 없으니, 우리가 할 수 있는 것은 이 세상 안에서 일어나는 부활을 좀 더 진지하게 맞이하고 누리는 것이다. 우리가 하느님이 주신 본능과 감성 그리고 지성을 현명하게 활용하면 품질이 좋은 부활을 좀 더 많이 누릴 수 있을 것으로 생각한다. 부활의 양과 품질도 중요하지만 우리의 일상생활 안에 여러 가지 부활이 들어 있다는 사실을 아는 것은 행복한 삶을 누리는 출발점으로서 더욱 중요하다.

　잊지 말아야 할 중요한 것 중 하나는, 부활을 믿는 나의 믿음 안에 이미 부활이 자리 잡고 있다는 사실이다. 부활이 실제로 있다 하더라도 그것에 대한 믿음이 없는 사람에게는 아직 부활이 없다. 지구가 실제로는 둥글지만 그러한 사실에 대한 지식이 없거나 믿음이 없던 옛사람들에게는 둥글지 않았던 것처럼. 부활에 대한 믿음 자체가 우리를 부활하게 한다. 이러한 믿음은 현세에서 이미 부활이 시작되게 하고 삶을 의미 있게 하며, 수많은 고통과 난관들에도 불구하고 살아 볼 만한 가치를 지닌 것으로 만든다.

7. 누가 심판하는가?

　사람이 죽으면 천당과 지옥 또는 연옥으로 가도록 심판하는 주체가 있어야 한다. 동양에서는 일반적으로 옥황상제나 염라대왕이 이러한 심판의 주체로 등장하고, 서양에서는 신약성경에 근거하여 손에 천당과 지옥의 열쇠를 들고 있는 베드로 사도가 심판을 하는 주체로 등장한다. 사람에 따라 이것을 사실로 간주하기도 하고 비유적인 이야기로 여기기도 할 것이다. 각 종교에서 어떠한 표현을 사용하든 실제로 존재하는 천당과 지옥 그리고 연옥은 각기 하나뿐일 것이고 심판을 하는 주체도 하나뿐일 것이다. 그의 이름이 옥황상제, 염라대왕 또는 베드로 중 어느 하나이든 아니면 완전히 다른 것이든 그리 중요하지 않다. 이러한 이야기는 죽음을 거친 사람들에게 실제로 일어나는 현상을 그대로 전하는 사실적인 것일 수도 있고, 사람들이 착하게 살도록 유도하는 권선징악의 효과를 위한 민담에 지나지 않는 것일 수도 있으며, 사람이 죽으면 그것으로 그만일 뿐 천당도 지옥도 없어 심판도 수행하는 주체도 없을 수도 있다. 인간의 영역을 초월하는 것은 하느님의 섭리와 자비에 달린 것으로서 인간이 주체가 되어 어떻게 할 수 있는 것이 아니다. 그러므로 하느님의 손에 달린 것은 하느님께 맡겨드리고 여기서 더 이상 왈가왈부하지 않기로 하자.

그렇다고 하여 심판의 대상인 인간의 역할이 전혀 없기만 할 것인가? 착하게 사느냐 악하게 사느냐 자체가 인간의 몫이다. 그리고 선하신 하느님께서 인간을 천당에 보내시는 것은 쉽게 받아들이고 이해할 수 있는 일이지만, 영원히 저주받는 곳인 지옥으로 보내시는 것은 하느님의 본성에 어울리지 않을 것 같은 생각이 들기도 한다. 그래서 이 문제를 다른 측면에서도 고찰해 보고 싶은 것이다. 앞에서 천당과 지옥 그리고 연옥의 정체는, 완전하고 행복의 원천인 하느님과의 일치와 불일치와 연계되는 것으로 살펴보았다. 하느님이 계시는 곳이 천당이고 계시지 않는 곳이 지옥이며 일정한 거리를 유지하고 있는 곳이 연옥이다. 내가 하느님을 무척 좋아하고 사랑하여 하느님 곁에 있고 싶은 강한 의욕으로 최선의 노력을 다해 하느님 곁에 다가갈수록 천당에 가깝다. 그렇지 않고 하느님을 두려워하고 싫어하여 하느님으로부터 멀리 떨어져 있을수록 지옥에 가깝다. 하느님을 좋아하고 사랑하기는 하는데 살아온 삶에 잘못이 많아 온전히 가까이 가기에는 두렵고 염치도 없지만 그렇다고 온전히 멀어질 수도 없어 어중간한 위치에 있을 때 연옥의 상태에 있는 것이다. 이런 측면으로 볼 때 심판의 주체는 하느님도 옥황상제나 염라대왕도 베드로 사도도 아닌 바로 자기 자신이다. 내가 나 자신을 천당으로 가게도 하고 지옥으로 가게도 하며 연옥으로 가게도 한다. 어쩌면 이러한 논리가 궤변처럼 여겨질지도 모르지만 이러한 생각을 할 수 있는 여지는 분명히 있다. 필자가 이러한 글을 쓰고 있는 것 자체가 이것을 알려주는 것으로 볼 수 있다. 그래서 천당과 지옥으로 가름하는 심판을 하느님이나 옥황상제 등 타자에게만 맡겨두고 나는 수동적으로만 있어도 될 것 같지 않다. 이 일에 대한 나의 역할도 적극적으로 생각해 보아야 할 것 같다.

8. 언제 심판하는가?

전통적인 표현에 따르면 심판은 죽음 이후에 있는 일이다. 성인의 대열에 오를 만큼 성실하게 산 사람이 죽으면 연옥을 거치지 않고 바로 천당으로 가고, 도저히 개선될 수 없을 만큼 악하게 산 사람은 마음이 아프긴 하지만 할 수 없이 지옥으로 가며, 이것도 저것도 아닌 어중간한 상태로 산 대부분의 사람은 연옥으로 가서 속죄와 정화의 과정을 충분히 겪은 다음 천당으로 가게 된다. 한편으로 신약성경과 그리스도교의 교리에 의하면 예수님께서 재림하실 때 최후의 심판이 이루어져, 죽은 사람들뿐만 아니라 살아있는 사람도 심판을 받아 구원될 사람과 영원한 저주를 받을 사람으로 분류된다고 한다. 이 경우에는 연옥이 있는 것인지, 이미 천당에 간 사람과 지옥에 간 사람은 어떻게 되는지, 최후의 심판과 죽음 직후에 받는 심판은 같은 것인지 모호하다. 어쨌든 시간은 시작과 끝이 있고 세상도 시작과 끝이 있어서 언젠가는 최후의 종말이 오는데 예수님께서 재림하실 때가 바로 그 때라고 한다. 이 문제 역시 인간의 의지가 개입될 수 없는 초월적인 것이기에 어찌해 볼 도리가 없다. 지상에서 착하게 살려는 노력을 할 수 있을 뿐, 그 뒤에는 발생되는 대로 주어지는 대로 받아들일 수 있을 뿐이다. 이런 일이 일어날 가능성은 항상 있다. 하느님의 영역이고 하느님의 의지를 인간이 좌지우지할 수 없기 때문이다.

그러나 이 문제도 관점을 바꾸어 인간의 측면에서 생각해 보는 것이 억지는 아닐 것으로 생각한다. 인간이 바로 천당 자체이신 하느님을 무척 사랑하여 하느님 가까이 나아가면 천당이 가까워진다. 죽음 이후에 이런 일이 온전히 일어나겠지만 살아있는 바로 이 순간 여기에서도 하느님을 사랑하면 천당에 가까워질 수 있다. 그래서 현세의 삶은 대단히 중요한 의미를 지닌다. 현세의 삶은 죽은 다음 천당에 가기 위해 공과 덕을 많이 쌓아야 하는 수련의 장이기만 한 것이 아니라, 현세의 삶 자체가 천당이 될 수도 있기 때문이다. 시간과 공간의 제한과 이로 말미암은 여러 가지 한계 속에서 살아가는 것이기에 완전한 천당의 삶이 될 수 있다고 말하는 것은 무리라고 하더라도, 하느님을 몹시 사랑하면 현세의 삶도 천당에 가까운 삶이 될 수 있다. 어쩌면 하느님을 사랑하고 자기 자신과 이웃을 사랑하며 모든 동·식물과 무생물체들까지 사랑하는 삶 그 자체가 천당의 삶일는지 모른다. 아니, 이러한 삶이 실제로 천당일 것이다. 자신의 처지가 어떠하든 자신의 모든 것을 받아들이고 감사하며 행복하게 살아가는 사람을 바라보는 것은 참으로 기쁜 일이다. 대부분의 어린이들이 이러한 태도를 지니고 있기 때문에 우리는 어린이의 모든 행동과 삶을 통해서 기쁨을 느낀다. 어른이 되어도 이러한 태도를 유지하는 사람은 주변 사람들에게 참된 기쁨을 준다. 세상살이의 수고로부터 보호를 받는 어린이의 태도가 아직 미성숙하고 세상의 고통을 모르는 것에서 가능한 것이라고 본다면, 세상의 모든 수고와 고통들에도 불구하고 자신을 있는 그대로 받아들여 사랑하고 자신의 존재에 대해 감사하며, 용기를 내어 하루하루 전개되는 삶에서 일어나는 모든 것을 피하지 않고 당당히 대면해 나가면서 자신과 세상을 위해 살아가는 사람의 모습은, 참으로 아름답고 자신을 비롯하여 주변에까지 충만한 기쁨을 펼친다. 이러한 사람의 삶은 이미 천당에 가까이 있고 확고하여 쉽게 무너지지 않는다.

　이와 달리 아무리 좋은 처지에 있는 사람이라도 자신의 존재에 대해 거부 반응을 보이고 싫어하며 세상살이의 모든 것에 짜증을 내면서 제대로 하는 일 없이 소모적인 삶을 사는 사람은 죽은 다음에 지옥에 갈 가능성이 크고 연옥에 가더라도 상당히 긴 기간 속죄와 단련의 기간을 거쳐야 할 것이다. 뿐만 아니라 살아있는 지금 벌써 그는 지옥에 가까운 삶을 살고 있다. 자기 자신이 싫으니 매사가 싫다. 자신을 사랑하는 일도 되지 않으니 이웃을 사랑하고 하느님을 사랑하며 모든 생명체를 사랑한다는 것은 더욱 하고 싶지도 않을 뿐더러 도대체 불가능한 일이다. 그럴 이유도 의욕도 힘도 없기 때문이다. 이런 사람에게는 지옥이 따로 없다. 태어난 것 자체가 지옥살이이고 언젠가 벗어나서 천당으로 옮겨갈 가능성도 없으니 영원히 지옥살이다. 이들은 오직 다른 사람의 지극한 정성에 의한 도움이나 하느님의 크신 섭리에 의해서만 이러한 처지에서 벗어날 수 있을 것이다. 이렇듯 천당과 연옥 그리고 지옥은 죽은 다음에만 맞이할 수 있는 것이 아니라 살아있는 현재 이곳에서도 맞이하는 것이다.

마치는 말

　죽음, 천당, 연옥, 지옥, 부활, 심판은 삶의 여정에서 자주 관심의 대상이 된다. 때로는 진지하게 때로는 지나가는 생각으로 머릿속을 맴돌다 일상생활의 분주함에 잊히기도 하지만 언제나 다시 생각나고 나이가 들수록 생각의 횟수도 잦아진다. 그래서 누구나 언젠가는 이 문제와 심각하게 부딪혀서 나름대로의 세계관을 정리해야 안정을 찾을 수 있다. 물론 세월 속에서 생각이 바뀌기도 한다.

　이 문제에 대한 전통적인 표현은 여전히 유효하고 앞으로도 그러할 것이다. 이야기가 담고 있는 내용이 풍부하기 때문이고 물리적으로도 그렇게 진행될 가능성은 언제나 존재하기 때문이다. 그러나 이러한 이야기가 형성된 것은 과학문명이 오늘날과 같이 발전하기 이전이었기에 21세기를 살아가는 사람의 의식체계와 언어에 입각해서 본다면 낯선 부분도 있다. 그래서 필자는 21세기의 안목으로 이 문제를 점검해 본 것이다.

　이러한 작업을 하면서 새삼 알게 된 것은 죽음, 천당, 연옥, 지옥, 부활, 심판의 문제는 죽은 사람들만의 문제가 아니라 살아있는 사람들의 문제라는 것이다. 어쩌면 죽은 사람에게는 이러한 문제가 관심거리조차 아닐지 모른다. 이러한 문제 자체가 지구 위에서 지구가 허용하는 형태의 삶을 살아가는 사람의 현안일 것이기 때문이다. 죽음을 거쳐 새로운 차원의 삶으로 나아간 사람의 존재 형태는 온전히 다른 것이고 우리가 제대로 알 수도 없는 것이며 지구 위에서 살아가는 인간의 이성과 언어로 표현이 불가능한 것일 수 있다. 그래서 그들은 이러한 문제의 차원을 벗어나 있을 수 있다. 이 점에 대해서는 아직도 현세를 살고 있는 우리가 어떤 것도 확정적으로 말할 수 없기 때문에 이 정도로 언급하고 그치는 것이 좋겠다.

　본 장에서 확실하게 언급할 수 있는 것은 죽음, 천당, 연옥, 지옥,

부활, 심판의 문제가 살아있는 우리들의 문제이고 바로 우리가 살고 있는 현재 이곳의 문제라는 점이다. 이들은 삶의 현장 언제 어디서나 공존하고 있으며 우리가 살아가는 삶의 모든 영역에 매 순간 개입한다. 그래서 우리는 매 순간 이들과 함께 하고 있고 살아가면서 죽음, 천당, 연옥, 지옥, 부활, 심판을 오가고 있다. 이것을 말하고자 하는 것이 이 글의 출발점이자 종착점이다.

마치는 말 : 살아있음의 신비와 소중함

자의식을 가진 인간은 주변 세계와 자신에게서 일어나는 모든 현상과 원리에 대해 강한 관심을 갖고 있다. 그래서 이들을 파악하고 이해하여 자신의 삶에서 고통을 줄이고 기쁨을 키우며 충만하게 살아가고자 한다. 본 글에서 자연과학적 지식과 철학적·신학적 지식 그리고 신앙을 동원하여 인간에 대한 보다 깊은 이해를 추구한 것도 이러한 인간의 성향에 근원을 두고 있다. 누구나 그러하듯이 필자 역시 자신의 존재와 삶 그리고 죽음과 영생에 대해 강한 관심을 지니고 있기에, 이러한 문제에 대한 깊은 고찰은 필자가 지닌 수많은 의문을 다소나마 해소하는 데에 도움이 될 것이고, 나아가 공통의 관심을 지닌 다른 많은 사람들도 같은 어려움을 해소하는 데에 도움이 될 것으로 생각했다.

처음에는 깊은 내용을 다루면서도 누구나 읽기 쉽도록 글을 전개하려고 시도했으나 연구가 진행되면서 파고든 깊이와 강도가 심화되어 갔다. 그래서 나름대로 의미가 있는 연구가 되었다고 생각하고 있다. 그러나 인간이 지닌 구조와 원리 그리고 신비는 너무나 복잡하고 깊어서 탐구의 깊이와 강도를 더해갈수록 그만큼 더 많은 의문이 생겨났다. 인간에 관한 탐구가 깊어질수록 인간이 지닌 신비의 깊이도 그만큼 더 깊어만 갔다. 인간에 대해 깊이 탐구하여 어느 한 원리를 발견하면 그것으로 모든 현상을 설명할 수 있을 것으로 기대했으나, 인간은 어느 한 가지 원리로 구성된 것이 아니라 온 우주에 존재하는 모든 법칙의 종합으로 구성되어 그 복잡성과 신비가 한이 없는 존재라는 것을 발견하게 되었다.

* * *

  우선 인간은 수많은 원소들로 구성되어 있는데, 인류는 아직도 이 원소들의 정체에 대해 명확히 밝혀내지 못하고 있고 앞으로도 밝혀낼 수 있을 것 같지 않아 보인다. 원소들을 자세히 들여다보면 하나의 원자핵과 하나 이상 여러 개의 전자로 구성되어 있다. 원자핵은 다시 여러 개의 양성자와 중성자로 구성되어 있으며 양성자는 또다시 여러 개의 미립자로 구성되어 있다. 자연과학자 중 첨단 학문을 하는 사람들의 일부가, 최근에 여기서 더 나아가 미립자들은 이보다 훨씬 더 작은 끈으로 구성되어 있다는 초끈이론을 발표하면서 더 이상 실험과 증명이 불가능한 영역으로 넘어가 공상과학소설에 가까운 이론을 내놓고 있다. 게다가 하이젠베르크의 양자론은 인식하는 인간의 인식 작용이 물체의 정체를 파악하는 데에 능동적인 역할을 한다는 것을 파악한 단계에 이르렀다. 그래서 물질의 객관적인 실체를 알 수 없다는 고백을 하고 있다.

  인간을 비롯한 모든 생명체를 살리는 원동력인 햇빛의 정체도 정확하게 알지 못하고 있다. 햇빛이 내포한 에너지의 양과 작용 원리는 파악하고 있지만 그 본질은 아직도 인간의 지성으로 파악할 수 없는 상태이고 이것은 앞으로도 계속 그러할 것으로 짐작된다. 온 우주에 존재하는 힘은 강력, 약력, 전자기력, 중력이다. 인류는 언제나 이들의 작용 원리의 범위 내에서 살아가고 활용하지만 이들의 정체도 알지 못하고 있다.

  시간과 공간에 대해서도 만유인력과 지동설을 이해하고 살아가는 상식적인 삶의 범위를 넘어서 깊이 들어가면, 아인슈타인의 상대성이

* * *

론 영역을 만나게 되면서 그 정체를 다 알 수 없는 것이 되고 만다. 그리고 이 모든 것이 처음으로 시작되었다는 빅뱅 이전에는 어떠한 상태였는지 대해서는 아무것도 알 수 없다.

주변에 수많은 생명들이 살고 있고 인간은 이들과의 협력으로 자신의 생명을 유지할 수 있지만, 정작 생명의 본질은 알지 못하고 있다. 앞에서 연구한 내용이 보여주는 바와 같이 생명체가 수행하는 수많은 생명 현상은 어느 정도 파악하고 있지만, 생명 자체가 무엇인가에 대해서는 아직도 모르고 있고 앞으로도 다 알 수는 없을 것으로 추정된다. 인류는 21세기에 들어와서도 여전히 대단한 정열로 인체가 작용하는 원리의 신비를, 그 중에서도 특히 뇌의 구조와 작용 원리를 밝혀 보려고 탐구하고 있으나 모르는 부분이 훨씬 더 많고 앞으로도 이들을 다 밝혀낼 수 없을 것은 분명해 보인다.

이러한 모든 현상에도 불구하고 우리는 살아있다. '살아있음'만큼 신비하고 소중한 것은 없다. 이 살아있음은 현재, 이곳에서 진행되고 있다. 천당·연옥·지옥도 현재 이곳에 공존하고 있다. 이들 중 어느 쪽의 삶을 살아가는가는 삶의 주체인 나의 인품과 선택 그리고 생활 습관에 달려 있고 하느님과의 관계, 자연과 이웃사람들과의 관계에 달려 있다. 우리 모두는 외부 세계와의 끊임없는 관계 속에서 자신의 삶을 유지하고 있기에 이 관계를 떠나서는 생존해낼 수 없다. 이러한 관계에서 우리 자신이 단순히 수동적인 존재만이 아니라는 것 또한 사실이다.

* * *

 우리가 이러한 관계 속에서 삶을 살아가는 것에 자유와 부자유, 고통과 쾌락, 기쁨과 슬픔, 행복과 불행의 모든 것이 놓여 있다. 우리 자신의 의지로 선택할 수 있는 것도 많지만 그렇지 않은 것도 많기에 삶의 기쁨과 애환이 있다. 그럼에도 불구하고 '살아있음'은 대단한 신비이고 가장 소중한 보물이다.

참고문헌

논문, 사전, 잡지 및 총서

『과학동아』, 동아사이언스, 1995. 9-10/1999. 2/2000. 12/2003. 10/2004. 6/2005. 3.
『성서백과대사전』 8, 성서교재간행사, 1981.
『한국가톨릭대사전』, 한국교회사연구소, 1985, 2002
『한국세계대백과사전』 3 · 14 · 16 · 24 · 25 · 27, 동서문화사, 1995.
『제2차 바티칸 공의회 문헌』, 한국천주교중앙협의회, 1973.
『가톨릭 사상』 2, 대구가톨릭대학교, 1988.
『가톨릭 철학』 6, 한국가톨릭철학회, 2004.
『신학전망』 52호, 광주가톨릭대학교, 1981.
『가톨릭대학교 인간학연구소 제1회 심포지엄 논문집: 인간 본질에 관한 심층적 이해 모색 1』, 서울가톨릭대학교, 1999.
「신비로운 정신의 세계: 현대인의 정신건강 가이드-과학 상식 시리즈 2」, 『리더스 다이제스트』, 리더스 다이제스트 · 두산 동아, 1994^2.
「경이로운 사람의 몸: 과학 상식 시리즈 3」, 『리더스 다이제스트』, 리더스 다이제스트 · 두산 동아, 1998^2.

《조선일보》 2002. 11. 7, 11. 14.
〈메디칼 특강-건강 SOS〉, EBS, 2002. 4. 22.
〈KBS 일요스페셜-마음〉, 한국방송공사, 2006. 1. 15.
Internet 자료.

Gerhard Krause und Gerhard Müller(Hg), *Theologische Realenzyklopädie*, Band XXX, Walter de Gruyter Verlag, Berlin, New York, 1999.
Hans Goller SJ, *Sind wir bloß ein Opfer unseres Gehirns?*, in Stimmen der Zeit 130, 2005.
Horst Balz u. a., *Theologische Realenzyklopädie*, Band 28, Walter de Gruyter Verlag, Berlin, New York, 1997.
Josef Höfer, Karl Rahner(Hg), *Lexikon für Theologie und Kirche*, Freiburg, 9, 1986.
Lexikographisches Institut, *Der große ÖAMTC Weltatlas*, München, 1985.
Lothar Coenen(Hg.), *Theologisches Begriffslexikon zum Neuen Testament*, Band II, Wuppertal, 1971.

* * *

국내 저서

공병호, 『두뇌 가동률을 높여라』, 21세기북스, 2004⁴.
_____, 『독서노트: 창의력 편』, 21세기북스, 2003.
김대식, 『공부혁명, 에듀조선』, 2003.
김미경, 『춤추는 미로』, 도서출판 성우, 2002.
김상문, 『100살 자신 있다』, 상문각, 2004.
김용호, 『몸으로 생각한다』, 민음사, 1997.
김정룡, 『간 박사가 들려주는 간병 이야기』, 에디터, 2000.
김종성, 『뇌에 관해 풀리지 않는 의문들』, 지호출판사, 2001².
김춘식 외, 『우리 몸의 과학』, 계몽사, 1983².
김충식 편집, 『태양과 우주』, 계몽사, 1983.
김호기 외 다수, 『지식의 최전선: 정신작용의 메카, 뇌의 기능을 밝힌다』, 한길사, 2002.
김홍경, 『내 몸은 내가 고친다』, 식물추장, 2000.
대한 총명학회, 『공부가 쉬워지고 일이 즐거워지는 두뇌혁명』, 조선일보사, 2003.
류영주, 『뇌와 마음』, 대구가톨릭대학교 출판부, 2005.
박만상, 『한국인의 두뇌 개발 I; 총명한 두뇌 만들기』, 지식산업사, 2001⁴.
_____, 『한국인의 두뇌 개발 II; 정상인과 기억력 개발』, 지식산업사, 1994².
_____, 『한국인의 두뇌 개발 III; 정신생물학』, 지식산업사, 1992.
_____, 『한국인의 두뇌 개발 IV; 슬기로운 두뇌관리』, 지식산업사, 1994.
박봉규 외 6인 저, 『생태적 조화를 이루는 인간환경』, 동성사, 1994².
박재갑 외, 『인간생명과학』, 서울대학교 출판부, 1993.
박찬웅, 『뇌-학습과 기억의 구조』, 서울대학교 출판부, 1998.
박창성, 『식생활과 건강』, 경산대학교 출판부, 1999³.
서유헌, 『두뇌 장수학』, 민음사, 1996⁴.
_____, 『바보도 되고 천재도 되는 뇌의 세계』, 중앙교육연구원, 1996.
성영신 외 12인, 『마음을 움직이는 뇌 뇌를 움직이는 마음』, 해나무, 2004.
신오현, 『인간의 본질』, 형설출판사, 1989.
신재용, 『건강은 마음으로 다스려라』, 학원사, 2000².
심상태, 『인간; 신학적 인간학 입문』, 서광사, 1989.
안황균, 『알면 20년을 젊게 사는 내 몸의 생체학』, 한언, 2004.
웅진건강무트, 『간장병』, 서동진 감수, 웅진출판, 1999⁷.
이동현, 『기와 사랑의 약손요법』, 정신세계사, 2000.
이두호 외 6인, 『인간환경론』, 도서출판 나남, 1993.
이종성, 『신학적 인간학』, 대한기독교출판사, 1979.

* * *

임 혁, 『인체: 부드러운 톱니바퀴』, 동아사이언스, 2002.
전헌호, 『자연환경 인간환경』, 성바오로, 1998.
_____, 『상대성이론과 예수의 부활』, 가톨릭출판사, 2001.
_____, 『내가 우주보다 더 위대하다고?』, 함께읽는책, 2004.
정 용·옥치산 공저, 『인간과 환경』, 지구문화사, 1994.
정진석, 『우주를 보면 하느님이 보인다: 우주, 인간, 종교』, 가톨릭출판사, 2003.
조선일보사, 『장수의 비밀』, 조선일보사, 2003.
조용현, 『정신은 어떻게 출현하는가?』, 서광사, 1996.
최도영, 『지구촌 환경정보』, 나남출판사, 1993.
한국지구과학회 편저, 『지구환경과학 II; 대기·해양·우주·환경』, 대한교과서주식회사, 1994.

국외 저서

Andrew Newberg · Eugene d' Aquili · Vince Rause, *Der gedachte Gott; Wie Glaube im Gehirn entsteht*, Piper(München · Zürich), 2003.
Antonio R. Damasio, *Descartes' Irrtum; Fühlen, Denken und das menschliche Gehirn*, Ullstein Buchverlag GmbH, München, 2004.
A. Schilson, *Perspektiven theologischer Erneuerung: Studien zum Werk Romano Guardinis*, Patmos Verlag, Düsseldorf, 1986.
Benjamin Libet, *Mind Time; Wie das Gehirn Bewusstsein produziert*, Suhrkamp Verlag Frankfurt am Main, 2005.
Gerald M. Edelman · Giulio Tononi, *Gehirn und Geist; Wie aus Materie Bewusstsein entsteht*, Deutscher Taschenbuch Verlag(München), 2004.
Gerhard Roth, *Das Gehirn und seine Wirklichkeit; Kognitive Neurobiologie und ihre philosophischen Konsequenzen*, Suhrkamp Verlag Frankfurt am Main, 1997.
_____, *Fühlen, Denken, Handeln; Wie das Gehirn unser Verhalten steuert*, Suhrkamp Verlag Frankfurt am Main, 2003.
Günter D. Roth, *Himmelsführer Sterne und Planeten; Sterne erkennen Sterne beobachten*, München 1978.
Hans-Peter Dürr u. a., *Geist und Natur; Über den Widerspruch zwischen naturwissenschaftlicher Erkenntnis und philosophischer Welterfahrung*, Scherz Verlag, Bern · München · Wien, 1989.
H. Kleiber, *Glaube und religiöse Erfahrung bei Romano Guardini*, Herder Verlag, Freiburg, 1985.
J. F. S. v. Koch, *Autonomie und Transzendenz: Untersuchungen zur Religionsphilosopie Romano*

* * *

Guardinis, Grünewald Verlag, Mainz, 1985.

Jacquws de la Saudée, *Gott·Mensch·Universum; die Antwort des Christen auf den Materalismus der Zeit*, Styria Verlag, Wien, 1956².

Joachim Bublath, *Geheimnisse unseres Universums; Zeitreisen, Quantenwelten, Weltformeln*, Dromer Verlag, München, 1999.

Jonathan Weiner, *Planet Erde; Schicksal und Zukunft der Erde*, München 1987.

Josef Ratzinger(Hg.), *Wege zur Wahrheit: Die bleibende Bedeutung von Romano Guardini*, Patmos Verlag, Düsseldorf, 1985.

Jürgen Audretsch, Klaus Mainzer(Hg.), *Von Anfang der Welt; Wissenschaft, Philosophie, Religion, Mythos*, C. H. Beck Verlag, München, 1989.

J. Stierli, *Ignatius von Loyola: Gotteserfahrung und Weg in die Welt*, Olten, 1981.

L. Börsig-Hover, *Das personale Antlitz des Menschen: eine Untersuchung zum Personbegriff bei Romano Guardini*, Grünewald Verlag, Meinz, 1987.

Peter Neuner(Hg.), *Naturalisierung des Geistes - Sprachlosigkeit der Theologie?; Die Mind-Brain-Debatte und das christliche Menschenbild*, Herder(Freiburg · Basel · Wien), 2003.

R. Guardini, *Vom Sinn der Gemeinschaft*, Arche Verlag, Zürich, 1950.

_____, *Unterscheidung des Christlichen*, Grünewald Verlag, Mainz, 1963.

_____, *Liturgie und liturgische Bildung*, Patmos Verlag, Würzburg, 1966.

_____, *Die Existenz des Christen*, Schöningh Verlag, München, 1977.

_____, *Freiheit, Gnade, Schicksal: Drei Kapitel zur Deutung des Daseins*, Kösel Verlag, München, 1979.

_____, *Angefochtene Zuversicht: Romano Guardini Lesebuch*, Ingeborg Klimmer(Hg.), Grünewald Verlag, Mainz, 1985①.

_____, *Der Blick auf das Ganze, Ausgewälte Texte zu Fragen der Zeit*, Walter Dirks(Hg.), Kösel Verlag, München, 1985②.

_____, *Wahrheit des Denkens und Wahrheit des Tuns*, Schöningh Verlag, Paderborn, 1985⁴③.

_____, *Tugenden: Meditation ?ber Gestalten sittlichen Lebens*, Grünewald Verlag, Mainz, 1987.

_____, *Sorge um den Menschen*, Band 1, Grünewald Verlag, Mainz, 1988①.

R. Guardini, *Welt und Person: Versuche zur christlichen Lehre vom Menschen*, Grünewald Verlag, Mainz, 1988②.

_____, *Ethik*, Grünewald · Schöningh Verlag, Mainz, 1993.

Stanislav Grof u. a., *Wir wissen mehr als unser Gehirn; Die Grenzen des Bewusstseins Überschreiten*, Herder(Freiburg · Basel · Wien), 2003.

Walter Seidel(Hg.), *Christliche Weltanschauung: Wiederbegegnung mit Romano Guardini*, Echter

* * *

Verlag, Würzburg, 1985.

William H. Calvin, *Wie das Gehirn denkt; Die Evolution der Intelligenz*, Elsivier GmbH Akademischer Verlag, München, 2004.

번역서

가미카와 키요오 저, 『뇌를 만들어낸 생물의 불가사의: 생명의 구조와 진화의 탐구』, 문만용·강신성 역, 아카데미서적, 2000.
가이 맥칸(Guy McKhann)·마릴린 앨버트(Marilyn Albert) 저, 『젊은 뇌를 지녀라』, 박동수 역, 시그마프레스, 2004.
니콜라스 웨이드 저, 『그림으로 만나는 심리학 세계』, 이상훈·이병택 역, 새길, 1996.
닉 아놀드 저, 『두뇌가 뒤죽박죽』, 이무열 역, 주니어김영사, 2002[10].
다치바나 다카시 저, 『우주로부터의 귀환』, 전현희 역, 청어람미디어, 2002.
────, 『임사체험-하』, 윤대석 역, 청어람미디어, 2003.
────, 『임사체험-상』, 윤대석 역, 청어람미디어, 2003.
────, 『뇌를 단련하다』, 이규원 역, 청어람미디어, 2004.
다케다 유타카 저, 『자기개발법: 대뇌생리학에 의한 재능개조』, 오영근 역, 전파과학사, 1994[7].
데이비드 보더니스 저, 『$E=mc^2$: 아인슈타인, 외로운 천재 그리고 인류 역사상 가장 위대한 공식에 대한 숨겨진 이야기』, 김민희 역, 생각나무, 2000.
데이비드 코언 저, 『마음의 비밀』, 원재길 역, 문학동네, 2004.
레베카 트레이스 저, 『생각하는 뇌』, 윤소영 역, 대교출판, 2004.
로마노 과르디니 저, 『불완전한 인간과 힘』, 전헌호 역, 성바오로, 1999.
로버트 A. 월리스(Robert A. Wallace) 외 2인 저, 『생물학: 생명의 과학』, 이광웅 외 7인 역, 을유문화사, 1998[6].
루이스 엡스타인 저, 『그림 속으로 여행하는 상대성 이론』, 박성근 역, 에드텍, 1993.
리처드 레스탁 저, 『새로운 뇌』, 임종원 역, 휘슬러, 2004.
리처드 워커 저, 『명령을 내려라!』, 유정화 역, 뇌, 삼성출판사, 2003.
브라이언 그린 저, 『엘러건트 유니버스; 초끈이론과 숨겨진 차원, 그리고 궁극의 이론을 향한 탐구 여행』, 박병철 역, 승산, 2002.
셔윈 널랜드(Sherwin B. Nuland) 저, 『몸의 지혜』, 김학현 역, 사이언스 북스, 2002.
수전 그린필드(Susan Greenfield) 저, 『브레인 스토리』, 정병선 역, 지호, 2004.
스티븐 미슨 저, 『마음의 역사』, 윤소영 역, 영림카디널, 2001.
스티븐 쿼츠·테렌스 세지노브스키 저, 『거짓말쟁이, 연인, 그리고 영웅; '우리는 누구인가'에 대한 뇌과학의 대답』, 최장욱 역, 도서출판 소소, 2002.

* * *

스티븐 핑커(Steven Pinker) 저, 『빈 서판』, 김한영 역, 사이언스북스, 2004.
아리스토텔레스 저, 『영혼에 관하여』, 유원기 역주, 궁리, 2001.
알렉산드레 가노치 저, 『교의와 교의신학』, 전헌호 역, 분도출판사, 1993.
알베르 자카르 저, 『과학의 즐거움』, 장석훈 역, 궁리, 2002.
애너 샌더먼(Anna Sandeman) 저, 『우리 몸 속 이야기』, 승연조 역, 도서출판 승산, 2001.
야마모토 다이스케, 『3일 만에 읽는 뇌의 신비』, 박선무·고선윤 역, 서울문화사, 2003[5].
얼윈 스콧(Alwyn Scott) 저, 『마음에 이르는 계단: 새로운 의식의 과학에 대한 논쟁』, 안창림·백은경 역, 이화여자대학교 출판부, 2001.
에른스트 페터 피셔 저, 『인간; 사람이 알아야 할 모든 것』, 박규호 역, 들녘, 2005.
에머리히 코레트 저, 『철학적 인간학』, 진교훈 역, 종로서적, 1986.
오키 고스케 저, 『뇌로부터 마음을 읽는다; 어떤 뇌 이야기』, 김수용·하종덕 역, 전파과학사, 1996.
요한네스 힐쉬베르그(Johannes Hirschberger) 저, 『서양철학사: 상권·고대와 중세』, 강성위 역, 이문출판사, 1996[10].
윌리엄 A. 유잉 저, 『몸』, 오성환 역, 까치, 1996.
정화열 저, 『몸의 정치』, 박현모 역, 민음사, 1999.
조지프 르두 저, 『시냅스와 자아; 신경세포의 연결 방식이 어떻게 자아를 결정하는가?』, 강봉균 역, 도서출판 소소, 2005.
존 에클스(John C. Eccles) 저, 『뇌의 진화: 자아의 창조』, 박찬웅 역, 민음사, 1998.
존 호트 저, 『신과 진화에 관한 101가지 질문』, 신재식 역, 지성사, 2004.
카렌 N. 샤노어 외 5인 저, 『마음을 과학한다』, 변경옥 역, 나무심는사람, 2004.
크리스 쉴링 저, 『몸의 사회학』, 임인숙 역, 나남출판, 2000[2].
테드 피터스 엮음, 『과학과 종교; 새로운 공명』, 김흡영 외 역, 동연출판사, 2002.
팡 리치·추 야오칸 저, 『뉴턴의 법칙에서 아인슈타인의 상대론까지』, 이정호, 하배연 역, 전파과학사, 1998[3].
페터 뒤베케 저, 『두뇌의 비밀을 찾아서; 데카르트에서 에클리스까지』, 이미옥 역, 도서출판 모티브북, 2005.
피터 부룩스 저, 『육체와 예술』, 이봉지·한애경 역, 문학과지성사, 2000.
하루야마 시게오 저, 『뇌내혁명 1』, 반광식 역, 사람과책, 1997[44].
───, 『뇌내혁명 2』, 박해순 역, 사람과책, 1997[15].
───, 『뇌내혁명 3』, 심정인 역, 사람과책, 2000[5].
한스 페터 뒤르 외 4인 저, 『신, 인간 그리고 과학』, 여상훈 역, 시유시, 2000.
호세 꼼블린 저, 『그리스도교 인간학』, 김수복 역,분도출판사, 1988.
Barbara Lovett Cline, 『A New Physics 새로운 물리를 찾아서』, 차동우 역, 전파과학사, 1993.
Bertrand Russell, 『The ABC of Relativity-상대성 이론의 참뜻』, 김영대 역, 사이언스북스, 1999[6].
C. A. 반 퍼슨 저, 『철학적 인간학 입문; 몸·영혼·정신』, 손봉호·강영안 역, 서광사, 1989[6].

* * *

Daniel L. Schacter · Elaine Scarry 저, 『뇌와 기억 그리고 신념의 형성』, 권준수 외 11인 역, 시그마프레스, 2004.
Detlev Ganten 외 2인 저, 『지식; 생명+자연+과학의 모든 것』, 인성기 역, 이끌리오, 2005.
E. P. Odum 저, 『생태학』, 이도원 역, 동화기술, 1992.
F. C. 코플스톤 저, 『토마스 아퀴나스』, 강성위 역, 성바오로출판사 1977³.
G. 달 사쏘 · R. 꼬지 편찬, 『성 토마스 데 아퀴노의 신학대전 요약』, 이재룡 · 이동익 · 조규만 역, 가톨릭대학교 출판부, 1993.
Henry Gleitman, 『일반심리학』, 임능빈 외 7인 역, 교육과학사, 1989.
Immanuel Kant 저, 『순수이성비판』, 전원배 역, 삼성출판사, 1977.
James A. Coleman 저, 『상대성 이론의 세계』, 다문독서연구회 역, 도서출판 다문, 1998⁶.
M. 존슨 저, 『마음속의 몸』, 노양진 역, 철학과현실사, 2000.

미래사목총서 발간사 : 충만하고 역동적인 사목과 신학의 소통을 위하여

미래사목연구소는 그동안 사목 비전을 갈고 닦아온 경험을 토대로 복음화의 질을 향상시키고자 미래사목총서를 발간하기로 뜻을 모았습니다. 이를 통하여 교회와 민족 사회에서 좀 더 넓고 깊게 공감을 불러일으킬, 사목적이고 학문적인 서비스를 제공하고자 합니다.

새로운 시대의 사목은 특히, 2천년 그리스도 전통을 존중하는 토대 위에서 현재와 미래에 필요한 신앙 실천을 구현해야 할 것입니다. 우리 총서는 전통과 삶의 현장에 직면하여 전통에 대한 창조적 충실과 여기에 근거한 현장 변혁의 창조적 역량을 증진하는 기쁨을 함께 나누는 장이 될 것입니다.

그 구체적인 행보로서, 일선 사목자들이 사목 현장에서 갈급하고 있는 사목 정보를 담아내기 위하여 실제적으로 시급한 현안을 주제화하고 그에 대한 전문가를 초빙하여 참신한 대안을 제시하고자 합니다.

그리하여 이 땅의 복음화와 동북아시아 지역사회의 복음화는 물론, 아시아와 세계교회의 복음화를 이루어가는 여정에 동반자가 되도록 최선을 다할 것입니다.

2007년 8월 15일
교회의 어머니 마리아의 승천과 민족의 해방 축일을 맞으면서
미래사목총서 기획위원회